Ⓢ新潮新書

石神賢介
ISHIGAMI Kensuke

57歳で婚活したら すごかった

JN018870

906

新潮社

57歳で婚活したらすごかった●目次

序　章　57歳で一人、がつくづく嫌になる

中高年の婚活のもどかしさと屈辱

２０１９年、57歳になった。

頭にも、鼻の穴にも、下腹部にも、白い毛が目立つ。

２０１１年に50代を目の前に結婚願望がわきジタバタした顚末をつづった『婚活したらすごかった』（新潮新書）から8年。還暦が近い。しかし、いまだにシングルのままだ。

32歳で結婚。33歳で離婚。それからずっと、一人で暮らしている。プライベートでも、仕事でも、大きな変化はない。40代のころと同じように、東京の武蔵野エリアにいる。

40代のころと同じように、フリーランスの雑誌記者として働いている。

日々は忙しい。でも、心のどこかにいつも、もの寂しさを感じていた。

孤独死が怖い

「もう一度結婚したい」――。

60代を意識して強く願った。

結婚を目的とした活動――婚活には周期がある。仕事の繁忙期は〝婚意〟は眠っている。ところが、忙しさがひと区切りつき、時間ができると、婚意はむっくりと頭をもたげる。自分の中に眠っている「結婚したい」という願望に気づき、婚活パーティーに参加する。やがて忙しくなると、婚意は鎮まる。しかし、繁忙期を過ぎると、また結婚したい波が訪れる。そのくり返しだ。

57歳になり、結婚願望は高波となってやってきた。そして、婚活を再開した。

この本は57歳からの、オヤジの〝熟年婚活記〟だ。婚活アプリ、結婚相談所、婚活パーティーなどを利用したリアルな体験をつづっていく。いい大人になってなお女性と上手に付き合えないもどかしさも、はるか年下の女性に罵倒された屈辱も、ありのまま打ち明ける。ただし、プライバシーの保護上、実在する個人が特定できないように名前はすべて仮名、地名や職業も一部変更して書いていく。

２０２０年、努力もむなしく婚活の成果が上がらずに58歳になったとき、中国・武漢で新型コロナウイルスが発生した。この疫病はあっという間に世界中に広がった。日本国内でも感染は拡大。３月になるとイベントの中止や延期が次々と決まり、エンタテインメントに関係する仕事が激減した。

４月にはより深刻な状況になった。７日に当時の安倍晋三首相が東京をはじめ7都府県に緊急事態宣言を発令。16日には対象を全国に拡大。不要不急の用事では、自宅から出られなくなった。

一人暮らしだと、緊急事態宣言によるステイ・ホームの時期は人に会わない。３日、４日は平気だった。この機会に長い原稿でも書こうと思っていた。ところが、一週間を過ぎたくらいから、心に異変を覚えた。

誰かと一緒にいたい――。

切実に願った。

一人で起きて、一人で食べて、わずかな仕事をして、それまではほとんど見ていなかったテレビをつける。コロナの報道に見入る。むなしさを覚えた。

既婚の友人たちは突然与えられた時間を家族とともに上手に使っている。学生時代の仲間の一人は在宅になり、妻と若いころに二人で観た映画を1日に1本ずつ観ているらしい。夫婦の共同作業で手の込んだ料理をつくるようになったやつもいる。

僕はというと、カップラーメンやスーパーで買ったおにぎりを食べる毎日。自炊は、せいぜいパスタを茹でるくらい。ビタミンはサプリメントと市販の青汁ドリンクで補給している。ちょっとしたシェルターにいる感覚だ。

そんなとき、朝日新聞の朝刊で悲しい記事を読んだ。一人暮らしの人が自宅で倒れ、搬送先の病院で死亡が確認されるケースが相次いでいるという。そのいずれも中高年の男だと記されていた。

翌日の朝刊ではこんな見出しが目に入った。

「自宅待機の50代死亡」

コロナで軽症と診断され自宅療養していた埼玉県在住の男性が亡くなった。その人は50代で一人暮らし。どんな思いで、息を引き取ったのだろう。

「孤独死」——という言葉が頭をよぎる。

他人事とは思えなかった。

コロナ禍によって、「結婚したい」願望は「結婚しなくてはならない」になった。パートナーがいれば助け合える。「愛する女性と手を携えて生きていきたい」と願った。ジジイがよくもまたこりずに――と、周囲に言われるのは承知している。熟年婚活とは、寂しさが恥ずかしさに勝ったときに始めるものなのかもしれない。

婚活が一般化した2010年代

2010年代、日本の婚活事情は大きく変わった。

まず、婚活を行うハードルが下がった。かつて、婚活は恥ずかしい行為だった……と思う。日本では長い間、結婚相手は、職場の同僚、学生時代の友人関係、友だちの紹介などで見つけるものだった。その大きな理由の一つは、共通の知り合いがいることだ。相手がどんな人間なのか、複数の人に確かめられる。つまり〝保険〟がきいているのだ。

一方、保険のきいていない、リスクをともなう婚活は、日常生活で交際相手と出会えない、モテない男女がこっそりやるものだと思われていた。だから、友だちには内緒にしておきたかった。いわゆる〝婚活村〟にいるのは、男女とも追い詰められた40代以上が主流だ。とくにネット系の婚活アプリは、社会の理解を得られていなかった。セックスを目的とした出会い系サイトとなにが違うのか――。そのあたりが一般的にあいまいだったからだろう。

2010年ごろ、仕事の後輩で当時35歳の女性が、まだ始まったばかりの婚活アプリで会社員男性と出会い、結婚した。披露宴に招かれた僕は、フィクションのスピーチを頼まれた。二人の出会いは僕の紹介、だと話してほしいというのだ。新郎にはもちろん会ったことはない。ネットを通しての結婚は、叔父叔母、祖父母の世代に理解されない。それが彼女の判断だった。いかがわしい方法で出会ったと思われたくなかったのだ。

しかし結婚難がより深刻になった今は、オープンに婚活が行われている。20代も婚活パーティーで抵抗感なくパートナーを探している。

婚活アプリも一般化した。いまやインターネットはほぼ生活の一部。それにともなって、婚活パーティーや結婚相談所をしのぐ婚活ツールになった。

57歳、婚活年齢としては崖っぷちどころか、すでに谷へ向けて転がり落ちている。それでもやるからには、中途半端はダメだ。そこで、次のことを自分に課した。

①婚活アプリに登録。ネットを通して毎日必ず誰かにアプローチする。

②コストをかけて、結婚相談所に登録する。
③週末でも、平日でも、時間が許す限り婚活パーティーに参加する。

これらを徹底して、婚活中心の生活にシフトした。

第1章　41歳女性に「クソ老人！」とののしられる

婚活アプリは登録者数が多い会社を選ぶべし

まず行ったのは、婚活アプリへの登録だ。優良サイトはどれか――。ネットで調べた。さまざまな人がネット上で意見を述べている。それぞれ一番にあげるアプリは異なっている。でも、順位は違えど上位5社はほぼ同じ会社だった。

婚活アプリは登録者数が多いほうがいい。そこで、5社のなかからA社を選んだ。登録者数が累計1000万人と書かれていたからだ。日本人の人口は2019年現在約1億2600万人。延べ数だとしても、1000万人はすごい。

登録はかんたんだった。A社の場合、入会金は必要ない。4000円ほどの月会費を払えば登録できる。女性の会費は男性より少し安く、月額3000円くらいだ。高過ぎず、安過ぎない。婚活だろうが、英会話教室だろうが、スポーツジムだろうが、価格が安過ぎる会社は概ねよくない。スタッフも会員も真剣度が低いからだ。男性の会費に対して女性の会費が安過ぎる婚活アプリもいけない。コストをかけずに登録できると、金融や謎の宗教の勧誘の温床になりがちだ。

Ａ社の月会費は短期間だと割高で、半年、１年……と長期契約になるほど割安になる。しかし、婚活アプリに長期登録したくはない。短期で相手を見つけたい。コストパフォーマンスがいいからと、１年以上を選ぶ人はいないだろう。半年契約を選択し、クレジットカード情報を入力した。ハンドルネームも決め、プロフィールを入力する。

プロフィールの項目は、年齢、身長、体形、血液型、出身地、居住地、国籍、職種、学歴、年収、休日、会話できる言語、婚歴、子どもの有無、同居人の有無、いつ結婚したいか、家事・育児への意識、自分が思う自分の性格、喫煙習慣、飲酒習慣、趣味……など。デジタルに弱い50代後半の僕でも、悩むことなく入力できる。さらに、書式自由で自己紹介を書く。本人確認として、運転免許証やパスポートなど写真入りの公的身分証明書も撮影して送信する。顔写真の掲載は任意だ。

こうしたプロセスによって、本人であることや年齢や国籍を偽ることはできない。しかし、その他は自己申告だ。たとえば体形だが、男性の場合は「細い」「ふつう」「マッチョ」「ややぽちゃ」「ぽちゃ」から選択する。周囲の評価がデブだったとしても自己評価がふつうならば「ふつう」だ。

女性の場合は「細い」「やや細い」「ふつう」「グラマー」「ややぽちゃ」「ぽちゃ」から選択する。周囲の評価がデブでも、自己評価で「グラマー」を選ぶことはできる。職種も、年収も、婚歴も、子どもの有無も偽ることはできる。未記入でもいい。

自己申告の項目が多いので、ナンパ目的の男性や妻帯者はまちがいなくいるだろう。美人局《つつもたせ》の女性もいるかもしれない。男女ともリスクは伴う。

しかし、何もしなければ、パートナーを見つけることはできない。一歩踏み出さなくては、人生に新しいことは何も起こらない。


女は男に「経済力」を、男は女に「容姿」を求める

プロフィールはすべて記入した。年齢は「57歳」、身長は「169センチ」、体形は「ふつう」。体形は明らかに自分に甘い評価だ。ただし、1週間に4回、ジムでトレーニングをしているので、たるんではいない。フリーランスなので、健康にだけは気を遣っ

ているのだ。大きな病気になったら仕事を失う。

職種は「フリーランスの記者」、学歴は「大学卒」、婚歴は「あり」、子どもは「なし」、喫煙の習慣と飲酒の習慣は「なし」。年収は、いいときで９００万円くらいだが、安定せず、波は大きい。持ち家や資産の欄はなかった。

記入しながら、悲しい気持ちになってきた。自分の〝婚活市場商品価値〟の低さを再確認したからだ。57歳といえば、初老といっていい年齢。背も高くはない。仕事は不安定。婚歴もある。前途多難だ。

次の自己紹介文を書く前に、女性が結婚相手に何を求めているかを知っておくべきだろう。どこかでアンケートをとっていないか、ネットで検索してみる。すると、婚活についての調査をいくつか見つけることができた。

次のデータは２０１６年に厚生労働省が発表した「平成27年版厚生労働白書―人口減少社会を考える―」からのもの。少し前の数字だが、行政が調査・発表したものでは一番新しい。

●女性が結婚相手に求めるもの

①性格　95・0％　②経済力　67・2％　③恋愛感情　53・6％　④健康　52・4％
⑤趣味　42・6％　⑥親の同意　33・9％　⑦容姿　33・8％　⑧自分の仕事に対する理解　32・2％　⑨年齢　27・9％　⑩職種　26・9％

このアンケートを見ると、女性が求めている条件がよくわかる。

1位は「性格」だが、よほどのマゾでなければ、性格の悪い相手など求めない。3位の「恋愛感情」、4位の「健康」も誰もが求める常識的な希望だ。恋愛感情は大前提だし、元気なほうがいい。

それを考えると、女性が男に求めているのは②の「経済力」ということになる。

次に、同じ出典から男性が求めるものもチェックした。

●男性が結婚相手に求めるもの

①性格　91・9％　②恋愛感情　47・0％　③容姿　46・4％　④家事能力　41・2％
⑤趣味　39・3％　⑥健康　35・8％　⑦自分の仕事に対する理解　33・1％

⑧年齢　27・４％　⑨親の同意　14・７％　⑩経済力　12・４％

データを見ると、「性格」「恋愛感情」「健康」については、女性が男性に求める条件同様、常識の範囲内だ。つまり、男が女性に求めるのは③の「容姿」だ。また、女性に④の「家事能力」を求めている男が41％もいる。男がいかに封建的なのかを示している。

こうした状況を十分に頭に入れた上で、自己紹介文を考えた。

プロフィールでは「真剣」「働く」「健康」を強調

女性が男性に求めているのが経済力であることはわかった。しかし、だからといって、いきなり年収は増やせない。僕の場合、印税制の書籍でヒット作でもでない限り、700万円台から900万円台だった。ただし、会社員とは違い、交通費、通信費、資料費など経費も含んだ金額だ。貯金はない。

フリーランスならば何でも経費で処理できて節税できるはず――という声を世間で度々耳にする。しかし、誤解だ。国民健康保険は自己負担、国民年金も自己負担の上に会社員の厚生年金よりもはるかに支給額が少ない。フリーランスで年収が1000万円は、会社員の500万円に相当するともいわれるが、こちらのほうが現実に近い見立てだと思う。翌年の年収が半分以下になるかもしれないという不安も常に抱えている。

自己紹介文の経済面は数字だけ正直に記入して、誠実さやまじめさ、そして健康であることをアピールするしかないだろう。


「こんにちは。

真剣にパートナーを探しています。

仕事は記者です。フリーランスで雑誌のコラムなどを書いています。

あくまでも自己評価になりますが、働き者です。

健康を大切にしているので、一週間に3～4回はジムに通っています。

仕事柄、国内外よく出かけています。かつて2年だけですが、アメリカにわたって仕事をしていました。

どんなことでも話し合える関係が理想です」


長すぎず、短すぎず、頻繁に改行をして、読みやすさを心がけた。

この自己紹介文は、自分としては「真剣」「働く」「健康」「海外」「話し合える関係」が肝。誠実で頑張る自分をアピールしたつもりだ。女性は概して、男性よりも海外旅行が好きなので、それも意識した。

婚活市場価値が低いので、アピールできる内容はしっかりと書いた。恥ずかしいけれど、写真も掲載した。

写真の掲載は、知り合いに見つからないだろうか……という不安はあった。しかし、人は顔のわからない相手と会おうとは思わない。それは男女とも同じだろう。

実際にアプリで女性のプロフィールを眺め、写真掲載は必要だと思った。30代を過ぎれば、人柄のよさも悪さも必ず顔に表れる。美醜のことをいっているわけではない。男女とも、優しく微笑む人で性悪な人は少ない。きつい目で優しい人も少ない。笑っていても、性格のきつい人の目は厳しい。写真がないと、そのあたりの判断ができない。

僕は雑誌の取材現場でプロが撮影してくれたバストアップの写真を使わせてもらった。実はその一点しか持っていなかったのだ。50代のオヤジに、自撮りの習慣はない。

婚活アプリに50代後半のオヤジが登録して、恥ずかしくないだろうか？　同世代の登録者はいるだろうか？　それがとくに気になった。

アプリに登録してしまえば、利用法はかんたんだ。気に入った女性に、サイトを通してメッセージを送ればいい。

相手が応じてくれたらいわゆる〝マッチング〟となり、メッセージのやり取りができる。その後は自由恋愛。メールアドレスやLINEのIDを交換して、直接会ってもいい。もちろん女性から男性に申し込むこともできる。メッセージを送るにはお金がかかる。ポイントを購入するシステムだ。

写真修正アプリでグレードアップ？

婚活アプリに会員登録すると、すぐに女性会員のプロフィールを閲覧できた。いるわ、いるわ。女性会員だけでざっと5万人は登録しているようだ。20代も30代も40代もいる。女性会員に関しては、20代後半から30代が多いと感じた。50代もふつうにいる。女性のプロフィールを見る限り、60代も、70代もいる。50代が登録しても恥ずかしくないだろうか、という心配は杞憂だった。婚活アプリは若い層はもちろん、デジタルが得意とは思えない年配の女性にも広がっている。

驚いたのは10代の会員がいることだ。10代から婚活するとは、いったいどういうマインドなのだろう。そんなに若いうちから人生のパートナーを決めてしまって大丈夫なのか？　10代の女性会員の顔写真をまじまじと見た。

後に結婚相談所のカウンセラーに聞いたのだが、男は女性に容姿や若さを求めるという事実を知ったうえで、婚活市場価値の高い10代の女性たちが経済的・学歴的・外見的にハイスペックの相手をさがしているのだという。なかなかしたたかだ。

女性会員の写真はほとんどが日常のスナップ。自撮りも多い。どの世代の女性もきれいに写っている。

しかし、パソコンの機能を使い拡大して見ると、不自然な写真も少なくない。まず、目がでかい。アニメのキャラクターのような巨大な目の女性もいる。もはや人間の目ではありえない大きさだ。写真加工アプリを使っているのだろう。

年齢不相応に肌がきれいな人もいる。そういう写真は頬のあたりがのっぺりとフラットだ。肌荒れや毛穴をレタッチで消しているのだろう。

写真は複数掲載できる。海外旅行で撮影した景色や高級レストランの料理をいくつもアップしている女性が多い。意図がわからない。婚活のプロフィールというよりも、思い出のアルバムだ。

水着姿の女性に目がくらむ

プロフィールには、過去一か月に何人の男性からアプローチされているのかが表記されていた。100人から200人、500人以上から申し込みを受けている女性も少なくはない。男性会員はかたっぱしから申し込んでいるのだろう。自分が女だったら、モテていると錯覚しそうだ。

人気のある女性には共通点があった。容姿に恵まれていることはもちろんだが、露出の多い服を着ている写真、豊かな胸を強調している写真、水着姿の写真を掲載している女性に〝票〟は集まっている。目立つ容姿でなくても、ノースリーブや体にフィットしたニットを着て真横から撮影している女性は人気が高い。男たちがいかに単純なのかがよくわかった。僕自身、露出の多い服の女性の写真には目がくらんだ。

そして、笑顔が魅力的な女性は人気がある。笑顔がやさしそうな女性にはたくさんの男性会員がアプローチしていた。

女性の職業は美容系が多い。美容室、ネイルサロン、エステティックサロンなどに勤務しているということだろうか。職場に男性がいないか、少ないからだろう。

自己紹介文には、次のような文章が目についた。

「友だちがこのサイトでパートナーを見つけて結婚したので登録しました」

「会社の先輩がこの婚活アプリで素敵な恋人と出会い、勧められました」

事実だろうか⁉

前向きな気持ちになった。

誠実そうな女性の自己紹介文

さて、どの層にアプローチしようか？

婚活アプリでは年齢、結婚歴、子どもの有無、趣味、写真掲載の有無など自分の希望条件を入力すると、当てはまる女性がパソコンやスマホの画面に次々とアップされる。

自分が50代なので、アプローチする年齢はひと世代若い40代にした。30代から下には相手にされないだろう。その一方〝初動〟では同世代よりも上は申し込まなかった。57歳より上になると、還暦に手が届いてしまう。

結婚歴にこだわりはない。しかし、相手に子どものいない女性を対象にした。40代離婚歴ありで子どももありの女性だと、その子が中学生から高校生の可能性が高い。もし男の子だったら、けんかになったらボコボコに殴られるだろう。今の若い世代は体が大きい。僕は非力だ。腕力ではかなわない。

ただし30代でも50代でも、趣味嗜好が近い人は年齢に関係なくアプローチの対象に考えた。同じ趣味を持つ人は貴重だ。若いときならば、趣味が違っても一緒に楽しいことを見つければいい。しかし、40代になれば好き嫌いははっきりしている。自我が育ち切っているからだ。そんななかでも趣味嗜好が近い相手は希少価値が高い。

こうした条件を打ち込むと、パソコンの画面にずらりと女性の顔が並んだ。

好みのタイプの女性のプロフィールを一人一人確認していく。離婚歴のある人が多い。

「離婚歴があります。原因は元夫の度重なる浮気でした（涙）。男性の不倫はトラウマです。バツイチで45歳なので、誠実で、おじいちゃんとおばあちゃんになっても笑って過ごせるかたと出会いたいです」

「5年前に離婚を経験しています。別れた理由はお目にかかったときにきちんとお伝えできます。悲しい出来事でしたが、学習もできたので、つらかった経験をこれからの幸せにつなげたいと思っています」

このような誠実そうな自己紹介文も多い。一度結婚の経験がある女性は安心できる。

過去にその女性と人生をともにしようと決めた男性がいたあかしだからだ。

一方、シングルで、美しく、仕事にも自信を持っていそうな女性については、いろいろと想像をめぐらせた。なぜ一度も結婚していないのだろう？　エキセントリックな性格なのだろうか？　遊びまくってきたのだろうか？　美人局ではないだろうか？

女性会員が男性会員のプロフィールをチェックするときも同じだろう。高年収、イケメン、高学歴で婚歴がなかったら――。ＤＶか？　借金があるのか？　ギャンブルに狂っているのか？　特殊な性的嗜好があるのか？　不安を感じる。

強気の女性の自己紹介文

婚活アプリの女性会員にはモデルやモデル経験者も一定数登録している。こうした女性の多くは年下の男性を希望している。年下を好むのは男の傾向だと思っていたが、女性も容姿に恵まれて婚活市場価値が高い自覚があると、年下を求めることがわかった。

容姿に恵まれているのに、なぜパートナーを見つけられないのか――不思議に思った。そこで、自己紹介やそこに書かれている希望する男性のタイプを読むと、その一部からいまだにシングルである理由が垣間見られた。

「私のプロフィール、よく読んでくださいね。東京でモデルをやっています。出会いはありますが、年々理想が高くなり、決められません。趣味はショッピング、旅行、コスメです。男性は容姿重視。包容力、経済力も求めます。いつもプレゼントをしてくれて、旅行に連れていってくれるお金持ちの男性、メッセージください。離婚歴ある人、子どもがいる人、ケチ、低所得者、根暗、ギャンブル好き、学生、初老、常識のない人、感謝の気持ちのない人はNGです。読書、映画、スポーツ、美術館めぐり、釣りには興味ありません。なお、私への質問は1回に限らせていただきます」

これは30代のモデルの女性の自己紹介文だ。かなり強気だ。

写真を見ると、確かに顔は整っている。瞳が大きく欧米人みたいだ。髪は金色に輝いている。アプリで加工している気配もない。

ここまで強気のプロフィール文を書けたら、どんなに気持ちがいいだろう。

このような女性にアプローチするのは、よほどの自信家か、身の程知らずか、鈍感でなくてはならない。そんな男は少ないのでは、と思ったら、彼女には150人の男性会員が申し込んでいた。どんな男がアプローチするのだ？　会ったらいくらお金を使わされるのか、同じ屋根の下で暮らしたら何を強いられるのか、考えないのだろうか。

こうした強気のプロフィールは常に一定数ある。

「ネイルスクールの講師をしています。仕事内容についていちいち質問はしてこないでください。ハーフ系の顔で小柄です。年齢よりも若く見られます。東京住みの人と仲よくなりたいです。デート代は男性が払うのが当たり前と思っています。男性が多めに払うとか意味がわかりません。女性にお金を出させる男性を見たことがないからです。手ぶらで帰す人はマナーがないなと思ってしまいます。できる人は交通費まで出してくれますよ。理解できない人は申し込まないでください。それから、私のプロフィールは最後まで読んで、該当しない人も申し込まないでください。じゃまです」

こちらもなかなかだ。プロフィールの写真を見ると、モデルのローラに似ている。デート代を男が払うのは理解できる。でも、お車代も用意しなくてはいけないらしい。もはや接待の域だ。それでも１００人近い男が申し込んでいる。

男はつらい。そんなことを思いながら、僕も女性たちへのメッセージを書き始めた。

女性へのメッセージ文

まずは、婚活アプリの最初のページに表示された女性のなかから５人にメッセージを送ることにした。その反応を見て、方向性や文章を修正すればいい。

メッセージの文章は基本形をつくり、相手によって、年齢や職業や趣味を考慮してアレンジを施すことにした。

具体的には次のような文面を考えた。

「はじめまして。

真剣に出会いを求めています。

○○さんのプロフィールとお写真を拝見して、知的な雰囲気、品のよさ、そして清潔さを感じました。お話していただけないでしょうか。

僕には一度、結婚・離婚経験があります。その体験を経て、新しいパートナーとは、いいことも、苦しいときも、どんなことでも率直に話し合える関係を築きたいと思っています。

仕事はフリーランスの記者です。エンタテインメント系の取材記事やコラムを書いています。

少しでも興味を持っていただけたら、お話すること、ご検討いただけないでしょうか。

よろしくお願いします」

自己紹介文よりもやや長めに、やはり頻繁に改行をして、読みやすさを心がけた。遊び相手ではなく真剣にパートナーを求めていることも示し、相手のどこに魅力を感じたかの明記も大切だと考えた。

そして女性の顔に魅力を感じたとしても、「顔が好みです」などとは書かない。「お写真の表情から知性を感じました」「品のよさ、清潔さに魅かれました」などとした。自分がどんな女性を求めているか、どんな関係を築きたいか、どんな仕事をしているかも明記。さらに、趣味が近い女性や、相手の仕事に興味を覚えたら、そのことを書き加えた。

プロフィールを入力したら、その日のうちに5人の女性に申し込んだ。すべて40代だ。

16歳年下から罵倒のＬＩＮＥ

「連絡すんなって書いてあんの読めないのかよ。老眼鏡つけとけよ。てめーからＬＩＮＥくるだけでゾッとして不眠になるわ。クソ老人！」

朝起きたら強烈なメッセージが届いていた。

あまりの内容に冗談かと思った。生まれてから57年間、「てめー」とか「クソ老人」とか、言われたことはない。使ったこともない。

眠い目をこすってもう一度スマホの画面を確認する。間違いない。ののしるコメントが届いていた。

このメッセージを僕に送ってきたのは、婚活アプリで最初にマッチングしたマリナさんである。アプリに登録した夜に申し込んだ5人の女性のなかで一人だけレスポンスをくれた41歳の女性だ。銀行員で、離婚歴が一度ある。

彼女にメッセージを送ったのは、顔が好みだったということ。そして、好きな映画が同じだった。プロフィールには、ロベール・アンリコ監督のフランス映画、『冒険者たち』が好きとあったのだ。1967年、彼女が生まれる前に公開されている。僕もリアルタイムでは観ていない。この作品の好きなシーンについて書いてメッセージを送ると、すぐにレスポンスが届いた。映画の話題で3往復やり取りすると、「会いましょうよ」と言ってくれた。ビギナーズラックだと思った。

待ち合わせは、表参道駅近く。青山通りから路地を一本入ったビルのカフェレストランだ。実物のマリナさんもきれいな女性だった。かつては地方のテレビ局でレポーターの仕事もしていたという。

　意気投合した、と僕は思った。というのも、ＬＩＮＥのＩＤを交換し、Ｒ＆Ｂ系の来日アーティストのライヴを観る約束をして帰路に着いたからだ。しかし、僕の大きな勘違いだった。彼女は僕にいい印象を持たなかったのだ。

　約束したライヴの日程が近づき、ＬＩＮＥで連絡をしても、レスポンスがない。高価なチケットを用意していたこともあり、不安になった僕は２度、３度、連絡をした。すると、３度目でようやく、深夜に連絡が来た。

「しつこいです。もう連絡しないでください。無理です」

　しつこかったたか？　そうとも思えなかったけれど、嫌われたことは間違いない。小心者の僕は即撤退することにした。

「失礼しました。もう連絡はさしあげません」

　と送信して就寝した。

　翌朝起床すると「連絡すんなって書いてあんの読めないのかよ。老眼鏡つけとけよ。てめーからＬＩＮＥくるだけでゾッとして不眠になるわ。クソ老人！」というメッセージが届いていたのだ。「失礼しました。もう連絡はさしあげません」というわびのLINEすら腹立たしかったらしい。ここまで言うということは、断りたいだけでなく、僕を痛めつけたいということだ。

食事をしたときに、おそらく無意識のうちになにか僕に失言があったのだろう。しかし、心当たりはない。気分を害するポイントは、世代によっても違いがあるものだ。

年配のオヤジが自分よりも若い世代の女性にアプローチするときには痛みを覚悟しなくてはいけない。歳の差婚は、郷ひろみや加藤茶など、経済力のある男性の特権だ。概して女は男に経済力を求める。その現実を自分に強く言い聞かせた。

このように、婚活アプリではいきなり痛い目にあった。前途多難だ。

ラグジュアリー大好きの女性とマッチング

次にマッチングしたのは、45歳で外資系のコンサルティング会社に勤めるレイコさん。やはりプロフィールに掲載されていた写真が好みで、ダメモトでメッセージを送ったら、レスポンスをくれた。

「マッチング、ありがとうございます。とてもうれしいです！　このサイトでお話をして、よろしければお目にかかりたいです。よろしくお願いします」

すぐにお礼のメッセージを送った。しかし、マッチングしたものの、レイコさんからは、その日も、翌日も、返事は来ない。彼女から連絡が来たのはメッセージを送ってから一週間後。マッチングしたことを忘れかけたころだった。

「レイコです。仕事が忙しくてなかなかご連絡できず、すみませんでした。いろいろお話できたらと思っています」

うれしかった。

「憶えていていただいてよかったです。よろしくお願いします」

すぐにメッセージを返した。

「よかったら、一度お会いしませんか？」

翌日またメッセージをもらい、パソコンの画面に向かい深々とお辞儀をした。

「ぜひ！」

承諾の返事をした。しかし、レイコさんとは価値観が違った。

「今週末、リッツのアジュールでお食事、いかがでしょう？」

リッツのアジュール？　彼女が提案する店がどこなのか、すぐにはわからなかった。

あわててネットで検索すると、六本木にあるラグジュアリーホテル、ザ・リッツ・カールトン東京のなかのフレンチ・レストラン、アジュールフォーティーファイブだった。

初対面でリッツのフレンチ？　どう対応していいか迷った。いきなりラグジュアリーホテルで食事をするというのは、婚活アプリではふつうにあることなのだろうか。そう思いつつも、せこいプライドがじゃまをして、断れなかった。会いたかったのだ。

「わかりました。予約しますすね。楽しみです」

ああ、なんとバカなオレ——そう思いながらもリッツに電話をかける。すると、幸運にも満席だった。

「満席でした。残念です」

レイコさんに連絡をする。「残念」は、もちろん本心ではない。

「じゃあ、パークハイアットのニューヨークグリルにしましょう」

すぐにレイコさんは次の提案をしてきた。やはりラグジュアリーホテルである。

さほど僕には興味はないけれど、高価な食事をご馳走してくれるなら会ってあげてもいいわ、ということなのだろう。

そのリクエストも僕は断れず、西新宿のパークハイアット東京最上階のレストラン、ニューヨークグリルに電話をかけた。すると、ここも満席。ほっとした。

しかし、さらに提案があり、六本木のグランドハイアット東京のステーキハウス、オークドアで待ち合わせた。

目の前でシャンパンのグラスを重ねフィレステーキを頬張るレイコさんは、45歳には見えなかった。実年齢を知らなければ、30代前半と言われても信じただろう。

彼女の容姿に目がくらんだ僕は、何を言われても同意してしまう。彼女はどんどん饒舌になっていく。ああ、やっぱりバカなオレ……。つくづく自分にがっかりさせられる。

「私、婚活アプリに登録をしなくても、男性との出会いはあるんです」

彼女は自信たっぷりだ。

「そうでしょうね」

ニコニコと同意する僕。

食事中、彼女はときどき席を立つ。トイレにしては回数が多い。3回目の離席のとき、その目的がわかった。ルイ・ヴィトンのバッグから、ちらりと電子タバコがのぞいた。

「私のまわりの男性は既婚者がほとんどです。シングルもいるにはいるけど、頭が悪い人ばっかり」

レイコさんは、自分は頭がよく、まわりはバカ、というスタンスで話し続ける。

彼女には婚歴はない。しかし容姿に恵まれて、英語が話せて外資系企業で高給を得ていて、45歳美形の女性がシングルでいる理由がわかった。彼女との2時間半の食事代は、シャンパンやワインと合わせて5万円を超えた。勉強代と思うしかないだろう。

自分の生き方の選択でシングルを貫いているケースは別として、僕も含め、年齢を重ねても一人なのには、理由がある。年齢だったり、経済観念だったり、性格だったり、理由はさまざまだ。

見えないライバルたちとの戦い

57歳の婚活をスタートした当初は一進一退。女性とコンスタントに出会いはあるものの、交際にはいたらなかった。

婚活アプリについては、数を打たなければいけないことがわかってきた。たくさんの女性に交際を申し込まずに展開はしない。

所得、容姿、学歴、そして年齢によって打率は違うとは思うが、僕のマッチング率はおよそ1割。10人に申し込むと一人、100人に申し込むとおよそ10人の女性が申し込みに応じてくれた。

ただし、マッチングしてから実際に会えるまでにまた苦労する。アプリを通してメッセージのやり取りをするのだが、それがなかなか継続しない。会ったことのない女性とのネットを通しての会話なので、相手の情報が少なく、話題に苦労するのだ。

婚活アプリのプロフィールに趣味の欄はある。そこには「音楽」「コンサート」「野球観戦」「サッカー観戦」などと書かれている。しかし、音楽やコンサートと言っても、ロックなのか、クラシックなのか、どのアーティストなのか、どの作曲家なのか、好みはさまざまだ。野球やサッカーも応援するチームが違えば、歩み寄らなくてはならない。

僕が魅力を感じる女性は、当然ほかの多くの男性会員からも申し込まれている。ライバルが多い。複数の男とマッチングして、メッセージ交換をしているはずだ。何人かと会ってもいるだろう。目に見えないライバルたちとも戦わなくてはならないのだ。

アプリを通していい雰囲気でメッセージ交換をしていても、突然そっけなくされることがある。何か失礼な発言をしたかもしれないと思い、自分が送信したメッセージをずっと過去までさかのぼって確認しても、そんな形跡はない。おそらく、同時にやり取りしているほかの男性と発展して、こちらへの興味が失われたのだろう。たくさんの男性会員のなかから自分を選んでもらうには大変な努力が必要だ。

いよいよ会おうとなったときに、ストレートな質問をされたケースもあった。

「どんなふうに私を楽しませてくれますか？」

「何をご馳走してくれますか？」

婚活アプリで複数の男性会員にアプローチされている女性の多くは強気になっている。

概して、女性は食べることにこだわる。もちろん男だって食事は好きだが、初対面の相手にできるだけいい店でご馳走になろうという発想はない。不味《まず》いよりはおいしいものを食べたほうがいい。にぎやかな居酒屋よりは落ち着いて会話ができるレストランのほうがいい。その程度だ。

しかし、感覚が違う女性は少なくない。婚活でもおいしいものが食べたい。おいしい食事で自分をもてなしてくれる男性に興味を持つ。

婚活アプリでマッチングした女性と食事をする場合、苦手な食べ物を確認したうえで、イタリアン、フレンチ、和食、アジアン……など、それぞれお店を提案。そのなかから女性に選んでもらった。

しかし、納得してくれないケースもある。

「行ったことのある店ばかりだから、知らないところに連れていってほしいなあ」

　このように、もっとお店を提案するように求めてくる女性もいる。

　会ったこともない相手になんでここまでご奉仕しなくてはいけないのか――。ばかばかしくなってくる。「ご提案したなかから選んでくださいよ」と言いたい気持ちをぐっと抑える。今の状況が婚活市場における僕の商品価値、と自分に言い聞かせる。

　そもそも古今東西、ほとんどの男は、程度の違いはあっても、努力に努力を重ねて女性の気持ちを自分に向けさせてきたはずだ。織田信長だろうが、ジュリアス・シーザーだろうが、女性に好かれるために苦労を重ねていたはずだ。それを考えると、僕ごとき、この程度の努力は当然だ、と思える。

57歳、バツイチ、収入が不安定なフリーランス、容姿は並以下。食事をお付き合いいただく、という意識で臨まないと、2度目、3度目と継続して会ってはもらえない。

　交際を申し込んでくれる女性は年上がほとんどだ。外国籍の女性からも申し込まれる。アジア系の女性からは、コンスタントにアプローチがある。20代でモデルのような女性からも申し込まれる。日本国籍を得て、定住したいのかもしれない。

中国人女性とは暮らせるか？

外国人女性は、ずっとパートナーとして考えたことがなかった。一緒に生活するイメージをもてなかったからだ。しかし、それは身近に接した経験がないからでは――。ふと思った。外国人とは合わない、という思いは既成概念に縛られているだけではないか。何人かの中国系の女性に申し込んでもらううちに考えるようになった。

婚活アプリを通して申し込んでくれた東京都内在住、41歳のミレイさんとは、週末のランチタイムに青山のカフェレストランで待ち合わせた。彼女と会うことにした理由の一つは、きちんとした日本語でプロフィールが書かれていたからだ。おそらく、長く日本で暮らしているのだろう。日本語で意思の疎通ができることを期待した。

婚活アプリのプロフィールでの名前はほとんどがハンドルネームだ。出身が未記入だと、日本人か中国人か韓国人か、判別しづらい。ただし、自己紹介文を読むと、外国の女性はすぐにわかる。単語の組み合わせで書かれていることがほとんどだからだ。翻訳アプリを使っている文も多く、その場合は文法がおかしい。しかし、ミレイさんの自己紹介文の日本語は自然だった。出身欄にきちんと「中華人民共和国」と書かれていた。この人とならばコミュニケーションできると思った。

実際に会った彼女は色白で細身。思った通りきれいな日本語で話す女性だった。北京の大学を卒業し、日本の大学に留学し、日本の化粧品会社の広報で働いているという。もう12年、東京で暮らしているそうだ。彼女が勤めている会社は誰もが名前を知るメーカーだ。おそらく優秀な女性なのだろう。

「私は中国の人ですが、大丈夫ですか？」

「はい。ただ、僕は中国のかたと二人で食事をするのは初めてです。失礼があったら、許してください」

最初にそんな会話をした。彼女には婚歴があった。元夫は金融関係に勤めている日本人だったそうだ。子どもはいない。

「まじめな人でした。でも、ときどきものすごく怒り出しました。仕事でも、私に対しても、がまんしていたと思います」

彼が怒り始めると、誰にも止められない。彼女に暴力をふるうことはなかったが、壁やドアを激しく殴り続けたという。

彼女と話してわかったのは、違う国で生まれ育つと、相手がなんで怒っているのか、あるいは喜んでいるのか、理解しづらいということだ。喜怒哀楽は理屈ではない。感覚だ。だから、わかり合うにはどうすればいいのか、糸口がなかなかつかめない。

食べ物の嗜好の違いも心の溝につながるという。彼女の元夫は鰻が大好きだったらしい。しかし、彼女は鰻を見るだけで、吐き気を覚えた。彼が好んで食べる納豆や塩辛も、彼女はだめだった。臭いもつらかった。また、彼女が作る北京料理を彼は好まなかった。おたがいがまんしていたのだ。

生活習慣のギャップを埋めるのは難しい。自分自身30代で結婚と離婚を経験したが、なにか大きな事件が原因で別れたわけではない。食事や就寝など生活習慣の違いが夫婦間の溝を深めたと思う。元妻はスリムな体形を保つために、一日一食しか食べなかった。肌の健康のために、一日8時間以上の睡眠をとった。週末は、昼を過ぎても、夕方が近づいても、10時間以上眠り続けた。一方、僕は食欲旺盛。夜更かしの早起きだった。食べる、眠るという、人間の本能のところで、まったく相性が合わず、ストレスをためた。

さらにかみ合わなかったのが、洋式トイレの使い方だ。僕が立ったまま小用をすることを妻は許さなかった。

「立ってすると、目に見えないしぶきが飛んで天井まで汚すのよ」

彼女がテレビの情報番組で仕入れた知識である。彼女は極度の潔癖症で、電車のつり革を握るときは手袋をはめた。トイレでは便座に尻をつけようとはしなかった。洋式なのに和式のように便座に足を乗せて器用にまたがる。しかたなく、僕は長年の習慣をあらためるため、座って小用をする努力をした。便座に乗るのは勘弁してもらった。プラスティック製の便座は、40キロ台の妻の体には耐えても、70キロ台の僕は支えきれない。

便座に座ってしてみると、新たな問題も生じた。小のはずなのに、つられて大も顔を出す。尻周辺の筋肉は連動しているのだろう。なんとも具合が悪い。妻にそれを訴えると、ただあきれた顔をされただけで、立ちスタイルは許されなかった。

なんでもないことのように感じられるかもしれないが、生活習慣というのは毎日のこと。おたがいのストレスはたまる一方だ。

日本人同士でも一緒に暮らせなかった自分が、ほかの国で育った女性と暮らすのは難しい。もちろん、僕がおおらかな性格だったら、問題はない。しかし、自信はなかった。

第2章　予期せず本気の恋をして打ちひしがれる

プロフィール写真は巧みに加工

「おー！」

自宅のパソコンで結婚相談所、Ｂ社のサイトを開いたとき、思わず声をあげた。画面にずらりと表れた女性会員の写真が圧巻だったのだ。モデルのプロダクションのカタログをながめている気持ちになった。

女性はワンピースかスーツ、大きく二派に分かれる。色は白とピンクが主流。ときどきネイビーがいる。ほぼ全員がカメラ目線で微笑んでいる。プロのカメラマンがスタジオで撮影したのだろう。

プロフィールを読むと、婚活アプリと明らかに異なる傾向があった。高学歴の女性が多い。あくまでも印象だが、大学卒の割合が多い。さらに大学院卒がちらほらいる。高学歴女性はできるだけリスクを避け、コストをかけても安心できる婚活ツールを選ぶ傾向があるのかもしれない。

サイトを開いたままで、結婚相談所の担当カウンセラーのコジマさんに電話をかけた。

「コジマさん、女性のプロフィールのサイト、開けました」

「いかがでしょう？」

「素晴らしいです」

「それは何よりです。では、画面を見ながら一緒にシステムや申し込む手順を確認していきましょう」

コジマさんの年齢は41歳と聞いていた。「プロの婚活カウンセラーの見解としては、結婚願望の強い女性はですねえ〜」と〝プロ〟を強調して自信満々にアドバイスする。しかし、彼自身はシングルだ。

入会面談に彼が真っ白のスーツで現れたことには驚かされた。顧客をサポートする仕事なのに自分が目立ってどうするのだ。人生を左右する婚活をこの自意識過剰男に任せていいのだろうか？　不安を覚えたが、始める前から担当替えを頼むのも大人気ない。

パソコンの画面と向き合い、電話でコジマさんから会員専用ページの使い方を教わる。女性のプロフィールの見方、希望する女性の検索法、お見合いの申し込み方……などだ。

「画面の女性たちに今日からお見合いを申し込んでもいいんですか？」

「もちろんです。じゃんじゃんアプローチしちゃってください！」

そう言われて、まだ申し込んでもいないのに、全員とお見合いできる気になった。

女性の写真はみんな上品だ。しかし、目が慣れてくると、あれっ？　と思った。なんとなく違和感を覚える。

よく見ると、写真の多くは加工されていた。婚活アプリと同じ傾向が見られた。目鼻立ちがくっきり写るように陰影のあるメイクをしたり、しわが目立たないようにソフトフォーカスで撮影されていたり。おそらく画像上でも、頬をシャープにしたり、肌荒れをフラットにしたり、レタッチが施されているのだろう。

ほうれい線を消したのだろうか。妙にのっぺりした顔の女性が多い。背景は服装同様白や淡いピンクが主流だ。観葉植物が置かれている写真が多かった。

「女性会員の皆さんですが、実物もこんなにきれいなんでしょうか？」

感じたことをがまんできずに口にしてしまう性格は、小学生の頃から変わっていない。

「さあ、それは私にはなんとも……」

コジマさんは歯切れが悪い。

「実際に会ったら、顔が違っていることもありますか？」

「七掛けくらいまではご容赦いただきたいと……」

やはり写真は加工されているのだ。

「お見合いの場に別人のような女性が現れたら、チェンジはありですか？」

またもや思ったことが口をついて出てしまう。

「いけません！　私どもはそういう種類のお店とは違いますので」

電話の向こうは急に強い口調になった。

「そうですか……。ならば、写真をつくり込んでいるか、見破る方法はありますか？」

「それはご自身のスキルを磨いていただくしかないかと」

「スキルを磨く……」

「はい。あっ、一つポイントを申し上げましょう。モノクロ写真は加工されている前提で見てください」

コジマさんはきっぱりと言った。

電話を切り、結婚相談所での婚活もスタートした。

価格破壊が進む結婚相談所

50代の婚活で王道といえるのが結婚相談所だ。結婚相談所は一時期、「結婚情報サービス」と言われていた。そのほうが響きがいいと、業界各位が思ったのだろう。確かに「結婚相談所に入った」というと、婚活が一般化する以前は落ちぶれたイメージがあった。「結婚情報サービスに登録した」といえば、若干だが〝やさぐれ感〟は薄まる。

ただし、結婚情報サービスだと、目的がぼやける。情報を提供されるだけで、パートナーの紹介はないと思う男女もいるはずだ。結婚相談所といったほうが潔い。

そんなことを思いながらインターネットで検索していたら、B社の広告と出合った。「出合った」といっても、新聞でも結婚相談所の広告はよく目にしていた。婚活アプリや婚活パーティーと比べてコストのかかる結婚相談所に、興味をもたなかっただけだ。

しかし、今回は切実だった。広告をきっかけにネットでB社を調べる。

「総登録会員数は5万人！」

ネット広告に大きく太く赤い文字のキャッチコピーがあった。

5万人といえば、東京ドームや甲子園球場のスタンド席より多いではないか。一塁側スタンドがシングルの男性、三塁側スタンドがシングルの女性で埋まっているスタジアムを想像して、希望を感じた。結婚相談所はコストがかかる。入会手続きもおそらく面倒だろう。それなのに会員が5万人もいるというのだ。

さっそく電話をかけると、初期費用は、入会金が5万円、年会費が3万円だという。想像していたよりはるかにリーズナブルだ。別途お見合い料に5000円、成婚料に10万円が必要だ。それらは相談所の成功報酬なので理解できた（B社の成婚料は本来20万円だったが、キャンペーン中のため、その月に入会すれば10万円でいいと言われた）。

入会には、数十万円は必要だと思っていた。かつては高額だったと思う。1990年前後まではアルトマンという会社が最大手で、多くの雑誌で広告を見た。コンピュータをいち早く導入して男女をマッチングし、初期費用に確か50万円以上かかったはずだ。

婚活業界も価格破壊が進んでいるらしい。相談所の数が増え、婚活アプリや婚活パーティーなど、低コストの婚活ツールも普及し、競争の原理が働いているのだろう。

B社の会員数の5万人に嘘はなさそうだ。というのも、大手、中堅から自営まで、さまざまな結婚相談所が連合して、組織化されている。つまり、自分が入会したところだけではなく、ほかの数多くのオフィスに在籍する女性ともお見合いができる。

広告で見たその日のうちに、僕はB社を訪ねた。ＪＲ新宿駅から5分ほどのビルにオフィスはあった。入り口で用件を伝え、通された会議室で対応してくれたのが真っ白スーツのコジマさんだ。

「まず基本的なご確認ですが、間違いなく独身でいらっしゃいますね？」

コジマさんに質問された。こいつはなんて当たり前なことを聞くのだろう、と思った。しかし、彼の説明によると、遊び相手を見つける目的で相談所を利用しようとする妻帯者が少なくないそうだ。

なるほど、不届き者だが、頭のいい手口だ。コストはかかるが、路上でナンパをするよりもはるかに効率がいい。

「ご希望の条件を満たす女性と縁があれば、結婚する意志はお持ちですね？」

「はい」

これも当たり前の質問だと思ったが、素直に答えた。

「では、その前提で、この用紙にご記入をお願いします」

3枚つづりの書類を渡された。生年月日、出身地、身長、体重、学歴、年収、家族構成、趣味、好きなスポーツ……など、事細かくプロフィールを記入するようになっていた。希望する女性の条件を書く欄もあった。

希望は自分より年下、住まいは東京、神奈川と書いた。それより遠くだと、1、2回ならともかく、その後たびたび会うのは難しいだろう。

好みのタイプには「何でも話し合える女性」と記入した。夫婦であれ、親子であれ、兄弟であれ、意識して言葉で伝え合わないことにはおたがいが何を考えているかわからない。言葉にしなくても察してもらうなど、かつての高倉健や藤竜也限定の特権だ。

「あとは、これから申し上げる書類を提出していただき、入会金と年会費をご入金いただければ完了となります」

提出を求められた書類は、運転免許証やパスポートなど顔写真のある公的身分証明書のコピー、住民票、最終学歴の卒業証明書、源泉徴収票など収入証明書のコピー、そして独身証明書だ。

源泉徴収票は、会社員ならば勤務先から発行されるもののコピーを1枚用意すればいい。しかし、複数の会社から原稿料を受け取っているフリーランスの記者の場合、源泉徴収票も複数になる。前年のものをコピーして束ねてトータルの金額とともに提出した。

世の中に「独身証明書」なるものが存在するとはずっと知らなかった。この公的書類は、自分の本籍がある自治体で発行してくれる。

〈当市区町保管の公簿によれば、上記の者が婚姻するに当たり、民法第七三二条（重婚の禁止）の規定に抵触しないことを証明する〉

取り寄せた書類の名前の下にはそう記されていた。

結婚相談所は、コストがかかる分、婚活アプリと比べたらリスクは低い。源泉徴収票を提出するので、収入は偽れない。独身証明書を提出するので、既婚者が遊び目的で結婚相談所を利用することもできない。在住都道府県も学歴も偽れない。

結婚相談所登録者は本気度が高い

B社のシステムは次のような流れだ。

①フォーマットに従ってプロフィールを作成する。項目は、年齢、身長、体重、続柄、血液型、在住都道府県、出身都道府県、職業、婚歴、親同居についての希望、好きな異性のタイプ、資格、趣味、飲酒習慣、喫煙習慣、宗教、職業、自己ＰＲなど。

②プロフィールに写真を添付。
③プロフィールと写真を会員専用ホームページにアップ。
④プロフィールの画面から好みの相手にお見合いを申し込む。あるいは、申し込まれる。一人が申し込める人数の上限は、1か月に20人。
⑤申し込んだ側、申し込まれた側、双方が希望したら、それぞれの担当カウンセラーが連絡を取り合い、お見合いをセッティングする。このときに男女とも、B社に5000円のお見合い料を支払う（後にお見合いをした人の中には、お見合い料として1万円払っている女性もいた。僕と会うことに1万円も払ってくれていることに感激した）。
⑥お見合い。B社の場合は、基本的に担当カウンセラーは同席しない。この席では電話番号、メールアドレス、LINE IDなど個人の連絡先を相手に教えてはいけない。お見合いは1時間をめどとして、飲酒、食事をしてはいけない。もちろん性的な関係を持つのも禁止。
⑦男女双方が相手を気に入ったら、担当カウンセラーを通して電話番号を交換し、最長3か月の仮交際をスタート。
⑧仮交際期間中は担当カウンセラーとコンスタントに連絡を取り合い、自分の気持ち

を率直に報告する。この時期も性的な関係を持ってはいけない。ただし、同時に複数の相手と仮交際することはできる。

⑨3か月の仮交際期間後も交際継続を希望する場合は、相手を一人に決めて真剣交際に入る。ほかの仮交際の相手には、カウンセラーを介して断りの連絡をする。

⑩おたがいの好意を確認できたら退会し結婚。B社に成婚料を支払う。

プロフィールの項目では「職種」や「婚歴」だけでなく「親同居についての希望」「宗教」などを明確にしなければいけない。

自己PRの後には「担当カウンセラーからのPR」という欄があった。

「お育ちも学歴も申し分ないかたです。こんな女性がシングルでいらっしゃることが、相談所のスタッフの私ですら信じられません」

「中学入学から大学卒業までずっとテニス部で活躍されたスポーツウーマンです。いつお目にかかっても明るく、私も元気をいただいております」

そんな内容が書かれていた。

コジマさんはどんなことを書くか、心配になった。なにしろ真っ白スーツの男だ。

そこで、僕は「担当カウンセラーからのPR」を自分に考えさせてほしい、と希望した。

「実物は40代半ばに見えます、と書いていただけますか」

図々しく頼み、承諾を得た。

週末のシティーホテルはお見合いのメッカ

結婚相談所での婚活も、スタート当初は苦戦した。B社のホームページを介して何人もの女性にお見合いを申し込んだものの、次々と断られた。一か月で許されている上限いっぱいの20人にお見合いを申し込み、断られた数は19人。システムが故障しているのかと思うほどの惨状だ。50代後半は初老に見えるのだろう。婚活アプリで出会ったマリナさんに「クソ老人」とののしられた記憶がよみがえる。実際に自分が40歳のころ、50代後半は違う時代を生きている人たちだと思っていた。

1か月目にただ一人「OK」の返事をくれたのはミドリカワサキさんという女性だった。金融関係で働く会社員だ。

彼女とは、週末の午後、渋谷の国道246号沿いにあるシティーホテルでお見合いをした。高層階の、昼間はカフェとして利用されているバーラウンジだ。

出かける前には、鏡の前で念入りに自分チェックをした。

「鼻毛は飛び出していないか？」「歯の間に食べかすがつまっていないか？」「爪は伸びていないか？」――。鏡に映る自分に声を出して問う。

大丈夫。問題はない。服装は、襟付きの白いシャツに黒のジャケット、パンツはほどよく洗われたデニムにした。

見合いにはスーツで臨むように、カウンセラーのコジマさんには指導されていた。お見合いはスーツで臨むのがマナーだという。しかし、週末にスーツはためらわれた。それに、雑誌記者という仕事柄スーツを着なれていない。七五三に見える気がした。

ジャケットがよれよれではないかも、鏡の前で再確認する。靴も念入りに磨いた。女性は男のジャケットやシャツだけでなく、靴、財布、ハンカチもチェックするらしい。

さらに、自分の体のにおいをかいでみる。加齢臭が心配だったのだ。いまのところ誰かににおいを指摘されたことはない。しかし、臭くても、直接本人には言わないだろう。

ラウンジのある40階に着きエレベーターの扉が開くと、天井まである窓からの午後の光に包まれた。フロアに出ると、今度は大勢の男女の視線を浴びた。ざっと20人はいる。

休日なのにビジネススーツを着た男性、ワンピース姿の女性。最初はこの場でクラス会でもあるのかと思ったが、どうやらみんなお見合いの待ち合わせだ。誰もが初対面の相手を緊張の面持ちで待っている。どの女性がサキさんか。視線を右から左へぐるりと巡らしていると、後ろから声をかけられた。

「イシガミさん、ですよね？」

ふり向くと、目の前に相談所のホームページで見た顔があった。身長は160センチほど。薄いピンクのワンピースで、清楚なイメージだ。

「はい。ミドリカワさんですか？」

「今日はよろしくお願いします」

「こちらこそよろしくお願いします」

僕は深々とお辞儀をした。

ラウンジのスタッフはよく心得ている。窓に面した明るいソファにアテンドしてくれた。いい席だ。テーブルの間隔が空いているので、周囲を気にせず会話ができる。僕はホットコーヒー、サキさんはアイスティーを頼んだ。

ふと気づくと、店内のほとんどのテーブルが、ひと目見てお見合いとわかる男女で埋まっていた。週末の昼過ぎのこのホテルはお見合いのメッカなのだ。東京の週末のホテルでは、これほどたくさんのお見合いが行われているのか——。知らなかった。

サキさんとの会話は、おたがいに共通の話題を探り合った。しかし、どうしてもかみ合わない。この日が初対面。相手のことはプロフィールに書かれている内容しかわからない。当然、共通の知り合いはいない。すると、自分の仕事、趣味、そのときに新聞やテレビで報道されている出来事を話し、そこから枝葉を広げるしかない。

初めてだったこともあり、1時間ほどでぐったり疲労した。サキさんも疲れたと思う。おたがい笑顔で別れたけれど、案の定、カウンセラーを通してサキさんは交際に進む意思がないという連絡が届いた。僕もコジマさんに交際に進む意思がないことを伝えていたので傷つきはしなかったけれど、それまで体験したことのないむなしさを覚えた。

見とれてしまうほど美しい女性？

2度目のお見合いは、新宿西口にあるホテルのラウンジだった。僕が小学生時代、1970年代の初めに建ったホテルで、当時は日本で一番高いビルだった。

週末の午前11時、カウンセラーに指定された待ち合わせ場所、ホテル内の有名な生花店の前に行くと、スーツやワンピース姿のたくさんの男女が集まっていた。ここもお見合いのメッカらしい。平日に仕事の打ち合わせでときどき利用しているラウンジが、週末はお見合いでにぎわっているとは、思ってもいなかった。こういう場所は東京中にいくつもあり、週末には数えきれないほどのお見合いが行われているのだろう。

生花店前で待つ男女の誰もかれもが、せわしなく視線を泳がせている。みんな待ち人が初対面なので、間違えないように必死だ。違う相手に話しかけている男女も目につく。人違いされたほうは余裕のある笑顔で対応している。慣れているのだろう。

僕はハナゾノメグミさんという49歳の女性を待っていた。二週間ほど前に見合いを申し込んでくれた女性だ。プロフィールにはケーブルテレビのレポーターと書かれていた。

最初は断ろうと思った。僕は57歳であるにもかかわらず、49歳という彼女の年齢が気になったのだ。結婚相談所に登録したばかりで、身の程をわきまえずに40代半ばくらいまでの女性を希望していた。若い女性が好きだから、という単純な理由ではない。バブル時代を知っている女性が僕は苦手だった。もちろん個人差はあるが、概して、食事からクルマまで、男に求めるレベルが高い。

「私、まだ国産のクルマに乗ったことないんだけどおー」

初デートで自宅まで迎えに行ってまさかの乗車拒否をされたこともある。40代の終わりに婚活パーティーで出会った女性だ。

「40代で家を持っていない男と付き合ってはいけない、ってパパに言われているの」

そう言われて交際を断られた体験もある。

しかし、結婚相談所のホームページで確認したメグミさんはそういうタイプには見えなかった。彼女のプロフィールにある担当カウンセラーからのＰＲ欄も気になった。

「初めてお会いしたとき、女優さんかと思ってしばらく見とれてしまいました。実際に会うと、写真よりもはるかに美しく、実年齢よりも10歳から20歳はお若く見えます。ぜひお会いしてみてください」

そう書かれていた。「10歳から20歳」というのは範囲が広すぎる。実年齢が49歳だから、29歳か39歳に見えるということだ。乱暴な意見だと思った。

それでも断れなかった。カウンセラーが男性か女性かは不明だが、「しばらく見とれてしまいました」というコメントが気になってしかたがなかったのだ。

メグミさんのプロフィールにアップされている写真はスタジオでプロが撮影したものではなく、海外旅行でのスナップだった。南の島だろうか。小麦色の顔をした子どもたちに囲まれて笑っている。印象はいい。ただ、離れた位置から撮った破顔なので、ふだんはどんな顔なのか、よくわからない。

会うべきか。やめておくべきか――。

パソコン画面に目を近づけたり、斜めから見たりした。もちろん無駄な努力だ。結局お見合いをすることに決めた。会って自分の目で確かめたかったのだ。

「イシガミさんですか？」

声に振り向くと、見覚えのない女性が微笑んでいた。

仕事の知り合いに声をかけられたと思った。どこで名刺交換をした人だろう。友人や仕事の関係者に見合いをしていることは知られたくない。

「はい……」

顔を見られたくなくて、視線を下に落とす。

「ハナゾノメグミです」

僕はあわてて顔を上げ、声をつまらせた。目の前には、写真とは別人のような白髪交じりの女性がいた。

カウンセラーのＰＲコメントは、明らかに誇大広告だ。相談所のプロフィール画面で実年齢を知らなければ自分よりも年上だと思っただろう。30代には見えないし、もちろん20代とも思えない。こうなる可能性があることを想定していないわけではなかった。しかし、想像を超えてギャップは大きかった。

ラウンジに入ってお見合いが始まると、メグミさんは明るく、よくしゃべった。メディアの仕事をしているので、スポーツから最新の映画まで話題も豊富だ。

しかし、騙されたという思いが払拭できない。どう見ても〝女優〟ではない。見た目の良し悪しだけではなく、一つ嘘があると、年齢も、職業も、すべてに疑いをもってしまう。だから、何を話しかけられても、うわの空で対応してしまう。そんな自分に自己嫌悪も覚える。悪循環だ。

「イシガミさん、あまりお話しにならないんですね？」

「あっ、はい、まあ、そういうわけでも……」

「私、おもしろくないですか？」

「えっ、いいえ、そんなことは。実は、担当カウンセラーに、1時間でお見合いを切り上げるように厳しく言われていまして」

ほどほどのところで話を終わらせて会計をした。

夜、コジマさんから電話があった。

「今日お見合いをされた〝女優のように美しい女性〟いかがでしたか？」

開口一番、癇に障る言い方だ。

「誇大ＰＲでした」

「やっぱり。では先方のカウンセラーに断りの連絡を入れましょう」

「一つ偽りがあると、ほかの全部が嘘に思えて、積極的に会話ができません」

「お気持ちはわかります。よーくわかりますが、引き続き頑張ってください」

コジマさんは他人事のように言って電話を切った。

結婚相談所では、交際を断る場合、相手に直接連絡しなくていい。おたがいの心が痛まないように、担当カウンセラー経由で伝えるのがルールだ。また、男女どちらかが交際しないと決めたら、それ以降、相手への連絡も禁じられている。もしどちらかがルールを破ったら、相談所レベルで解決する。

メグミさんとのお見合いで、それまで無自覚だった自分のコンプレックスに気がついた。僕は女性をつい容姿で判断する。それは自信のなさと背中合わせだ。自信がないから、見た目のいい女性を求めてしまう。「お前、いい女と結婚したなあ」という周囲の評価が欲しいのだ。そして容姿に引かれて付き合うから、相手の心ときちんと向き合わない。しかし、わかっていても、変えられるものでもない。

失恋

目が覚めると、視界がぼんやりとして、まるでヴェールに覆われている気がした。体に力が入らない。どういうわけだ——。徐々に脳が覚醒してくる。そうだ、オレ、ふられたんだ……。

自分がおかれている状況を思い出す。こんな朝が、もう1か月以上続いていた。２０１９年の秋のことだ。婚活でこんな思いをするとは。

「ああああああー！」

天井に向かって叫び、自分に活を入れ、ベッドから起き上がる。

30代後半くらいからだろうか、女性にふられても深く傷つくことはないと思っていた。すでに何度も失恋体験を重ね、免疫力があると信じ切っていた。実際、30代でも40代でも、何度も女性に去られた。ふられればがっかりする。心も乱れる。それでも、数日で回復した。仕事のモチベーションが落ちるようなことなどまったくなかった。大人になるとはそういうことなのだ、とたかをくっていた。

ところが、57歳でガツンと足腰も立たないくらいに打ちのめされた。

その女性はアイコさん。50歳。美大を目指す子どもたちに個人レッスンで画《え》を教える仕事をしていた。

彼女とはB社を通して出会った。

「新規のお見合いの申し込みがあります。応じますか？」

担当カウンセラーのコジマさんから連絡が来た。

「どうしよう。どう思いますか？」

逆にコジマさんに訊ねた。50歳という相手の年齢を知って躊躇したのだ。このころには30代から40代前半の女性からの申し込みを複数もらっていたので、成婚したわけでもないのに傲慢になっていた。ひょっとしてオレいけてる？　と容姿が並以下の57歳のジジイであるにもかかわらず、勘違いしていた。

「写真を見る限り、素敵な女性ですよ。お会いになったほうがいいのでは」

コジマさんにうながされて顔写真を見た。気が強そうだけど美しい。50歳には見えない。若いころの写真をアップしているのではないだろうか。

少し迷い、それでもお見合いに応じることに決めた。彼女のコメント欄に住まいのエリアが書かれていて、家が近そうだったのだ。気軽に近所で会えると思った。

3か月で20回以上会い、ふられる

アイコさんとのお見合いの場所は中野のホテルのレストランになった。平日のランチタイムとディナータイムの間はカフェとして使われているラウンジだ。彼女も僕もフリーランスの仕事なので、平日の昼間でも時間の調整ができた。

ラウンジに入ると、すでに彼女は座っていた。あわててテーブルに駆け寄って挨拶をすると、輝くような笑顔で応じてくれた。今思うと、あの笑顔で僕は腑抜けにされた。

僕は高揚し、婚活をしているいきさつ、仕事のこと、好きな映画や音楽について、しゃべりまくった。彼女も自分について、隠さずに話してくれた。美大を出てずっと画を教えていること、長い恋愛に敗れて婚活をはじめたことなどだ。結婚相談所ではすでに7人の男性に会ったという。いい人過ぎてつまらない男性と、明らかにセックスが目的の男の両極端だったと言った。

彼女とは2日後にも食事をした。そのさらに2日後には映画を観た。翌週も翌々週も食事をした。住まいが近いので、地元で飲食しまくった。何度会っても話題は尽きない。ただ、結婚相談所での交際なので、それ以上の進展はがまんした。慎重を期したのだ。ひょっとしたらこの女性とゴールできるかもしれない――。そう考えるようになった。

B社で定めている仮交際期間は3か月。そこで、いわゆる真剣交際の段階へ進むか、進まないかの判断をしなくてはいけない。真剣交際に進んだら、並行して会っているほかの相手には断りを入れるのがルールだ。断った相手とは二度と会わないことはもちろん、連絡をしてもいけない。

アイコさんとの3か月にわたる仮交際はあっという間に過ぎた。その間20回以上は会ったはずだ。次の段階へ進むかやめるか決める期限が近づいてきた。

そんなある夜、食事の後、アイコさんに聞かれた。

「今、何人の女性と会っていますか?」

その時点で、僕は同時進行の女性はいなかった。気持ちを彼女に集中させていたのだ。

「アイコさんだけですよ」

正直に答えた。

「そうでしたか……」

彼女がかすかに目を伏せる。

「ひょっとして、ほかの男性と同時に会っていますか？」

一応聞いた。そのときは同時進行の男性会員はいないと思っていた。かなりの頻度で僕と会っていたからだ。しかし、思いもよらぬ答えが返ってきた。

「はい。今、5人の男性とお会いしています」

「えー！」

驚愕した。ほかにも同時に会っていたとは。しかも5人も。その日まで、そんなそぶりはまったくなかった。あっぱれだ。アイコさんが仮交際している相手にはさほど頻繁に会っていない男もいるかもしれない。しかし、それにしても5人は多い。

たとえば、世の中の妻は夫が浮気をするとすぐに気づくらしい。しかし、妻の浮気に夫は気づかない。男は概して阿呆で、すべてが態度に表れる。でも、女は見破られないように完璧にふるまえる。

その2日後、結婚相談所を通して、アイコさんから僕との交際を終了する連絡がきた。

「3か月続いて、私は成婚退会になると思っていました。ほんとうに残念でした」

コジマさんが、さして残念でもなさそうに電話で伝えてきた。

その翌日、アイコさん本人からもＬＩＮＥでメッセージが届いた。

「相談所での3か月間の交際、ありがとうございました。とても楽しい時間でした。でも、結婚を前提としてのお付き合いは難しいと感じたので、すみません。お会いしている過程で、私は安定したお仕事をしているかたと静かに暮らしていきたいのだと気づきました。ご縁はありませんでしたが、おたがい頑張りましょう」

がっかりしたけれど、精一杯見栄を張ってレスポンスをした。

「交際終了のこと、相談所からも連絡が来ました。残念ですが、しかたがないことだと思っています。お目にかかれなくなりましたが、これからもお体だけは大切に。アイコさんの幸せをお祈りしています」

Ｂ社では交際終了とともに個人的に連絡を取り合ってはいけないルールを定めているが、このくらいは許してくれるだろう。

再会

その日から体に力が入らなくなった。何をしても楽しくない。何を食べてもおいしくない。ベッドに入ると10時間でも15時間でも眠ってしまう。

これはまずい、と感じて毎朝必ず9時からジムでエクササイズを行うことにした。ストレッチをひと通りやって、レッグプレス、チェストプレス、腹筋マシン……など、鉄の塊を力いっぱい持ち上げたり、押したりを1時間ほどくり返す。朝きちんと起きて、決まった時間に、決まったことをしないと、生活がむちゃくちゃに乱れると感じた。

仕事には没頭した。必死に働いている時間は失恋したことを忘れられる。とくに取材には救われた。相手に向き合って質問をするには大変な集中力が必要なので、ほかのことをまったく考えない。しかし、取材が終わると同時に心がふにゃふにゃになった。

B社のサイトで女性のプロフィールを閲覧すると、まだアイコさんは登録している。見てはいけない、と思いながらもつい開いてしまう。やがて、アイコさんのプロフィールに、真剣交際に入ったシグナルが表示された。誰か一人の男性会員に決めたのだ。この表示があると、真剣交際相手以外の会員は連絡がとれなくなる。断られたことに加え、こうしている時間も彼女がほかの男性と仲よくしているという事実が僕を苦しめた。

そんなとき、二人の女性がお見合いを申し込んでくれた。どちらも38歳。色気ムンムンの会社員のケイコさんとスレンダーなダンサーのジュンさんだった。もちろん会った。どちらかと縁があればいいと、切実に思った。

二人とも積極的で、相談所のルールなどいっさい気にしない。すぐにうちにやってくるようになった。正常な判断力を失っている僕はかんたんに状況を受け入れた。

毎週月曜日から金曜日まで、僕はガツガツ働く。気を緩めると、アイコさんにふられた記憶がよみがえるからだ。土曜日の午後、ケイコさんがやってくる。二人でご飯を食べ、翌朝までベッドで過ごす。日曜日の午後にケイコさんが帰ると、すぐにシーツを取り換える。やがてジュンさんが訪れる。食事をして、翌朝までベッドで過ごした。月曜日の午前にジュンさんが帰ると、金曜日まで狂ったように働く。

そのサイクルを1か月くり返し、この暮らしは人としてまずいと思った。ケイコさんにもジュンさんにも失礼極まりない。心も壊れると感じ、B社を退会することにした。

コジマさんには退会を止められた。まだ契約期間が残っていて、会費も支払い済みだったのだ。でも、そんなことはどうでもよかった。

このときまで、婚活のツールによってすでに多くの女性と会っていた。ただし、ほとんどは1、2回。5回以上会った人など数人しかいない。しかし、時間の許す限り会う回数を重ね、相手が何を求めているのかを察し、自分が何を求めているのか胸にもっと問いかけなくては、幸せはつかめないと感じた。

アイコさんとは相談所を退会した半年後に再会した。なにを思ったのか、ご機嫌うかがいのLINEが来たのだ。何度かやり取りして、久しぶりにお茶を飲むことになった。

平日午後のカフェで待ち合わせると、変わらず美しいアイコさんが現れた。日中に会うのは最初のお見合い以来だ。彼女も相談所を退会したという。大手家電メーカーの男性と成婚退会したものの、その相手も結婚対象とは思えなくなったそうだ。久しぶりに会いテンションの上がった僕は、こりずに真っ昼間のカフェで3時間以上彼女を口説いた。彼女はあきれ、カフェの店員もあきれ、隣のテーブルの女性客もあきれた。

その努力は実らなかった。しかし、気持ちの整理はついた。思えば、相談所に登録しているときはルールを意識し過ぎて、積極的に口説いてはいない。自分の思いを伝えることなくふられたのである。しかし再会し、3時間もかけてばかみたいに口説いたことで、けじめがついた。あの3時間は、心の治療だったのかもしれない。

婚活カウンセリングを受講

婚活を重ね、コンスタントにデートはできている。以前やはり婚活に本気で勤しんだ40代後半も合わせると、十数年の間で、交際まで発展した、つまり男女の関係になり旅行を楽しんだり週末同棲をしたりというケースも２度や３度ではない。

50代末期、婚歴あり、フリーランス、容姿は並以下……にしては健闘している自負はある。しかし、結局はいつも別れている。肝心の成婚にはいたっていない。どこがダメで結婚まで進まないのか？　どこを改善すればいいのか？　なぜ婚活の成果が上がらないのか？　わからなくなってきた。自分を客観視できないのだ。

そんなとき、ネットで心惹かれるキャッチコピーを発見した。

「イメージアップ講座　あなたの魅力を10倍にする！　男性編」

婚活カウンセリングへの誘《いざな》いだった。自分のささやかな魅力を増幅してくれるらしい。キャッチにある〝10倍〟の根拠がなんなのかはわからないが、女性の目からどう見られているのか、知っておきたい。そう思って申し込んだ。

この講座でちょっと気になったのは、主催が大手結婚相談所ということだ。おそらく入会を勧められるだろう。でも、営業をかわすくらいの社会経験は積んでいる。

訪ねてみると、講座は２部構成だった。

前半の約40分は体形や肌の色による服装のアドバイス。講師は40代くらいの女性で、元モデルだという。優しそうな表情と口調のアドバイザーだ。

参加している男性は5人。ほかの4人は30代くらい。全員まじめそうだ。

女性講師は一人一人丁寧にアドバイスしてくれる。頭が大きく、首が短く、重心の低い僕は、カジュアルなセーターやトレーナーは避け、ブリティッシュ系のジャケット、ラインの細いパンツ、スニーカーよりも革靴がいいそうだ。言われてみると、いつもの自分の服装だ。講師も僕の服装を見て「いまのままでよろしいかと思います」と言った。

そして、地肌が比較的黒いので、ブラウン系のジャケットやコートが合うという。ふだんはブラックやネイビーが多いことを伝えると、ブラウン系も試すことを勧められた。

働きたくない女性が多数派か

後半は、部屋を移動して、前半とは別の婚活カウンセラーによる一対一の個人面談だった。パーティションで仕切られて10ほどのブースがあり、そのなかの一室に案内され、テーブルの上にあるプロフィール用紙に、身長、体重、出身地、職業、年収、学歴、求める女性の年齢層……などの記入を求められた。

隣のブースで女性相談者が女性カウンセラーに相談する声が聞こえる。

「もう3か月会っていますが、結婚を申し込まれる雰囲気がありません。私のことをどう考えているのかわからなくて、とてもつらいです」

かなり切羽詰まった相談だ。

「3か月でどのくらいまで関係は進まれていますか？　キスはされましたか？」

カウンセラーがストレートに聞く。

「はい。お泊まりもしています」

女性相談者も躊躇せずに答えている。そこまで話せるほど信頼できるのか。

「でも、一度も結婚の話題にはならないのですね？」

「はい」

「あなたから話されてみては？」

「嫌われないでしょうか？」

みんな苦労をして婚活をしているんだ、と思った。苦しいのは自分だけではないのだ。

隣のカウンセリングがいよいよ佳境にさしかかろうかというとき、僕の担当カウンセラーが来てしまった。ヤマムラさんという女性だ。30代前半くらいの綺麗な人だった。

どんな婚活を体験したか訊ねられ、婚活アプリ、結婚相談所、婚活パーティーと答えた。

「パーティーでカップルになったり、相談所でお見合いをされたりは？」

「しました」

「でも、うまくいかれなかった?」

「交際はできますが、その先に進めません。この人と結婚したい、という気持ちになかなか発展しないんですよ。相手の態度から察するに、女性も同じだと思います」

「どんな女性をお探しでしょうか?」

その質問で、どんな人と出会いたいのか、自分の心にあらためて問いかけた。そして、一番大事だと思う点を言った。

「頑張って生きている女性が好きです。あとは、洗練されたフレンチでも、街角のラーメン屋でも、おいしそうに食べる人でしょうか」

すると、ヤマムラさんは困った表情で言った。

「それは難しいリクエストですね」

そんな特別な条件とは思えないが——。

「難しいですか?」

「はい。私どもの結婚相談所では結婚しても頑張って働きたい女性は少数派です」

「え——!」

「私どもの相談所に登録している女性の多くは、経済力のある男性を見つけて、無理をせずに人生を歩いていきたいと考えています。積極的で人生を自分の力で切り拓いていくタイプの女性は、すでにふさわしいパートナーを見つけています」

「では、僕は存在しない女性を探しているということでしょうか？」

「もちろんゼロではありませんが、ほとんど出会えないと思っていただいてまちがいありませんね。できれば仕事をしないで子育てに専念したいかたが多数派でしょう」

結婚相談所に登録している女性の多くが仕事をやめたいと思っていることをいまさらながら知った。夢のない話だが、これが現実なのだと自分に言い聞かせた。

しかし、それではほとんどの女性がずっとシングルのままなのではないだろうか。日本の経済状況はずっと右肩下がりだ。世帯平均年間所得は約５５１万６０００円（厚生労働省「平成30年 国民生活基礎調査の概況」より・以下同）だという。少数の高額所得者が平均値を上げている現状もあり、全世帯のいわゆる中央値は約４２３万円。「専業主婦はもはやぜいたく」だと、報道番組で女性経済ジャーナリストが語っていた。

カウンセリングで自分の気持ちを整理

婚活カウンセラーのアドバイスで、婚活市場の様子はわかったけれど、個人的な参考にはならなかった。思うに、アドバイスが画一的だからなのかもしれない。人間は百人百様。求める相手も違う。それを型にはめて指摘しようとすると無理が生じる。

結婚相談所や婚活アプリのサイトでは〝婚活のプロ〟〝結婚のプロ〟を自称して、アドバイスする人が少なくない。しかし、どこまであてにしていいのだろうか。そもそもこの場合の〝プロ〟の基準は何なのか——あいまいだ。プロの理由について、あえて言えば、婚活をビジネスにしているということくらいだろう。必ずしも人生経験が豊富ではなさそうだし、資格制度もない。実際の婚活は厳しい。相手に罵倒されることもあれば、油断すると高額なプレゼントをさせられそうにもなる。女性の場合、妻子持ちの男にだまされるリスクもあるだろう。そんな状況をリアルに体験することもなく結婚を望む切実な男女と向き合いカウンセリングすることに無責任さを感じた。

ただし、カウンセラーと会話を交わすことには、別の価値を感じた。自分の気持ちの再確認だ。婚活について誰かと率直に会話を交わすと、自分自身の気持ちを整理できる。

婚活で多くの女性に会うと、自分がどんな相手を求めているのかがわからなくなってくる。どんな相手を求めているのか。どんな人生を送りたいのか。どうしても譲れない条件は何なのか。どんなことなら譲れるのか。話すことで整理され、再確認できるのだ。カウンセラーそのものには期待せず、ただし、人と話すことで自分を整理する。そういう目的ならば、カウンセリングを受ける価値はあると感じた。

婚活では実生活の知り合いに遭遇することも

さて、婚活には誰もが覚悟をしておかなくてはならないリスクがある。その一つは婚活の場で実生活の知り合いと出会ってしまうことだ。ネット婚活や結婚相談所のサイトでは、登録者数が多ければ多いほど危険度は高い。結婚相談所や婚活アプリのプロフィールでは、次のようなコメントをときどき目にする。

「こちらで何人かの知人のプロフィールを発見してしまったので、顔写真の掲載はご容赦ください」

僕自身、登録していた結婚相談所のホームページで、登録女性のプロフィールリストに知り合いを発見してしまった。そのうちの二人と、おたがいの婚活体験や持っている情報を交換した。一人は、仕事のクライアントのスタッフ。もう一人は構成作家。彼女たちの実年齢を僕は相談所のプロフィールで初めて知った。51歳と52歳だ。

相談所のサイトで彼女たちを見つけたときは狼狽した。バレた――と思った。こちらが見つけたということは、彼女たちも僕に気づいていると考えたほうが自然だ。しかし、待てよ、こちらも恥ずかしいけれど、あちらも恥ずかしいはず。イーブンの関係だ。どうせごまかすことはできない。仕事の場で会って指摘されたら、開き直って情報交換をしようと気持ちを切り替えた。

1円単位まで割り勘にする男

「ちょっといいですか？」

仕事で出入りしているクライアント企業のエレベーターホールで、背後から声をかけられた。ふり向くと、シノハラさんだった。同じ結婚相談所に登録していて、女性会員のプロフィールで見つけた女性だ。51歳で離婚歴が1度ある。20年ほど前に知り合ったころはふっくらとした女性だったが、節制をしたのだろう。顔も体形もかなりすっきりとしている。

「あっ、こんにちは」

挨拶をして、彼女の表情をさぐる。仕事のことか？　婚活のほうか？　後者の気がした。彼女と組んで進行中の案件はない。

「私と同じ相談所に登録してますよね？　プロフィールを見ました」

案の定、結婚相談所の件だ。

「僕のこと、見つけちゃいましたか？」

「もちろん。で、どんな状況ですか？　成果は？」

僕は自分の苦戦を正直に話した。

「シノハラさんはいかがですか？　お見合いはしていますか？」

質問すると、彼女の表情がにわかに厳しくなった。

「してます。頭に来ることばかりです！」

語気が強くなる。すでに何人かとお見合いを経験しているらしいが、彼女いわく、金銭的にケチな男が多いのだという。登録していたB社では、最初のお見合いは、男性が全額負担するルールになっている。ただし、お茶のみ。食事やアルコールをオーダーしてはいけない。男女とも相手を気に入り、最長3か月間の仮交際期に入ってからは、性的な関係にならなければ、デートも飲食も本人たちの自由だ。シノハラさんによると、

2度目以降割り勘を求める男が多いらしい。

「均等割りですか？」

一応確認してみる。

「そうです。1円単位まで割ろうとする人もいました。どう思いますか？」

「まずは女性に好かれないといけないので、僕は割り勘にはしていません」

「でしょ！」

シノハラさんは初めての食事で、ファミレスに連れていかれたこともあったという。彼女は、ラグジュアリー系の広告関係の仕事をしていた時期が長い。食事も、ファッションも、上質なものを経験している。僕のようなフリーランスの記者と比べると、明らかに経済環境はいい。だからよけいにファミレスは大変な屈辱だったらしい。

「僕は近所のファミレスで1週間に3回は朝定食を食べていますけど、シノハラさんはファミレス、あまり行かれませんよね？　新鮮な体験だった……とはなりませんか？」

という僕の質問には耳を貸さず、逆に聞いてきた。

「ファミレスにもある程度きちんとした食事を提供するチェーンと、とにかく安いチェーンがあること、知ってましたか？」

「はい。ヘビーユーザーですから」

「私がアテンドされたお店は、パスタが500円くらいで、グラスワインがなんと100円でした！」

どのチェーンか、なんとなく察しがついた。もちろん入ったこともある。コスパを考えたら悪い店とは思わないけれども、シノハラさんは驚いたらしい。

「その店でパスタを召し上がった？」

「はい。向かい合って、ひと皿ずつ。私はカルボナーラで、その人はナポリタンでした。ワインも1杯ずつ。サラダはオーダーしませんでした」

1度目のお見合いの後に交際へ向けての継続を決めているわけだから、相手の男性への第一印象は悪くなかったのだろう。でも、ファミレスに連れていかれたことでひどく傷つき、カウンセラーを通して交際は断ったそうだ。

その男がケチなのか、お金がないのか、あるいはファミレスで十分だと相手を値踏みしたのか、そのあたりは不明だ。

とにかく女性のシノハラさんは、軽く扱われたと感じた。一方、男性側は、お金がかかる女とは付き合いたくないと思っていたのかもしれない。価値観が異なり、かみ合わなかった。このケースはどちらが悪いというものではないだろう。ファミレスでの食事を気にしない女性もいる。一方で男性が全額負担することを好まない女性も一定数いる。相手との異なる価値観をどう克服するか――。僕自身、婚活アプリで知り合った女性に「クソ老人！」とののしられた経験もあり、婚活は人間力を試される場だと思った。

シノハラさんの話を聞いて再認識したのは、男性とは別の視点で女性は相手を見定めているという、考えてみれば当たり前のことだった。

結婚相談所でも、婚活アプリでも、男性は同性である男のプロフィールは見られない。女性も同様だ。自分のライバルたちの姿を見ることはできない。それならば、彼女たちと話をして同性の情報を教え合い、対策を考えたほうがいい。

そう考えた僕は、ヤマシタさんというやはり同じ結婚相談所に登録している構成作家の女性に、思い切って自分からメールをした。彼女の体験や意見を聞いてみようと思ったのだ。するとすぐにレスポンスがあった。

「イシガミさんが登録していること、もちろん気がついていましたよ」

このヤマシタさんからの返事のメールを読み、彼女に電話をかけてみた。

50代婚活女性の奮闘

「苦戦してます！」

電話でのヤマシタさんの第一声だ。彼女には離婚歴がある。細身でどちらかというと小柄な女性だ。身なりを気にするタイプではなく、年齢のわりに多めの白髪が放置状態。そのせいで、実年齢よりも年上に見える。

「私、40代で入会すればよかった、と後悔しているんですよ。担当カウンセラーさんの話だと、49歳と50歳では、お見合いを申し込まれる数が格段に違うらしいんです」

それはわかる。男も同じ状況だからだ。プロフィールの検索は条件を打ち込むので、40代、50代、60代と10歳単位で区切られることが多く、50歳、60歳は閲覧されづらい。

ヤマシタさんは入会して1か月。その間5人の男性にお見合いを申し込まれた。4人は60代。もう一人は同年齢だけど、プロフィールの写真ははるかに年上に見えた。5人とも断り、まだお見合いは体験していないという。しかし、52歳の彼女にとって、60代の男性は年齢差を気にするほどでもない気がするが——。

「年齢差は気になりませんよ。ただ、4人とも、定年退職しています。働いていない人との結婚は考えられないなあ。収入がないうえに、ずっと家にいるんですよ。私は仕事をもっているでしょ。働く私を家で待っている男性とは結婚できませんよ」

でも、いわゆるイケメンや年収が数千万円の登録者もいるらしい。ヤマシタさんは年収2000万円で同世代のドクターに、自分からお見合いを申し込んで断られたそうだ。

「ダメモトと思っていたはずなのに、断られるとやっぱり傷つきますよね。しかも、即日。2、3日おいて、迷ったふりをしてから断ってくればいいのに、と思いました」

年収700万円の同世代のデザイナーにも申し込んだ。

「ドクターよりも可能性はあるかな、とちょっと期待したけれど、翌日断られちゃった。自分の市場価値の低さを突き付けられた気がして心が折れそう。もう退会を考えているくらいです。でも、あえて真剣にやらないで、なあーんとなく登録していればいいかな、とも思っています。期待しないで、申し込みをもらったときだけ、相手のプロフィールをチェックするスタンスで続けようかな、と」

入会したばかりなので、期待が大きかった分、ダメージも大きいのではないかと、自己分析しているそうだ。

そもそもヤマシタさんはどんな男性を求めているのか――。

「それはね、ワクワクさせてくれる人！」

即答だった。

「顔とか学歴とかは、私はそんなに気にしていません。収入も、二人が生活できれば、まあ、いいかな。私も働くし。それよりも、この人といたら楽しく暮らせそうだなあ、と感じさせてくれる男性と出会いたい」

ごくふつうの希望のように聞こえるけれど、現実的には難易度の高いリクエストだろう。女性をワクワクさせるには、男の側もワクワクして生きていなくてはだめな気がする。そういう男は多くはない気がした。

僕は割り勘を求めないし、最初にファミレスに連れていくこともしない。仕事は楽しくやっている。しかし女性にワクワクを提供できるのかと聞かれたら、自信がない。そもそもどんなことにワクワクするのか、人によって違うだろう。

ハイスペックの男はナンパを疑え

シノハラさんやヤマシタさんと話をしたことで、〝婚活村〟にどんな男性がいるのか、女性と会うときにはどんなふるまいをすればいいのか、少し知ることができた。

それからは婚活の場で会話をする女性については、相手が僕に興味を示さなくても、あるいは僕が相手に興味をもてなくても、可能な範囲で婚活経験を聞くようにした。ほかの男たちのふるまい、それに対する女性の気持ちを知ることが、その後自分自身がどのように婚活していくべきかのヒントになると考えたのだ。

すると、いくつかの傾向が見えてきた。まず、婚活村には封建的な男性が多い。最初に会ったときから敬語を使わずに女性の服装や仕事について意見を述べる男、収入の多い少ないにかかわらず、専業主婦を求める男はかなりいるらしい。

一方、案の定、ナンパ目的の男も一定数いる。後に恵比寿の婚活パーティーで会った37歳の女性は、長身、イケメン、高収入、年下の男性と連絡先を交換した。パーティーの帰りに食事もして、大いに盛り上がり、翌週に会う約束も交わした。

婚活に終止符を打てる――。うれしくて、その日から街の景色が輝いて見えたほどだったという。しかし、ふと思った。そんな好条件の男性が婚活などするだろうか、と。

彼はプロのサッカー選手だった。有名選手ではないが、サッカーが好きな彼女は、彼の名前を知っていたので、ネットで検索すると、インスタグラムには妻子と楽しそうに過ごす写真が堂々とアップされていた。こんなにかんたんに検索できるとは。どれほど自分がなめられていたか、怒りで体が震えた。その後は彼からのＬＩＮＥは無視。３日で連絡がこなくなったそうだ。

さて、結婚相談所に登録していたシノハラさんとヤマシタさんはやがて退会した。シノハラさんは、いろいろと納得できなかったのだろう。

ヤマシタさんは、なんと、結婚相談所に20万円の成婚料を支払っての退会だった。相手の男性は、東北地方在住の教員。55歳で、婚歴が1度あった。ただし、離婚ではなく死別。元妻との間には二人子どもがいた。どちらも男の子で、大学生と高校生だという。

遠距離恋愛なので、会うのは1か月に1度。しかし、何を思ったのか、彼は教員を辞めて、ラーメン店を開くと言い出したそうだ。大学を卒業して以来ずっと教鞭を執ってきた彼に飲食の仕事の経験はない。1年か2年か修行をして、関東圏で開業したいという。彼女は彼のプランに自分の人生を重ねることはできず、別れを決めた。

第3章　婚活相手の愛犬に尻をなめられる

少人数化が進む婚活パーティー

〈クラブ・マリッジ（仮称）主催のパーティー会場は3階です〉

青山の小さなホテルの入り口に案内板が置かれていた。

エントランスホール右手のエレベーターで3階へ上がる。廊下を進むと受付があり、男女それぞれの参加者が列を作っていた。

土曜日の夜、久しぶりに参加する婚活パーティーである。40代後半から50代前半にかけては、こうしたパーティーに狂ったように参加していた。

男性の列の最後尾に並ぶ。パーティー参加費は、男性が5000円、女性が2000円。男女の所得格差に応じた価格設定なのだろう。

木製のカウンターの中には濃いえんじ色のパンツスーツの女性スタッフが立ち、手際よく男性参加者の受付作業を行っている。30代前半だろうか。ウェイヴのかかった髪に照明が当たり陰影を描き、髪量を豊富に見せている。この人がパーティーの参加者ならいいのに、と思った。その傍らの女性参加者用の受付は細身で長身の男性スタッフだ。

順番が来て会費を支払うと、安全ピンで胸につける番号札、プロフィールを記入する用紙、個人を特定できないように女性参加者の名前がカタカナで印刷された名簿、ボールペンを手渡された。番号は９番だった。

「テーブルに９と表示された席にお座りになって、プロフィール用紙にお名前やご趣味などをご記入ください。パーティーで女性と交換して会話していただきます。お話のきっかけになる紙なので、できるだけ詳しくお願いいたします」

名簿にある女性の数は10人。男性参加者も同数だとすると合わせて20人だ。

10年ほど前は男女各20人で40人規模のパーティーが主流だった。20人対20人で対面に座り、男性が時計まわりにスライドして全員と会話をする。まるで回転寿司店だった。女性参加者は客で、その前を男性参加者が寿司ネタのように回ってくる。

その後のフリータイムで気に入った相手と再度会話。おたがいが気に入れば電話番号やメールアドレスを交換するシステムだ。パーティー会場は密集し、隣の男のトークで、目の前の女性の声が聴き取れないほどだった。

　しかし、2010年代後半あたりからは10人対10人くらいの、以前と比べるとハーフサイズのパーティーが主流になりつつある。人数が少ない分、一人との会話時間が長い。そしてスペースに余裕があり、隣との間隔が空くので、周囲を気にせずに会話ができる。男女一組ずつに個室を用意したり、パーティションで仕切ったりと工夫するパーティーもある。このタイプのパーティーはフリータイムがない。婚活パーティーとはいうものの、いわゆるパーティー形式ではない。

　会場に入ると、すでに半数以上の男女が着席していた。低音量でバラードナンバー、「カリフォルニア・キング・ベッド」が流れている。キングサイズのベッドで愛し合う男女をアメリカ人女性シンガー、リアーナが歌っている。ヴォーカルに寄り添うようなギターが心地よく響く。

　テーブルが10台、ぐるりと壁に向かうように間隔を空けて置かれている。それぞれに男女が並んで座るセッティングだ。そこにいる誰もが無言でボールペンを動かし、プロフィール用紙に記入をしていた。

ざっと見まわしたところ、女性参加者は皆服装に気をつかっている。結婚相談所のプロフィール写真のように、ワンピース派とスーツ派がいる。白が多い。男性参加者は女性と比べると服装には無頓着だ。綿のパンツか、ダボッとしたデニムが目立つ。ジャケットを着ている男は少数派で、シャツかセーターが多い。コートやダウンジャケットをはおって来たのだろう。

９番のテーブルに座ると、横にはすでに女性が着席していた。大きな瞳、長いまつ毛、整った鼻筋。ショートヘアで、黄色のジャケットの下の白いＴシャツから、はちきれそうに胸が主張している。大きいというよりも、巨大だ。軽く会釈をすると、相手もにっこりと会釈をかえしてくれた。すでにプロフィールを記入し終えている様子だ。

僕もプロフィール用紙を記入する。名前、年齢、出身都道府県、居住都道府県、星座、身長、体重、職業、学歴、婚歴、家族構成、喫煙の有無、飲酒の量、年収、趣味、自分の長所、好みの女性のタイプ……。結婚相談所に提出した資料とほぼ同じ項目だった。ただし、独身証明書や年収を証明する書類の提出までは求められない。

年収欄を記入しようとしてふと手が止まった。せこい考えがうかんだ。１００万円上乗せして書いてしまおうか――。１００万円足せば１０００万円を超える。女性へのインパクトは強くなるだろう。僕の年収は僕しか知らない。しかし、思いとどまった。良心がとがめたのではない。ここにいる女性の誰かと縁があったら――。後で事実を打ち明ける自信がなかった。

音楽がフェイドアウトした。

「こんにちは。本日は、ご多忙の中、当社、クラブ・マリッジのパーティーにご参加いただき、まことにありがとうございます。私、司会を務めさせていただくニカイドウミカゲと申します。最後までよろしくお願い申し上げます」

受付にいたえんじの女性がマイクを手に挨拶をした。司会も担当するらしい。これまでに何百回も同じことをくり返しているのだろう。パーティーの流れや注意事項の説明がよどみない。

彼女の説明によると、パーティーはトータルで約1時間15分だ。自筆のプロフィールを男女で交換して会話を行う。5分経過すると、男性が隣のテーブルへ移動し、そこで待つ女性と会話をする。パートナーを替えながら10回動くと、男性は全女性と、女性は全男性と会話できる。

その後、気に入った相手の番号を指定の用紙に記入して提出。スタッフの集計によって相思相愛の関係になると、退出時にそれぞれに伝えられ、後は自由恋愛だ。連絡先を交換しても、帰りに食事に行ってもいい。

上目遣いの33歳

「今日はもう帰れないなあ」

サナエさんが上目遣いに見つめてくる。青山の婚活パーティーに参加した翌週の土曜、表参道駅近くの和食の店のカウンターで、二人で食事をしていた。サナエさんはパーティーにいた10人の女性参加者のなかで最初に話した巨大な胸の女性だ。

パーティーで彼女は積極的だった。理由はわからない。初対面なのにボディタッチが多く、僕はドキドキした。彼女は33歳。20歳以上若い女性に接近されて、ただただうれしかった。41歳のマリナさんに「クソ老人」とののしられた体験は明らかにトラウマになっていて、33歳からのアプローチは救いだった。巨大な胸にも目がくらんだ。

パーティーの後、会場近くのカフェレストランで、二人で食事をした。彼女はエステティシャンだという。パーティーでは千葉在住と話していたが、実際は宮城県在住だと打ち明けられた。仙台駅からは在来線で1時間近くかかり、さらにバスにも乗るらしい。

千葉在住と言ったのは、近いうちに千葉で暮らしたいという願望だった。

なぜ、東京でも神奈川でもなく千葉なのか——。訊ねると、友だちが暮らしていて安心だからだという。1か月に1度はそこに遊びに来ているらしい。この日も友だちの家に泊まるそうだ。相手は迷惑しているのではないかと思ったけれど、もちろんそんなことは言わない。なんだか家出娘と会話をしているようだ。

至近距離で見る彼女は、やはり目はパッチリ、まつ毛は長く、鼻筋はすっきり、口もくっきり、ショートヘアは金色に輝き、スタイルは抜群だ。アメリカの水着ショップの店先に立つマネキン人形がこんなだった。あるいはアメコミのヒロインといったらわかりやすいだろうか。

おおらかな人なのだろう。30分もすると、何度も美容整形をしていることを打ち明けられた。

「目はもう少し整えたいんだよねえ」

そう言って微笑んだ。

翌日からサナエさんは毎日電話をくれた。いつも深夜1時くらいだ。そろそろ眠ろうという時間にスマホが振動する。でるか、眠るか……。迷いながらも、結局いつも対応する。電話にでると、彼女はその日にあったことを一方的に話す。家族は祖母と妹。変則だ。理由はあえて聞かなかった。

３夜目だったか、４夜目だったか、サナエさんは自分の写真を送信してきた。かなりきわどい。ホテルのベッドに横たわっている姿が真横から撮影されている。よく名前を聞く全国チェーンのホテルのパジャマの胸がはだけ、谷間はくっきり、瞳はうっとり。体の肝心なエリアはかろうじて隠されている。自撮りだというが、そうは思えない。カメラと本人の距離は明らかにリーチよりも離れている。男とベッドの上なのだろう。そんな写真を見せられて喜んでいる自分がなんとも残念だ。

美人局疑惑

次の土曜日、いつもよりはるかに早い、夜８時にサナエさんから電話がかかってきた。

「今、渋谷にいるんだ。ご飯食べようよ」

にぎやかな場所で、大声で話している。ちょっと迷ったけれど、結局渋谷駅近くのカジュアルなレストランで待ち合わせた。

彼女はよりいっそう派手になっていた。オレンジの花が華やかに咲いているワンピースは、夏でもないのにノースリーブ。丈は膝よりはるかに上で、下着が見えそうだ。自慢の胸は上3分の1が見えている。

会話は盛り上がり、アルコールで血色のよくなった彼女が、今日は帰れないと言い出した。宮城の自宅に帰れないことはわかっていたが、千葉の友だちも不在なのだという。

「お泊まりしようよ！」

腕を組み、胸を押し付け、明るく誘ってきた。

僕の理性はかんたんに破綻した。その場で徒歩圏のホテルを当たる。週末、しかも、夜の11時過ぎ。どのホテルも満室だ。そんななか、井の頭線渋谷駅上のホテルに1室、ダブルルームが残っていた。

サナエさんに腕をからめられ、わくわくしながらホテルへ向かう。

しかし、途中でふと思った。

まさか美人局ではないよな——。

一度不安が生まれると、どんどん膨らんでいく。彼女の容姿は〝素人〟とは思えない。

チェックインの手続きの後、トイレへ行き、知り合いの編集者、ワカバヤシさんに連絡をした。彼はかつて10年ほど、エロティック系の男性誌の編集長を務めていた。

「美人局だと思いますか？」

現状を正直に話し、率直な意見を求めた。

ワカバヤシさんはつかの間沈黙し、そして言った。

「その危険はありますね……」

低いトーンだ。

「どうしましょう？」

「念のために1時間後に僕がスマホに電話しますよ。危険な状況だったら、そう言ってください。すぐにフロントに通報します」

ありがたい提案だ。

「感謝します！」

トイレでスマホを握ったまま頭を下げた。

しかし、美人局ではなかった。部屋に入りすぐに全裸になった彼女は、ベッドに横になるとすぐに寝息をたて始めたのだ。寝息はやがて、アザラシの叫びのようないびきになり、ときどき歯ぎしりも重なった。

そのすさまじさに僕はまったく眠れず、天井を眺めたまま朝を迎えた。ワカバヤシさんからの電話には「ご心配をおかけしました」と謝った。

仰向けのサナエさんの巨大な胸は引力に逆らって真上を向き、いびきに合わせて上下している。

全身を自分の好みにつくり変えるのにいくらかかったのだろう。好奇心を抑えられず、人差し指で彼女の胸を突いてみる。強い反発力で僕の指は押し返された。

翌朝は晴天――。初めて昼間の光の中で見るサナエさんの姿は、かなりパンチがあった。形状のはっきりした顔も、巨大な胸も、派手なワンピースも、太陽に当たると、夜よりもはるかに目立つ。

正午にチェックアウトし、ランチをとるために街に出ると、サナエさんはやはり腕をからめてきた。すれ違う人の目がどうしても気になる。僕とはバランスが悪すぎる。どうか知り合いに会いませんように――と、ただただ願った。

自分に向いた婚活を選ぼう

久しぶりに婚活パーティーに参加して再認識したことがあった。

婚活のメインストリーム、つまり婚活アプリ、結婚相談所、婚活パーティーの三つのなかで、僕に関しては婚活パーティーが向いている。それは〝ライヴ〟だからだ。ある程度ハンディをカバーできる。

57歳で、バツイチで、フリーランスの記者は、婚活市場では概ね不利だ。ジジイで、失敗経験者で、経済的に不安定。三重苦を抱えている。

婚活アプリと結婚相談所は、プロフィールからスタートする。容姿のいい、いわゆるイケメンで、年収２０００万円以上で、年齢が20代から30代前半あたりならば、プロフィールの時点で有利な立場で女性にアプローチできるだろう。

しかし僕の場合、その第一歩のプロフィールにハンディが明記されている。その時点で女性にはじかれる可能性が高く、リングに上がることなく、敗北する。

一方、婚活パーティーは最初から対面だ。リング上から始まる。男女ともプロフィールにある記述よりも、自分の目で見て会話した第一印象で相手を判断するだろう。57歳という年齢も、ある程度カバーできる。静止した写真ではジジイでも、声を発し、表情が変化し、身振り手振りがあると、実年齢よりもいきいきとして見える。

職業的なアドバンテージも感じた。フリーランスの記者なので、取材で日常的に初対面の相手と会話をしている。だから、婚活パーティーでもひるまない。営業職をはじめプレゼンテーションの機会が多い職種の人も有利だと思う。相手の話を〝聞く〟ことにも長《た》けているので、タイミングよくあいづちを打ち、的確に質問できる。

実際に青山の婚活パーティーでは、サナエさんを含めて3人から交際のリクエストをもらえた。10人のうち3人、野球にたとえれば、一流のあかしの3割バッターだ。この時点で、婚活アプリでは5人にアプローチしてマッチングは1人、結婚相談所では20人にお見合いを申し込んで会えたのは1人。苦しいスタートだった。だから、なおさら婚活パーティーにアドバンテージを感じた。

では、婚活アプリや結婚相談所のほうが向いているのはどんな人だろう――。

まず、たとえばコンピュータ関係や研究者など人と接する機会が少ない仕事に就いているケースだと思う。コミュニケーション能力に自信がなくても、プロフィールの閲覧から始まる婚活アプリや結婚相談所ならばカバーできる。

メールのやり取りが多い仕事ならば、婚活アプリを通してメッセージを何度も交換して、心の距離を十分に近づけてから会えばいい。

高収入の男性はどんな婚活ツールでも有利だが、婚活アプリや結婚相談所では特にインパクトは強い。女性は男性に経済力を強く求めているからだ。

ただし女性側は、高収入、イケメン、高学歴、婚歴なしの男性は、慎重に検討したほうがいい。そんな好条件の男性がシングルで残っている可能性は高くない。〝優良物件〟は周囲の女性が放っておかない。背景には、借金、ギャンブル、ＤＶ、変態……など、何かしらリスク要因があるかもしれない。

婚活は、時間とコストをかけられるならば、機会は多いほうがいい。結婚相談所も婚活パーティーも、全部やるべきだ。どこにチャンスがあるかわからない。でも、どれか一つから始めるならば、自分に合うツール、アドバンテージを感じるツールを選びたい。

パーティーには自分に適した〝街〟がある

次に参加した婚活パーティーは、元女優の受付嬢や華道の先生など、参加者のバリエーションが豊かだった。

会場は恵比寿。あくまでも個人的な印象だが、東京できれいな女性がもっとも集まっている街は、恵比寿と広尾ではないだろうか。すれ違う女性の多くがおしゃれで、ついふり返ってしまう。

実は、青山や恵比寿のパーティーを選んだことには理由があった。40代で参加していたときにも感じたことだが、パーティー参加者には街によって明確な傾向がある。ビジネス街の会場だと、男女とも企業に勤めている参加者が多い。東京ならば、丸の内周辺の八重洲や銀座や新橋の会場には会社員が集まりがちだ。安定した仕事に就いている人は、自分と同じように収入の安定した仕事に就いている人を求める。価値観が近いからだ。こうした会場で、フリーランスの記者という職種はハンディが大きい。

一方、青山や恵比寿には専門職が多くいる。美容系、ファッション系、メディアなどだ。フリーランスの記者でも偏見を持たれない。オープンに接してもらえる。

丸の内や八重洲や新橋のパーティーと、青山や恵比寿のパーティーでは、参加者の服装やヘアスタイルも明らかに違う。男性参加者の場合、前者はカチッとしたスーツ姿、週末は安心や安定を感じさせる〝お父さん〟のような服装が多い。後者は、平日も週末もダメージの入ったデニムだったり、シャツの袖のボタンをはずして少しまくったり、やや崩した服装が多い。自分はどちらのエリアで受け入れられるか、よく考えて、アドバンテージを意識して参加したほうがいい。

僕が参加したパーティーは、JR山手線や東京メトロ日比谷線の恵比寿駅の近くだった。主催は結婚相談所だが、会員でなくても参加できる。

会場は清潔なビルの2階。エレベーターを降りると受付があり、美しい女性スタッフが迎えてくれた。スタッフが美しいと、そちらを意識してしまい、婚活がおろそかにならないだろうか。そんなことを思いながら受付をすませた。

進行は青山のパーティーと同じだった。参加者は男女とも7人で、計14人。男女横並びで5、6分会話をして、スタッフの合図で男性参加者は次の女性のもとへ移動する。

このパーティーの特徴は、ひと組ずつ個室で分けられていること。婚活パーティーではあるが、パーティー形式ではない。各ブースは白いパーティションで3方向を囲われている。ほかのペアの声がかすかに聞こえるが、姿は見えないので、会話に集中できる。

参加者のプロフィール確認や気に入った相手のセレクト、連絡先の交換などの作業は、参加者全員に1つずつ渡されるタブレットで行う。この10年間で、パーティーはソフトもハードも進化した。

ここで出会った3人の女性とは、パーティー後に食事をすることに成功している。いや、成功と言っていいのか……。とにかくデートにはこぎつけた。

元女優と出会う

婚活パーティーの会場でスタッフにアテンドされた個室には、すでに女性がいた。顔がとても小さい。アイドル歌手のような容姿だ。明らかに人に見られる職種だろう。

「こんにちは。よろしくお願いします」

努めて明るくあいさつした。

「こちらこそ」

彼女はにっこりと微笑んでくれた。発声が明瞭だ。完璧なナチュラルメイク。細身にモスグリーンのスーツ。こういう色は常に身なりに気を遣っている女性でないと似合わない。ショートヘアが知的なイメージを演出している。

スタッフの合図で会話が始まった。

「マイです」

隣の女性は名字でなく、名前で自己紹介をした。マイさんは40歳の契約社員で、職場は外資系の金融企業の総合受付。イベント会社にも登録していて、1か月に2、3回、週末に司会やナレーションの仕事もしているという。20代のころは劇団に所属していて、小さな役ながら、NHKの大河ドラマにも出演していたらしい。

次の40歳の華道の先生ユキコさんは、職業には似つかわしくない服装で参加していた。黒のスーツの下の白いＴシャツの襟ぐりは大きく開き、胸の谷間がくっきりと見えていた。ひたすら明るい。人懐こい性格なのだろう。初対面なのに、ボディタッチも交えて、終始笑顔で話し続ける。

ほかには、保育園の先生、看護師、日系の航空会社のキャビンアテンダント、あと２人は会社員だった。婚活パーティーには、保育園や幼稚園の先生、看護師の女性がよく参加している。女性が多い職場で、出会いに恵まれないのだろう。

恵比寿だからなのか、運がよかったのか、マイさん、ユキコさん、そして大手電気機器メーカーの秘書室の女性から電話番号やＬＩＮＥのＩＤを教えてもらうことができた。

社内不倫生活を逃れるための婚活

パーティーの後はマイさんと食事をした。会場から徒歩圏のニューヨークテイストのカフェレストランだ。

「マイちゃんさあ、プロフィールには婚歴なしって書いたけど、ほんとうは２回結婚してるんだ」

肉の盛り合わせを頬張りながら打ち明けられた。一人称は〝私〟ではなく〝マイちゃん〟。パーティーのときとはまったく違う口調だ。こちらが素なのだろう。

バツイチは気にならない。人と人には相性があり、人生に失敗はつきものだ。そもそも自分もバツイチだ。しかし、バツニはちょっと警戒する。パートナーとの相性ではない何か問題があるのかもしれない。1度目の失敗で学習していない可能性もある。

マイさんは20代のころに所属していた劇団内の恋愛で心を病み、アメリカ西海岸へ渡り、そこで出会った日本人男性と結婚。しかし、1年で別れた。その2年後に帰国し、勤めた会社で社内恋愛をして結婚。また1年で別れた。離婚の理由は、本人によると、2度とも相手の束縛がきつかったからだという。妻がきれいだと、夫は不安で束縛したくなるのかもしれない。

「今、付き合っている人もいるんだ、一応」

そんなことも打ち明けられた。

あなたと違って私には交際相手はいると明言して、対等ではないことを主張しているのかもしれない。マウントポジションを確保したいのだ。

「じゃあ、なんで婚活パーティーに参加したの？」

素朴な疑問を投じる。

「今の彼とは別れたいの」

交際している相手は、自分が受付をしている会社の40代の役員だという。２年前に付き合い始めた。マイさんは本気の恋愛だった。

デートは１週間に１度のペース。終業後、彼女は会社の近くにあるチェーン系ビジネスホテルにチェックインする。部屋で待っていると彼が現れて、２時間ほど愛をむさぼる。忙しい彼は会社に戻り、彼女はホテル内の大風呂を楽しんで帰宅する。

ところが半年前、彼がいつの間にか結婚していたことを知った。相手は同じ会社の20代の社員だという。女性のお腹にはすでに子どももいた。ふつうの恋愛だと思っていたら、知らないうちに愛人に降格になっていたのだ。半年前からＬＩＮＥの頻度が減り、その後受付の同僚から結婚したことを聞いたそうだ。本人に確認したら、あっさりと結婚を認め、「気にするな」と言われた。

週に１度２時間の平日デート、食事はなし、セックスのみ、リーズナブルなビジネスホテル、週末デートはなし……。不自然なことはいくつもあったはずだ。

「怪しいとは思わなかったの？」

ごく一般的な質問だ。

「彼が忙しいからだと思ってた」

その後も週に1度の交際は続いているという。

彼から毎日LINEで届くという写真を見せてもらった。スマホの画面で、夏でもないのに日焼けした上半身裸のマッチョな男が大胸筋を強調させ、ボディビルダーのようなポーズで写っている。

「今日のオレ」

写真とともにコメントされていた。それ以外、ご機嫌うかがいや近況報告のような文はない。彼は自分のことが大好きなのだろう。

彼女がスマホをスクロールすると、前日も前々日も同じアングルで同じポーズの写真が届いていた。やはり「今日のオレ」とある。

「今日の〝今日のオレ〟も、昨日の〝今日のオレ〟も一昨日も同じに見えるけど」

「彼によると胸の筋肉の張りが微妙に違うんだって」

「マイさん、わかるの？」

「わかりませーん」

〝今日のオレ〟はマイさんだけでなく、複数の女性に送信されていたのかもしれない。既婚者になった彼といまだに会っている理由は、ベッドでの相性がいいこと、一緒にいるときは優しいこと、そして、別れたら、会わなくなった時間を埋めるものがほかにはないからだという。

「マイちゃん、今の生活を変えるために、婚活パーティーに参加してるんだ。でも、まだ彼よりも魅力のある男の人には会えていないの」

夜ごと送られるセミヌード写真

マイさんの結婚や恋愛がうまくいかない理由はすぐにわかった。翌日から毎夜、彼女からＬＩＮＥでメッセージがきた。

「今、何してまちゅかあ？」

なぜか赤ちゃん言葉だ。用件はない。こちらは原稿に集中しているので、気づかないことも、レスポンスできないこともある。すると、電話がかかってくる。

「なんでマイちゃんのＬＩＮＥに返事をくれないわけ？」

責める口調だ。

既読スルーしたら、激怒の電話がくる。

「どういうことなの！」

あとでレスポンスするつもりだった、などと言い訳をすると、怒りは増幅する。

「この麗《うるわ》しいマイちゃんが、ひと回り以上年上のオジサンにＬＩＮＥしてあげてるのに！　あり得ない！」

しかし、マイさんとは交際しているわけではないし、手もつないでいない。バツニの理由について、彼女は夫の束縛がきつかったと言ったが、相手が彼女の「今、何してまちゅかあ？」攻撃に耐えられなかったのではないか。

やがて彼女は自分の写真を送ってくるようになった。微妙なヌードだ。裸だということだけがわかる。ただし、肝心なところを隠していたり、バスルームの湯けむりでくもった鏡に映ったぼやけた全裸だったり。写真の後、すぐに彼女は電話をかけてくる。

「興奮した？」

「なんで裸の写真をくれるの？」

「べちゅにい～。もっと見えるのがほしい？」

「ぜひ」

「どうしようかなあ……。送ろうかなあ……」

「お願いします」

「やっぱりやめておきまちゅ」

そんな不毛なやり取りを重ねた。

性欲の強さを求められる

華道の先生、ユキコさんとはパーティーの一週間後に、奥恵比寿のレストランで食事をした。彼女はパーティーのときよりもラフなえんじ色のジャケットとデニムで現れた。ただし、Tシャツの襟ぐりはやはり大きく開き、胸の谷間が強調されている。自分の武器だとわかっているのだ。

彼女はよく食べ、よく飲み、よく笑い、よくしゃべる。これだけ人懐こくて、なぜ恋人ができないのだろう?

途中でトイレに立ち、戻ると、ユキコさんは席を移動していた。L字型のソファで斜めの位置で食事する二人には、常識的な間隔があった。ところがトイレから戻ると、極端に近いところまでつめていたのだ。

「元彼と別れたばかりなの」

アルコールが入り、赤みを帯びた笑顔で打ち明けられた。パーティー会場では敬語で会話をしたが、この日は最初からくだけた雰囲気だった。

「なんで別れたの？」

「お金」

「彼に借金があったとか？」

「そうじゃなくて、彼はお給料が少なくて、あまりお金をもっていなかったの。年収300万円くらい。だから、ご飯代もいつも私が出していたんだ。好きだったからいいと思っていたけれど、やっぱりいやになってきちゃった」

愛情だけでは経済的事情を克服できなかった。というか、気持ちが冷めたのだろう。

ユキコさんはまもなく、70代の飲み友だちの男性の養子になるという。その男性には妻子がなく、親も兄弟もすでにいない。ユキコさんは10年前に居酒屋でその男性と知り合った。2か月に1度のペースでご馳走になっている。彼女によると、男女の関係はない。

その男性が半年前に肺がんになり病院に入った。ステージ3だという。ドクターには長くはないと言われたそうだ。

そこで、身内のいない男性から養子の提案があった。身の回りの世話と自宅の整理をする代わりにすべての財産を相続するという。金額は教えてくれなかったが、彼女には、一生働かなくてすむお金と中目黒にあるマンションの部屋が手に入る。

直木賞作家、黒川博行氏の『後妻業』を思い出した。主人公の女が年老いた男をだまして後妻となり、殺害して財産を手に入れる小説だ。さすがに殺害はしないだろうが、近いものを感じた。

ユキコさんは、おおらかなのか、無防備なのか、自分の経済事情も、過去の恋愛も、なんでも話す。

「ユキコさん、明るくて楽しいから、この前のパーティーでももてたでしょ？」

ストレートに聞いた。

「モテたよ」

ストレートに答えられた。

「パーティーの後、男性参加者とご飯、行ったでしょ？」

「行ったよ」

「どうだったの？」

「合わなかった」

「会話が？」

「ううん。体が」

ユキコさんは、パーティーで知り合った男性と食事をして、そこで意気投合して盛り上がり、ホテルに入ったという。

「その日のうちにホテルに行ったの⁉」

目の前の相手は20代の遊び盛りではない。分別があるはずの40歳の大人だ。

「行ったよ。してみないと、相性、わからないでしょ？　私はそういうこと、すごく大切だと思ってるの」

「相手の年齢は？」

「48歳。でね、その人、自信がある、って言ったんだ」

「自信って？」

「ベッドで私を満足させる自信」

「ああ……。でも、だめだったんだ？」

「うん。２回しかしなかった。よかったのは最初の１回だけ。朝まで元気に遊んでくれる人じゃないと、私はいやなの」

そうはいっても、その男はおそらく翌朝出勤しなくてはいけなかったはずだ。

「今日、私、帰らなくてもいいよ」

「えっ」

「察しが悪いなあ」

ユキコさんはしらけた表情になる。

自分には手に負えない相手だと思った。こういうところが57歳の悲しさだ。性欲は明らかに衰えている。彼女のお誘いは嬉しかった。しかし、自信がない。朝まではどう考えても無理だ。48歳の男性への失望を聞いたばかりだ。僕の手に負える相手とは思えない。据え膳を食うには疲れすぎていた。

明らかなチャンスが訪れているのに、腰が引けるとは——。情けない。

雑誌に出たい女性

もう一人、連絡先を交換した電気機器メーカーの秘書室で働く女性とも食事をした。

表参道駅近くのイタリアンレストランで会ったのは37歳のエミさんだ。参加した恵比寿のパーティーでは一番若かった。ロングヘア。ややぽっちゃりしているが、顔立ちがはっきりしている。彼女にはきっとモテまくった時期があったはずだ。

エミさんとの食事の席で、僕はうかつだった。

この時期、知り合いの男性グラビア雑誌編集者に相談を受けていた。「20代美人秘書特集」という企画をやりたいので、知り合いに該当者がいたら紹介してほしい、というリクエストだった。そこで、目の前で食事をしているエミさんに聞いたのだ。

「秘書室に、20代で美形の社員で、雑誌に出てもいい人はいませんか？」

経験上、今は雑誌に出たくない人のほうが多数派だ。媒体は人探しに苦労している。

「なぜですか？」

顔を上げたエミさんに理由を話した。

「20人くらいの女性を撮影したいけど、なかなかそろわないらしいんですよ」

実情も説明した。すると、思いもよらぬリアクションが返ってきた。

「私ではいけませんか？」

〝20代〟〝美形〟という条件は伝えている。〝美形〟は、多分に主観が入るが、それでもグラビア誌で、コストをかけ、プロのフォトグラファーが撮影するので、かなり多くの人が納得するレベルでなくてはならない。

「いや、すみません、20代という条件があるので」

彼女は37歳だ。

「実年齢を言わなければいいじゃないですか」

「読者にうそをつくのはよくないので」

彼女が雑誌に出たいとは、思いもよらなかった。

「私、20代に見えませんか？」

自信があるらしい。20代には見えないけれど「見えない」とは言えない。

「該当する女性が、秘書室にいらっしゃらなければいいです。ちょっと聞いてみただけなので、忘れてください」

汗が出てきた。

「私を推薦してもらえませんか」

「いや、そういうわけには……」

それからは気まずく食事を続けた。もちろん、仲よくはなれなかった。

パーティーで連絡先を交換して浮かれたのも束の間、その先にはいろいろな難関が待っている。

好きな誰かとともに生きていきたい――。婚活を再開したときからの気持ちはまったく変わってはいない。ところが、たった一人の女性と出会うのがこんなに難しいとは。あらためて思い知った。

人生の折り返し地点は過ぎた。こんなことを言うとバカみたいだと思われるかもしれないが、ここからの年月を目一杯楽しく過ごしたい。いよいよこの世を去るときに、楽しかったなあー、と思ってまぶたを閉じたい。一緒に暮らしてくれた女性に「ありがとう」と言って、ピリオドを打ちたい。

ベッドで泣かれる

元女優のマイさんと華道の先生のユキコさんはその後も連絡をくれた。2週間に1度くらいのペースで食事もした。アルコールが入ると、彼女たちは微妙に淫らな雰囲気になるが、それ以上の進展はなかった。

察するところ、二人とも婚活で知り合ったほかの男性とも同時進行で会っている。しかし、それはこちらも同じなのでしかたがない。

「今日、お泊まりしちゃいまちゅかあ？」

代官山で３度目の食事の後、マイさんが言いだした。

「いいの？」

彼女の自宅は池尻大橋。田園都市線で渋谷から１つ目の駅の近くだ。部屋でオスメス2匹のトイプードルを飼っているらしく、それを理由にいつも早めに帰っていた。

「ケンちゃんたち、今日お留守番できるようにご飯とお水を置いてきたの」

ケンちゃんというのは10歳のオスのトイプードルだ。メスのほうは２歳で、ミミちゃんというらしい。

すぐに部屋を予約した。渋谷の国道２４６沿いの、かつて結婚相談所の仕切りでサキさんとお見合いをした高層ホテルだ。タクシーをひろえば、10分かからない。彼女は気まぐれだ。気持ちが変わらないうちにチェックインしたい。

「今日、マイちゃんとすることになるとは思いまちぇんでしたかあ？」

そう言って、部屋に入るなり首に腕をからめてくる。

元女優だけあって、顔は美しい。細身の体形もしっかり維持している。本もよく読んでいるし、映画や演劇や音楽など、カルチャーにも詳しい。聡明だ。なのに、赤ちゃん言葉がすべてを台無しにしている。

マイさんの後にバスルームを使い部屋に戻る。間接照明の薄明りの中で、白いバスローブをまとったマイさんが立っていた。

「じゃーん！」

大げさにバスローブを脱ぐ。小さな淡いピンクの下着をつけていた。

「かわいいでしょ？」

抱きついてくる。こちらの下半身はすでに準備ができている。そのままベッドに倒れ込んだ。こういう行為をしたからといって、そのまま結婚というわけではないだろう。自分に言い聞かせる。

十分に時間をかけて、おたがいを確かめ合う。いい感じだ。そして、ついに中に入ったとき、マイさんがかすかに鼻をすすっていることに気づいた。

あらためて顔を見ると、閉じた目が涙で濡れている。

なぜだ？　涙の理由を知るすべはない。聞ける雰囲気でもない。

気づかないふりをして、先に進もうとした。しかし、鼻をすする音はやまない。

「大丈夫？」

つい聞いてしまった。

「うん……」

マイさんはうなずくけれど、涙はとまらない。

自分のものが活力を失っていくのがわかる。必死にエロなことを考えて、取り戻そうとした。しかし、ダメだった。やがてナカオレした。

「今日はやめようか？」

そう言うしかなかった。

「うん。ごめんね……」

しばらく無言の時間を過ごした。

「マイちゃん、帰るね」

マイさんは起き上がり、服をつけて、部屋を出ていってしまった。僕は全裸のまま、ベッドから見送った。

行為中に犬に尻をなめられる

ベッドサイドの電話のコール音で目が覚めた。時計を見ると深夜の1時半だ。30分くらいうとうとしたようだ。誰だろう？　ベッドのかたわらの受話器をとる。

「なんで眠っちゃうの！」

いきなり怒鳴られた。マイさんの声だ。

「はあ……」

状況がすぐには理解できない。

「何度もスマホに電話しているのに！」

「そうなの……？」

スマホを確認すると、確かに5回、着信があった。

記憶が少しずつよみがえってくる。マイさんとホテルに入ったものの、いざというときに彼女が泣きだして、帰られてしまったのだ。

彼女は帰宅して、すぐに電話しているらしい。僕がスマホにでないので、ホテルにかけたのだ。

「さっき、マイちゃん、泣いちゃったでしょ？」

「うん」

「それで帰ったでしょ？」

「うん」

「それで、マイちゃんがいなくなったら、すぐ眠っちゃったわけ？」

「気づいたら眠っていた」

「よく眠れるよね？　マイちゃん、大丈夫かな、って心配じゃなかったわけ？　ふつうは気になって電話くれるでしょ！」

「ごめんなさい」

謝るしか、対応が思いつかなかった。まだ僕の脳は覚醒していない。とにかくこの場を収めたい。

「来て！」

「えっ？」

「今からマイちゃんのうちに来て！」

彼女の家は渋谷からはすぐだ。深夜だから、タクシーで５分もかからないだろう。でも、眠りたい。

「今、眠りたいと思ったでしょ？」

するどい。

「来て！」

彼女は早口で住所を言った。僕に選択肢はなさそうだ。電話を切っても、何度もかけてくるだろう。スマホも合わせて、すでに6回目のコールなのだ。

覚悟を決めてホテルを出て、10分後にはマイさんの部屋のインタフォンを押していた。部屋に入るなり、犬が鳴き始めた。トイプードルのケンちゃんとミミちゃんだ。オスのケンちゃんは深夜の見知らぬ侵入者を警戒し、離れたところでうなっている。メスのミミちゃんは歓迎して、しっぽを高速で振りながらまとわりついてくる。

「こーら、ミミちゃん、おとなしくしてなさあーい」

マイさんは犬をあやし、ケンちゃんのほうを抱いて奥へ引っ込んでしまった。僕はしかたがなく、低くしゃがんで、残されたミミちゃんと戯れる。ミミちゃんが僕の手の甲をペロペロ舐める。

「じゃーん！」

マイさんが再び現れた。ホテルのときと同じ下着をつけている。

「さあ、続きをやりまちょうね」

電話で激怒していた同じ人間とは思えない満面の笑みだ。

そのとき、にわかにアンモニア臭が鼻をついた。足もとを見るとフローリングに小さな水たまりができている。ミミちゃんがウレションをしたのだ。

「この環境で、エッチなことをするのでしょうか？」

マイさんに確認をする。

「ちょっと待ってて！」

そう言うと、彼女は手際よく水たまりを処理し、ミミちゃんもケージに入れた。犬は素直にケージに入った。しつけはできているようだ。でも、まだクークー鳴いている。かすかにアンモニア臭は残っている。エッチな気持ちになどなれない。

マイさんはそんなことはおかまいなしで、自分の下着をとり、母親が幼児の世話をするように僕の服も脱がせ、ベッドへ誘う。

やるのか？　ほんとうにここでやるのか？

しかし、この状況から逃げるのは困難だ。幸い犬の鳴き声は小さくなってきた。僕がいる状況に慣れたのだろう。もうやぶれかぶれだ。頭の中で必死にエロティックなことを考え、自分を奮い立たせる。57歳になり、復活に時間がかかるようになった。それでもあきらめず、過去のエロい体験を記憶からたぐり寄せる。

ちょっと元気になってきた。タイミングを逸すると自分の復活はないと思い、一気に突撃する。よし、いい感じだ。

うん？　そのとき、僕の尻に温かくざらざらと湿った何かがペタペタペタと触れた。なんだ？　ふり向くと、ケージから脱走したミミちゃんが、しっぽを振りながら、僕の尻をなめていた。

マイさんの部屋を出ると、東の空が白々と明けてきた。僕は一度ホテルに戻り、チェックアウト時間まで睡眠をむさぼった。

深夜のベッド体操

華道の先生のユキコさんからもコンスタントに連絡は来る。3度目のデートでのユキコさんからのリクエストは横浜へのドライブだった。中華街で食事をしたいという。横浜中華街の店は大きく2系統ある。一つは、萬珍樓や聘珍樓《へいちんろう》のようなメジャーな大型店。もう一つは、中華街ならではの小規模な店。こちらは、餃子のおいしい店、海鮮料理に強い店、中華粥専門店など、それぞれ個性を発揮している。ユキコさんが、餃子が食べたいというので、中華街大通りからひと筋入った水餃子のおいしい店を選んだ。

そこでお腹を満たした後は本牧《ほんもく》へ向かった。かつて米海軍の住宅街があった本牧エリアには、今もアメリカナイズされたバーやダイナーがある。

「今日こそは試してみる？」

アルコールが入り気持ちが高揚したユキコさんがお誘いしてくれた。

「ううーん……」

こちらはすぐに応じられない。性欲が強い話を彼女からはさんざん聞かされている。

「自信、ない？」

「ユキコさん、朝までなんでしょ？」

「うん。でも、朝までしなくてもいいよ。話し相手になってくれれば。私、した後は目が冴えて眠れないんだ。一人で起きているのが怖いの」

腰は引けていた。ことの後、朝まで起きている自信はない。このときすでに11時。かすかに眠気が訪れて来ていた。しかし、ここでしないのは男子として情けない。そのまま、みなとみらいエリアのホテルにチェックインすることにした。ツインルームを確保できたのだ。

ホテルへ向かうクルマの中、ユキコさんは遠足へ行く小学生のようにはしゃいでいる。途中、深夜営業のスーパーに寄り、飲み物や食べ物を買い込んだ。

そしてホテルの客室で――。僕は不合格の烙印を捺された。一度目は問題なくやれたと思う。しかし、時間を置かずリクエストされた二回戦は苦戦した。もはや体力の限界。それ以前に睡魔には抗えなかった。

「もう無理？」

ユキコさんが耳もとで訊ねる。

「うん……」

「眠い？」

「うん……」

「眠っていいよ」

「ありがとう……」

「その代わり、一つお願いがあるの」

「なに？」

「部屋の照明、消さないでほしいの。私は眠れないと思う。暗闇の中で、一人で起きているのが怖いの」

「わかった……」

そう言ったまま僕は眠りに落ちていった。

しかし、57歳のオヤジは悲しい。眠りについても、数時間すると、尿意で目が覚める。まぶたを開いた瞬間は、自分がどこにいるのか、理解できていない。部屋の様子をうかがうと、隅々まで照明が照らしている。

ああ、ホテルに泊まっているのだな――。認識する。そして急速に記憶がよみがえる。横を見ると、ベッドでユキコさんがストレッチ体操に励んでいた。上半身はホテルのパジャマを羽織っているが、下半身はなぜかショーツもつけていない。

僕は彼女の様子に気づかないふうを装って、トイレへ向かう。用を済ませたら、最短距離でベッドに向かい、再び眠りに入る。しばらくすると、また眠りの浅い時間帯が訪れる。かすかにまぶたを開く。部屋の照明がまぶしい。さりげなく横を見た。ユキコさんが今度は激しく体操をしていた。仰向けになり、自転車のペダルをこぐように脚を動かしている。やはり下半身には何もつけていない。風邪をひかないのだろうか？　お腹をこわさないのだろうか？　気になったが、声をかけずにまぶたを閉じた。

年齢を重ねた婚活において、とくに年齢が離れた男女において、夜の相性は大切な問題だ。たとえ心が通じ合っても、体力や性欲量に著しい差があると、そのギャップを埋めるのは難しい。それを痛感した一夜だった。

看護師の秘密

その後しばらくして参加した婚活パーティーでは、ナオミさんという看護師の女性と知り合った。彼女は38歳で1度婚歴がある。

短い会話のなかでも仕事を頑張っていることが伝わり、好感を持った。彼女も僕に興味を持ってくれて、帰りに食事をした。翌日も翌々日も会った。婚活パーティーには、ときどきこういうミラクルがある。

しかし、彼女はなぜ僕を選んだのか？　パーティーにはナオミさんと同世代の男性参加者もいた。33歳で離婚をして、シングルを25年もこじらせていると、女性が好意を示してくれても素直に信じることができなくなる。

それでも一緒の時間を重ねれば、関係は深まる。ドライブにも行き、一泊で温泉にも出かけた。彼女がうちに来て掃除をしてくれるようになるまでに2か月もかからなかった。やがて彼女から話したいことがあると言われた。

「私、子どもがいます」

そう打ち明けられた。高校生の女の子と中学生の男の子と一緒に暮らしているという。

実は、出会ったころは子どもがいるのではないかとも考えた。30代の女性が50代後半のオヤジに興味を持つのはレアなケースだ。しかし、交際を進めていくうちに、子どもがいるのでは、といった疑念は消えていた。一泊旅行にも出かけていたのだ。

だから、彼女の告白には驚かされた。

「母親が帰らない日は、子どもたちはどうしているの？」

率直な質問をした。

「ご飯をつくってから来ているから大丈夫。お姉ちゃんが弟の面倒をみているし」

「子どもたちは母親が帰ってこないことを変だと思わないの？」

「あなたと会っていること、あの子たちは気づいていないよ。夜勤だと言っているし」

この日から彼女と会うことに後ろめたさを覚えるようになった。彼女は、気にしないで、と言う。しかし、母親のいない家で食事をして就寝する姉弟のことを考えないほどこちらはタフではない。また、本当に申し訳ないのだけれど、母子まるごと引き受けるような覚悟が持てなかった。そういう漢気《おとこぎ》は、残念ながらない。

彼女とはもう会わないほうがいいと判断した。

そしてこの出来事があったころから、僕には結婚は難しいと考え始めた。

第4章　イベント系婚活は人柄がわかる

酔い止め持参でイチゴ狩りバスツアーへ

この章では、50代で体験したちょっと変わった婚活イベントをいくつか紹介したい。

婚活アプリ、結婚相談所、婚活パーティー。この三つが、2021年の時点では婚活の王道だと思う。しかし、そのほかにも、さまざまな婚活がある。婚活バスツアー、婚活ハイキング、婚活ゴルフコンペ、婚活クルージング、婚活料理教室、婚活バーベキュー、寺社婚活……など。

さらには、医師限定、弁護士限定、自衛隊限定、消防署員限定……など、職業をしぼった企画もある。自衛隊員や消防署員は、収入が安定した公務員で、しかも日ごろのトレーニングで体をしぼっているので、女性からの人気が高いそうだ。自衛隊の陸海空各駐屯地内で開催される婚活パーティーには全国から女性が集まるらしい。

一方、女性の側にも職業を限定した婚活パーティーはある。モデル限定、キャビンアテンダント限定、受付嬢限定、秘書限定、看護師限定……などだ。

そんななかで、イベント性の強いバスツアー、ハイキング、料理教室、座禅と写経の寺社婚活を体験した。


凍えるような冬の週末、朝7時、僕はJR上野駅横駐車場にいた。婚活バスツアーに参加するためだ。このツアーはネットで発見した。男女がまる一日行動をともにして交流を深め交際につなげる婚活企画で、大手旅行代理店の子会社が運営している。目的地は千葉県、房総半島の農家と牧場だった。

「婚活バスツアー♡いちご狩りとキラキラ♡ライトアップファーム♡」

ハートマーク付きのキャッチコピーが目をひいた。

参加費は1万5000円。高いか、安いか、それは自分次第だと思った。

バスツアーならば、参加者の人間性が見える。お見合いパーティーはふつう1時間から2時間程度だ。しかし、バスツアーはまる一日。じっくり相手を観察できる。集団行動なので、社交性や協調性もわかる。

ただし、申し込みには大きな障害があった。年齢枠が設定されていて、その上限を僕は大幅に超えていたのだ。

「男性は25歳から50歳位」

ホームページに記されていた。上限を7歳も上回っている。7歳オーバーは〝位〟の域ではない。でも、問い合わせは自由だ。参加できる年齢枠のツアーもあるかもしれない。

電話をすると、体育会系出身を思わせるはきはき声の女性スタッフが出た。

「このツアーは、男性は何歳まで参加可能でしょうか？」

わかっているけれど、聞く。

「50歳位となっております」

「ああ……、やっぱり……」

残念な気持ちが電話の向こうの相手に伝わるように大きくリアクションした。

「失礼ですが、おいくつでしょう？」

「57です」

「そうですかあ……」

相手のトーンが下がった。57歳は年齢制限をオーバーし過ぎている。

「そうなんです……」

しばし沈黙の時間が流れた。

「少しだけ、電話を切らずにお待ちいただいてもよろしいですか」

会話が一度とぎれ、受話器から音楽が流れ始めた。ヨハン・パッフェルベルの「カノン」だ。妙にアップテンポで明るいアレンジになっている。

電話の女性は上司に相談しているのだろう。待っているうちに猛烈に恥ずかしくなってきた。電話を切りたい。しかし、切ったら参加はできない。その時、カノンが途切れ、さっきの女性の声が耳に響いた。

「お待たせして申し訳ございません。お受けできそうです！」

主催者は年齢枠を厳密に守るよりも1万5000円の売上計上を優先した。

年齢幅が広いバスツアー

隣の席の女性がちらちらとこちらを見ている。20代だろう。小学生の頃にテレビで見ていたアニメ『アルプスの少女ハイジ』のクララに似ている。小柄で、目が大きく、まつ毛が長い。オジサンがどうしてここにいるの――という目線だ。

彼女に悟られないように、僕は効き目の早い液体タイプの酔い止めの薬を飲む。僕は子どものころから乗り物に弱い。自分で運転していれば大丈夫だけど、タクシーやバスに乗ると、今でもかすかに吐き気がする。

「皆さん、おはようございます！」

黒のパンツスーツのスタッフがマイクで挨拶をした。

「おはようございまーす！」

参加者もいっせいに声を上げる。

これは婚活だ。パートナーがいない寂しい男女の集まりだ。にもかかわらず、参加者は目一杯明るい。

「本日は〈婚活バスツアー♡いちご狩りとキラキラ♡ライトアップファーム♡〉にご参加いただき、ありがとうございます！　今日一日、よろしくお願いいたします」

「よろしくお願いしまーす！」

その日初めて集まったとは思えないほど声がそろう。まるで小学校の遠足だ。

参加者は男女とも20人で計40人。進行は通常の婚活パーティーと同じだ。発車とともに男女の会話はスタート。隣同士の男女がおたがいのプロフィールを交換して話す。5、6分で男性がシートを移動。次の女性と話す。午後はイチゴ狩りをして、夕方から夜にかけてはライトアップされた牧場を訪れる。

車内を見渡すと、参加者の主流は20代から30代だろう。圧倒的に年齢が高い僕は目立つ。修学旅行の引率の先生になった気分だ。

「会話をスタートする前に、私から一つ、アドバイスがあります」

スタッフが少しトーンを上げた。

「今日はできるだけ多くの人と連絡先を交換しましょう。ただ話をするだけでは何も生まれません。連絡先がわかれば、後日アプローチできます。お友だちを紹介し合うこともできます。初対面の相手に連絡先を教えるのはご不安でしょう。特に女性は躊躇して当然です。でも、皆さんは大人です。よほど嫌な相手でない限り、教えましょう。もし後で何か問題が起きたら、たとえば交際を断ったのにしつこく連絡がきたり、何かの営業をしかけられたりした場合は、弊社に連絡をください。責任をもって対処します」

きっぱりと言った。

「では、さっそくお隣のかたと会話をスタートしてください！」

その合図で男女全員があらかじめ記入していたプロフィールを交換し、会話を始めた。車内が一気ににぎやかになる。最初の相手はクララちゃんだ。実名はモリエさんといい、年齢は28歳だった。服装は色落ちしたブルーのデニムに白のTシャツ。きれいな女性はラフな服装でもおしゃれに見える。職業欄には「会社員」とだけ記入されていた。

「いきなり年寄りでごめんなさい」

卑屈だと思ったけれど、最初から謝っておいたほうがいい。

「いえ、年上のかたに興味があります。父親より若ければ交際範囲内です」

社交辞令だとしてもうれしい。

「お父様はおいくつですか？」

「59歳です」

ちょっと安心する。

「よかった。僕より上です。ちなみにお母様は？」

「50です」

聞かなければよかった。

モリエさんが28歳で婚活バスツアーに参加していることには驚かされた。自分が20代のころ、すでに結婚相談所はあった。しかし、恋愛は仕事関係や学生時代の友人といった日常的な交流から生まれるものだと思っていた。結婚相談所には、人生を金銭で売買するイメージもあった。ところが今は、20代のクララのような顔の女性が貴重な週末をまる一日使い、しかも1万5000円を投じて婚活バスツアーに参加している。

「私、何年も男性とお付き合いしていません。職場はコールセンターで、フロアの9割以上は女性です。ふだんの暮らしではまったく出会いがないんですよ」

彼女は専業主婦になりたいという。同世代の男と結婚したら、共働きは避けられない。年上ならば多くの場合自分よりも収入は多い。家庭で子育てに専念できるかもしれない。だから、婚活市場で有利な年齢のうちに相手を見つけたいそうだ。

サービスエリアで男性参加者と連れション

バスは首都高を走っていく。都内を南下して神奈川県に入り、川崎から東京湾アクアラインで東京湾を東へ横断して房総半島に上陸するルートだ。

首都高の路面はガタガタ。左からも右からも合流があり、バスは頻繁に車線変更をくり返す。車内で立ったり座ったりしながら会話を行う男性参加者はつらい。案の定、出発30分後には、何人かが乗り物酔いをうったえた。そのうち二人は婚活トークの流れから脱落し、空いている後部のシートで体を横たえている。サービスエリアに着くと、手で口をふさいでトイレに駆け込む男もいた。酔い止めを飲んでおいてよかった。

サービスエリアのトイレでは男性参加者と連れションになる。

「いい感じの女性、いましたか？」

「いやあ、みんないい人に見えてしまいます」

そんな会話を交わしながら、小用を足す。婚活の場で同性と話すのは初めてだ。

バスは海を渡り、房総半島に上陸し、内陸へ入っていく。その間も相手を替えながらお見合いは進む。女性参加者は全員年下だが、会話を続けるうちに相手との年齢差は意識しなくなっていた。通常の婚活パーティーは、年齢によって細分化されている。50代が20代と会話できるケースはまずない。一方、まる一日かけて行う婚活バスツアーは当然、開催本数は少なく、年齢枠の分け方も大雑把だ。その結果、20代も50代も同じバスに乗せてしまう。若い女性と知り合いたい男に向いている企画だ。

それに、婚活バスツアー参加者は時間とお金をかけている。参加者の真剣度が高い。

実際、会話をしたほとんどの女性に好印象をもった。

房総のリゾートホテル内のチャイニーズレストランでランチをとるころにはすでに女性全員と会話を終え、男性の何人かとはサービスエリアでコミュニケーションをとっているので、全体的になんとなく同志的な空気になっていた。

イチゴ狩りをきっかけにデート

イチゴ狩りがこんなに楽しいものだとは――。新鮮なイチゴを好きなだけ食べられる。そもそも「○○狩り」は初体験だった。

「ほっぺにミルクがついていますよ」

そう言われて顔を上げると、二人組の女性参加者がくすくすと笑っている。その一人が僕の顔に付いたコンデンスミルクをハンカチで拭いてくれた。参加してよかった。

夕方から夜にかけての牧場散策はグループ行動だ。40人の参加者をあみだくじでABC3チームに分けて、2時間を過ごす。

この時間帯になると、身にしみたことがある。婚活バスツアーは体力勝負だ。57歳。しかも前夜は遅くまで仕事をしていた。だから、睡魔との闘いになった。眠い。しかも、寒い。どうやら牧場は標高が高いらしい。しかも、最年長者という理由でAグループのリーダーにさせられた。行きがかり上男女13人のAチームを率いて歩いていると、丸太作り風の小屋が視界に入った。お土産店兼カフェらしい。ひらめいた。

「皆さん、聞いてください！」

大きな声で、僕のまわりにAチームのメンバーを集める。

「寒いので、Aチームはあのカフェを基地にします。僕は全2時間、カフェで待機しています。皆さんはどうぞご自由に、お気に入りのかたと牧場を散策してください。手をつなごうと、暗がりに行こうと、お好きなように。ただし、二つだけ約束してください。一つ目は、時間を守ること。バスが出発する15分前にはカフェに集合してください。二つ目は、男女で散策する男性は僕と電話番号を交換させてください。万が一なにか事故があったときに連絡を取り合うためです。以上です」

反論は許さない。発言のすきを与えず、さっさと暖かいカフェに逃げ込んだ。

Aチームは男女ともまじめなメンバーがそろっていた。

「牧場を歩いてきます！」

そう言って、カップルになった男は電話番号のメモを僕に渡して出かけていく。僕も自分の電話番号を伝えた。

意外だったのは、半分くらいのメンバーが僕と一緒にカフェに残ったことだ。朝早くから緊張状態で婚活を続けてきたので、疲労しているのだ。それに、外は寒い。

僕はチームリーダーという職権を利用してみんなに1杯200円のコーヒーをご馳走し、長く生きてきたからこそのくだらない会話をして〝いい人アピール〟に努めた。

時間が許すならば、バスツアーはとてもすぐれた婚活ツールだ。男女とも人間性がかなりわかる。長時間なので、ごまかしがきかない。食事もするので、飲酒や喫煙の習慣もわかる。しかも、1度で多くの女性と連絡先を交換できた。

イチゴ狩りバスツアーの後、僕は二人の女性と食事する機会を得た。

一人はIT系の企業で働く33歳のアユミさん。彼女は牧場で僕がリーダーを務めたAチームのメンバーだった。隣町に住んでいて、ツアー後もときどき連絡をくれたので、ご飯を食べたり、お茶を飲んだりした。アユミさんは利発で魅力的な女性だったが、年の離れた友人のような関係以上にはなれなかった。仕事の悩み、職場での人間関係の悩みについて相談され、僕はいつも聞き役。やがて彼女には同世代の恋人ができて、あっという間に妊娠し、あっという間に結婚した。

もう一人は38歳のミナミさん。イチゴ狩りで頬についたコンデンスミルクをハンカチで拭いてくれた女性で、食品メーカーでデスクワークをしていた。何度か食事をし、ジャズのライヴも観に行った。彼女は音楽が好きで、ダンスのチームにも所属していたのだ。しかし、交際にはいたらなかった。「どうしても年齢差が気になる」と言われた。

婚活ハイキングには甘いものを持参

婚活ハイキングにも参加した。週末に奥多摩を歩く婚活イベントだ。

出かける前、服装に悩んだ。ハイキング姿がいいのか。婚活を強く意識したほうがいいのか。判断に迷ったのだ。歩く距離は5キロほどと言われていたが、山を登るのか、沢を歩くのか、どのくらいの難易度の道なのかがわからない。

僕は結局、ジーンズに長袖のTシャツ、ラフなジャケットで出かけた。汗を拭くためのタオルや女性と連絡先を交換するための筆記具は布製のトートバッグに入れた。

そうだ、お菓子を持っていったらどうだろう。

自宅を出て、ひらめいた。ハイキングでは小腹がすくかもしれない。体を動かすので甘いものを欲するかもしれない。そのタイミングで女性参加者にお菓子をさりげなく分けたら、ポイントアップできるはずだ。甘いものは疲労を緩和させる。そこで一つずつ袋分けされたビスケットと飴と、自分用の水とお茶をコンビニで買った。

集合は、JR青梅線奥多摩駅前広場に午後1時。JR中央線で立川まで行き、青梅線に乗り換える。僕は東京で生まれ育ったが、立川からの青梅線は初体験だ。

車窓からの景色がどんどん変わっていく。住宅が減っていく。青梅を過ぎると、東京とは思えない景色になる。各駅に停車するが、電車のドアは自動ではない。専用のボタンを押すと扉が開く。駅前には川が流れ、店はなさそうだ。

集合時間15分ほど前に着くと、すでに数人の参加者がいた。スタッフらしき若い男女が受付の準備をしている。電車が到着する度、参加者がぞろぞろ改札を抜けてくる。

男性のほとんどはジーンズか綿パンをはき、上半身はトレーナーか長袖のTシャツにジャケットやブルゾンを羽織っている。靴はスニーカーだ。

一方、女性は山登りの服装と、ショッピングへ出かけるようなおしゃれなファッション。両極端だ。山登り派には、リュックを背負い、登山靴の〝山ガール〟もいる。リュックの中には遭難したときのための缶詰でも入っているのだろうか？　おしゃれ派は、さすがにスカートにハイヒールではないが、スリムなパンツに革製の靴を履いている。

手にはブランドもののバッグ。日焼け対策だろうか、メイクは濃い。その中間、つまり男性と同じようなジーンズや綿パンは少数派だ。

参加者は男女各20人で計40人。２列縦隊で歩きながら会話を交わし、５分ほどで相手をチェンジする。スタンダードな婚活パーティーと同じだ。ただし会場は野外。会場費がかからない分、主催側にとってはコストパフォーマンスのいい企画だ。

山のふもとの国道を進み、小高い丘に登り、沢沿いの砂利道を歩く。山登り女子には物足りない。おしゃれ派の服や靴は傷むのではないだろうか。

天気に恵まれたこともあり、40人の〝婚活隊〟は和気あいあいと進んでいく。ガードレールに座ってカップ酒を飲むオジサンたちや、サイクリングで休憩中のグループが、なにか異様なものを見るように婚活隊を見送る。

30分ほど歩き、地元の少年野球チームの大会が行われている市営グラウンド横の公園で休憩した。そこから樹々に囲まれた緩やかな坂を上っていく。おしゃれ派女子のメイクがどろどろととけて頬を流れ始めた。疲労で脱落しそうな女性もいて、当初のスケジュールにはなかった短い休憩を取る。

「皆さーん！　お疲れのかたも多いので、コースを変更して短くします。沢には降りずにこのまま駅へ戻りまーす！」

スタッフの女性が叫んだ。沢を横目に見ながら、奥多摩駅方面へ歩く。満を持して、僕は自分のまわりの参加者にお菓子を分ける。男性にも勧めた。人間性のアピールだ。

「嬉しーい！」

歓声が上がる。

「後ろにまわしてください」

そう言って飴も配る。われながら、あざとい。

自分で思っていたよりも、甘いものは効果が大きかった。多くの参加者が元気になり、会話のトーンが上がった。

3時間ほどのハイキングは終わり、奥多摩駅前でスタッフが解散の挨拶をした。

「あとはおたがい誘い合って、二次会をなさってください」

なんと無責任なのだろう。ここは山間部だ。二次会を行う居酒屋など見当たらない。山に囲まれたところなので、太陽が早く沈む。気温が急激に下がってきた。

誘うべきか、誘われるべきか。男女とも駅前広場にぐずぐずと残っている。

この婚活ハイキングで、何人かの女性と連絡先を交換したけれど、あせって会話をしておきたい女性はいなかった。というか、女性をよく見分けられなかった。登山派女子は皆同じに見えたし、おしゃれ派女子はメイクが溶けて、気の毒な状況になっていた。電車の本数は少ない。素早く改札を抜け、発車時間が近づく青梅線に乗った。

プロポーズの食事で割り勘を求めた男

やれやれ。がらがらの車両のシートに一人身を沈める。するると、見覚えのある女性が同じ車両に駆け込んできた。婚活ハイキングの参加者だ。名前は憶えていないが、目が合い、挨拶を交わす。

「お疲れ様です」

声をかけると、隣に座ってくれた。登山派でもおしゃれ派でもない。ジーンズに白シャツでスニーカーを履いている。

「ビスケット、ごちそうさまでした。おかげで生き返りました」

彼女の言葉でお菓子の成果がリアルに確認できて満足した。

名前はキョウコさんで39歳。精密機器メーカーでデスクワークをしているという。神奈川県在住。帰路の立川駅で下車して、彼女とチェーン系の鶏料理の店に入った。夕食のピークの時間帯でどの店も混んでいた。限られた選択肢から選んだ店だ。

キョウコさんには半年前まで交際している男性がいたそうだ。2つ歳上の市役所で働く公務員。1年近く付き合っていた。優しく、おとなしく、まじめで誠実な男性だった。

「毎週末に食事をしていて、年齢的に考えても、この人と結婚するかもしれないなあ、と思っていました」

彼のほうもそのつもりだったらしく、両親も紹介され、いよいよプロポーズされそうな気配が濃くなってきた。

ある日、緊張気味の彼にフォーマルなディナーを提案される。場所は横浜。山下公園前の名門ホテルにあるフレンチ・レストランだった。1930年代のインテリアで統一された店内の窓に面したテーブルからは横浜港が一望できた。

「コース料理のデザートを待つタイミングで、プロポーズされました。私、うれしくて、涙があふれちゃった。そんなに感激するとは、自分でも意外でした。若いころのような熱烈な恋愛とは違って、デートは地味に食事をするばかりだったし、この夜のプロポーズも心の準備はできていたからです」

キョウコさんは彼のプロポーズに応じるつもりだった。ただし、そのときは返事を保留。即決せずに一週間くらいは考えるのが礼儀のような気がしたのだ。親にも一応相談するべきだと思った。

しかしその10分後、彼女の心に変化が生じる。

「会計のとき、彼に割り勘を求められたんです」

テーブル会計で、カードで支払った彼は「これでまたカードポイントが増えちゃうよ」と満足そうな表情で言った。

「そして私に、一人分を現金でほしい、とも。自分の耳を疑いました。実は彼との食事はずっと割り勘でした。それは私も気にしていませんでした。年齢も収入もあまり変わらなかったからです。でも、プロポーズの夜くらいは見栄を張ってほしかった。一気に夢からさめました」

彼女は彼からのプロポーズを断り、婚活を始めたという。

婚活をしていると、さまざまな女性と会話をする。そのなかで頻繁に話題になるのが、食事の会計のことだ。男性が全額負担するべきか。割り勘か。

僕はすべてのケースで支払っている。毎回自分が歳上だからだ。それに、自分をプレゼンテーションする場で割り勘にする発想はない。相手に自分を好きになってほしい場での割り勘は、肝心の婚活では、当然不利な展開になる。しかし、人にはそれぞれ考え方があり、経済的な事情があり、あるいは親からの教えもあるかもしれない。

キョウコさんとは立川駅で別れた。彼女はＪＲ南武線で横浜方面へ、僕はＪＲ中央線で新宿方面へ帰った。その後彼女とは会っていない。深刻な話を身の上相談のように聞いてしまい、恋愛の感情は生じなかった。それに、彼女もたぶん、僕を交際相手の候補とは考えていなかった。結婚を意識していた男性との別れ、その判断をした自分が正しかったのか、その後の婚活の難しさ……などを誰かに吐露したく、そういった意味でちょうどいいタイミングで会ったのが僕だったのだろう。

婚活料理教室

婚活料理教室は、キッチンスタジオで男女がペアで料理を作ることで、親しくなることを狙った婚活企画だ。

料理をすることについて、僕にはまったく抵抗がない。包丁も上手に扱える。一日中空腹だった10代のころ、いつも自分で食事を作っていた。母親が料理を不得手にしていて、彼女が支度するのを待っていると、なかなか食事にありつけなかったのだ。

1年だけ結婚生活を送った元妻も料理が不得手で、いっさい作らなかった。しかたがなく、カレーやシチューくらいは自分で作った。

フリーランスの記者として、雑誌で料理の連載記事を書いていた時期もある。この記事のレシピで読者は作れるのか――。毎号不安だった。間違いがあると読者からクレームが来るので、毎回自宅のキッチンで、レシピの原稿のとおりに料理を試作した。

婚活料理教室の会場は、東京・池袋のマンションの一室。週末に開催される、男女各4人、計8人での会だ。いいことなのか、よくないことなのか、年齢制限のない企画だった。つまり、僕のような中高年もいれば、20代前半らしき、いたいけな感じの女子もいる。いたいけ女子は、自分の親の世代になる僕にあからさまに不満の視線を向けた。

「ごめんね」

心の中では謝ったけれど、僕の責任ではない。

メニューは4品。チキンとトマトのストロガノフ、カボチャと豆腐のポタージュ、海鮮サラダ、デザートのココアケーキ。あみだくじで男女4組になり、各一品ずつを作り、全員で食事をして、最後に一対一の会話を4回行う。トータルで3時間。長い。

婚活料理教室の利点は、長時間ゆえ人柄がわかること、料理のスキルがわかること、共同作業によって親密度が深まること。残念な点は、男女おたがい4人しか出会えないので、婚活ベースで考えるともの足りない。3時間を費やし、5000円ほどの参加費を払い4人しか会話を交わせないのは、コストパフォーマンスがいいとはいえない。

あみだくじで、僕は37歳の会社員女性とストロガノフを作ることになった。料理の難易度は低い。主催者が完璧なレシピを用意してくれて、ていねいに指導してくれる。よほどのことがない限り、失敗はしないだろう。

女性と一緒に料理を作るのは、小学校6年生のときの家庭科の授業以来だ。タマネギ、ニンジン、トマト、マッシュルーム……。二人で分担して切っていく。思いのほか楽しい。いつも僕は相手の年齢にかかわらず敬語に徹しているけれど、どんどん作業を進めなくてはならないので、おたがいいつのまにか友だちと話す雰囲気になっていた。ストロガノフが完成したときには、二人でささやかな達成感が共有できた。

8人全員での食事も会話ははずんだ。4組それぞれ達成感を味わい高揚を抑えられない。別のペアが作った料理を称え、おいしくできたコツを教え合った。

ただし、婚活的には何も生まれなかった。連絡先を交換したものの、連れ立って帰る男女は見かけなかった。僕自身、料理を作ったことばかり印象に残っていて、女性一人一人の顔もおぼろげだ。

男同士で情報交換

婚活料理教室の帰路、池袋駅に向かって歩いていると、後ろから声をかけられた。ふり向くと、同じ会の男性参加者だった。

「お急ぎでなかったら、お茶でも飲みながら婚活の情報交換をしませんか？」

その男性に誘われた。40歳くらいだろうか。名前はコンドウさん。笑顔が人懐っこい。今日会ったばかりの年上の男をお茶に誘うくらいだから、社交性が豊かなのだろう。

週末の午後、出会ったばかりの男二人でカフェに入ってコーヒーをする。僕たちは自分が行っている婚活について話した。主に婚活パーティーについてだ。苦戦している状況は正直に打ち明けたが、何度か女性とホテルに入ってしまったことは言わなかった。

彼がユニークなのは、王道の婚活は婚活パーティーに数回参加したくらいで、イベント性の強い企画ばかり選んでいることだ。スポーツマンらしく、ゴルフ婚活やスキー婚活に参加したという。言われてみると、彼の顔は健康的に陽焼けしている。

「ゴルフ婚活もスキー婚活もとても楽しいイベントでした。ただ、婚活ということを忘れてゴルフやスキーに夢中になってしまって、なかなかうまくいきません」

そう言って笑った。それでも、ゴルフ婚活で一緒にラウンドした女性と交際に発展したこともあるという。

「ただし、1か月しか続きませんでした。グリーンやゲレンデでは高揚しているせいか、女性を実際よりも魅力的に感じてしまうんです。街に戻って会うと、ときめきを覚えなくて。あれっ、この人、こんなだったかな、と。女性の側も同じらしく、おたがいどんどん熱が冷めていきました」

コンドウさんの話のなかで僕が興味を覚えたのは、寺社婚活だ。男女が寺に集まり、座禅や写経を行うのだという。

「しかし、コンドウさん、座禅も写経も無言で行うものではないですか？　女性と会話はできませんよね？」

誰もが疑問を感じることだろう。

「もちろん、お寺ではほとんど話はできません。だから、終了後に二次会がセッティングされていて、そこで参加者は交流することになります」

彼の説明では、寺社婚活には知的な女性参加者が多いらしい。

婚活には、それがどんな形態であっても、パートナー探し以外の目的で参加している男女がいる。金融商品の勧誘、宗教の勧誘、男ならばナンパ、女ならばブランド品を買わせる相手探しだ。その点、コンドウさんが選んで参加しているスポーツ婚活や寺社婚活には、そういう勧誘系やナンパ系が格段に少ないという。時間とコストがかかるからだ。僕たち二人が参加した婚活料理教室も参加人数と会費と手間を考えると、勧誘目的なら避けるだろう。

１時間ほどでカフェを出て、コンドウさんと池袋駅まで歩き別れた。僕はＪＲ山手線、彼は西武池袋線の改札へ向かった。

彼との情報交換は実に有意義だった、気がした。

写経と座禅で寺社婚活

翌週末の朝10時前、僕は広尾の商店街を歩いていた。東京・渋谷区の広尾は門前町。祥雲寺、香林院、上宮寺、天現寺など、このあたりには寺社が集まっている。

コンドウさんに教わった寺社婚活をネットでさっそく検索したら、以前参加した婚活ハイキングと同じ会社が主催していた。

服装はジャケット、綿パン、白シャツ。デニムは避けた。寺社にはそぐわないと思ったからだ。それに、正座や結跏趺坐《けっかふざ》という臍下丹田《せいかたんでん》を意識して脚を組む座禅の座法を求められたときに厚く硬いデニムでは大腿部がつらい。

会場のお寺に着くと、すでに受付の列ができていた。本人確認のため運転免許証を見せて、参加費5000円を支払うと、畳敷きの講堂に案内された。正座を覚悟していたが、尻をついて膝を曲げる、いわゆる体育座りが許された。

参加者を数えたら、男女各14人で計28人。お寺なのに、アロハのような派手なシャツの男もいた。白いワンピースで、髪に場違いな赤い花飾りを載せている女性もいた。週末の午前のお寺にこんなにたくさん集まるとは、ちょっと意外だった。

やがて肌が女性のように白くすべすべの僧侶が現れて、法話が始まった。内容は婚活とはまったく関係ない。自分自身が僧侶になったいきさつだ。特にドラマティックでもなく、就職の流れのようなエピソードが、低いテンションで語られていく。

法話は20分、30分と続き、退屈に耐えきれないのか、僕の後ろの男性参加者が、はあはあとため息をつき始めた。右横の男性は舟をこいでいる。

盛り上がりのないまま話は終わり、部屋を移して仏教の経典を書き写す写経の時間になった。般若心経が薄く印刷された紙が参加者全員に配られ、筆ペンで10分間、ひたすら文字をなぞっていく。その間、もちろん全員無言だ。

思いのほか楽しい。楽しむのは、不謹慎なのだろうか？　そんなことをぼんやりと考えながら、書き写していく。これは婚活だ。どんな女性が参加しているのかは気になる。しかし、周囲を眺めるわけにはいかない。やはり、寺社婚活は根本的なありかたが矛盾している。ここには、異性と親しくなりたいという、邪念をはらんだ気持ちで男女が集まっている。にもかかわらず、雑念を振り払う写経や座禅を行うのである。

写経が終わると、それまでに体験したことのない達成感を覚えた。

次は座禅。また部屋を移動して、用意されていた座布団に一人ずつ座っていく。ここでも正座や結跏趺坐は強いられなかった。座禅も初体験だった。時間は10分。初心者のための短縮版らしい。背筋を伸ばし、黙って座っていればいい。警策《けいさく》で打たれることはないが、希望者は黙って挙手をすると、体験できる。思い出作りのようなものだ。せっかくなので、打ってもらった。パシィ！　と心地よい痛みが肩から背中にかけて走った。

このころになると、昼が近づき、空腹を覚える。ひとたび自覚すると、どんどん腹が減ってくる。なにも作業をしていないので、ほかに意識を向けられない。キュルルル。

ついに僕の腹が鳴った。隣の女性が笑いをこらえている。目線だけを彼女に向け、愛想笑いをした。キュルルルルル。また鳴る。もはや自分ではどうすることもできない。短いはずの10分がとても長く感じられた。

座禅を終えるとお寺をあとにして、二次会会場の居酒屋へ向かった。しかし、想定していないことが起きた。約半数の女性が二次会に参加せずに帰ったのだ。写経と座禅が目的で、婚活に興味がなかったのか。男性参加者の顔ぶれに失望したのか。僕も含め男性参加者たちの落胆は大きかったが、しかたがない。スタッフのアテンドで、残ってくれた7人の女性と14人の男性で居酒屋へ移動した。会場に移動すると、スタッフは去り、あとは放置状態。大人同士で好きにやってください、ということなのだろう。

二次会は盛り上がりに欠けた。女性が減ったせいもあるが、寺社婚活だからだろうか、もともとおとなしい人ばかりなのだ。

多数の参加者の婚活の場では顔を憶えられた方がいいので僕は幹事を引き受け、お酒や料理のオーダーをまとめたり、お金を集めたりした。そのついでに連絡先も交換。その中の二人の女性と連絡を取り合い、35歳の看護師の女性とはその後一度だけ食事をした。白いワンピースで、髪に花の飾りを付けていた女性だ。しかし、会話はかみ合わなかった。

僕は〝婚活アリ地獄〟にはまってきたように感じた。婚活イベントには多くの男女が参加している。熱量に差はあるかもしれないが、参加者はみんなパートナーを求めている。それなのに、男女ともなかなか相手に恵まれない。

なぜか――。

40代を過ぎると、自我は育ち切っている。自分が好きな人間、波長が合う人間がよくわかる。だから、ストライクゾーンがどんどん狭くなっていく。自覚はある。しかし、それは理性でコントロールできる領域ではない。たぶん、女性の側も同じだろう。男女ともこの歳まで頑張ったのだから何とかしたいという気持ちも強くなる。

婚活を重ねることで、婚活から抜けられなくなってきた。

第5章　コロナ禍で追い詰められる婚活者たち

婚活パーティーと飛沫飛ばし

57歳で婚活を本格的に再開したのは2019年だった。

そして婚活を継続しながら2020年を迎えると逆風が吹き始めた。

まず、個人的なことだが、58歳になった。還暦にさらに一歩近づいたのだ。

57歳も58歳も婚活市場での女性からの評価は変わらないと思っていた。しかし、甘かった。婚活パーティーでの女性のリアクションが明らかに変わったのだ。交際相手候補として選ばれなくなった。すでに書いた通り、パーティーでおたがいが好感をもつと、いわゆるカップル成立となり、連絡先を教え合う。多くの場合、帰りにお茶を飲む、あるいは食事をする。その頻度が明らかに減った。

57歳の終盤と、58歳になったばかりの自分の中身がそれほど違うはずはない。しかし、女性からの評価はガクンと落ちる。婚活市場価値が下がる。あせりを感じた。

そんななか、新型コロナウイルスが発生し、感染拡大し始めた。最初はそれほど気にしていなかった。2月の時点では感染者は少なかったし、都心部にも観光地にも外国人旅行者がうようよいた。

それでも、婚活パーティー会場で変化があった。参加者がマスクを着用し始めたのだ。婚活パーティーはまさしく〝濃厚接触〟だ。男女がかなりの至近距離で、しかもテンションは高めで会話を交わす。飛沫飛ばし合戦といっていいだろう。この時期はまだ男女を仕切るアクリル板の設置はなかった。目には見えないが、飛沫は飛んでいたはずだ。

マスクをすると、顔の下半分をほぼ覆う。おたがいに顔を憶えづらい。

「こんにちは。顔をお見せできずすみません」

マスクを通したくぐもった声で挨拶をして、会話をスタートさせる。

婚活パーティーでは、会話をした相手をほかの人と間違えないようにスタッフからメモを勧められる。「ロングヘア」「ピンク色のワンピース」「目黒区に在住」「薬剤師さん」……など、気になった女性を忘れないために記録する。しかし、コロナ禍になってからは「黒いマスクの女性」「花柄マスクの看護師さん」などと、マスクで区別した。

こうした〝現代版仮面舞踏会〟のような状況では、パーティー全体のテンションは上がらない。男性であれば、1時間強の婚活パーティーで5000円前後の会費を払う。話す相手がマスクではコストパフォーマンスはよくない。徐々に参加者が減っていった。

3月に入ると、新型コロナウイルスの感染はさらに拡大。婚活パーティーは開催されなくなった。

オンライン婚活は背景や照明に一工夫を
「外出自粛でも婚活　入会相談2割増、交際率3割増も」（2020年4月30日付け『日本経済新聞』）

こんな見出しが、新聞に載った。

コロナ禍の自宅勤務でシングルの男女が家族を強く意識するようになったという。記事によると、大手結婚相談所のサンマリエでは、2020年4月、婚活や入会の相談が前年比約20%も増えたという。やはり大手結婚相談所のNOZZE.も同月は前年比1割増。しかし緊急事態宣言の発令で、お見合いや婚活パーティーはなかなか開催できない。その代わりにスタートしたのはパソコンやスマホを使って行うオンラインパーティーだ。婚活パーティーを主催する各社はオンラインコミュニケーションアプリ、Ｚｏｏｍを使ってのパーティーを始めた。

参加者は開始時間になると、パーティー主催会社指定のアドレスにネットをつなぐ。男性は全女性参加者と、女性は全男性参加者と一対一で会話を交わす。気になった相手にはチャットでＬＩＮＥ　ＩＤや電話番号を伝える。あとは直接コミュニケーションをとるというルールだ。参加費は約３０００円。通常のパーティーの６割くらいの価格だ。

この時期、コロナ禍の影響で記者としての仕事が減った。イベントの中止や延期が次々と決まり、取材がなくなったのだ。たまにある取材は電話やＺｏｏｍだ。だから、オンライン婚活のＺｏｏｍでの会話に抵抗はなかった。

取材がなくなると、極端に外出が減る。ほとんどの時間は自宅で執筆をする。ずっと手を付けられなかった長い原稿を書いた。孤独な作業だ。一日じっと書いていると、人恋しくなってくる。夜にオンライン婚活に参加すると寂しさをまぎらわすこともできた。

オンライン婚活で心がけたのは〝背景〟だ。パソコンの画面に向かって会話をする自分の後ろが散らかっていると、相手に与える印象が悪い。だからといってすぐには片づけられない。Ｚｏｏｍでは、仮の部屋や海辺や夜景などバーチャル画面を利用することもできる。しかし、それも不自然だ。

そこで、オンライン婚活のときだけ、パソコンを仕事部屋から資料部屋へ移動させた。本がぎっしりつまった書棚が背景ならば女性参加者たちから知的に見えるのでは――。あざとい発想だ。

資料部屋にはドリンクとメモ用の筆記具も用意した。自宅ではいつもＴシャツ姿で仕事をしているが、襟付きのシャツに着替えて、ジャケットも羽織り、さらに顔の陰影がはっきりするように照明の位置を調整した。

コロナ禍で、企業の採用面接もネットで行われるようになり、就職活動用のリングライトが売られている。これが、就活だけでなく、オンライン婚活にも役立つ。このキットは３０００円くらいで手に入る。

パソコン画面に罵声を浴びせる女性

オンライン婚活は楽だ。会場に行かなくていいので、１時間の婚活ならば、準備時間を加えても１時間半も要さない。マイナス面は、自宅なので、女性参加者と意気投合しても、「帰りに食事でもご一緒しましょう」という流れにならないことだ。日をあらためて、テンションの下がらないうちに会う約束をしなくてはいけない。

また、徐々に改善されていったものの、初期はシステム上のトラブルが頻発した。参加者も主催側もシステムに不慣れなので、ネット事故が頻繁に発生する。

開始時間になっても始まらなかったり、画面や音声が突然途切れたり、参加者がセッティングにとまどったり。自分の姿が参加者全員のパソコン画面に映っていることに気づかず、「もう嫌だ!」とブチ切れて、パソコンに罵声を浴びせる女性参加者の鬼の形相が延々映し出されていたこともあった。主催側のスタッフのスキルが低く、システムも脆弱で、土壇場で中止になったこともある。このときは、男性参加者の一人が感情的に抗議していた。忙しい中仕事を調整してようやく参加にこぎつけたのだろう。

さらに、オンライン婚活には難しい点がある。一瞬で画面が切り替わるので、前に話した相手の記憶が残りづらい。名前と顔と会話内容が脳の中でつながらなくなってしまう。好印象の女性の名前と番号はメモしているのに、ひと通り会話が終わると、記憶があいまいになっている。対面で行う婚活パーティーではあまりない状況だった。

後日食事の約束をしても、相手をよく憶えていなかったこともある。

「僕で間違いではありませんか？」

「人違いではありませんか？」

そんな挨拶から食事が始まる。

実際に、まったく記憶のない女性と食事をしたこともあった。どうやら相手も記憶にない様子で、このときはおたがい大変気を遣った。

どちらも、相手が自分を憶えていないことにも気づいていた。それでも大人同士なので、仕事の内容や、休日の過ごし方や、コロナ禍での生活など、さしさわりない会話を2時間ほど続けた。オンライン婚活は、ある程度参加回数を重ね経験を積まないと、成果を上げるのは難しい。

会えない相手とアプリで延々会話

新型コロナウイルスは婚活アプリの活動にも大きな障害になった。

婚活アプリを通しては、常に5人くらいの女性とやり取りした。おそらくほとんどの男女は複数の相手とアプリを通して会話をしている。というのも、アプリでマッチングしても直接会うまでにいたらないケースの方が多いからだ。僕の場合は10人とマッチングしても、会えるのは1人くらいだ（高収入の男性やいわゆるイケメンはもっと高い確率で会えているだろう）。

そんな状況で新型コロナウイルスの感染は拡大し、4月から5月末はステイ・ホームで、不要不急の外出はできなくなった。婚活での食事などもってのほかだ。そもそもレストランやカフェの多くはクローズした。

すると、アプリ内だけで女性と延々と会話し続けなくてはならない。これはかなりハードルが高い。なにしろ、会ったことのない相手だ。どんな女性なのかは、写真とプロフィールから想像するしかない。毎日会話をするにはテーマに限界がある。

「コロナが落ち着いたら、会いましょう！」

最初はそんな話をする。しかし、いつになっても感染は収まらない。やがて、一人、二人と、疎遠になっていった。

マッチングして会話を交わしたなかには旅行代理店勤務の女性もいた。彼女は仕事が激減し、社内ではリストラも始まった。どうしたって明るい会話にはならない。

「婚活よりも転職活動を優先させます」

そう言って彼女は退会した。明日のパンの心配をしなくてはならない状況で、婚活どころではない。

その一方で、コロナ禍で婚活に積極的になった女性もいる。

行きつけの店のスタッフとマッチング

婚活アプリのプロフィールで、ちょっと遠めから撮影された雰囲気のいい写真に魅かれてその女性に申し込むと、即ＯＫの返事が来た。うれしくなってさっそくお礼のメッセージを送ると、また即返事が来た。

「お久しぶりです！　ステイ・ホーム中もお元気にしていますか？」

えっ！　知り合いらしい。狼狽した。

仕事関係だろうか？　婚活アプリの彼女の写真を再確認する。しかし、心当たりはない。プロフィールの名前は本名ではなくハンドルネームだ。欧文で「ＹＵＲＩ」とある。思い当たらない。

「あのおー、失礼ながら、知り合いでしたっけ？」

質問のメッセージを送る。

「写真でわかりませんか？」

「すみません。わかりません……。引きで撮られたカットなので」
「じゃあ、ＬＩＮＥでメッセージを送りますね」
「僕とＬＩＮＥでつながっているんですか⁉」
「はい！」
「えー！」

彼女はよく訪れる青山のカフェレストランのスタッフのユリコさんだった。すでに10年以上通っている店だ。背がすらりと高く、いつも笑顔の人懐こい女性だ。37歳という年齢をアプリのプロフィールで知った。

数日後、彼女とランチをともにした。ユリコさんが婚活を始めた理由はコロナ禍だという。店が２か月間クローズ。時給制だった彼女は、収入が途絶えた。

「お金はどんどんなくなっていって……。ステイ・ホームだから、誰にも会わずに一人で部屋にこもっていますでしょ。ベッドに仰向けになって天井を見ていると不安に襲われて、それで婚活アプリに登録したんですよ。このままでは飢え死にする。誰かと一緒に生きていきたい。結婚したい。真剣に思いました」

アプリで彼女はすでに何人かの男性と会っていたが、まだいい出会いはないという。

やがて6月になり、ステイ・ホームが明け、勤めている店も営業を再開。すると、自粛生活で家にこもっていた客が一気に押し寄せ連日満席。店から請われ、ユリコさんは社員になった。収入が安定して生活の不安は払拭されたが、人の密度の高い職場環境で、コロナの感染に怯えながら働いている。

彼女との食事は一度きり。新型コロナウイルスの第一波の後は以前のように、彼女が働くお店で会話を交わしているだけだ。ときどき、おたがいの婚活状況を確認し合う。僕も彼女も進展はなく、「難しいですねえー」とうなずき合う。

新型コロナウイルスによって、男女の関係を発展させるためのハードルが増えた。会う約束をしても、マスクをして行く。そこでまずテンションが上がらない。食事のときも、お店の気遣いで、テーブルに斜めの位置に座ったり、アクリル板越しだったり。

何度か会っていよいよ男女の関係を深めるには、相手が感染していないと信じるしかない。極端な言い方になるが、この人からならば感染してもいい——とおたがいに思えなくては関係が成立しない。

コロナ禍のステイ・ホームで、夫婦関係、恋人関係の二極化が進んだと聞く。仲がいいペアは一緒にいる時間が増えてさらに関係が深まり、出産が増えるといわれている。

その一方で、一緒にいる時間が長くなることで衝突が増えるペアも多いらしい。

生きるための婚活

新型コロナウイルスの感染拡大によって、婚活はとくにシングルの女性にとって経済的な危機からの打開策の一つにもなってきた。

感染拡大前に行われた婚活パーティーで知り合ったマリコさんもその一人だ。彼女の年齢は50歳。笑顔が華やかな童顔で、30代と言われればほとんどの男は信じるだろう。明るく社交的な彼女に魅かれて、その場で連絡先を交換した。

LINEで頻繁にやり取りはしたものの、初めて二人で食事をしたのはパーティーから1か月経った週末。時間がかかったのは、マリコさんが多忙だったからだ。彼女のリクエストで横浜へ行き、スカンジナビア料理の店で食事をした。

その席で、忙しい理由を知った。彼女は、昼間は運送会社で事務員として、夜は銀座のクラブでホステスとして働いていた。住まいは神奈川県横浜市。ただし、住民票の住所は岩手県の盛岡だ。そこには実母と専門学校、高校へ通う男女二人の子どもがいる。浮気性の夫と別れて、家族4人の生活を支えていた。週末は盛岡の家に帰っているという。

「私、東京に出稼ぎにきているんです」

そんなことを明るく言う。

銀座の店では、ママのほかは彼女の実年齢を知らない。客や同僚には39歳で通している。3年前に入店して以来ずっと39歳らしい。厳しい経済状況からの脱却のためにも、安定した収入のあるパートナーを見つけたいという。

その日は深夜までおおいに食べて飲んだ。楽しい時間だった。彼女とはその後もLINEでやり取りをしたが、この関係にはなかなか未来は見出せずにいた。真剣に交際するには、家族も受け入れなくてはならないだろう。彼女は盛岡へ帰りたいともいう。70代の母親も地元を離れる気持ちはまったくない。子どもたちにも自然豊かな盛岡で暮らしてほしいそうだ。盛岡には、僕ができるフリーランスの記者の仕事はないだろう。彼女自身地元に仕事がないから、東京で働いているのだ。

そうしているうちに、3月になり、新型コロナウイルスが蔓延し始めた。銀座の歓楽街を訪れる人は一気に減り、マリコさんが勤める店もクローズ。銀座での仕事を失った彼女は大田区蒲田のキャバクラに転職した。

女性のすべてを引き受けられるか

「京極摩耶でござりんす。お待ちしておりまする」

昼間、妙なＬＩＮＥが届いた。マリコさんからだ。花魁《おいらん》のスタンプも送られてきた。

やがて、訂正のＬＩＮＥも届く。

「ごめんなさい！　間違えてお客さんへのＬＩＮＥを送ってしまいました！」

花魁スタンプは営業のＬＩＮＥだった。〝京極摩耶〟はキャバクラでの源氏名だという。彼女によると、銀座のクラブよりもキャバクラはさらに体力勝負らしい。お酒をたくさん飲まなくては務まらない。客に飲ませ、自分も飲む。勤務時間が長いので疲労がたまり、昼間の仕事は辞めて夜一本にしたという。

しかし、彼女のキャバクラ勤務は短期間だった。４月に入り、新型コロナウイルスによる国の緊急事態宣言発令で店はクローズ。マリコさんは横浜市の鶴見にある、カジュアルなイタリアンレストランに転職した。

とはいえ、レストランの経営も厳しい。店は神奈川県の要請にしたがって夜10時にクローズし、店の奥のシークレットのバースペースでマスクを着用してお酒を提供していた。

「お時間が許したら、遊びに来てください」

マリコさんからは店への誘いのLINEが来る。しかし、僕自身は食材の購入以外自宅から出ないステイ・ホームの時期だった。

鶴見のレストランを訪れたのは、新型コロナウイルス第一波の緊急事態宣言が明けて東京の感染者数が減った7月。店はがらがらで、店員のマリコさんもテーブルに着いた。ほかに客がいないので、彼女が〝おかあさん〟と呼ぶ60代くらいの女性オーナーも一緒に食事をした。オーナーは、マリコさんの父親の再婚相手だという。血はつながっていないが、一時期は母親だった。実父はというと、どこかでまた別の女性と暮らしているらしい。厨房にはオーナーの現夫もいた。店にはいないが、血のつながっていない弟もいるそうだ。家族関係が複雑で、なかなか理解できなかった。

マリコさんは女性としてとても魅力的だ。家族を思いやる発言が多く、情に厚い性格であることがわかる。美しく、たくましい。生命力を感じる。

正直な気持ちをいえば、彼女を口説いて、恋愛関係になりたかった。しかし、結婚相手として考えると、なかなか勇気が持てない。会ったことのない彼女の家族まで受け入れる度量は、僕にはない。そもそも、マリコさんとも3回しか会っていないのだ。

やがて、蒲田のキャバクラが再開し、彼女は店に戻った。フェイスシールドを装着して接客しているそうだ。〝おかあさんのイタリアン〟はコロナ禍で客が大幅に減り、クローズした。別のかたちで出会えたならば、コロナ禍でなければ。タイミングの悪さ、そして自分の人間力のなさが悔やまれる。

ミステリアスな女性

婚活アプリで知り合い、世田谷の住宅街の洋食店で食事をした35歳のトシコさんもコロナ禍で仕事を失った女性だった。彼女の申し込みに、最初は腰が引けた。メッセージがほかの女性と明らかに違っていた。

「助けてください。結婚して子どもを産みたいです。職を失い、毎日就職活動をしています。なかなかうまくいかず、キャバクラの求人にも応募しましたが、初出勤の前日に怖くなって断りました。いっそのこと海外で生活したいのですが、コロナ禍の今は無理です。結婚・出産のご相談をしたいです」

レストランで向き合ってみると、小柄で肌がつるつるした女性だった。

「オーダーはお任せしてよろしいですか」

洋食店のテーブルに着くと、彼女は満面の笑みで言う。

「わたくし、食事は男性に選んでいただきたいものですから」

不自然に丁寧な話し方だ。彼女の好みを聞きながら、サラダ、マッシュルームのソテー、ラムロースのグリル、ガーリックブレッドなどを注文した。ラムを選んだのは、トシコさんが鉄分の多い肉がほしい、と言ったからだ。ラム肉は鉄分を多く含んでいる。

ところが、彼女は料理に手を付けない。皿に取り分けても、ただ困った顔をしている。

「どうされましたか？」

訊ねても、下を見ている。もう一度聞くと、ようやく口を開いた。

「わたくし、外食ではコースでしか食事をしたことありません。誰かと分けて食べたことは一度もありません」

びっくりしたが、しかたがない。彼女だけのためにサラダや肉を追加した。テーブルの上は料理でいっぱいになった。

ご機嫌になった彼女は、おいしいおいしいと目の前のものを食べる。シャンパンやワインもごくごく飲む。

「わたくし、すぐにでも結婚したいのです」

食事中、彼女は何度も言った。

「なぜそんなに急がれるのでしょうか？」

「一日でも早く子どもがほしいのです。こうしている間に老化が進んでいることを考えると、気が気でありません」

老化と言えば、こちらの58歳という年齢は気にならないのだろうか。

「どんな男性がお好みですか？」

さしさわりのない質問をした。

「わたくしの父のような男性が理想です」

「どんなお父様なのでしょうか？」

「すべてを自分で引き受け、ものごとに動じない男性です」

なかなか立派な父親だと思いきや、さらに聞くと、父親は母親を嫌い、家から追い出したらしい。トシコさんも追い出され、電話にもでてくれないそうだ。どんな人なのか、よくわからなくなった。

「トシコさんは何をしているときが楽しいのですか？」

また、さしさわりのない質問も投げかけた。

「それは秘密です」

教えてくれない。

「内緒にするようなことでしょうか？」

「わたくし、男性にはミステリアスな女だと思われたいので、趣味については秘密にさせてください」

これまでのふるまいや会話ですでに十分にミステリアスだと思ったが、それは口にはしないでおいた。

「では、そろそろ帰りましょうか？」

そう提案した。すでに十分に飲食していた。それに彼女は不思議過ぎて、一緒にいるのはもう限界だったのだ。

「えっ、帰る前に、わたくし、食べたいものがあります。最後にステーキを注文してはいけませんでしょうか？　牛肉の鉄分もいただきたいので」

そう言うと、楽しそうにメニューを眺め、ウエイトレスさんを呼んだ。

「ここにあるお肉の産地をそれぞれ教えていただけますか」

ウエイトレスさんは困った表情で厨房に確認し、一つ一つ説明してくれる。トシコさんは悩むが、産地を聞いたところで肉の違いはわからない様子で、さらに訊ねた。

「どの牛肉が一番おいしいですか？」

ウエイトレスさんがまた困った表情になる。

「申し訳ございませんが、お好みによります」

そう答えるしかないだろう。

「では、この一番お値段の高いお肉にしてください」

トシコさんは、メニューにある１５０グラム８５００円の黒毛和牛フィレ肉のグリル４種の薬味添えを指さした。このカジュアルな洋食店ではめったにオーダーが入らない料理だろう。

「薬味添えとありますが、薬味の産地はどちらでしょうか？」

またもやウエイトレスさんに聞く。

「さあ……」

薬味の産地まで知るはずもないし、これ以上相手はできないのだろう。

「あるものでお願いします」

僕が言うと、ほっとした表情で厨房へ戻っていった。

ステーキが届くと、彼女は二つに分けた。半分は店で食べ、あとは持ち帰るという。

「こちらの半分、わたくしの明日の朝ご飯にしてよろしいでしょうか？」

そう言って、ニタッと笑う。

「どうぞお好きに」

もはやどうでもいい。彼女はおいしそうに肉を食べる。僕はただ眺めている。

店内で僕たちが最後の客だった。レジを閉めているので、トシコさんはまだ食事中だったが、先に会計をすませた。

トシコさんも食事を終え、ようやく店から出る。

「では、ここで失礼します」

一刻も早くその場を去りたくて、店の前でトシコさんと反対方向へ歩こうとすると、彼女は店先によろよろと座り込んだ。

「食べ過ぎました……」

そうつぶやいた。確かにかなり食べてはいた。放置したい。しかし、そういうわけにもいかず、様子を見守った。

「救急車、呼びましょうか？」

訊ねてみる。

「いえ……、大丈夫です」

激しくかぶりを振る。しばらくはそっとしておくしかないだろう。

５分くらいすると、彼女は急に立ち上がった。

「わたくし、顔を見てまいります」

そう言うと、すでにクローズしたレストランに戻っていった。化粧室で嘔吐するのだろうか。あるいは腹をこわしたか。

10分ほどして店から戻ったトシコさんは、すっかり元気になっていた。立派な回復力だ。吐いて楽になったのかもしれない。

徒歩で帰るというトシコさんを見送ると、ぐったりと疲れた。わずか1時間半ほどの食事が、５時間くらいに感じた。

翌日、アプリを通してトシコさんからメッセージが届いた。

「昨日は失礼しました。またお目にかかれますか？　もしこれきりであれば、ほかの男性を探してもよろしいですか？」

即レスポンスした。

「こちらこそありがとうございました。もちろん、ご自由にされてください。いい出会いがあることを心よりお祈りしております」

新型コロナウイルスの感染が拡大して、世の中が大きく変わった。それまで当たり前だと思われていた日常が失われた。そして、婚活に参加している男女も様変わりしている。マリコさんのケースもそうだが、コロナは多くの人から容赦なく仕事を奪っていく。それまでの生活も奪っていく。心がむしばまれる。

それでも結婚すれば、一発逆転のチャンスはゼロではない。高収入、あるいは安定した収入の配偶者を得れば、人生は変わる。その機会を得る手段としても各種婚活ツールは機能している。もっとも、現実的には男は結婚による経済的な一発逆転の可能性はゼロではないにせよ、女性よりははるかに低いだろう。

トランプ夫人似の金髪美女

新型コロナウイルスの第三波で感染者数が急速に増えるにしたがって、婚活アプリの中には妙な会員が増え始めた。なんらかの方法でお金を得ようという目的でメッセージを送ってくるのだ。

２０２０年12月には、45歳で神奈川県在住のアメリカ人、クリスティーヌさん（以下クリス）から申し込みがあった。プロフィールによると、公務員。最終学歴は大学院で、年収は３０００万円。１度婚歴がある。子どもはいない。写真で見る彼女は、モデルのようなプロポーション。ブロンドの髪は長く、胸のあたりまである。顔はちょっとドナルド・トランプの妻に似ている。

彼女は単語を並べるようなたどたどしい日本語でメッセージを送ってきた。こちらは中学生レベルの英語で返信するしかない。そんなやり取りを2、3往復すると、ＬＩＮＥでの会話を提案された。ＩＤを交換すると、通訳アプリを利用してメッセージがきた。英語の下に日本語も表示される。僕が日本語でメッセージを書くと、英語も表示される。彼女は平和活動で中東にいるという。意味がわからない。

その後もとりとめのないやり取りが続いた。一度も会っていないのに「Good morning, honey!」とか「Hello, my sweetheart!」とか甘いメッセージが来る。

本気か？　実在する人物か？　なんだか怪しい。

やがて動画が送られてきた。ブルーのビキニ姿のクリスさんがプールサイドで自撮りした映像だ。豊かな胸を強調している。腕と背中にはなんのデザインなのか不明のタトゥー。同じ場所で撮影したと思われる静止画像も来た。

「Thank you. You are so cute!」

レスポンスすると、今度はまったくテイストの異なる画像が送られてきた。軍服姿のクリスさんが気を付けの姿勢で立っている。右肩のあたりに「Christine」、左肩のあたりに「U.S. army」と刺繍されている。すぐに質問した。

「Are you U.S. army?」

「Yes! I'm a soldier」

在日アメリカ軍の兵士だというのだ。神奈川県の基地で暮らしていて、中東の平和活動に派遣されているという。

「Are you strong?」

質問すると、3つの動画が送信されてきた。すべて彼女がトレーニングしている映像だ。1つ目の動画はバーベルでのトレーニング。片側70キロくらいだろうか。2つ目はダンベルで上腕を鍛えている。3つ目は腕立て伏せを行うと立ち上がり、ジャンプして腹筋台を飛び越える。また腕立て伏せをやり、立ち上がって、腹筋台を飛び越える。大腿筋も大殿筋もスピードスケートの選手のようにパンパンに張っている。映像のなかで躍動するのは〝リアルＧ．Ｉ．ジェーン〟だ。

翌日、また動画が送られてきた。映っているのは、バッグに詰め込まれたＵＳドル紙幣の束。そして、大量の大粒のダイヤモンド。テロ組織を襲撃して得たものだという。そして、赤十字の便で送るので、自分が日本に戻るまで預かってほしいというのだ。

「I will send a luggage to you. You will keep it. You will take 20%」

お金とダイヤの20％をくれるという。

危険を感じた。いくらなんでも話が嘘くさい。クリスさんはおそらく〝なりすまし〟だろう。僕がやり取りをしていたのは、詐欺集団で、ブロンドの女性の姿はどこかから無断で借用した動画を使っているのではないだろうか。パスポートのコピーを交換しよう、と言われた時点でＬＩＮＥでのメッセージ交換をやめてブロックした。

コロナ禍で多くの人が困窮し、婚活村にも犯罪のにおいのするメッセージが飛び交うようになってきた。

デート詐欺

女性にももちろんリスクはある。婚活アプリでマッチングして食事をした女性、51歳のミズホさんはデート詐欺にあったという。神奈川県の相模原に住む彼女は、自宅から徒歩圏の中古車販売の会社で経理を担当している。ミズホさんが婚活アプリで出会ったデート詐欺男、M氏は58歳の自称不動産会社経営者。プロフィールには年収1億円と書かれていたという。五つの会社を経営しているとも記されていたそうだ。

最初の食事は週末、日本橋のラグジュアリーホテルのフレンチで、ランチコースを一緒に食べた。M氏はスーツ姿で現れた。

「恰幅がよく、髪型はオールバックで、昭和の映画スターのようでした」

還暦に近いのに、彼の肌は白くすべすべだった。男性用のエステで全身脱毛をしたという。眉もきれいに整えられていた。

「経営者は見た目に気を遣わなくてはいけません、と低音でゆっくりと話していました」

会話の内容は、主に不動産投資について。今はどんな土地やマンションを買うべきか、価値が上がるか、彼は話し続けた。会った日に「結婚を前提に交際してほしい」と言われ、Ｍ氏のまとう紳士的な雰囲気に飲まれ、うなずいてしまった。

「あなたと出会えたので、僕はこれ以上パートナーは探しません。一緒にアプリを退会していただけないでしょうか」

彼にうながされて、ミズホさんもアプリを辞めた。

ふり返ると、最初の時点でおかしなことはあった。テーブルでの会計のとき、彼が提示したのはミズホさんと同じスタンダードなクレジットカードだった。ブラックカードでもプラチナカードでもない。ゴールドですらなかった。さらに、カードの名義はミズホさんが教えられている名前とは異なる名字だった。

「五つも会社を経営している人がなぜ私と同じカードを使っているのかしら――不思議に感じました。しかも、名前も違っていた。でも久しぶりの恋愛の気配に気持ちが高ぶっていて、さまざまなカードを使い分けているのだと、自分に都合よく解釈しました」

２度目のデートは週末のディナー。青山のカジュアルなレストランで待ち合わせた。

「彼はやはり不動産投資について持論を語っていたと思います。私は中古車販売の経理の仕事内容や、さしさわりない範囲で会社の財務についても話し、楽しい食事でした。来年の今ごろはこの人と暮らしているんだなあ。そう思いワクワクしました」

デザートを楽しんでいるとき、彼は自分のバッグをごそごそ探る。そして、パールのネックレスをミズホさんに差し出した。

「あなたに似合うと思ったので、衝動買いしました。受け取っていただけますよね」

そう言って首にかけてくれた。

「ついに私にも幸せがやってきた、私の番が来た、と思いました」

ネックレスにはケースもラッピングもなかったが、不審には思わなかったそうだ。

3度目のデートは、やはり週末の夜、六本木のラグジュアリーホテルにあるフレンチレストランで待ち合わせた。

「プロポーズされるかもしれない」

そう思ったミズホさんは美容室で髪を整え、一番気に入っているピンクのワンピースで出かけた。首にはもちろん、彼にプレゼントされたパールのネックレス。それが礼儀だと思ったからだ。前夜は気持ちが高ぶって1時間しか眠れなかった。

ところが彼が特別に予約しておいたというワインを楽しみ、フルコースをほぼ食べ終え、デザートがテーブルに届くと、予想外の展開となる。

「突然50万円貸してほしいと言われたんです。仕事でその夜に現金で用意しなければいけないのに財布を忘れたからキャッシュディスペンサーで下ろして貸してほしい、と。こんなことは婚約者の君にしか頼めない、と」

ミズホさんは一気に夢から覚めた。

「詐欺だと思い、はっきりと断りました」

しかし、M氏は動じない。

「僕を信用できないのかい？　50万円は明日には必ず君の口座に振り込むよ」

借金の無心を続ける。しかし、ミズホさんは首を縦には振らなかった。M氏は激高。その鬼のような形相が怖くて、ミズホさんは体が震えた。

「なんて冷たくて、猜疑心の強い女なんだ！　もう付き合えない。それ、返してもらうよ」

彼が指さしたのはパールのネックレスだった。言われるまま、ミズホさんはネックレスを首からはずして差し出した。

「じゃあ！」

彼は速足で去っていく。ミズホさんはしばらくそこから動けず、店の出口へ向かう背中をただ見つめた。二人分、10万円近い飲食代を支払ったのは彼女だ。

腹立たしかった。相手の男は許せない。しかしそれ以上に、まんまとだまされて結婚する夢を見た自分のことを許せなかった。アプリの運営会社からの早期の退会、スタンダードなクレジットカード、偽りの名字など、怪しいことはいくつもあった。変だと思ったにもかかわらず、信じてしまっていたのだ。

「だまされたとわかって初めてネットで検索すると、私と同じ手口で彼にだまされた女性の書き込みを見つけました。しかも、何人も。彼はたくさんの女性をだましていたのです。婚活アプリの会社に相談すると、退会者までは追えないと言われました。警察にも届けを出したけれど、現金を奪われたわけではないので、調書をとっただけです。彼に払わされた10万円ほどの食事代が高い授業料だったのか。それですんでよかったと思うべきだったのか。とにかく3か月経っても、気持ちはまったく収まりません」

それでも、婚活アプリは再開した。

「もう婚活はやめようとは思いましたけれど、暮らしのなかで出会いはありません。この先30年生きるとして、その年月を一人でいるのはやはり寂しいと思い再開しました」

ミズホさんとの食事は身の上相談状態になった。女性が高所得で容姿のいい男性に魅力を感じる事情は、よく理解できる。しかし、そんな好条件の男なら、婚活アプリに登録しなくても、パートナーを見つけることができるはずだ。

パパ活を求められる

２０２1年を迎え、正月明けには援助交際希望のメッセージもあった。

彼女のハンドルネームはキティ。40歳。写真で見る限り、はっきりとした顔立ちの美形だ。婚歴が1度あり。職業は接客業と書かれていた。アプリを通してのやり取りで具体的な仕事内容を質問すると、実は無職であることを打ち明けられた。夜の仕事に就いていたものの、コロナ禍で店が閉まり、収入が途絶えたという。食事をご馳走してくれませんか、という申し込みだった。ＯＫの返事をすると、次のリクエストが来た。

「食事の後は、パパ活もしてくれませんか？」

うん？　パパ活？　その意味をすぐには理解できなかった。

「パパ活というのは、ご飯を食べてお金をさしあげるということでしょうか？」

「身体の関係ありです」

パパ活とは援助交際のことなのだ。僕がやっているのは婚活で、パパ活ではない。

「僕には対応が難しいご提案です。ごめんなさい」

レスポンスをしたところで、彼女とのやり取りは終わった。

1月8日、東京都、神奈川県、千葉県、埼玉県の、関東地方の1都3県に2度目の緊急事態宣言が発令された初日の早朝、朝6時半には別の女性からメッセージが届いた。

「おはようございます。コロナが大変なことになっていますが、お元気ですか?」

最初はごくふつうの挨拶だった。

彼女はリエさん。47歳でやはり夜の仕事に就いていた。そして、やはりコロナ禍で失業中だと言っていた。

しかし、彼女とは会ったことはない。その2か月ほど前に婚活アプリでマッチングして何度かメッセージを交換したものの、やがて連絡が来なくなり、そのままになっていた。僕への興味を失ったか、あるいはほかに気に入った男性と出会ったのだろう。婚活アプリ内ではよくあることだ。

「なんとか元気でやっています。リエさんはお元気ですか?」

僕はさしさわりのないレスポンスをしたつもりだったが、「リエさんはお元気ですか?」が引き金になったのか、切実なメッセージが来た。

「私は精神的にもう限界です。会っていただけませんか?」

「いつですか？」

「できれば、今すぐ」

しかし、平日の朝６時半である。

「すぐは難しいです」

「では、昼。夜でもかまいません。蒲田に来てくれませんか」

彼女は東京・大田区の蒲田に住んでいるらしい。

「都心まで出て来られませんか？」

「私は今、蒲田から出られないんです。ずっと自宅にこもっています」

「蒲田から出られない理由は？　そもそも急に会わなくてはいけないご用件はなんでしょう？」

「それはここには書けません。お会いしたときに話します」

事情はなかなか打ち明けない。その後のやり取りで、明確にはしなかったもののお金の無心をにおわせてきた。しかし、一度も会ったことのない女性だ。

「リエさん、ご用件もわからずにすぐに会うというのは、難しいご相談です」

「この機会を逃したら、私たち、もうお会いすることはないと思いますよ」

「それはしかたがないと思います」

「わかりました！」

そのままやり取りは終わり、腹立たしかったのだろう、最後のメッセージの5分後には彼女はアプリ内で僕をブロックした。

コロナ禍によって、婚活村も荒れてきた。経済的に追い詰められた人が結婚で人生の一発逆転を意識したり、自分に興味を持つ相手からなにかしらの方法で金銭を得ようとしたり。婚活アプリを利用してお金を得ようとする傾向が目立つようになってきた。クリスさんもキティさんもリエさんも、プロフィール写真はかなり美しい。彼女たち（男性のなりすましかもしれないが）の甘い誘いに乗る男はいる気はする。

新型コロナウイルスの感染拡大によって、より慎重に婚活をやらなくてはいけない時代になった。

終　章　誰かと生きるのではなく、誰かのために生きる

婚活は等価値取引か

婚活アプリ、結婚相談所、婚活パーティーなどを体験し、婚活とは一種の〝等価値取引〟だと感じた。

前にも書いたが、かつて婚活ツールが発達する前の恋愛の多くは、同級生や先輩・後輩同士の恋愛、社内恋愛、友人の紹介によって生まれ、育まれ、結婚に発展した。男女とも必ずしも条件で相手を選んだわけではない。同じ学校に通っていたならば、勉強やスポーツに打ち込む姿を見るし、誠実さや優しさを知ることにもなるだろう。同じ会社に勤務していたら、仕事ぶりや、上司や部下や同僚からの評価も知る。

一方、婚活ツールでは、最初の段階では相手の日常の姿を見ることはない。だから、

第一段階で女性は男性の収入や資産などの経済面、職種、将来性、容姿、年齢などの条件で判断することになる。男性も女性の容姿、年齢、仕事、趣味、家族関係などを参考に人選する。本当に結婚生活を送るには性格、相性などが大切なのだが、それらはこの段階ではほとんどわからない。

だから条件による婚活市場価値のバランスによって、男女がマッチングするのが婚活の現状だ。趣味が一致して意気投合し、結婚にいたるような例外はあるだろう。太った男性を好む女性や、年上を好む男性もいる。こうした周囲から観たら等価値ではないペアも、もちろんゼロではないが、稀だ。

何度も書いているが、僕の場合、婚活市場でいくつものハンディがある。年齢はこの時点で58歳。会社員ならば、定年に近い。戦後まもない時期ならそろそろあの世からお迎えが来る年齢だ（１９５０年の日本人男性の平均寿命は58歳）。自由業なので、収入は不安定。容姿も並以下だと自覚している。自分より若い世代の、好みの容姿を求めても、交際は成立しない。ただし、相手が抱えているなにかしらの条件を受け入れることによって、関係が成立するケースはあるかもしれない。たとえば、婚歴が2回以上ある女性、子どもがいる女性、日本で暮らしたい外国人女性……などだ。

実際に婚活アプリでは、20代、30代のかなり美しいアジア系の女性から、コンスタントに申し込みをもらった。国籍の壁、言葉の壁、文化の壁、生活習慣の壁を乗り越える自信があれば、交際にいたる可能性はあるだろう。

女性の側も同様だ。自分が40代、50代で、若く高収入の男性を希望するならば、相手のハンディも受け入れなくてはならないだろう。婚歴がある、子どもがいる、年老いた親と暮らしている、浮気癖がある、性的嗜好に偏りがある……などだ。

男女とも、自分が望む条件をすべて備えた相手に出会うのは難しい。だから、なにを受け入れることができ、なには受け入れられないか、できれば紙に優先順位を箇条書きにしておきたい。

男性の場合、女性に対して容姿のよさを求め、しかし年齢や国籍や婚歴や子どもがいることは受け入れるとか。

女性の場合、男性に収入は求めるけれど、容姿を問わず、婚歴や子どもがいることは受け入れるとか。

条件の優先順位を明確にすると、パートナーが見つかる可能性は高くなるだろう。

今の生活を失っても結婚したいのか

婚活というシステムが男女の等価値で成立することを考えると、58歳で経済的に不安定な記者として働いている僕の相手は、外国籍の女性、子どもを持つ女性、年上の女性かもしれない。美しさ、若さなどで好条件の女性は、それらを担保にハイスペックの男にアプローチするし、ハイスペックの男にアプローチされる。

では、文化や言葉の壁を越えて外国人女性と暮らせるか？　自分に問う。自信は持てない。相手の女性だけでなく、その子どもたちも受け入れられるか？　そんな度量があるとは思えない。

長いシングル生活で、自分の生活もでき上がっている。フリーランスの記者という仕事柄、朝早い時間帯から働いたり、深夜まで働いたり、生活は不規則だ。また、自宅で長い時間パソコンと向き合うことによって生活が成り立っている。結婚し同居人ができれば、今の生活のリズムは維持できなくなる。経済的なダメージを被る覚悟が必要だ。

それでも結婚したいか？　また、自分に問う。自信を持てなくなってきた。

57歳のとき再度婚活に力を入れるようになったのは、一人の暮らしに寂しさを覚えたからだった。しかし婚活を始めると、結婚していないのに寂しさが薄らいだ。熱心に婚活をすれば、コンスタントに女性と会える。複数の人と食事をして、ドライブをして、ときにはお泊まりもする。実に楽しい。いつのまにか、結婚を目的に婚活を行うのではなく、婚活そのものを楽しむようになっていた。

もちろん婚活ではきつい目にもあう。40代女性に「クソ老人」と罵倒された。詐欺にあいそうにもなった。高額な服や靴を買わされたこともある。そんな経験も時間が経てばエンターテインメントだ。

50代以上でもチャンスはある

「結婚＝幸せ」

「結婚＝人間の義務」

子どものころから社会に刷り込まれてきた。

しかし、ほんとうに結婚は幸せで、義務なのか。60歳を目の前にして、シングルをこじらせて、さんざん婚活をして、ようやく疑問を抱いた。

周囲をみると、幸せそうな夫婦もいる。その一方で、口も利かない夫婦もいる。つまり、結婚したから幸せになったのではない。

幸せは、二人の性格や努力や相性によってつかむものではないだろうか。自分自身かつて結婚生活を体験した。必ずしも幸せではなかった気がする。だから、わずか1年で夫婦生活に終止符を打った。妻への愛情はあった。それなのに、生活をともにすると苦しみは多かった。既婚だろうが、未婚だろうが、幸せになるのは自分次第だ。

40代で婚活をしたときには、自分に3つのことを課した。

① コンスタントにエクササイズを行い、健康を維持し、体を引き締める。
② 女性や世代の違う人と交流し、厳しい意見をもらう。
③ 仕事は常に前向きに取り組み、トラブルから逃げない。

この3つによって常に自分を客観視し、心と体の健康を維持し、戦う顔・戦う目であり続けることが、社会でも、ひいては婚活でも、自分の市場価値を高めると考えたのだ。同じことを50代でも感じた。婚活に費やすエネルギーと時間をもっと自分自身の質の向上に使ったほうが、結婚しようがしまいが幸せにつながると思った。その結果、誰かと手を携えて生きるチャンスがあればなによりだ。もし一人でいても、強く生きる意識で仕事をして、ときどき婚活もしてみてはどうだろう。自分自身に提案した。

この本は2020年6月にスタートした『デイリー新潮』の連載に大幅に加筆した。連載時はネットを通じて多くのコメントをいただいた。圧倒的に多かったのは「60近いジジイなのに40代を希望するのはおかしい」という意見だ。僕が不用意に「40代を希望」と書いたことにカチンと来た読者の方は多かったようだ。不愉快に思った方には申し訳ないけれど、一応言っておくと、あくまでも理想であって、絶対条件だったわけではない。

「分をわきまえろ」という意見はごもっともだ。実際にまだ成果は上がっていない。しかし、可能性はかなり実感できた。婚活パーティーでも、婚活アプリでも、苦戦はしたものの、女性との縁はあった。食事もしたし温泉にも行った。ジジイでも恋愛まではこぎつけられたのだ。この終章を書いている段階では、1週間に一人のペースで新規の女性と食事をしている。

恋愛ができると、自信もつく。僕はまだ大丈夫だ、という思いは仕事の活力になった。婚活を頑張った成果はあった。

この本を読み、結婚をしたいと思ったシングルの方は、40代はもちろん、50代でも、あるいは60代でも、婚活にチャレンジしてみていただきたい。

自分の婚活市場価値がリアルにわかり、つらい思いをするかもしれない。でも、そのときはそのときだ。アプローチの軌道修正を行い、自分のバージョンアップにも励めば、成果は上がるかもしれない。エネルギーもわいてくる。女性に好かれたいという欲求が高まると、服装や言葉遣いにも気をつける。すると、婚活に限らず、周囲が好意的に接してくれる。明らかにプラスの効果を生む。

57歳のときに寂しさを強く感じて、婚活を再開したときは、誰かと手を携えて生きたいと思った。しかし、間違いだったのかもしれない。

「誰かと生きたい」という気持ちには多分に依存心が含まれている。依存心が強いと相手に期待する。相手への期待が大きいと、アテがはずれたときの失望も大きい。そして、たいがいアテははずれる。男女とも自分が生きるのに精一杯だ。おたがい相手の期待に100％応えることなどできない。

それを思うと、自我が育ち切ってしまった中高年の場合、一人で生きていく自信があってこそ、自分以外の人間に費やす時間と余力があってこそ、誰かと一緒に生きることができるのではないだろうか。

「誰かとともに生きたい」ではなく、「誰かのために生きたい」と思えるくらいの心のゆとり、経済的なゆとりを持ってこそ、婚活は成就するのではないだろうか。

付録　超実用的「婚活次の一歩」攻略マニュアル

婚活ツールで交際にいたるポイント

最後に、婚活ツールの三大メインストリーム、婚活アプリ、結婚相談所、婚活パーティーで成果を上げるポイントについて整理しておきたい。

ただし、これらは成婚へのアドバイスではない。ここまで読んでいただければおわかりの通り、僕自身成婚にいたっていないのだ。

しかし一方で、毎週のように新規の女性と出会っている。交際までは何度となく進んできたという自負はある。だからここで述べるのは最初の出会いから次のデートなどに進んでいくためのヒントだと思ってほしい。そして、あくまでも、主観だ。

いくつかのことを徹底すれば、くり返しになるが、50代末期で、婚歴があり、安定収入のないフリーランスで、容姿も並以下の筆者でもそれなりの人数の女性と先へ進んだ。結婚願望が再燃する前、40代の頃の婚活体験は『婚活したらすごかった』にありのまま書いたが、約10年間で、会社員をはじめ、女優、モデル、ドクター、CA、銀座のホステス、代議士秘書、看護師などと交際までは進んでいる（数えきれないほどふられたが）。「そんなやつの言うことにどんな意味があるのか」というのは、婚活の場で悩んだことのない方の考えだと思う。

数々の婚活現場で、客観的に見て僕よりもうまくいきそうな要素があるのに、ちょっとしたことでその場で撃沈する例を見ている。以下はそういう人と、これから婚活を始めようと思っている人に向けての基礎的な情報と思っていただきたい。

☞婚活アプリでチャンスをつかむポイント

①登録者が多いアプリを選ぶ。人の好みや相性は多様なので、登録人数が多ければ多いほど、チャンスも多い。

②低価格のアプリは避ける。安いサイトは登録者の真剣度も低い。

③プロフィールは全項目書く。職業、学歴、身長、婚歴、子どもの有無、男性の場合は収入欄や学歴が未記入だと、不信感を持たれて、マッチングできない。

④写真は必ず掲載する。言うまでもなく、顔のわからない相手と会おうとする人はいない。なお、できるだけ笑顔のカットを載せる。

⑤相手の写真はよりよく見せるための加工が施されていることを前提で見る。とくにモノクロ写真は、加工されている前提で見る。

⑥気に入った相手にアプローチするメッセージ文には、相手のどこに魅力を感じたのかを具体的に書く。

⑦数多くアプローチする。仕事での営業同様、機会を増やさなければ、成果も少ない。

⑧根気よくメッセージを送る。アプローチに相手が応じてくれて、マッチングしても、必ずしも会えるわけではない。日にちを空けず、しかししつこくならないことを心がけながら、誠実に、メッセージを送り続ける。その際、相手に興味を持っていることを示すために、さしさわりない程度の質問を投げかけてみる。

⑨よほど強いポリシーがない限り、食事は割り勘にせず男性が持つ。

⑩常に複数のレストランやカフェの候補をストックし、相手の苦手な食べ物を確認し

て、食事の提案をする。

⑪ナンパ目的の男性、高額なプレゼントを求める女性が一定数いることを前提に活動する。会話していて怪しいと感じたら、速やかに交流を断ち、アプリを運営する会社に報告する。

⑫デート詐欺も一定数いる。カップリングし、ＬＩＮＥ ＩＤや電話番号を交換してすぐに相手がアプリの登録を抹消したら、気をつけること。

☞結婚相談所でチャンスをつかむポイント

①登録者数が多い会社を選ぶ。会員が少ない会社の場合、出会いのチャンスが少ないことを覚悟する。会員数の少ない相談所は「会員数が多いからといって出会いが多いとは限りません」というが、その言葉を信じてはいけない。会員数の多さは明らかに出会いの機会の多さにつながる。

②会費が安過ぎる会社は避ける。安ければそれだけケアもされないことを覚悟する。

③プロフィールは全項目に、できるだけ具体的に書く。

④相手の写真はよりよく見せるための加工が施されていることを前提で見る。とくにモノクロ写真は警戒する。
⑤気に入った相手にアプローチするメッセージ文には、相手のどこに魅力を感じたのか、具体的に書く。
⑥数多くアプローチする。仕事の営業同様、機会を増やさなければ、成果も少ない。
⑦担当カウンセラーと積極的にコミュニケーションを取り、よりよい情報、よりよいサービスを受けられるように、自分の婚活が有利に展開することを心がける。
⑧お見合いの際、スーツを勧める相談所が多いが、自分に似合う服装をよく考えて選ぶ。スーツが似合えば、もちろんスーツで臨む。
⑨ナンパ目的の男性、高額なプレゼントを求める女性やデート詐欺が一定数いることを前提に活動する。怪しいと感じたら、速やかに交流を断ち、入会している相談所に報告する。

☞婚活パーティーでチャンスをつかむポイント

①会費が高めのパーティーを選ぶ。低価格のパーティーは真剣度が低い。女性参加者無料、あるいは女性の参加費500円といった低価格パーティーは避けること。

②会話、対人関係に自信があるならば、参加人数が男女各10名以下のパーティーを選ぶ。少数タイプのパーティーは、概して一人との会話時間が長めに設定されている。自分の長所が生かせる。

③会話や対人関係よりも容姿に自信があるならば、参加人数の多い男女各20人くらいのパーティーを選ぶ。一人との会話時間が短めに設定されているからだ。第一印象で勝負する。

④自分に合った街で開催されるパーティーを選ぶ。自分が会社員ならばオフィス街、専門職ならばそういう職種が多い街だと、価値観の近い相手と出会う確率が上がる。

⑤ホテルや品のいいサロンで開催されているパーティーを選ぶ。雑居ビルの一室で行われるようなパーティーは避ける。概して会場にふさわしい参加者が集まっている。

⑥清潔な服装を心がける。髪を整え、できればジャケットを着用し、靴も磨いて参加する。ブレスケアやガムで口臭を予防し、鼻毛や爪を切る。

⑦一人で参加する。友人と一緒だと、異性に避けられる傾向がある。また、好みの相

手が友人と競合するリスクも生じる。
⑧会話は相手の目を見て、身振り手振りも交える。真剣度が高く、健康的で、活発なイメージを与えられる。
⑨自慢話はせずに、相手の話をきちんと聞く。
⑩パーティーにも、ナンパ目的の男性、高額なプレゼントを求める女性やデート詐欺が一定数いることを前提に活動する。会話していて怪しいと感じたら、速やかに交流を断ち、パーティーを主催する会社に報告する。

どれも当たり前だと感じるかもしれない。特に恋愛や結婚であまり困ったことがないと「なにをお前は当たり前のことを偉そうに言っているのだ。成功していないくせに」という感じだろう。しかし、婚活パーティーの参加者を眺めると、実践されていないケースが多い。そこで代表的なダメな人の特徴をあげておく。要はここまでにあげたポイントの逆である。

以下の項目は若干の主観は入っているものの、基本的には婚活アプリや結婚相談所のお見合いや婚活パーティーで出会った女性たちの意見を箇条書きにしたものだ。

☞女性が敬遠するタイプ、傾向

①身なりに清潔感がない。女性に好かれようとする場なのに、洗いざらしのTシャツやダボダボのジーンズや汚れたスニーカーで現れる。あるいは、明らかに身の丈に合っていない服を着てくる。ブランドのロゴが大きくプリントされたシャツを着てくる。
②財布や靴がボロボロ。
③歯が汚れていたり、唇が荒れていたり、爪が伸びていたりする。
④ハイテンションで一方的に自分の話をする。女性の話を聞かずに、何度も同じ質問をする。
⑤レストランやカフェのスタッフに横柄な態度をとる。
⑥ケチ。最初のデートで、細かい額まで割り勘にしようとする。また、最初のデートで、メニューの単価の低いチェーン系のレストランに連れていく。
⑦最初のデート、あるいはまだ親しくなっていない段階でホテルに誘う。
⑧ステレオタイプ。プロフィールの趣味欄に「読書」と書きながら、ベストセラー作

家の本や自己啓発本しか読んでいない。「映画」と書きながら、エンタテインメント系のヒット作しか観ていない。「音楽」と書きながら、J‐POPのメジャーなアーティストのヒット曲しか聴いていない。

☞自分を印象付けるプロフィール文のポイント

婚活アプリ、結婚相談所、婚活パーティー、どのツールを利用しても書くことになるのが自分のプロフィールだ。多くのライバルがいるなかで、いかに自分を強く、良く印象付けるか――。それが婚活の成否を左右する。

プロフィール文のサンプルは20ページで紹介したが、そのポイントをあらためて整理しておきたい。

① 長すぎず、短すぎず、20行くらいでまとめる。
② 一文は短く、読みやすいように頻繁に改行する。
③ テーマごとに1行空けるなどの工夫をすれば、30行くらいまでは読んでもらえる。

④デスマス体で丁寧な言葉を心がける。

⑤まず、自分が真剣に、本気で婚活していることを書く。とくに女性は、遊び、ナンパの男を警戒している。

⑥まじめに働いていることを示す。自分がどんな仕事をしているのかを書き、真剣に取り組んでいることを書く。

⑦趣味は具体的に書く。「趣味は映画鑑賞です」だけでなく、好きなジャンル、俳優、監督、作品なども書く。ただし、あまりマニアックな好みを書くと引かれる危険がある。

⑧スポーツの経験があれば書く。健康で健全なイメージを持ってもらえる。

⑨⑧と同様に、ジムへ通っているなら書く。

⑩好きな食べ物、あるいは食べることが好きであることを書く。食事をご馳走したい、と書くと気に入られる可能性が高くなる。食べることが好きな女性は多い。

⑪旅行経験が豊富なら、それも書く。女性の多くは旅行が好き。

以上のようなことを心がけてプロフィール文をつくり、何度も推敲する。

ただ、職種によっては文章を書きなれてはいないかもしれない。その場合は、箇条書きのプロフィールにしてはいかがだろう。

「真剣に出会いを求めています。よろしくお願いします。

（1）仕事は家電メーカーの営業です。仕事の成果がわかりやすく、やりがいを感じています。

（2）趣味はスキューバダイビングです。1か月に1度は海に行き、1年に1度は南の島に行きます。沖縄の慶良間《けらま》諸島は最高です。

（3）餃子が大好物で、都内に3軒好きな餃子の店があります。仲よくなったらお付き合いください」

このように書くとわかりやすく、少ない行数で「真剣さ」「まじめさ」「スポーツマン」「旅が好き」「食べることが好き」……など多くのことが伝わりやすい。その程度のことは常識だと感じる人も多いかもしれない。しかし、婚活で出会った女性たちによると、〝その程度〟のことができていない男性は多いという。婚活の場で出会った女性によると、自分は写真未掲載でありながら「写真のない女性はお断り」とか、50代でありながら「40代以上の女性は申し込まないでください」と書いている男性が目立つそうだ。一つ気を遣うと、その分女性と出会う可能性が上がるはずだ。

石神賢介　1962(昭和37)年生まれ。大学卒業後、雑誌・書籍の編集者を経てライター。幅広いジャンルを手がける。著書に40代のときの婚活体験をまとめた『婚活したらすごかった』など。

Ⓢ新潮新書

906

57歳《さい》で婚活《こんかつ》したらすごかった

著　者　石神賢介《いしがみけんすけ》

2021年5月20日　発行

発行者　佐藤隆信

発行所　株式会社 新潮社
〒162-8711　東京都新宿区矢来町71番地
編集部(03)3266-5430　読者係(03)3266-5111
https://www.shinchosha.co.jp
装幀　新潮社装幀室

印刷所　錦明印刷株式会社

製本所　錦明印刷株式会社

ISBN978-4-10-610906-5　C0236

価格はカバーに表示してあります。

本と動画で新しい知識を身につける

今の時代は動画で勉強できる環境が整っています。また、動画は「文字と写真の組み合わせより約5000倍の情報量がある」とも言われており、新しいことを本だけで勉強する必要もありません。しかし、本にも実は重要な役割があるのです。

- **動画を見て理解する**
- **本で確認・復習をする**

動画は新しい内容を理解するにはすごく優れていますが、動画を見るには時間がかかります。しかし、すでに理解をしている内容であれば、必要な部分を本で見れば簡単に思い出すことができます。このように動画と本を分けて利用すると絶大な効果を発揮するのです。そのため、本書も1から解説を載せているわけではなく、動画で理解した後に「確認・復習」がしやすいように作成しています。

Excelを使えないのは損

本書を手に取ったということはExcelに今後関わる必要があるのでしょう。Excelを使っていると、初めのうちはどうしてもわからない状況に直面することが多いものです。そのたびに1から知識をつけていては、膨大な時間を費やすことになります。本書で知識をつけておくことによって、今後わからない状況に直面したとしても、本書を見返したりネットで手早く検索したりするだけで、内容が理解でき、問題が解決できるため、Excelで困ることが圧倒的に減るはずです。

この本が、今後あなたがExcelを使うときの助けになると幸いです。

金子晃之

1章

Excelできれいな表を作るための知識

2章

Excelの機能を使いこなす

2章

3章

関数の使い方を徹底理解する

3章

column
IT必須知識 3

4章

Excel作業を10倍速にするショートカットを覚えよう

5章

動作が重いExcelの容量を軽くする方法

STAFF

装丁 小口翔平、大城ひかり（tobufune）

本文デザイン・DTP 横山保子
（Lapito Design Studio ）

編集・構成 斉藤健太、林賢吾
（株式会社ファミリーマガジン）

企画・編集 九内俊彦

書籍連動オリジナル動画の見方

本書の内容はすべて動画でも学ぶことが可能です。各章のタイトルページ右下や、各項目ページ右上にあるQRコードまたはURLから本書専用特設ページにアクセスでき、自由に動画を見ることができます。

本書専用特設ページ一覧Webページ URL

https://pasonyu.com/book2

パスワード：**p1d4as7**

※本書専用特設ページ一覧ページのみ、パスワードを入力してアクセスしてください。
各章動画一覧ページ、各項目動画ページはパスワードを入力せずにアクセスできます。

- **本書で紹介している操作方法や情報はすべて2020年11月現在の情報です。**
- **本書では「Windows10」と「Microsoft 365」がインストールされているパソコンで、インターネットが常時接続されている環境を前提に画面を再現しています。**
- **本文中では、「Microsoft® Office Excel 2016」のことを「Excel」と記述しています。**
- **Macの場合は操作が異なりますのでご注意ください。**
- **本文中で使用している用語は、基本的に実際の画面に表示される名称に則っています。**

1章

Excelできれいな表を作るための知識

動画でまとめて学ぶ
https://pasonyu.com/book2154

表が形式の変更に対応できない

▶ クロス集計表を作る際に陥りがちなミス

Excelの代表的な表に「**クロス集計表（マトリクス表）**」があります。クロス集計表とは、2つの項目を同時に分析し、集計する方法です。データ分析に多用する表ですが、あなたはクロス集計表を作成する際、下のようにデータを当てはめてはいないでしょうか。

商品	1月	2月	3月	合計
キーボード	2,360,000	2,280,000	3,230,000	7,870,000
パソコン	14,600,000	4,830,000	4,200,000	23,630,000
マウス	4,540,000	4,755,000	13,195,000	22,490,000
合計	21,500,000	11,865,000	20,625,000	53,990,000

一見正しく集計できているように見えますが、データをこのように当てはめて作成してしまうと、「**別の形式に変更できない**」という問題が発生してしまいます。例えば「誰がいくら売り上げたか」という表を作成したくても、この集計表には誰が売り上げたのか記載されておらず、作ることができません。なぜなら、クロス集計表は最初ではなく、最後に作成する表だからです。

クロス集計表を最初に作成してしまうと、下のような表を作るためには1から作り直さなければいけません。データの数が少なければ問題ありませんが、多くのデータが入った表を作り直すには膨大な時間がかかります。実は、表作成には正しい順序があり、順序を守って表を作成すれば、急な変更にも簡単に対応できるようになります。

名前	1月	2月	3月	合計
井上	2,645,000	2,340,000	3,760,000	8,745,000
後藤	3,100,000	180,000	2,780,000	6,060,000
佐々木	1,735,000	485,000	2,515,000	4,735,000
小林	495,000	1,025,000	3,295,000	4,815,000
前田	2,000,000	230,000	700,000	2,930,000
田中	2,015,000	3,200,000	1,450,000	6,665,000
木村	3,730,000	1,550,000	3,460,000	8,740,000
鈴木	5,780,000	2,855,000	2,665,000	11,300,000
合計	21,500,000	11,865,000	20,625,000	53,990,000

今まで形式が変わるたびに作り直していた表も、順序を覚えることで簡単に変更できるようになります。また、すでにクロス集計表が作成されていても、修正は可能です。本書を読み進めてもらえれば、理解しながら修正方法も身につけることができます。

Excelで表を作る正しい手順

▶ 正しい3つの手順を覚える

Excelで表を作成する際は、**3つの手順**を踏むことで、編集しやすく、見やすい表を作成できます。

表を作成する3つの手順

データ入力

データとは、Excelに表示されている数値や文字列のことです。データ入力の段階で、現在把握している情報を細かくExcelに入力します。この表を「**データベース**」や「**リスト**」と呼びます。複雑な計算は使用せずに、手元にある情報を項目に分けながら入力していきましょう。

データ修正・集計

データ修正・集計では、関数やピボットテーブルを使用し、入力したデータの必要な部分を**計算**していきます。さらに、必要に応じてデータ入力した内容も**修正**していきます。

レポート作成

レポートとは、第三者が見ても理解しやすいように表を整え、印刷設定などの**最終調整**をすることです。必要な場合は編集した表を基にグラフを作成し、視覚的にもわかりやすくします。

表の作成手順

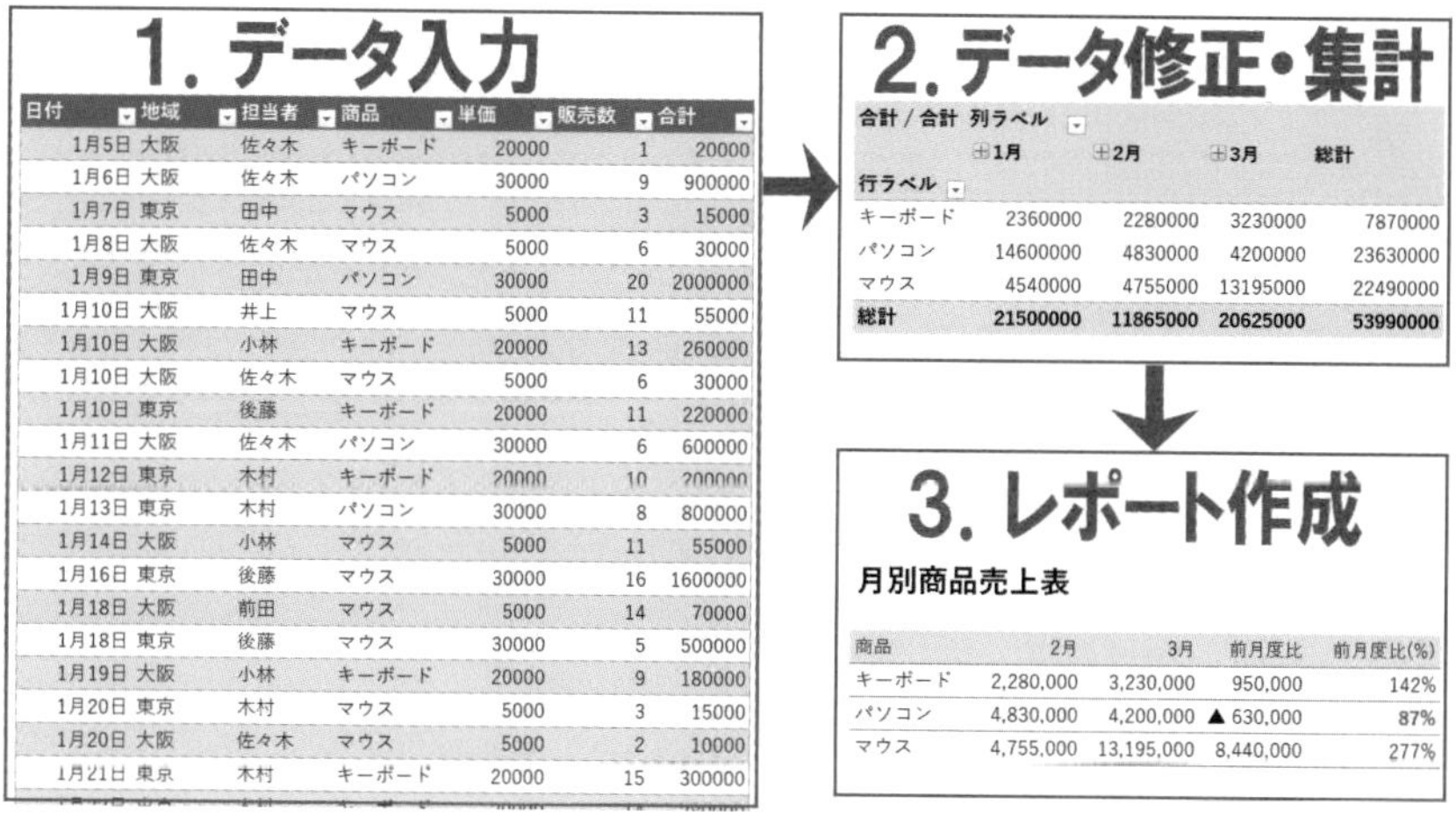

日付	地域	担当者	商品	単価	販売数	合計
1月5日	大阪	佐々木	キーボード	20000	1	20000
1月6日	大阪	佐々木	パソコン	30000	9	900000
1月7日	東京	田中	マウス	5000	3	15000
1月8日	大阪	佐々木	マウス	5000	6	30000
1月9日	東京	田中	パソコン	30000	20	2000000
1月10日	大阪	井上	マウス	5000	11	55000
1月10日	大阪	小林	キーボード	20000	13	260000
1月10日	大阪	佐々木	マウス	5000	6	30000
1月10日	東京	後藤	キーボード	20000	11	220000
1月11日	大阪	佐々木	パソコン	30000	6	600000
1月12日	東京	木村	キーボード	20000	10	200000
1月13日	東京	木村	パソコン	30000	8	800000
1月14日	大阪	小林	マウス	5000	11	55000
1月16日	東京	後藤	マウス	30000	16	1600000
1月18日	大阪	前田	マウス	5000	14	70000
1月18日	東京	後藤	マウス	30000	5	500000
1月19日	大阪	小林	キーボード	20000	9	180000
1月20日	東京	木村	マウス	5000	3	15000
1月20日	大阪	佐々木	マウス	5000	2	10000
1月21日	東京	木村	キーボード	20000	15	300000

合計 / 合計	列ラベル			
	⊞1月	⊞2月	⊞3月	総計
行ラベル				
キーボード	2360000	2280000	3230000	7870000
パソコン	14600000	4830000	4200000	23630000
マウス	4540000	4755000	13195000	22490000
総計	**21500000**	**11865000**	**20625000**	**53990000**

月別商品売上表

商品	2月	3月	前月度比	前月度比(%)
キーボード	2,280,000	3,230,000	950,000	142%
パソコン	4,830,000	4,200,000	▲630,000	87%
マウス	4,755,000	13,195,000	8,440,000	277%

手順ごとにシートを分けてみます。前項で紹介した表が形式の変更に対応できないのは「データ入力」を飛ばして、絞られたデータのみを集計した表を作成してしまったことが原因です。

データベース作成の基本ルール

▶ 7つのデータベース作成ルール

「一定の形式で情報が集まっており、整理されている表」を**データベース**といいます。Excelは、すべてデータベースが基となって構成されています。データ入力の段階から、データベースについて理解しながら作成することによって、最終的にきれいで見やすく、編集しやすい表にすることができます。

データベースを作成する際に意識する7つのポイント

1. 先頭行に項目を作成する
2. 1行1件にデータをまとめる
3. 数値に単位を入力しない
4. セルの結合を使用しない
5. 空白行・空白列を作成しない
6. データベース以外の情報を連続させない
7. テーブルを使用する

Excelがデータベースと認識しない表

この**7つのポイント**を意識せずに表を作成してしまうと、Excelが表をデータベースと認識しません。すると、Excelの機能や関数のほとんどが正常に使用できず、「並べ替えができない」「正しく集計できない」などの問題が発生してしまいます。

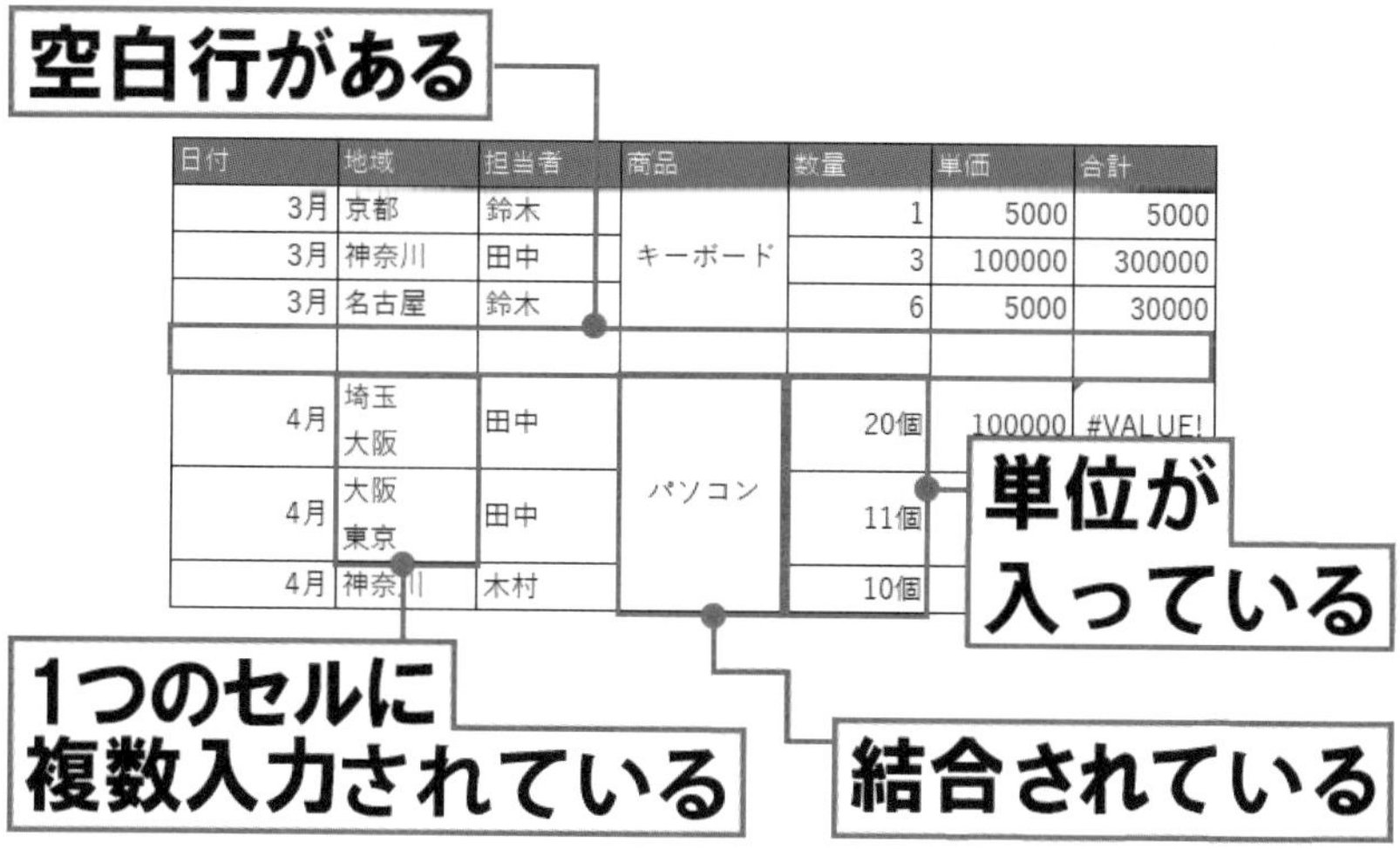

上記の「**空白行がある**」「**結合されている**」「**単位が入っている**」「**1つのセルに複数入力されている**」は、Excelがデータベースとして認識しなくなる代表的なケースです。データベースとして成立する表を作成するのはもちろんですが、きれいで見やすく、編集しやすい表にするためにも、7つのポイントに気をつけながらデータベースを作成しましょう。

データベースの作成

▶ データベースを作成する

それでは、７つのポイントを意識しながら、実際にデータベースを作成していきましょう。

1 先頭行に項目を作成する

データベースを作成する際は、まず先頭行に「**項目**」を作成します。項目は「**すべてのデータに共通する情報**」です。表の先頭行に項目が入力されていないと、それぞれのデータが何を示しているか判断がつきません。セルに入力後、「Enter」キーを押すと改行されてしまうので、「Tab」キーを押して右のセルに移動させながら項目を入力していきます。

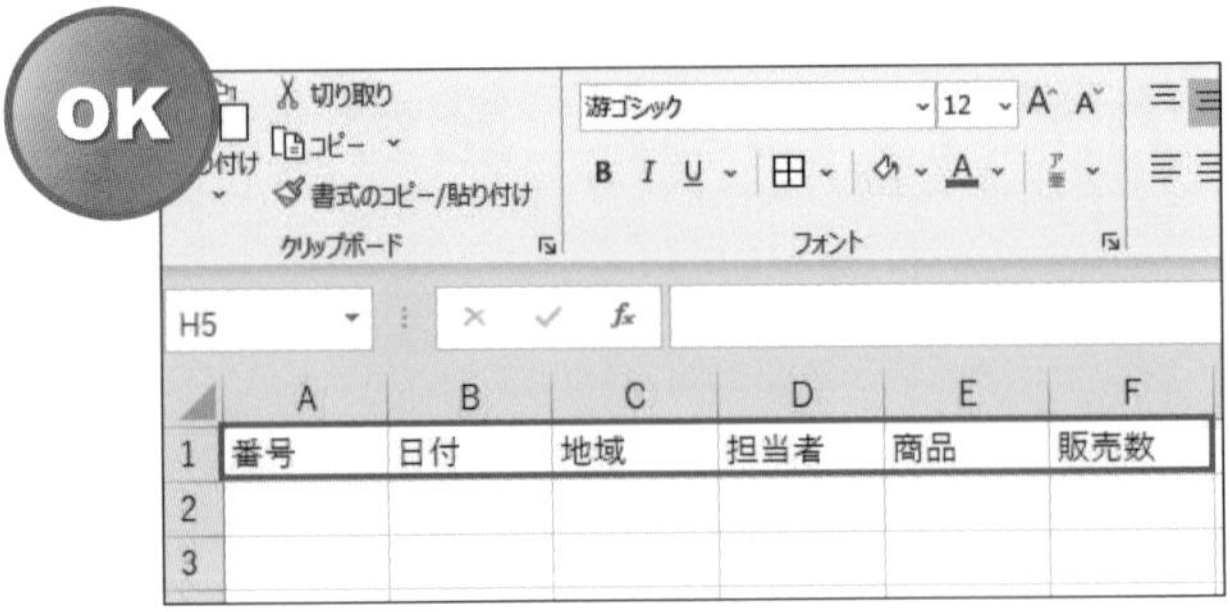

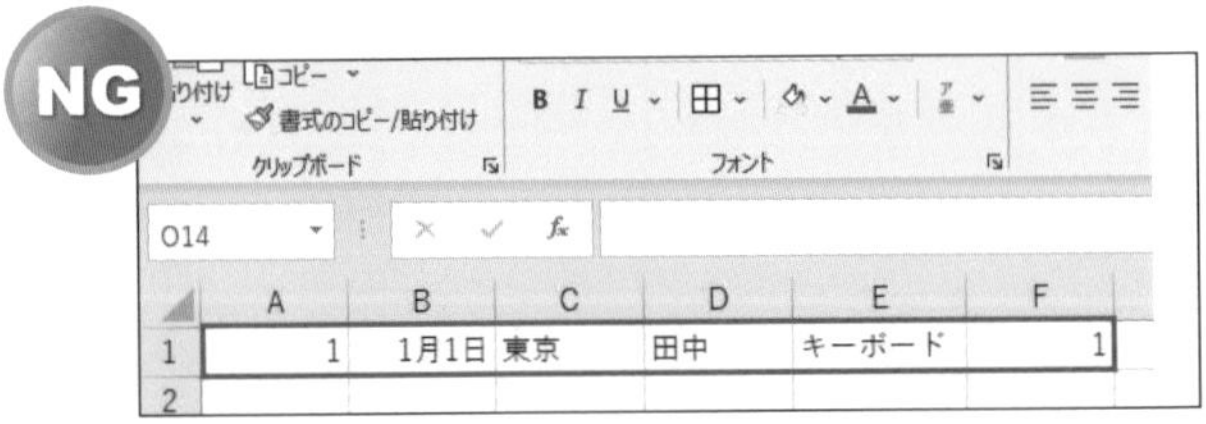

2 1行1件にデータをまとめる

データベースを作成する際は、必ず「**1つのセルに1つのデータを入力**」し、「**1行1件にデータをまとめる**」ようにしましょう。なぜなら、複数のデータを１つのセルに入力しても、Excelは１つのデータとしか判断できないからです。個別の補足情報を入力する場合は「備考」欄などの列を追加しましょう。

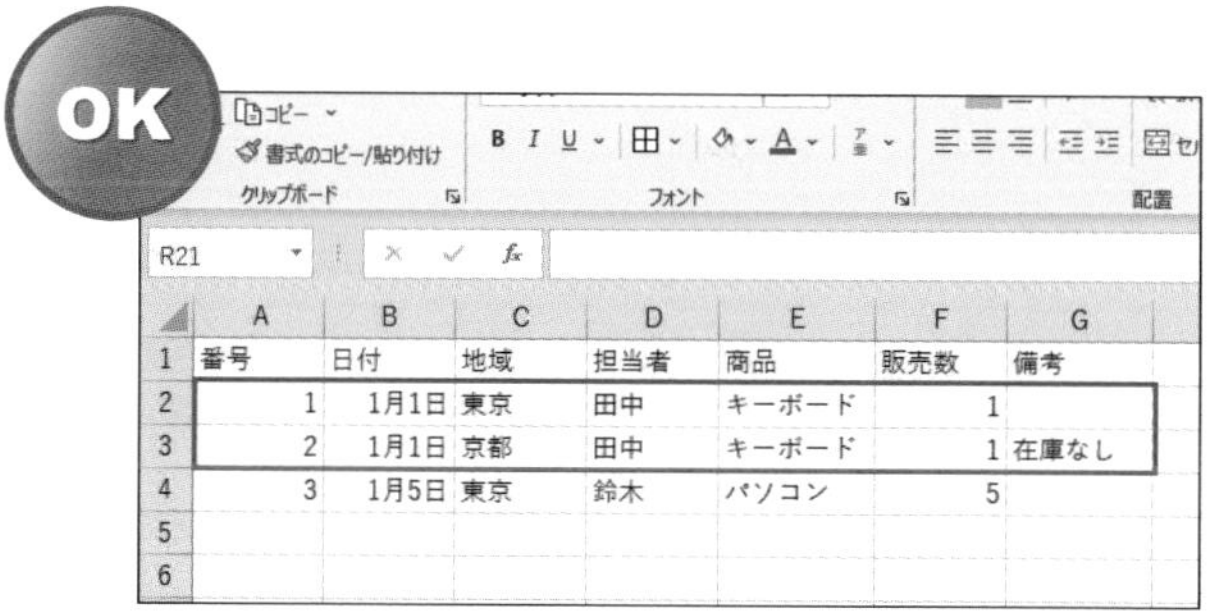

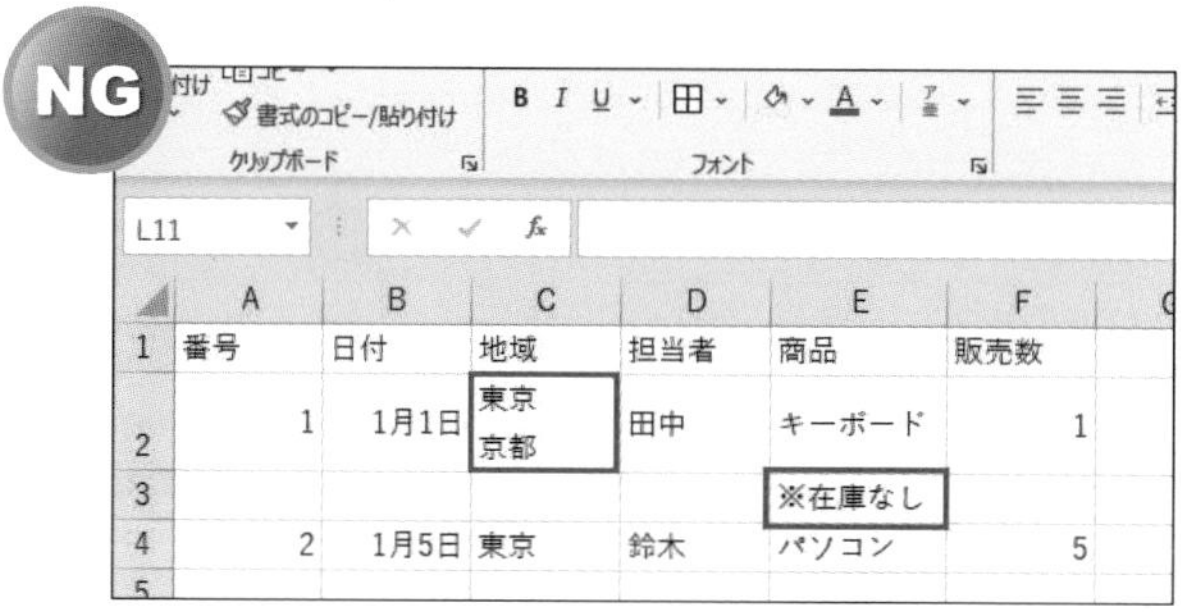

セル内で改行を行うなどして、見た目にはきれいに分類できている表もデータベースとしては機能していません。また、データは行ごとに分ける必要があるので、補足情報などは同じ行に入力しましょう。

3 数値に単位を入力しない

数値に単位をつけて入力してしまうと、Excelは数値として認識しません。そのため、Excelは「1個＋1個」では計算ができず、計算結果は「0」となってしまいます。通常、単位を入力すると、下の表の「番号」列のように、文字の揃えが「左揃え」に自動的に変更されますが、表の「販売数」列のように、手動で「右揃え」に変更されているケースもよくありますので、注意が必要です。

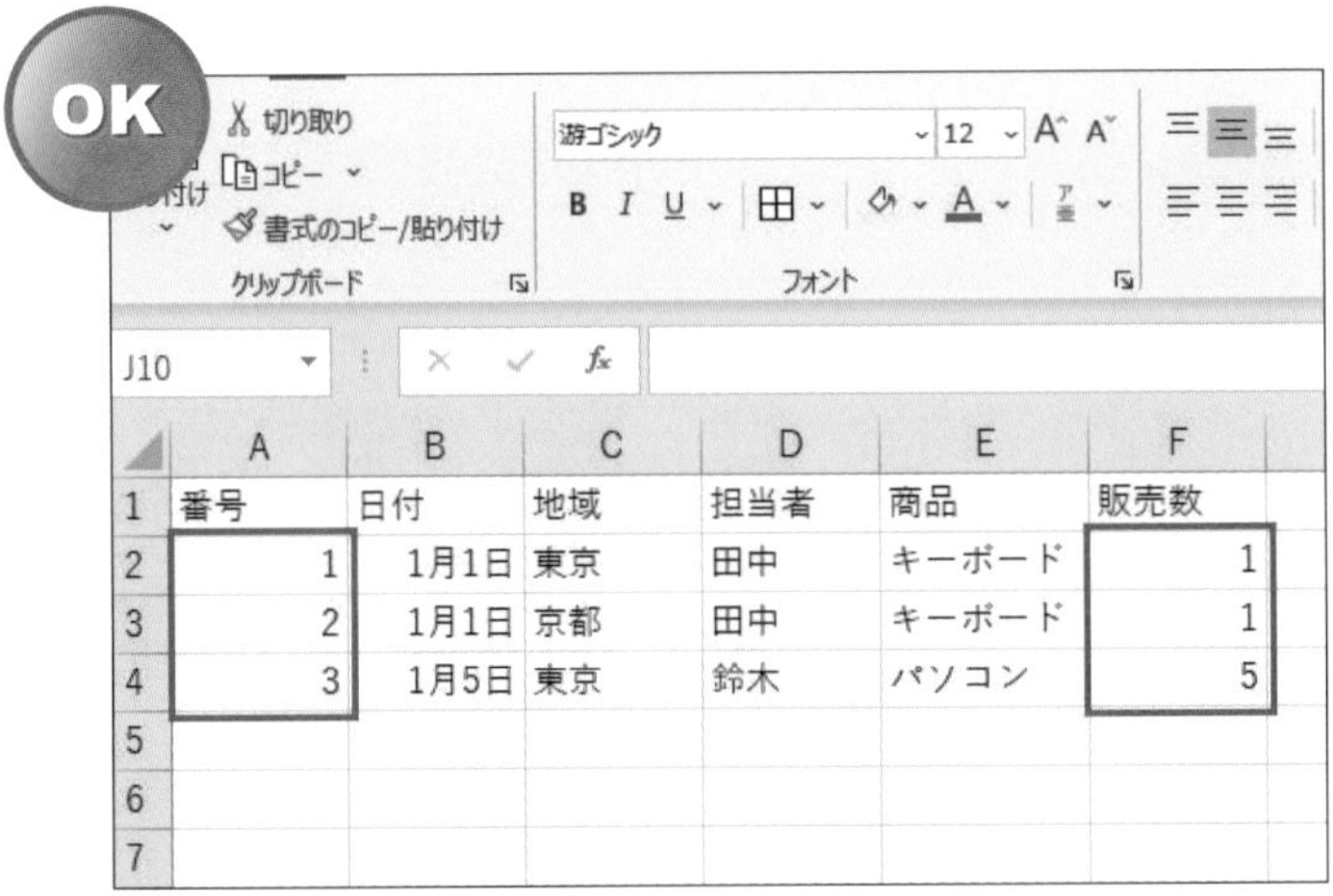

	A	B	C	D	E	F
1	番号	日付	地域	担当者	商品	販売数
2	1	1月1日	東京	田中	キーボード	1
3	2	1月1日	京都	田中	キーボード	1
4	3	1月5日	東京	鈴木	パソコン	5

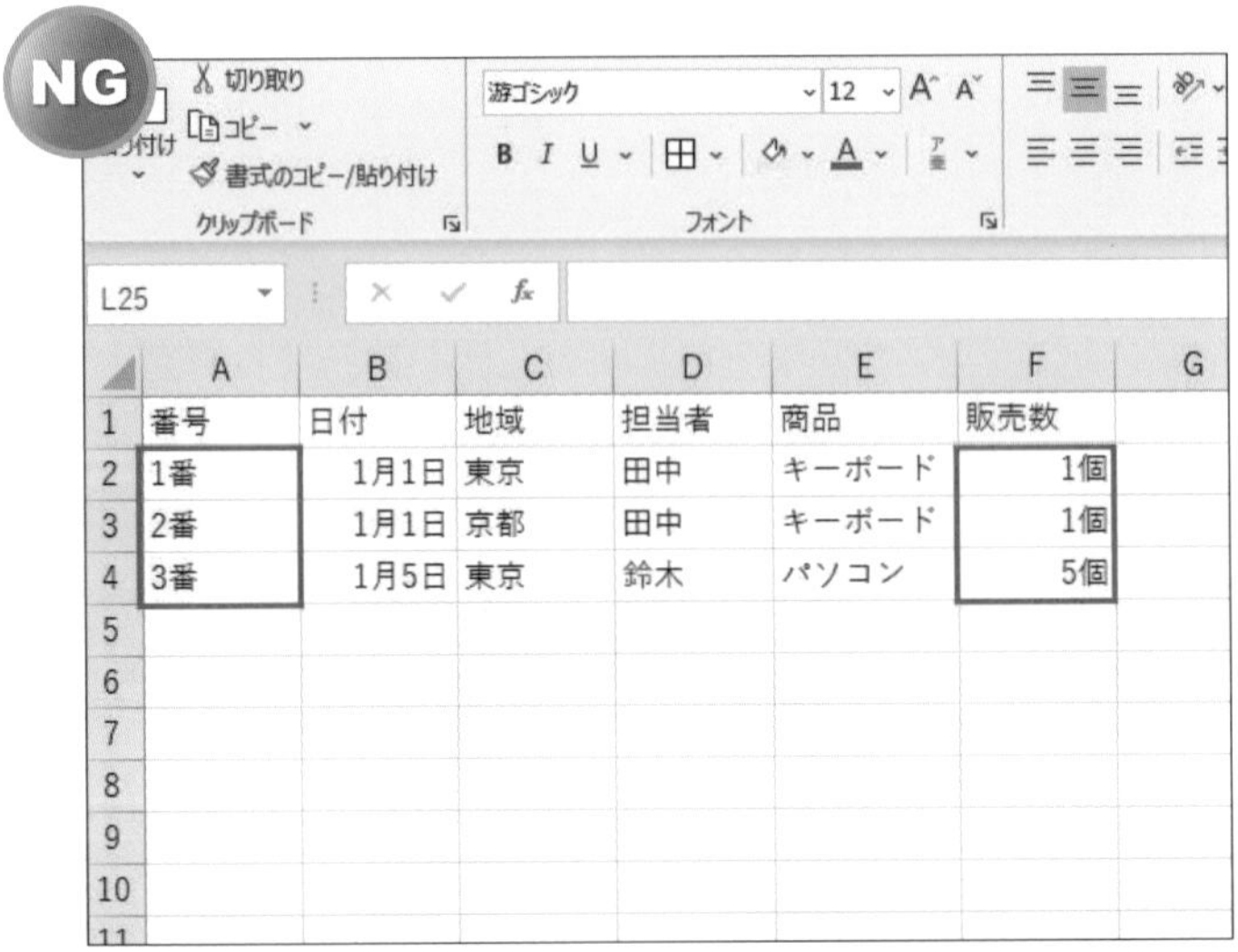

	A	B	C	D	E	F
1	番号	日付	地域	担当者	商品	販売数
2	1番	1月1日	東京	田中	キーボード	1個
3	2番	1月1日	京都	田中	キーボード	1個
4	3番	1月5日	東京	鈴木	パソコン	5個

4 セルの結合を使用しない

データベース内でセルの結合を使用すると、結合されたセル同士を離すことができなくなり、「並べ替えができない」など不具合が生じてしまいます。また、結合された複数のセルは1つのセルと認識されてしまうので、関数で指定しても正しい結果が表示されません。セルの結合は使用しないようにしましょう。

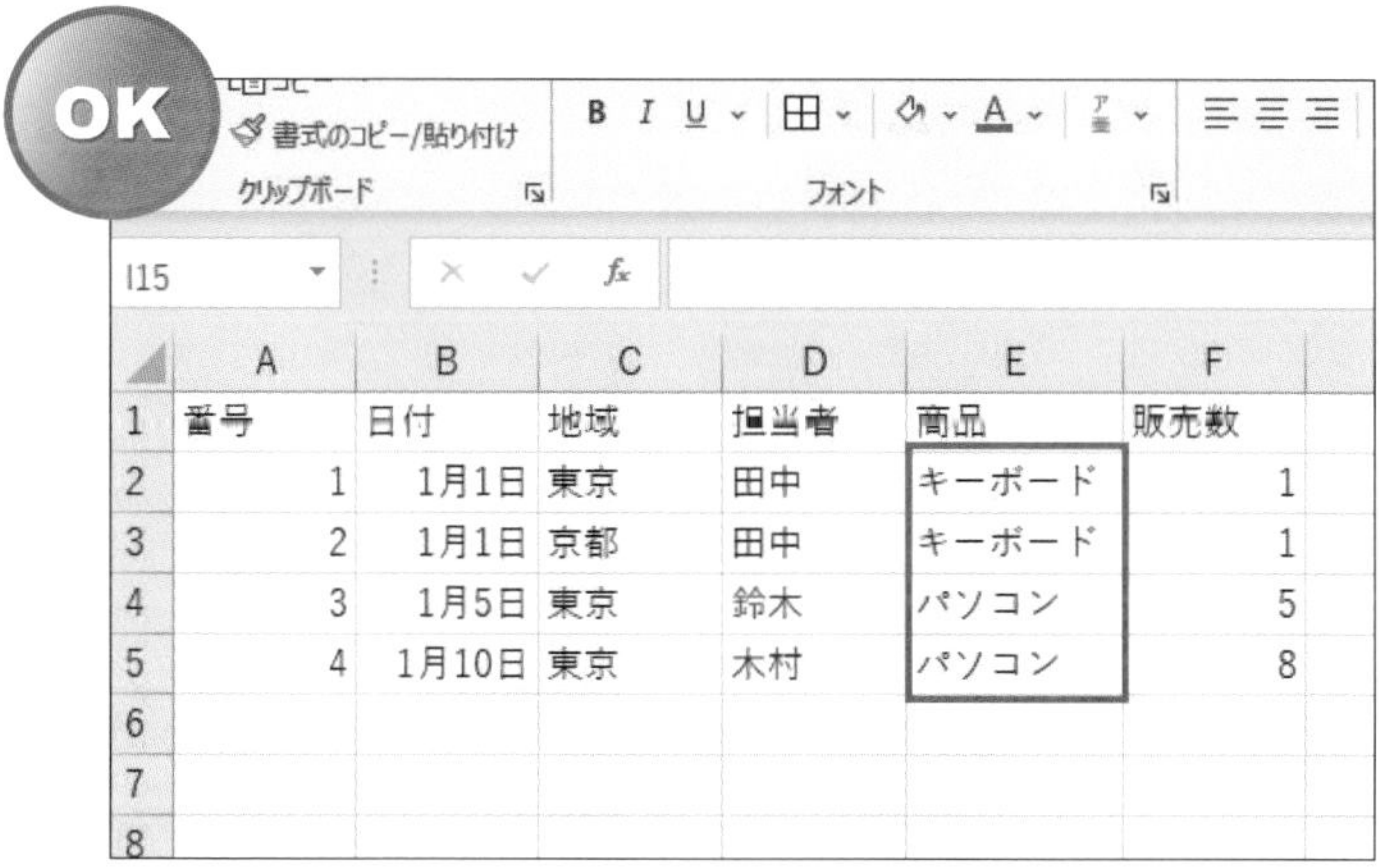

	A	B	C	D	E	F
1	番号	日付	地域	担当者	商品	販売数
2	1	1月1日	東京	田中	キーボード	1
3	2	1月1日	京都	田中	キーボード	1
4	3	1月5日	東京	鈴木	パソコン	5
5	4	1月10日	東京	木村	パソコン	8
6						
7						
8						

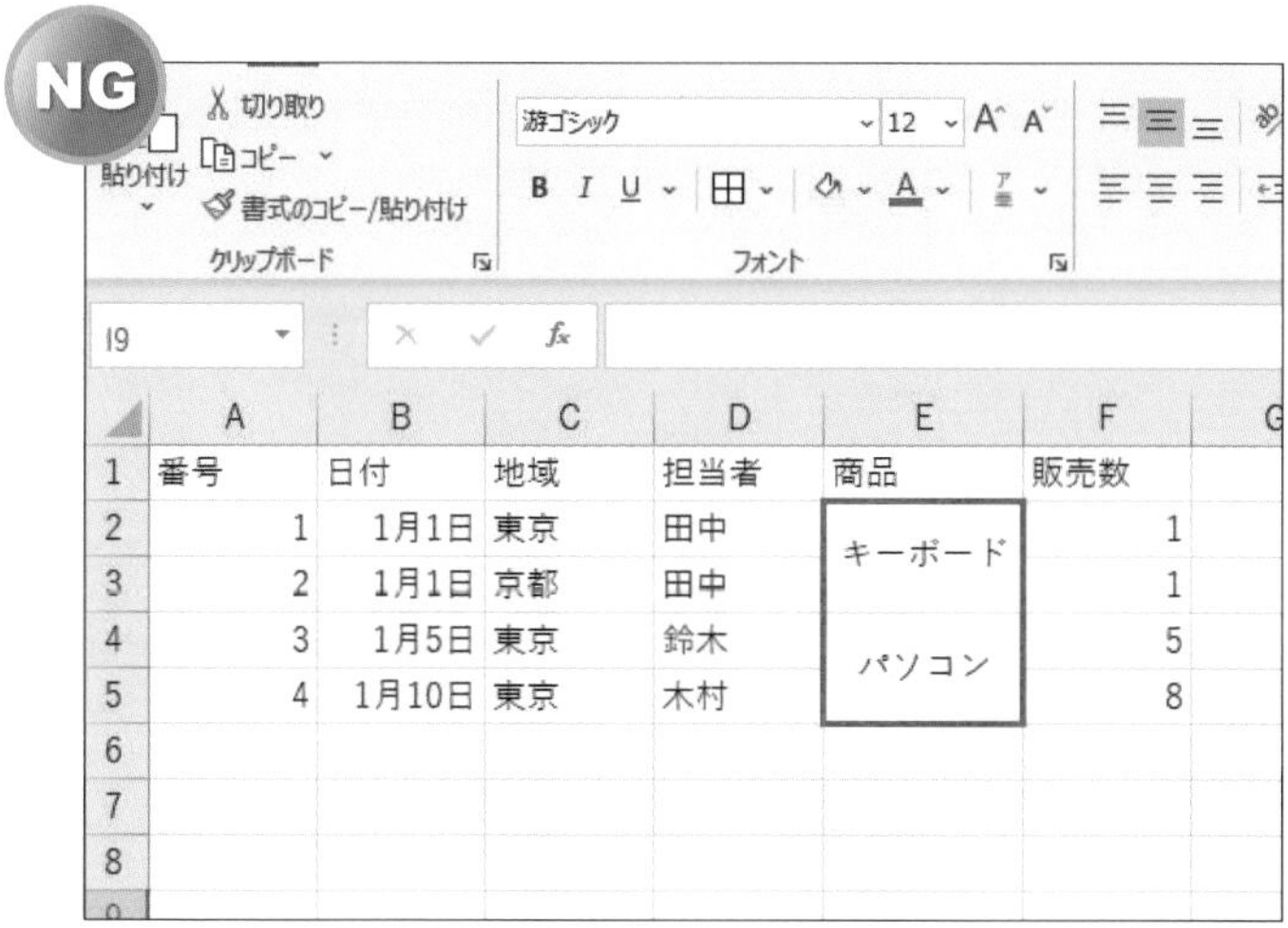

	A	B	C	D	E	F
1	番号	日付	地域	担当者	商品	販売数
2	1	1月1日	東京	田中	キーボード	1
3	2	1月1日	京都	田中		1
4	3	1月5日	東京	鈴木	パソコン	5
5	4	1月10日	東京	木村		8
6						
7						
8						

5 空白行・空白列を作成しない

空白行や空白列があると、Excelはデータベースがそこで終了していると判断してしまいます。そのため、データは必ず詰めて入力しましょう。一方、空白セルは問題ないので、入力項目に情報がない場合は、そのセルを空白にしても大丈夫です。

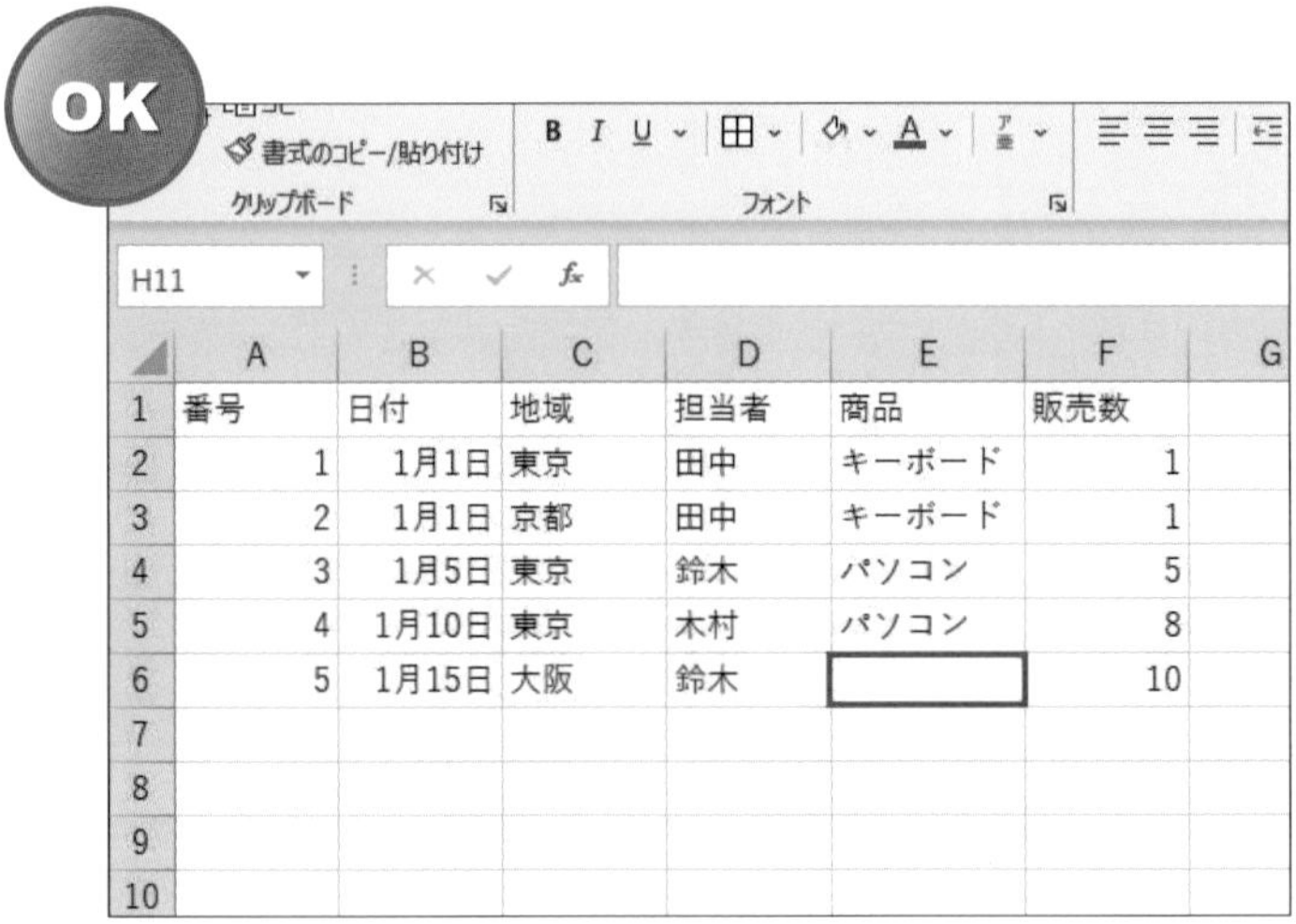

	A	B	C	D	E	F	G
1	番号	日付	地域	担当者	商品	販売数	
2	1	1月1日	東京	田中	キーボード	1	
3	2	1月1日	京都	田中	キーボード	1	
4	3	1月5日	東京	鈴木	パソコン	5	
5	4	1月10日	東京	木村	パソコン	8	
6	5	1月15日	大阪	鈴木		10	
7							
8							
9							
10							

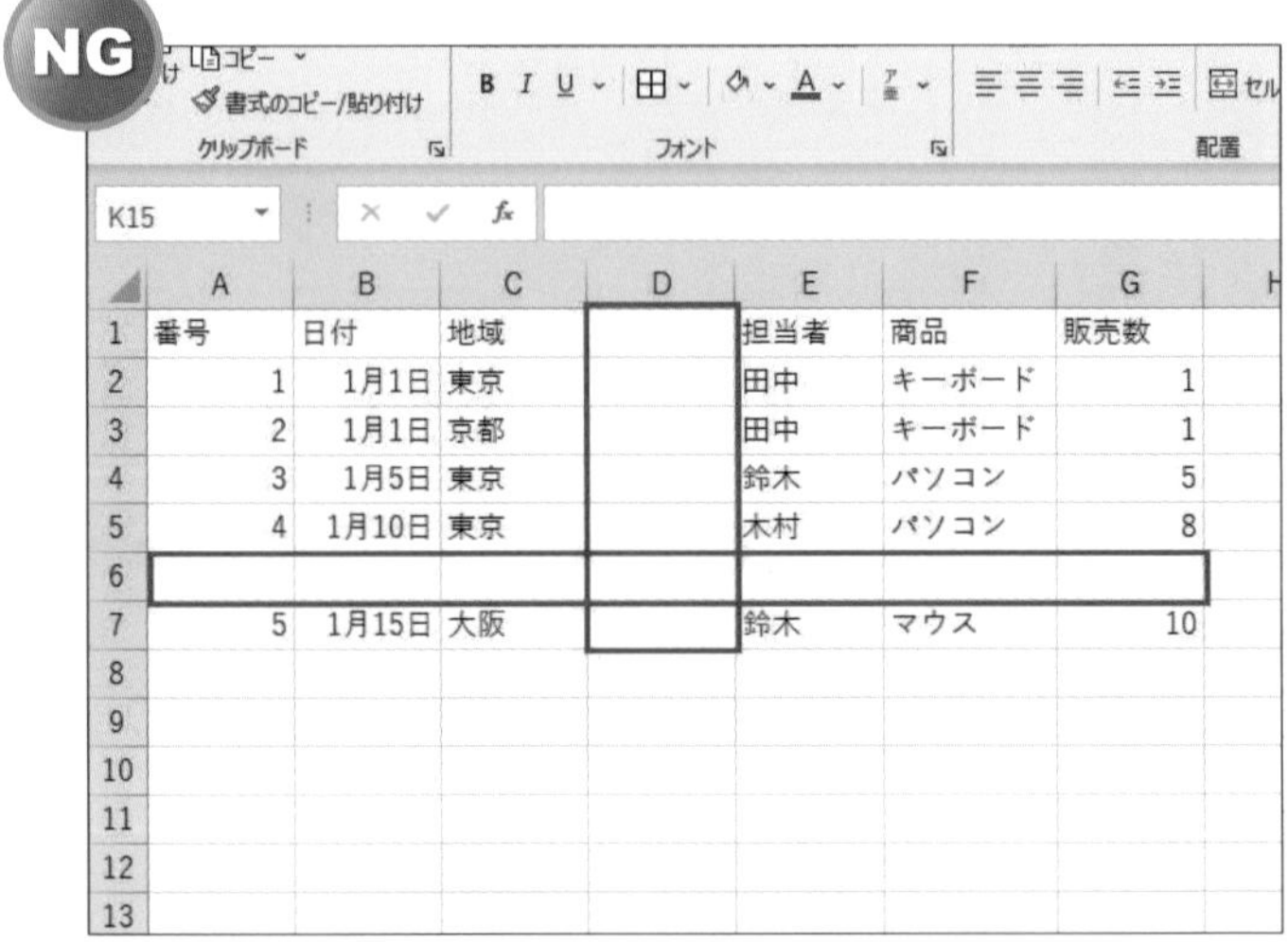

	A	B	C	D	E	F	G	H
1	番号	日付	地域		担当者	商品	販売数	
2	1	1月1日	東京		田中	キーボード	1	
3	2	1月1日	京都		田中	キーボード	1	
4	3	1月5日	東京		鈴木	パソコン	5	
5	4	1月10日	東京		木村	パソコン	8	
6								
7	5	1月15日	大阪		鈴木	マウス	10	
8								
9								
10								
11								
12								
13								

6 データベース以外の情報を連続させない

空白行や空白列がデータベース終了のサインであるということは、データベース以外の情報との間に空白行や空白列がない場合、逆にデータベース内の情報と認識されてしまいます。データベース以外の情報を入力する際は、必ず行や列を空けて入力するようにしましょう。

OK

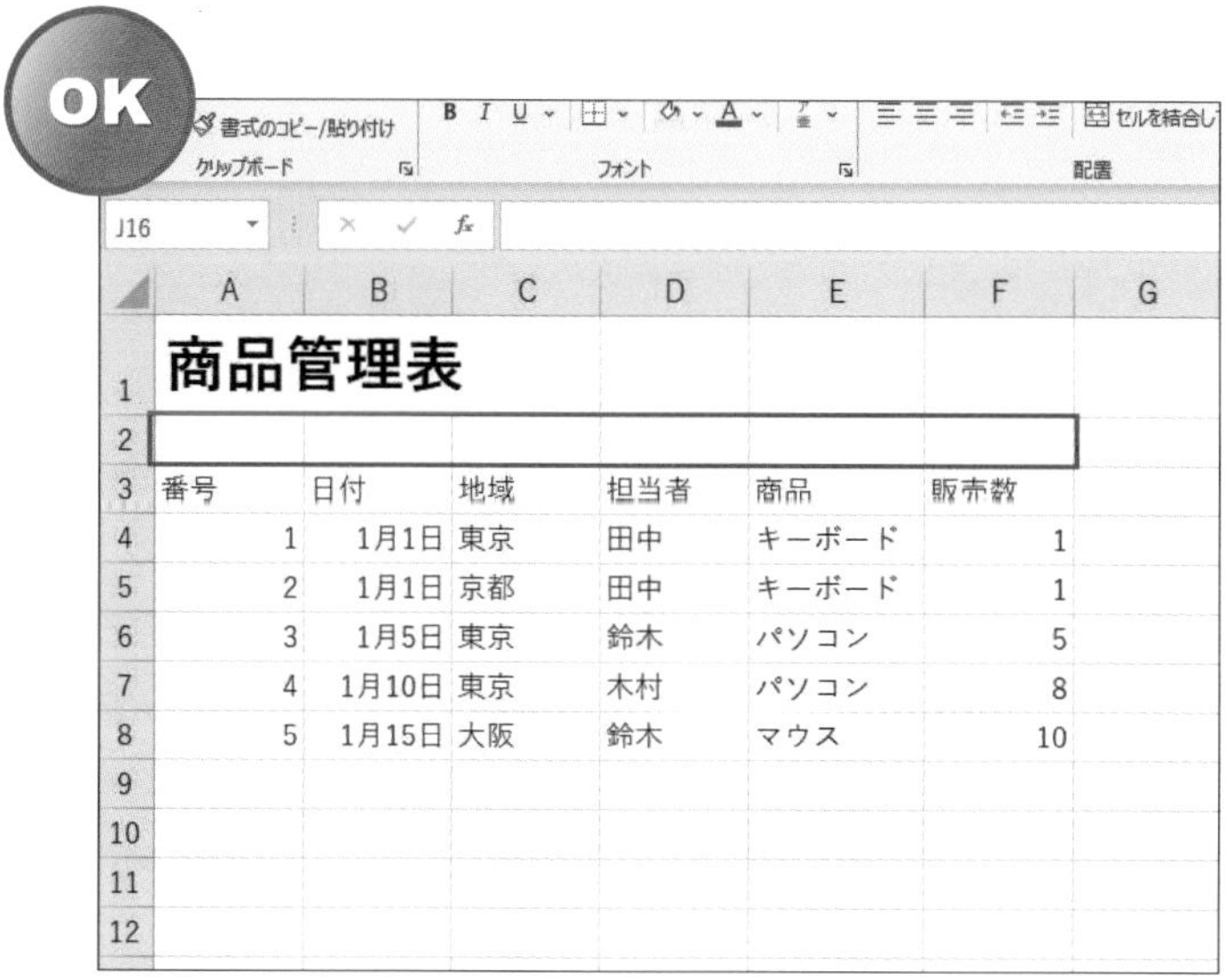

	A	B	C	D	E	F	G
1	商品管理表						
2							
3	番号	日付	地域	担当者	商品	販売数	
4	1	1月1日	東京	田中	キーボード	1	
5	2	1月1日	京都	田中	キーボード	1	
6	3	1月5日	東京	鈴木	パソコン	5	
7	4	1月10日	東京	木村	パソコン	8	
8	5	1月15日	大阪	鈴木	マウス	10	
9							
10							
11							
12							

NG

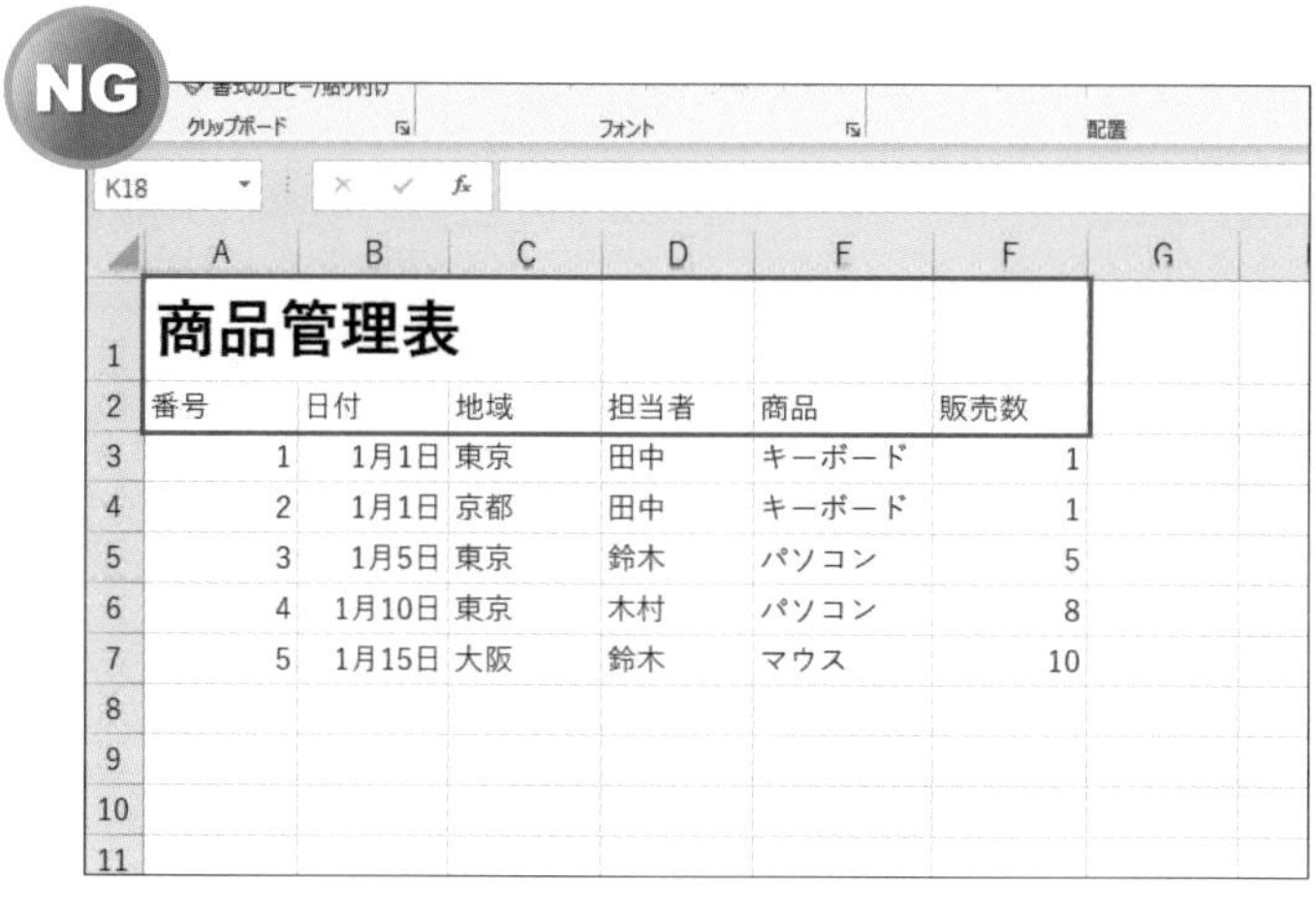

	A	B	C	D	E	F	G
1	商品管理表						
2	番号	日付	地域	担当者	商品	販売数	
3	1	1月1日	東京	田中	キーボード	1	
4	2	1月1日	京都	田中	キーボード	1	
5	3	1月5日	東京	鈴木	パソコン	5	
6	4	1月10日	東京	木村	パソコン	8	
7	5	1月15日	大阪	鈴木	マウス	10	
8							
9							
10							
11							

7 テーブルを使用する

テーブルは「結合ができない」「自動的に行や列が追加される」という特徴があり、データベースとして最適な構造を簡単に作成することができます。そのため、データベースを作成する際は、必ずテーブルを使用しましょう。すでに作成している表がデータベースと認識されていれば、表の1箇所を指定しても、表全体がテーブルになります。

1

①のようにデータベース内のセルを選び、②の「挿入」タブから③の**「テーブル」**をクリックします。

2

「テーブルの作成」ウィンドウが開きます。データベースすべてが範囲として選択されており、「OK」をクリックするとテーブルが作成されます。

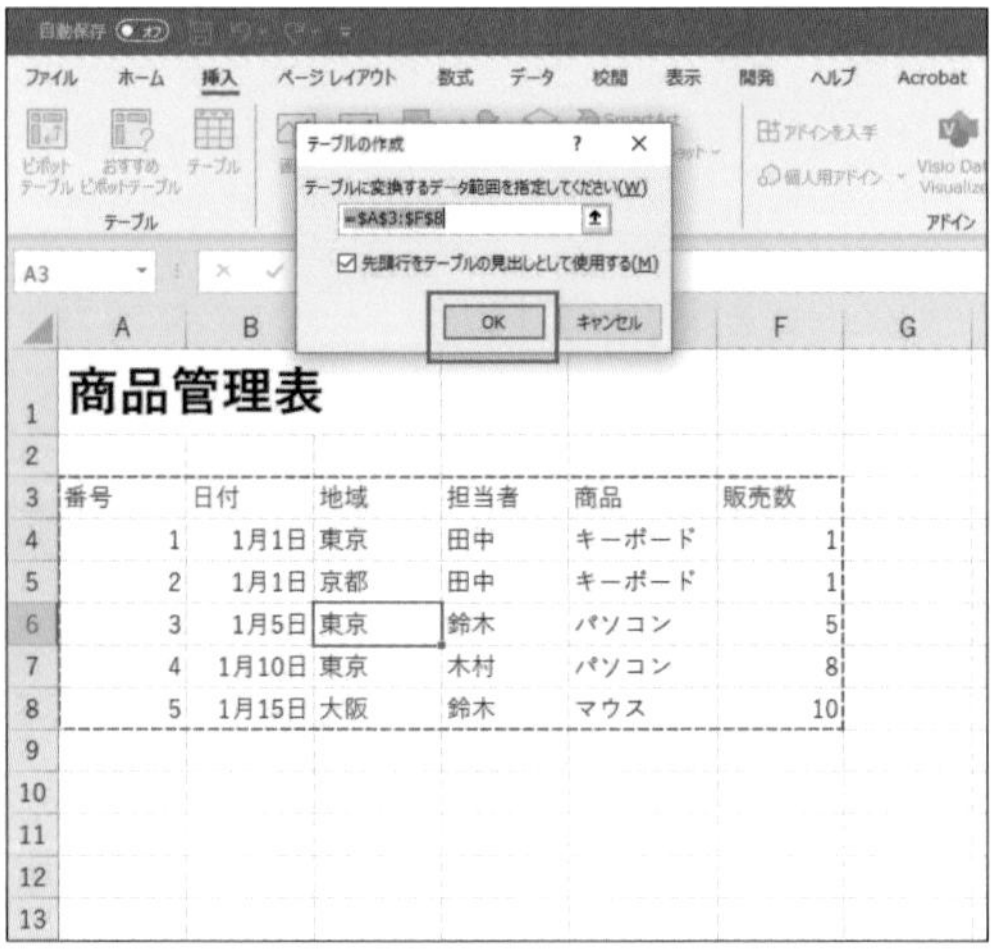

テーブルの便利な機能

通常、表にデータが増えると、数式の範囲を手動で変更しなければいけません。しかし、テーブルはデータを行や列に追加すると、自動的に数式の範囲も広がります。

	A	B	C	D	E	F	G	H
1	商品管理表							
2								
3	番号	日付	地域	担当者	商品	販売数	単価	合計
4	1	1月1日	東京	田中	キーボード	1	5,000	
5	2	1月1日	大阪	田中	キーボード	1	5,000	
6	3	1月5日	東京	鈴木	パソコン	5	100,000	
7	4	1月10日	東京	鈴木	キーボード	8	5,000	
8	5	1月15日	大阪	鈴木	マウス	10	2,000	
9	6	1月20日	大阪	田中	マウス	5	2,000	
10	7	1月25日	東京	田中	キーボード	4	5,000	
11								
12								
13								

データベース表の名称

データベースとして作成された表の列を「**フィールド**」、項目名を「**フィールド名**」、行を「**レコード**」と呼びます。

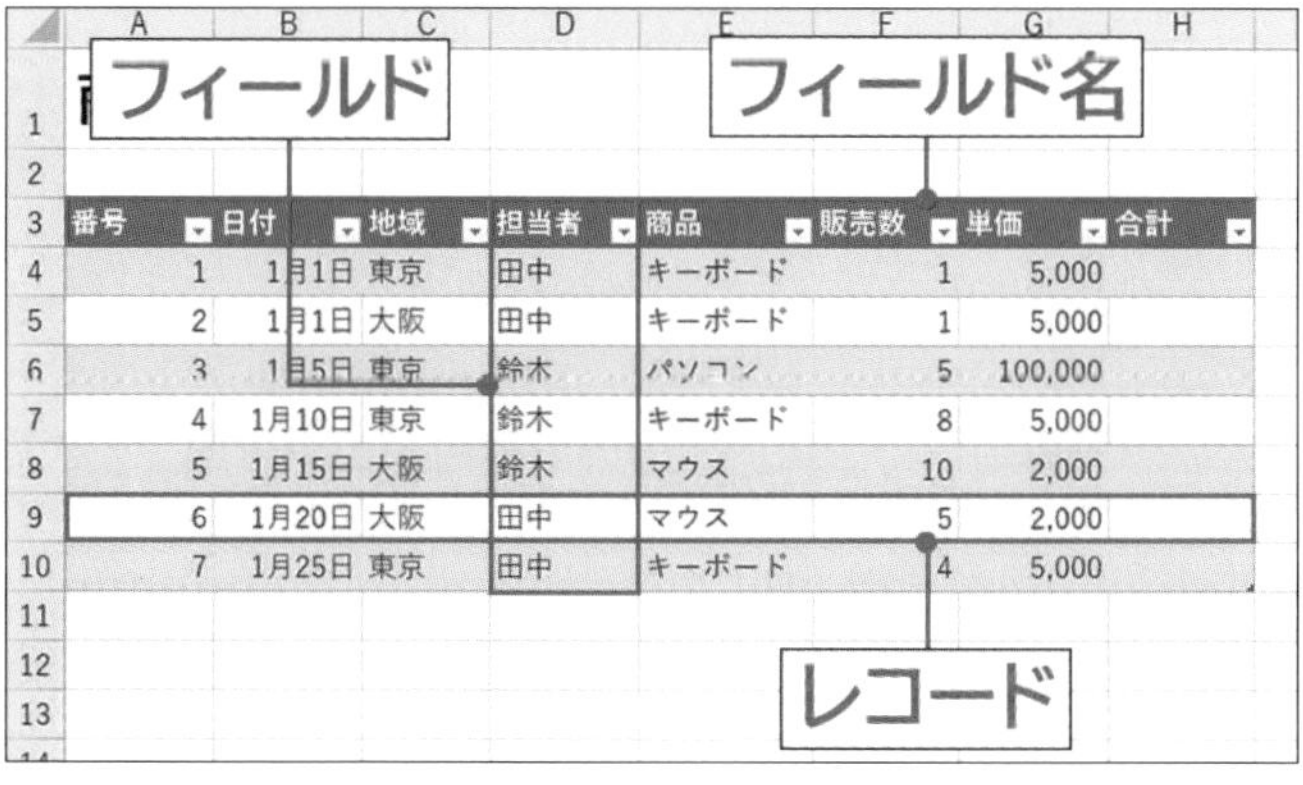

	A	B	C	D	E	F	G	H
1								
2								
3	番号	日付	地域	担当者	商品	販売数	単価	合計
4	1	1月1日	東京	田中	キーボード	1	5,000	
5	2	1月1日	大阪	田中	キーボード	1	5,000	
6	3	1月5日	東京	鈴木	パソコン	5	100,000	
7	4	1月10日	東京	鈴木	キーボード	8	5,000	
8	5	1月15日	大阪	鈴木	マウス	10	2,000	
9	6	1月20日	大阪	田中	マウス	5	2,000	
10	7	1月25日	東京	田中	キーボード	4	5,000	
11								
12								
13								

計算式を使用する

▶ 四則演算を使用する

Excelは関数以外の計算式も使用できます。四則演算とは、**足し算・引き算・掛け算・割り算**のことです。四則演算は関数を使用しないので「=A1+B1」のように関数名の入力が必要ありません。また、「=A1+5」と数字を入力することもできます。

通常時

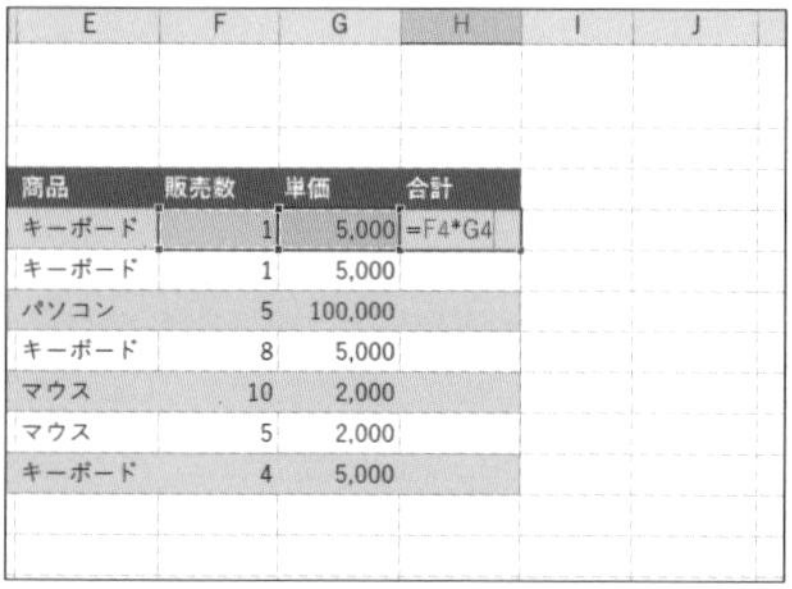

商品	販売数	単価	合計
キーボード	1	5,000	=F4*G4
キーボード	1	5,000	
パソコン	5	100,000	
キーボード	8	5,000	
マウス	10	2,000	
マウス	5	2,000	
キーボード	4	5,000	

テーブル使用時

商品	販売数	単価	合計
キーボード	1	5,000	=[@販売数]*[@単価]
キーボード	1	5,000	
パソコン	5	100,000	
キーボード	8	5,000	
マウス	10	2,000	
マウス	5	2,000	
キーボード	4	5,000	

名称	使用例	意味
「+」足し算	=A1+B1	A1 の値に B1 を足す
「-」引き算	=A1-B1	A1 の値から B1 を引く
「*」掛け算	=A1*B1	A1 の値に B1 を掛ける
「/」割り算	=A1/B1	A1 の値を B1 で割る

数式の入力は**テンキー**で行うと簡単ですが、キーボードにテンキーがない場合は、**文字キー**でも入力することが可能です。青枠の記号は「**Shift**」キーを押しながらキーを押しましょう。

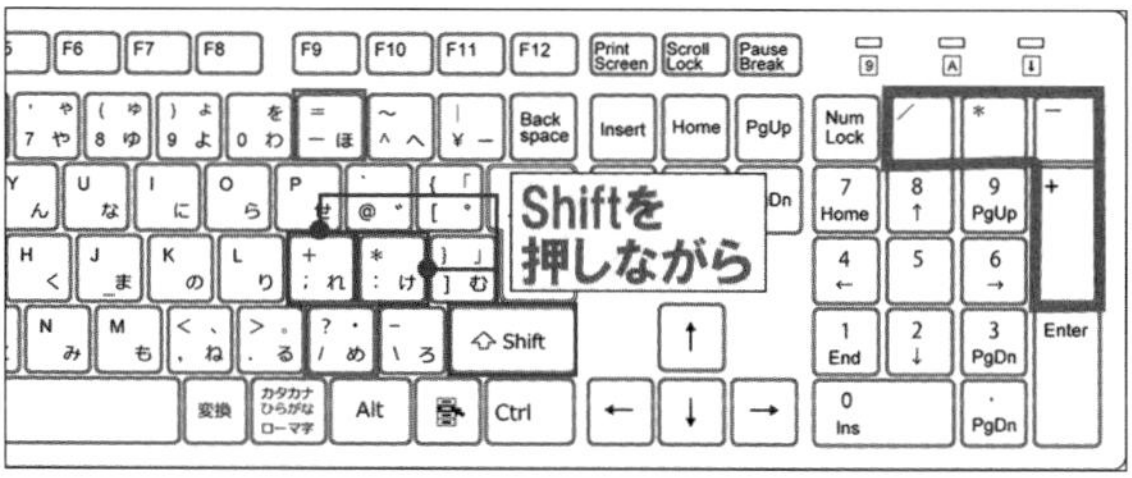

絶対参照とカッコを使用して消費税を掛ける

四則演算では「**絶対参照**」や「**カッコ**」を使用するケースも多いです。カッコを使用することで、先に計算したい式を指定できます。例えば、消費税込みの価格を計算したい場合、消費税が10%であれば価格に「1.1」を掛ければよいのですが、直接数字を掛けてしまうと税率の変更には対応できません。そこで、価格の「1」と税率が入力されているセルを足した式をカッコで囲み、倍率を先に計算することで、さまざまな税率に対応できる柔軟な式にできるのです。

消費税を直接入力した場合

	販売数	単価	合計
		消費税	10%
ボード	1	5,000	=[@販売数]*[@単価]*1.1
ボード	1	5,000	5,500
コン	5	100,000	550,000
ボード	8	5,000	44,000
ス	10	2,000	22,000
ス	5	2,000	11,000
ボード	4	5,000	22,000

消費税を別セルにした場合

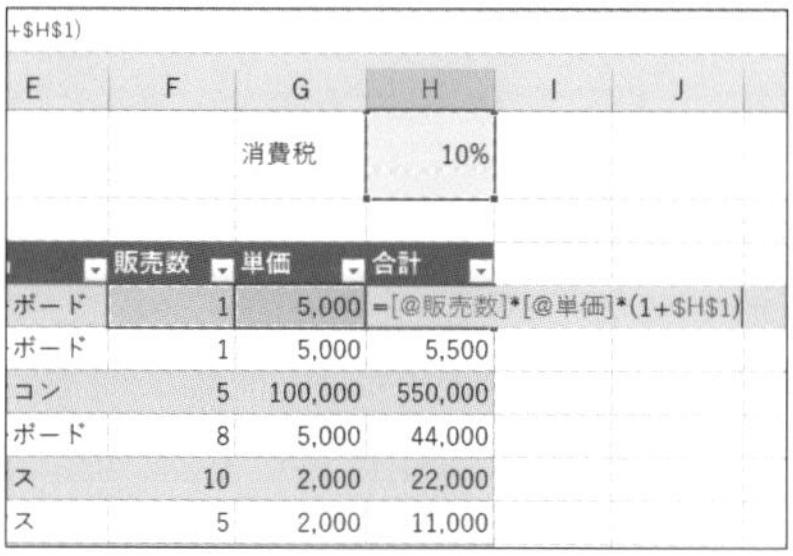

+$H$1)

	販売数	単価	合計
		消費税	10%
ボード	1	5,000	=[@販売数]*[@単価]*(1+$H$1)
ボード	1	5,000	5,500
コン	5	100,000	550,000
ボード	8	5,000	44,000
ス	10	2,000	22,000
ス	5	2,000	11,000

数式でテーブルを指定する

▶ テーブルの構造化参照を理解する

データベースを作成する際にも使用したテーブルですが、数式でテーブル内を指定するには「**構造化参照**」という参照方式を使用します。構造化参照の場合はセル名ではなく、基本的に「**テーブル名**」「**項目名（フィールド名）**」で表示されます。テーブル内で参照する場合とテーブル外で参照する場合の表示方法の違いを覚えておきましょう。

テーブル内で参照した場合

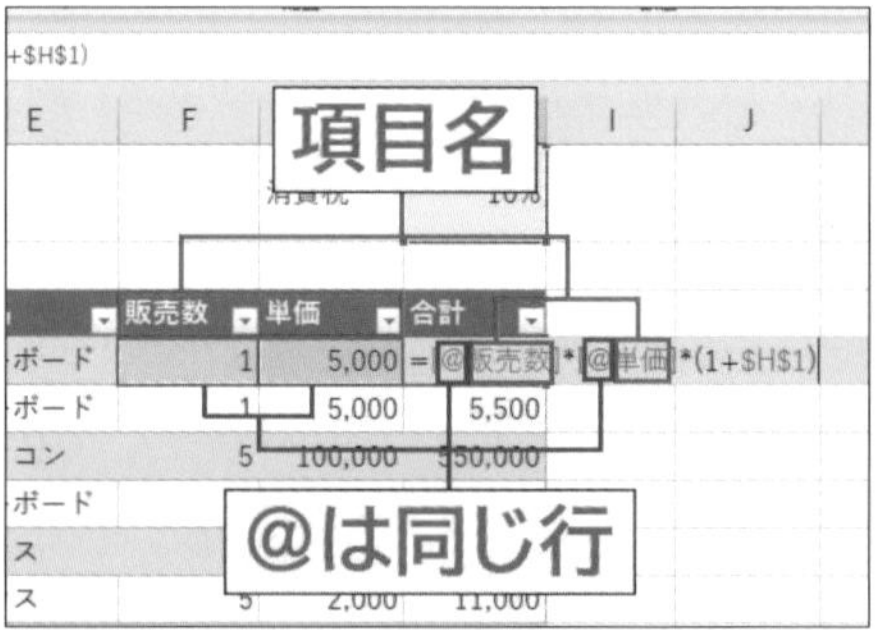

テーブル外で参照した場合

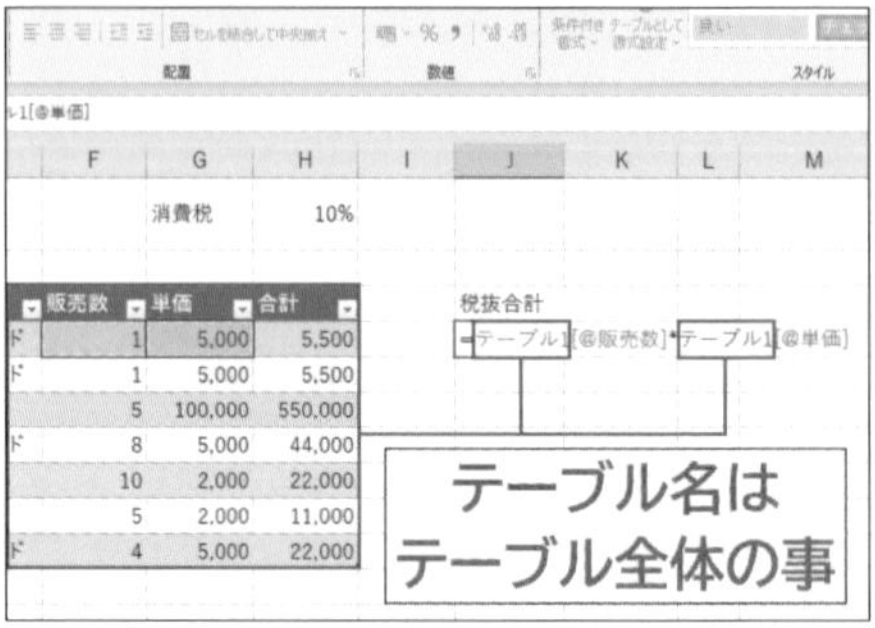

数式の読み解き方

=テーブル1[@販売数]*テーブル1[@単価]

テーブル名「テーブル1」の販売数の項目列の同じ行にある数値とテーブル名「テーブル1」の単価の項目列の同じ行にある数値を掛け算する。

構造化参照は絶対参照が不要

テーブルの構造化参照では**絶対参照が不要**です。理由は「テーブル2の消費税を指定している」ため、参照するセルが1つでもずれれば、テーブルの範囲から外れるからです。構造化参照はセルに依存しない参照方法なのです。

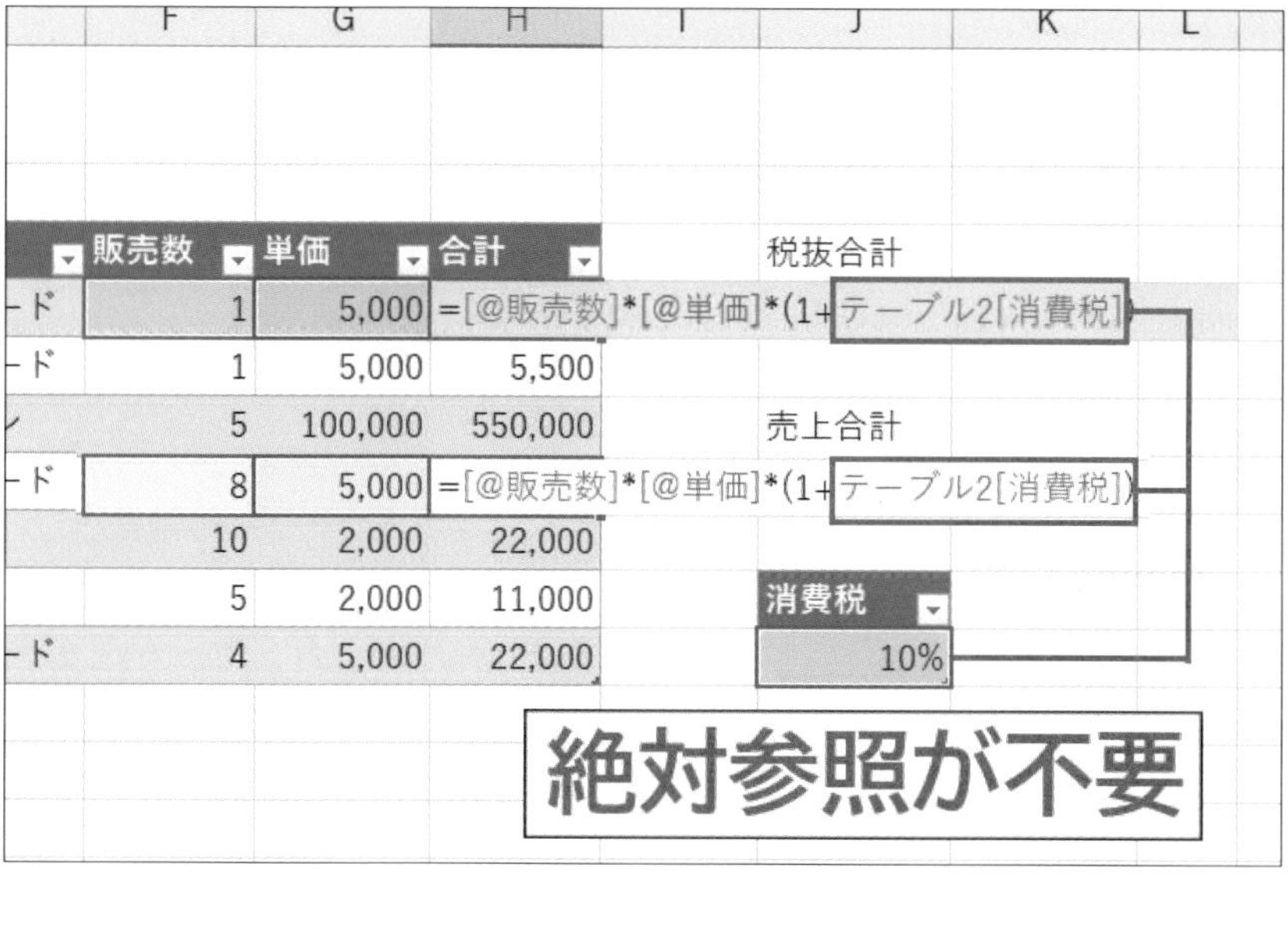

テーブル名の変更方法

初期状態では、テーブル名は「テーブル1」となっています。自由に変更することができるので、わかりやすい名前をつけておきましょう。

1

①でテーブル内のセルを選択し、②の「テーブルツール」の「デザイン」タブにある③の「**テーブル名**」からテーブル名を変更します。

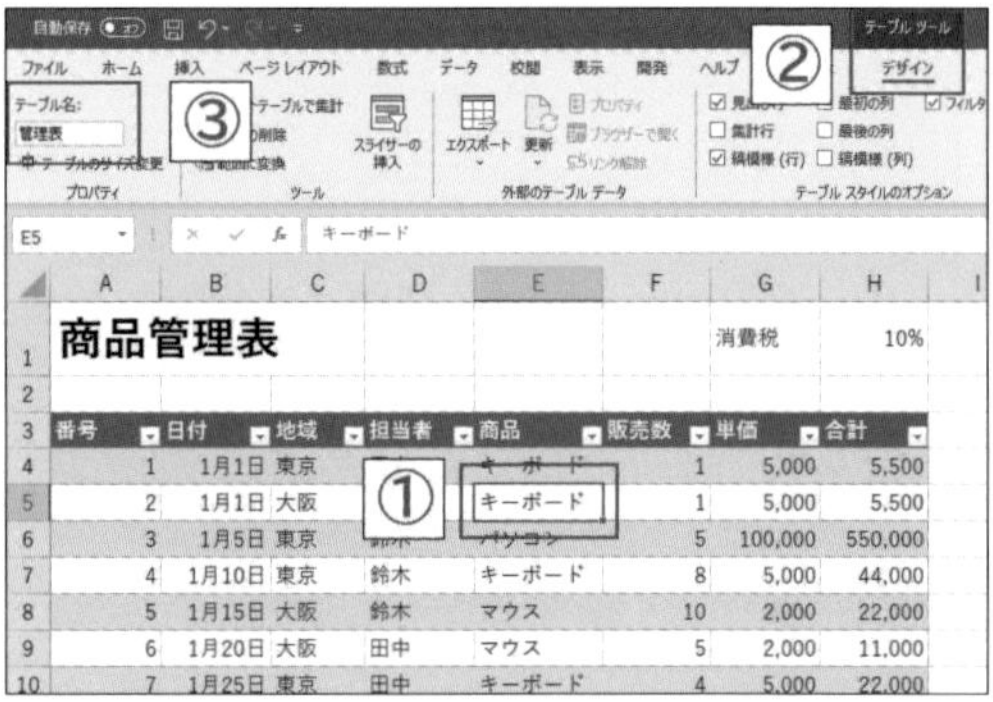

2

数式を見ると、テーブル名が変わっていることが確認できます。

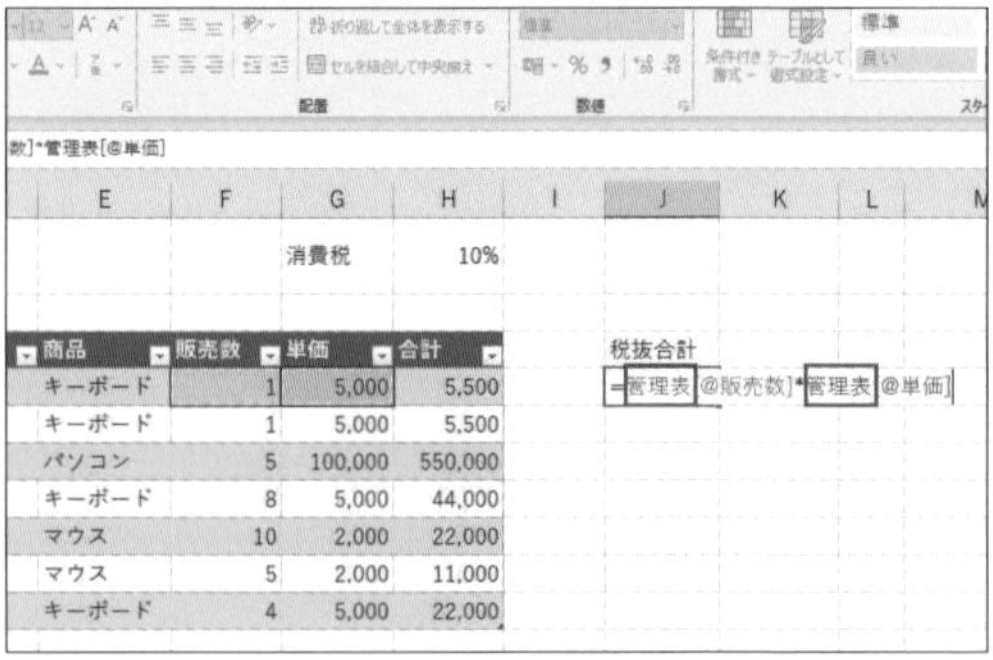

列の指定

「@」は入力しているセルと同じ行であることを表しています。列を指定した場合は、テーブル名「管理表」の合計の列をすべて指定しているため、「@」がつきません。

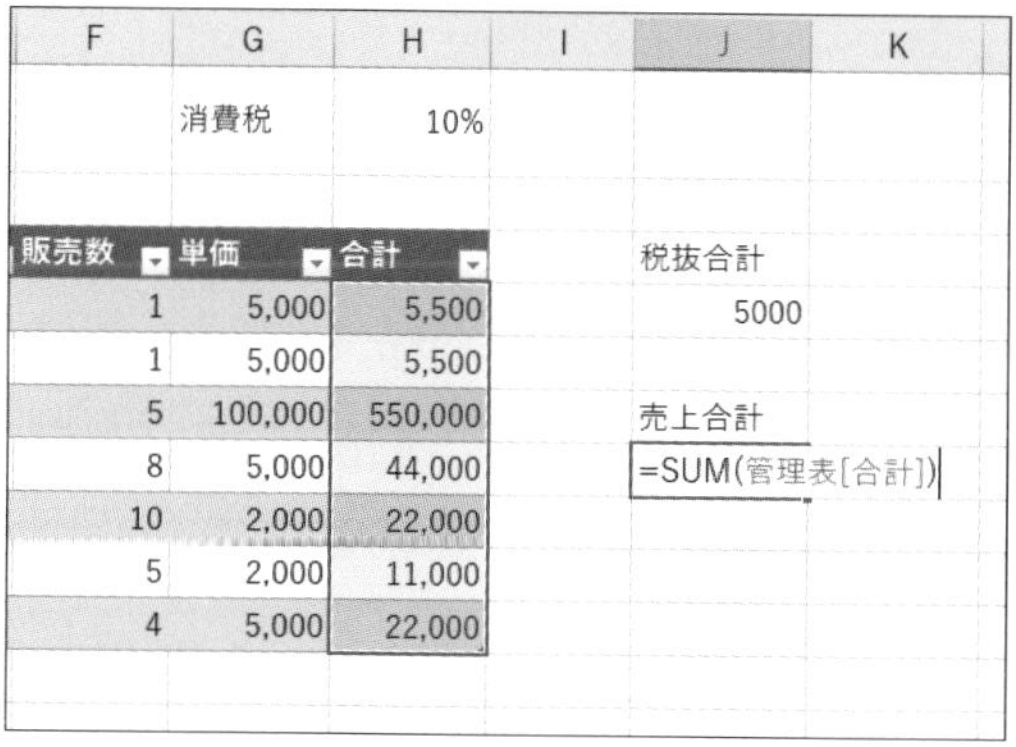

F	G	H	I	J	K
	消費税	10%			
販売数	単価	合計		税抜合計	
1	5,000	5,500		5000	
1	5,000	5,500			
5	100,000	550,000		売上合計	
8	5,000	44,000		=SUM(管理表[合計])	
10	2,000	22,000			
5	2,000	11,000			
4	5,000	22,000			

テーブル全体を指定する

VLOOKUP関数を使用する場合は、テーブル全体を選択することが多いです。その際は数式に「テーブル名」のみが表示されます。

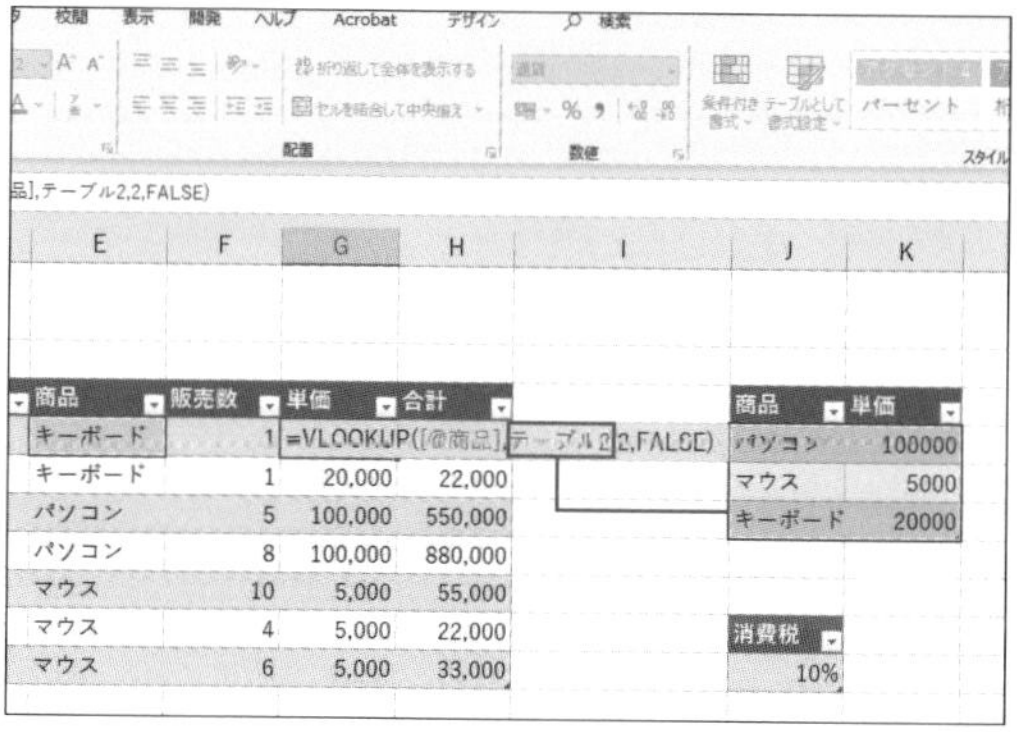

テーブルの詳細な機能を使用する

▶ テーブルのさまざまな機能

テーブルにはさまざまな機能があります。ほとんどの機能はテーブルのセルを選択している状態でタブに表示される「**テーブルツール**」から設定することができます。機能を使いこなすことで見やすく使いやすい表を作ることができますので、しっかりと覚えて活用しましょう。

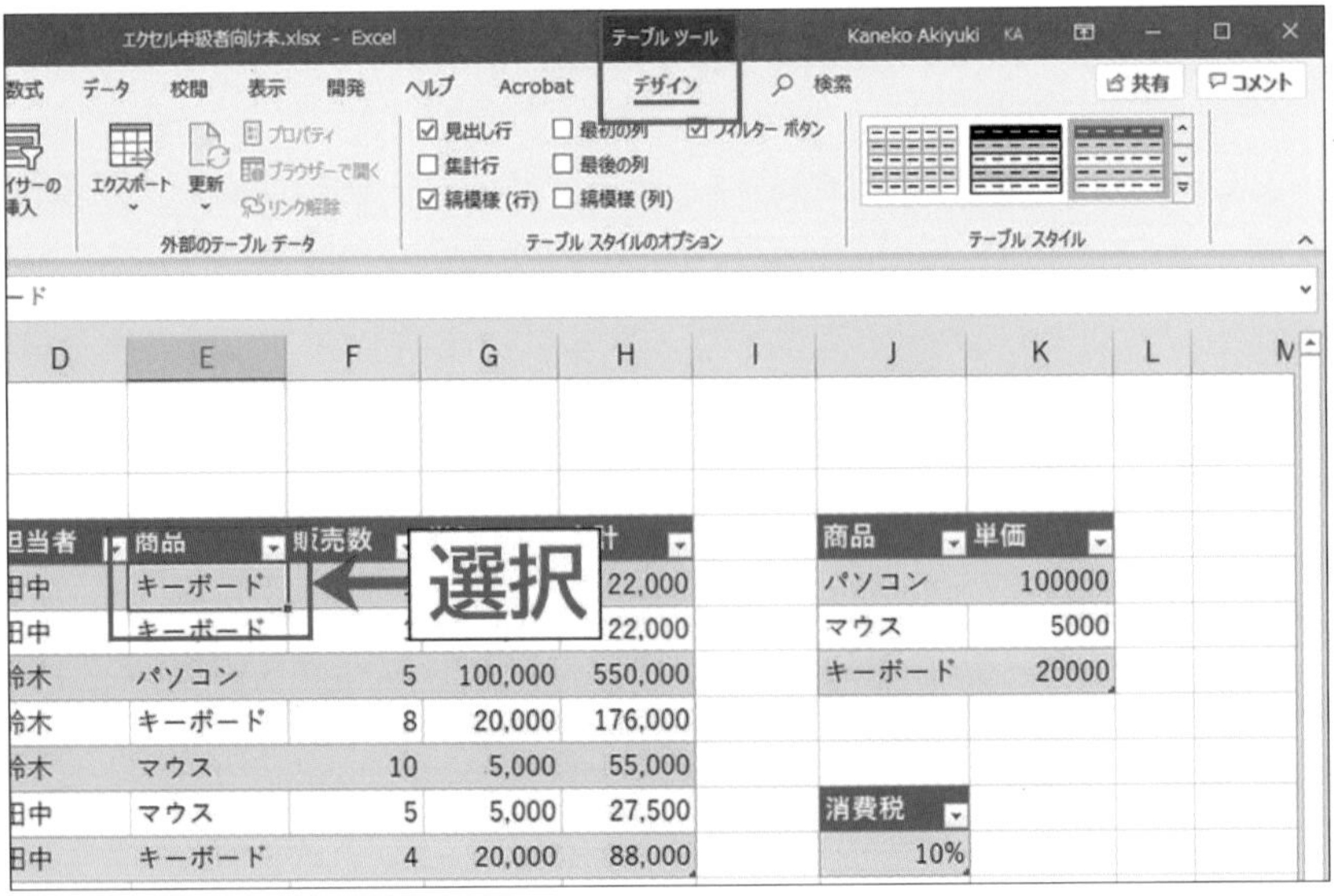

テーブルスタイルの変更

テーブルの書式をまとめて簡単に変更できる機能が「**テーブルスタイル**」です。豊富なデザインのスタイルがあらかじめ用意されており、選択するだけで表の見た目を一気に変えることができます。

1

「**テーブルスタイル**」の下向き三角形をクリックします。

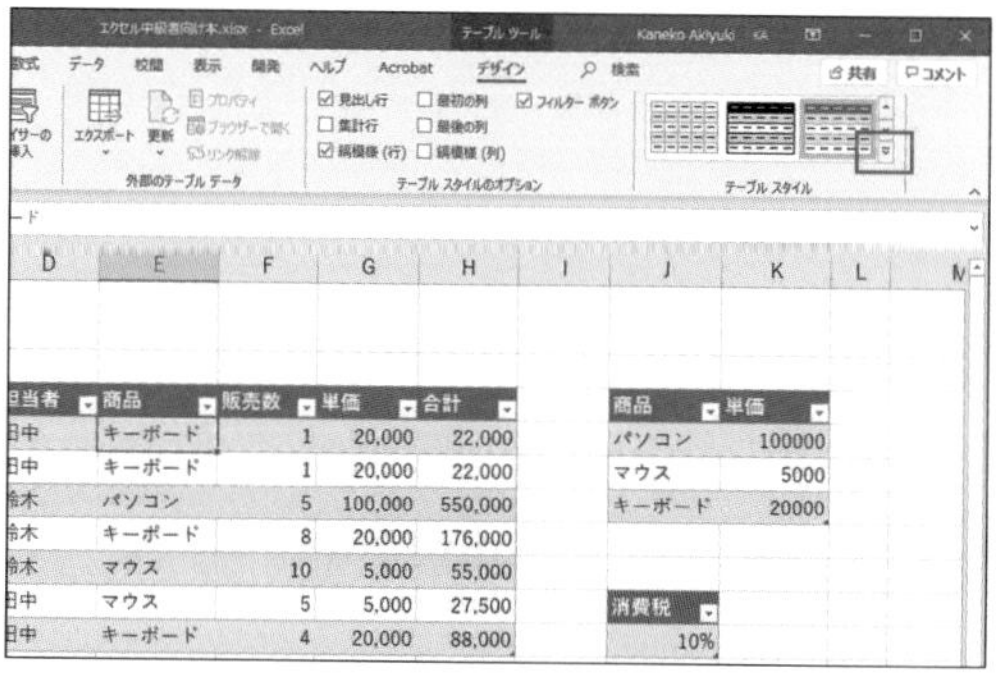

2

テーブルのスタイル一覧が出てくるので、状況に合わせて好きなものを使用しましょう。今回は画像のオレンジを選びますが、デザインの種類によってその後の内容も変わることがあります。

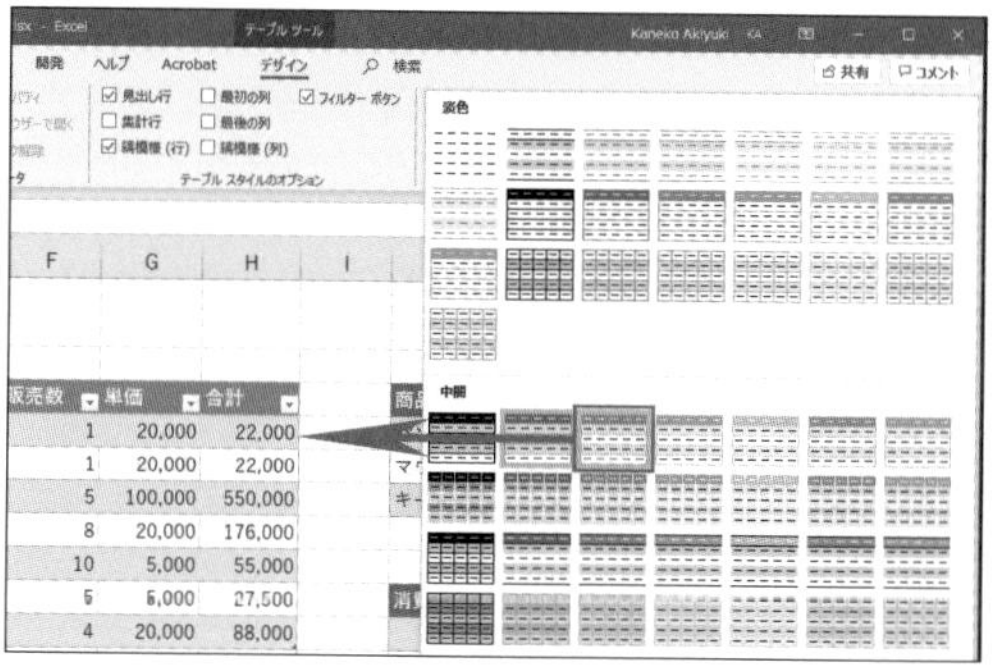

特定の列や行を太字にする

「**テーブルスタイルのオプション**」の「**最初の列**」チェックボックスにチェックを入れると一番左の列が太字になり、「**最後の列**」チェックボックスにチェックを入れると一番右の列が太字になります。

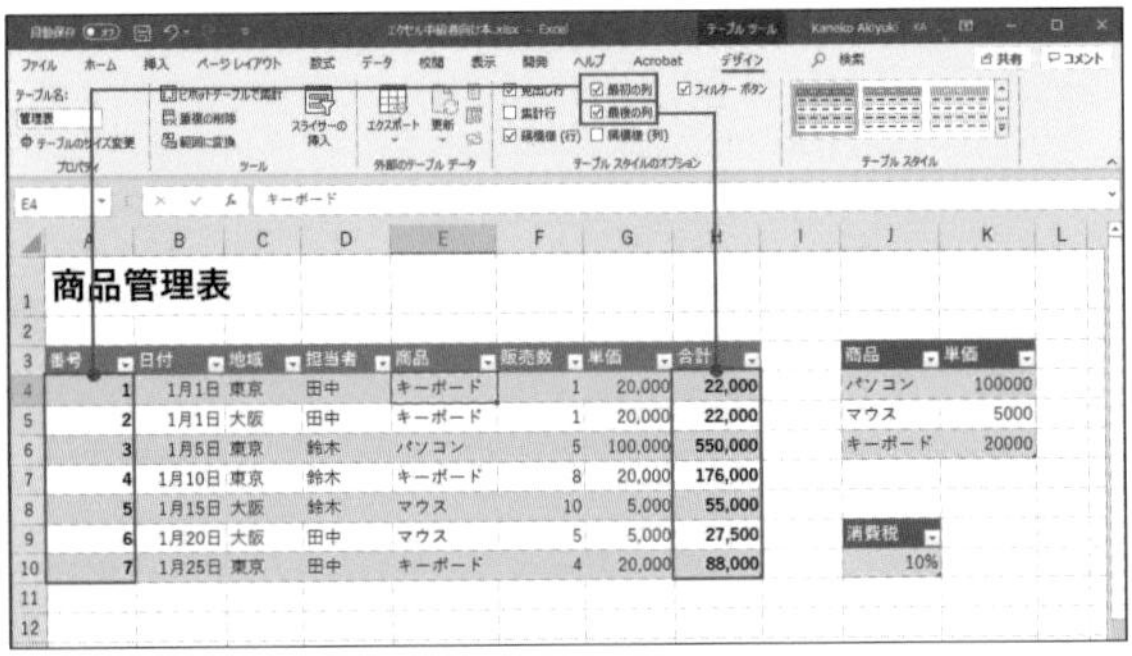

集計方法を変える

「テーブルスタイルのオプション」にある①の「**集計行**」チェックボックスにチェックを入れると、表に集計が表示されます。また、集計したい列の集計行を選択すると②のドロップダウンリストが表示され、集計方法を変更することができます。

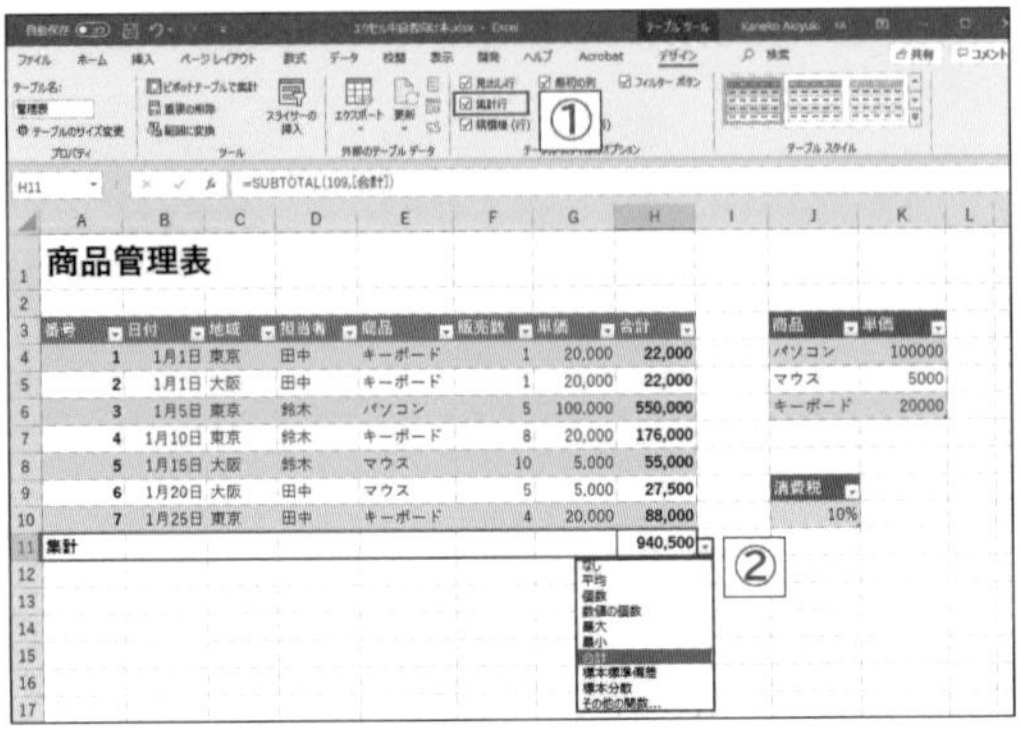

行を見やすくする

「テーブルスタイルのオプション」の「**縞模様（行）**」チェックボックスにチェックを入れると、1行おきに色がつきます。

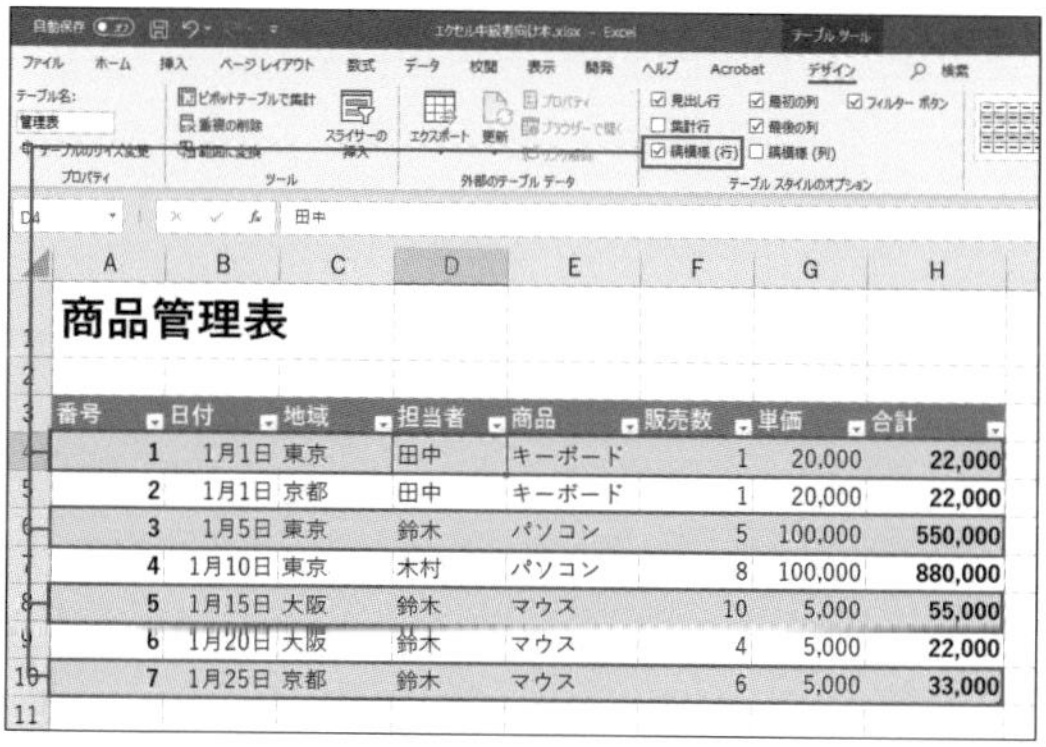

列を見やすくする

「テーブルスタイルのオプション」の「**縞模様（列）**」チェックボックスにチェックを入れると、1列おきに色がつきます。

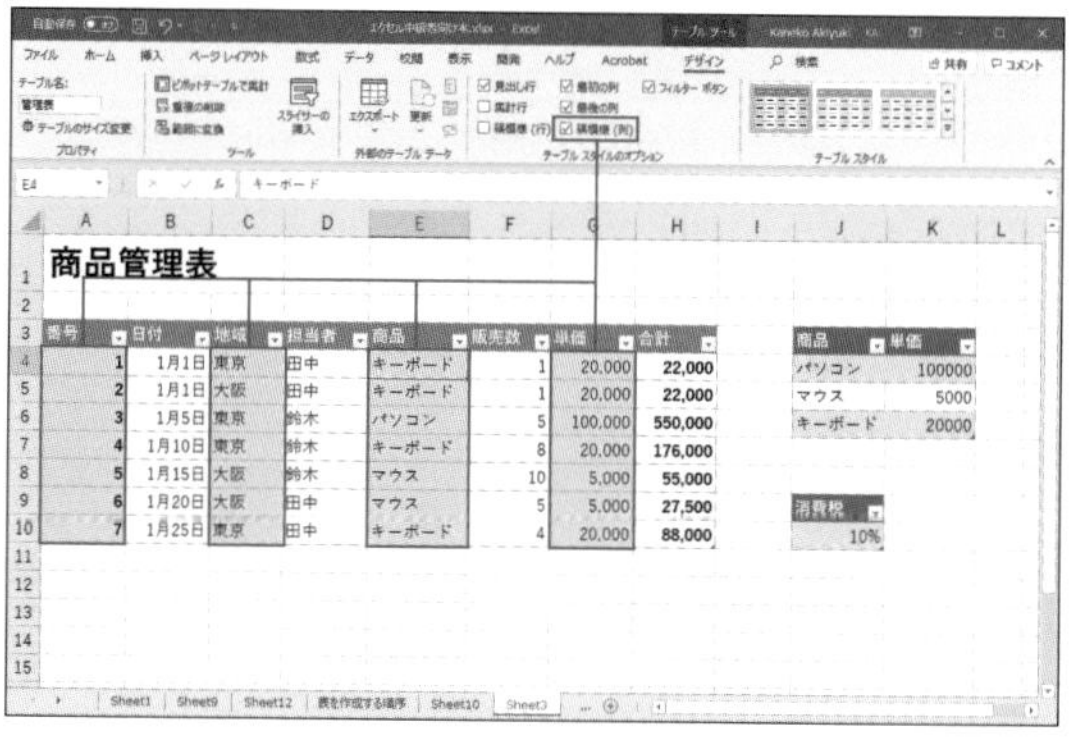

ピボットテーブルで集計する

▶ ピボットテーブルで集計表を作る

データベース作成のポイントを守って表が作成できていれば、「**ピボットテーブル**」を使用して、簡単に集計表を作成することができます。

ピボットテーブルの作成方法

1

①のセルなど、表を選択している状態で、②の「**挿入**」タブをクリックし、③の「**ピボットテーブル**」をクリックします。

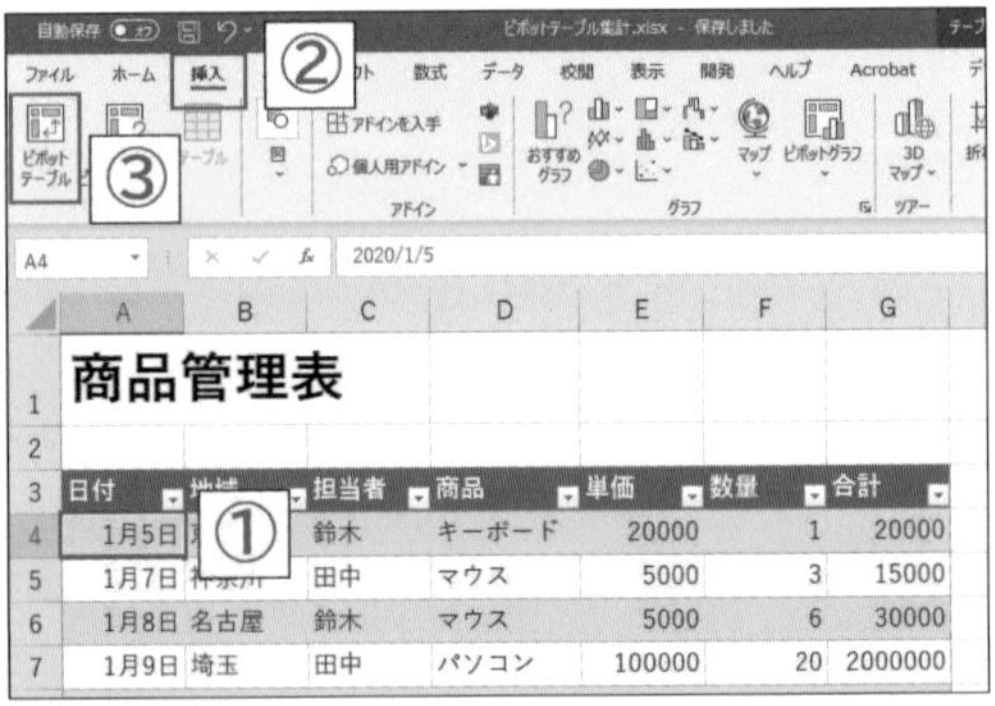

2

「ピボットテーブルの作成」ウィンドウが開きます。「OK」をクリックすると、新規シートにピボットテーブルが作成されます。

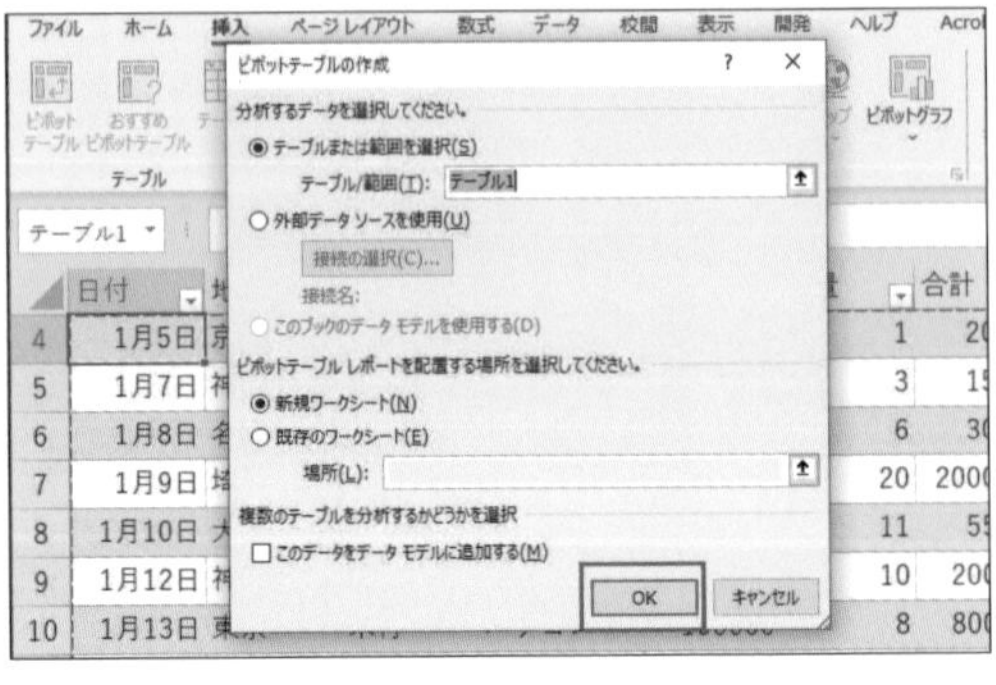

ピボットテーブルを集計表の形式にする

チェックを入れた項目が表示され、それぞれのボックスにドラッグすることで配置が変わります。右の画像を参考に、列項目を横並び、行項目を縦並び、値に数値を配置していきましょう。

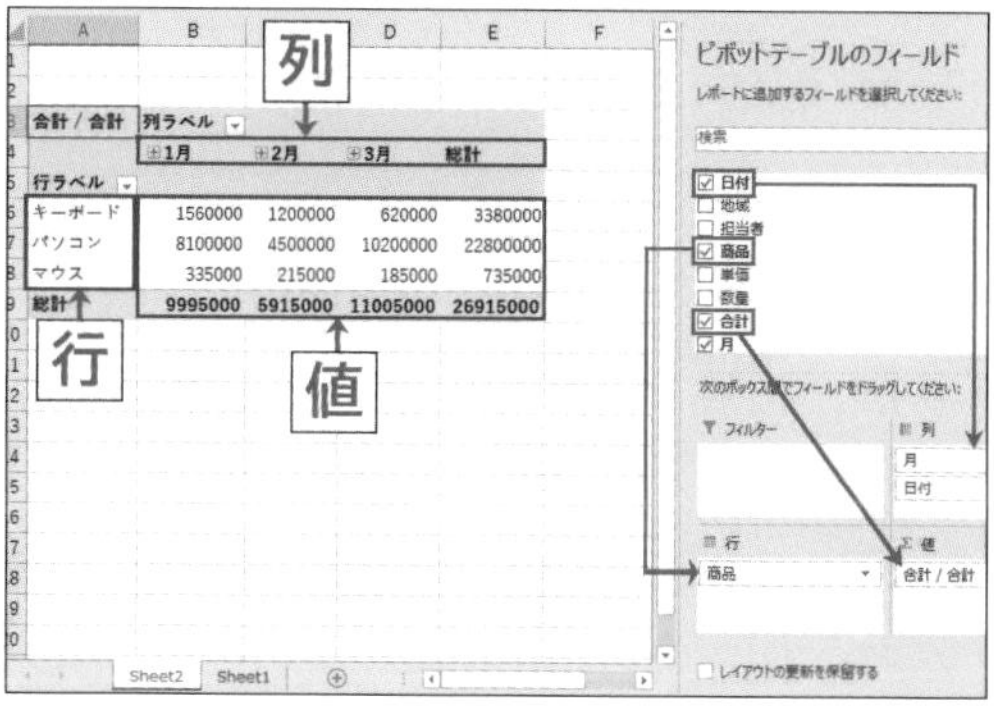

「平均」や「個数」を調べる

1

ピボットテーブルは、値の「**合計**」以外にも、「**平均**」や「**個数**」を表示することも可能です。「ピボットテーブルのフィールド」の「値」ボックスから①の「合計/合計」横の下向き三角形をクリックし、②の「**値フィールドの設定**」をクリックします。

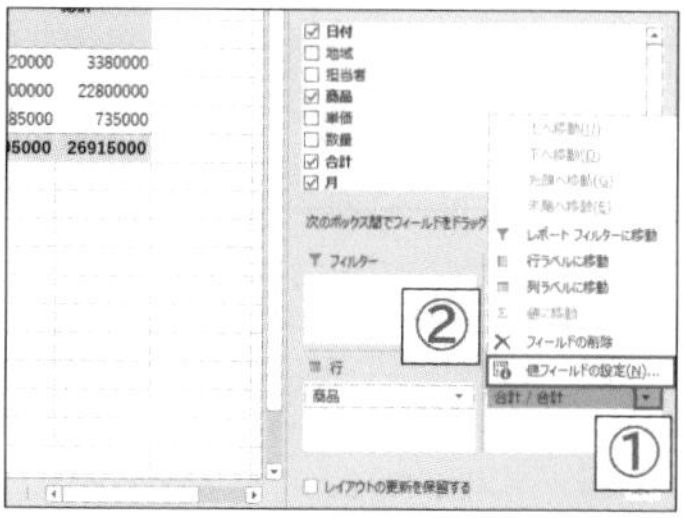

2

「値フィールドの設定」ウィンドウ内の「選択したフィールドのデータ」リストから①の「平均」や「個数」を選び、②の「OK」をクリックすると、集計方法が変えられます。

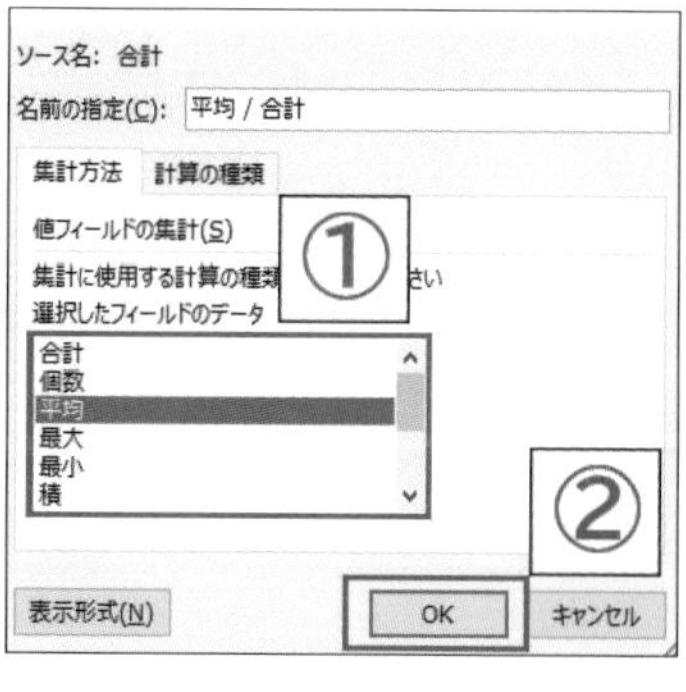

ピボットテーブルで集計する
1章 Excelできれいな表を作るための知識

表示形式を変更する

1

「合計/合計」横の下向き三角形をクリックし、**「値フィールドの設定」**をクリックします。

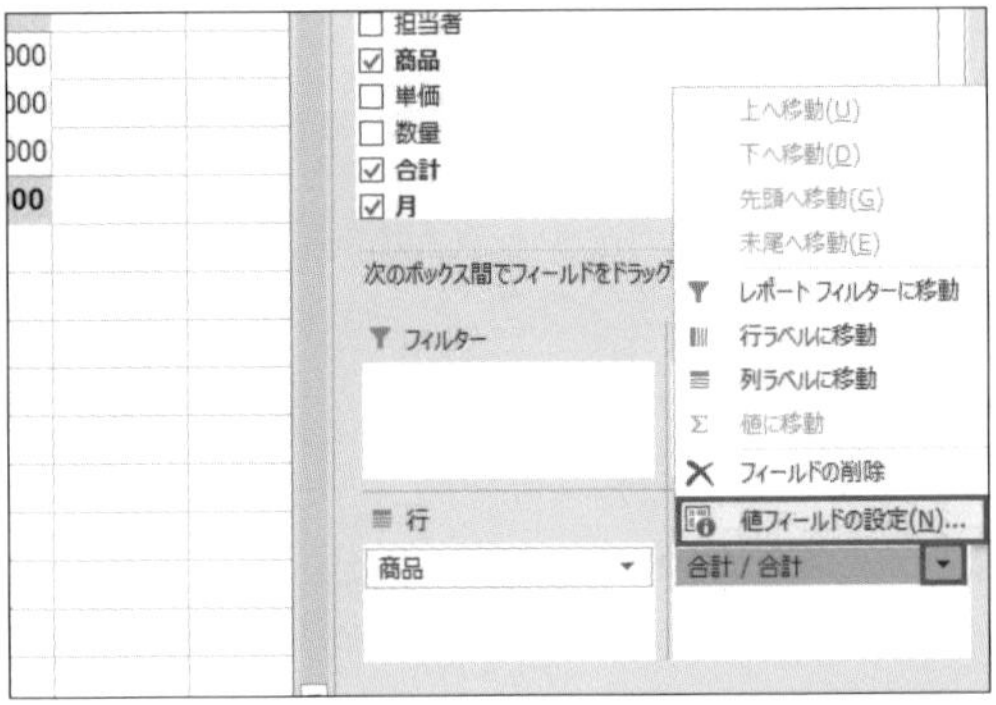

2

「値フィールドの設定」ウィンドウ内の「**表示形式**」をクリックします。

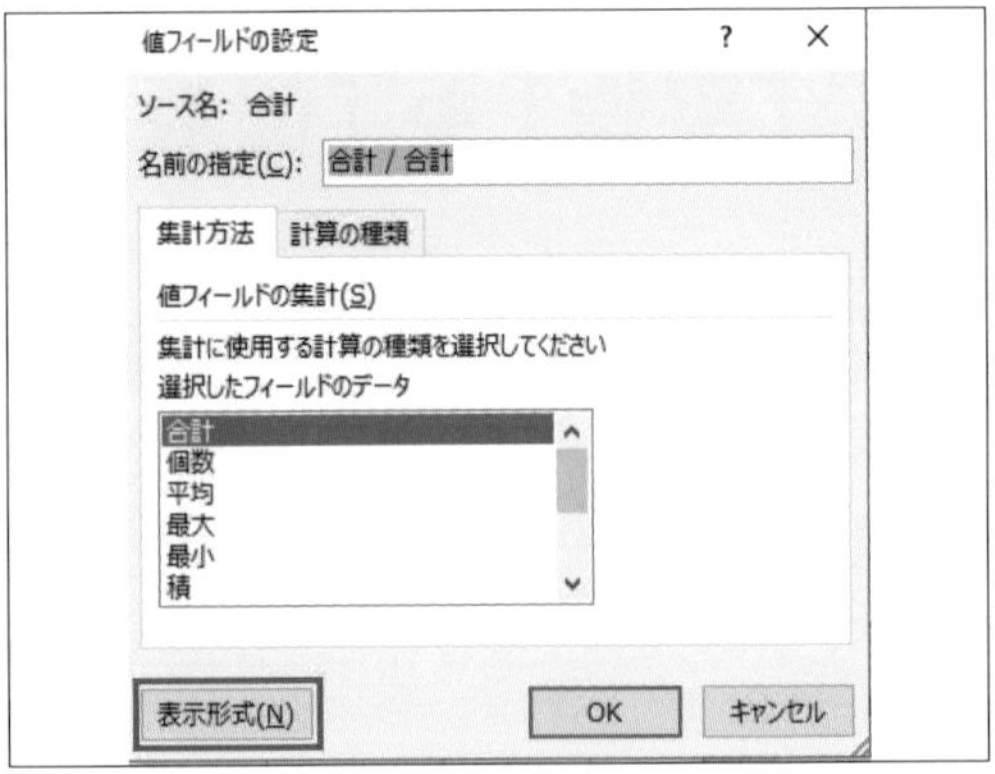

3

①で分類を選び、②の「OK」をクリックすることで、表示形式を通貨などに変更できます。

デザインを変更する

1

ピボットテーブルは「ピボットテーブルツール」の「デザイン」タブからデザインなどを変更できます。①で表を選択し、②の「デザイン」タブの「**ピボットテーブル スタイル**」にある③の下向き三角形をクリックします。

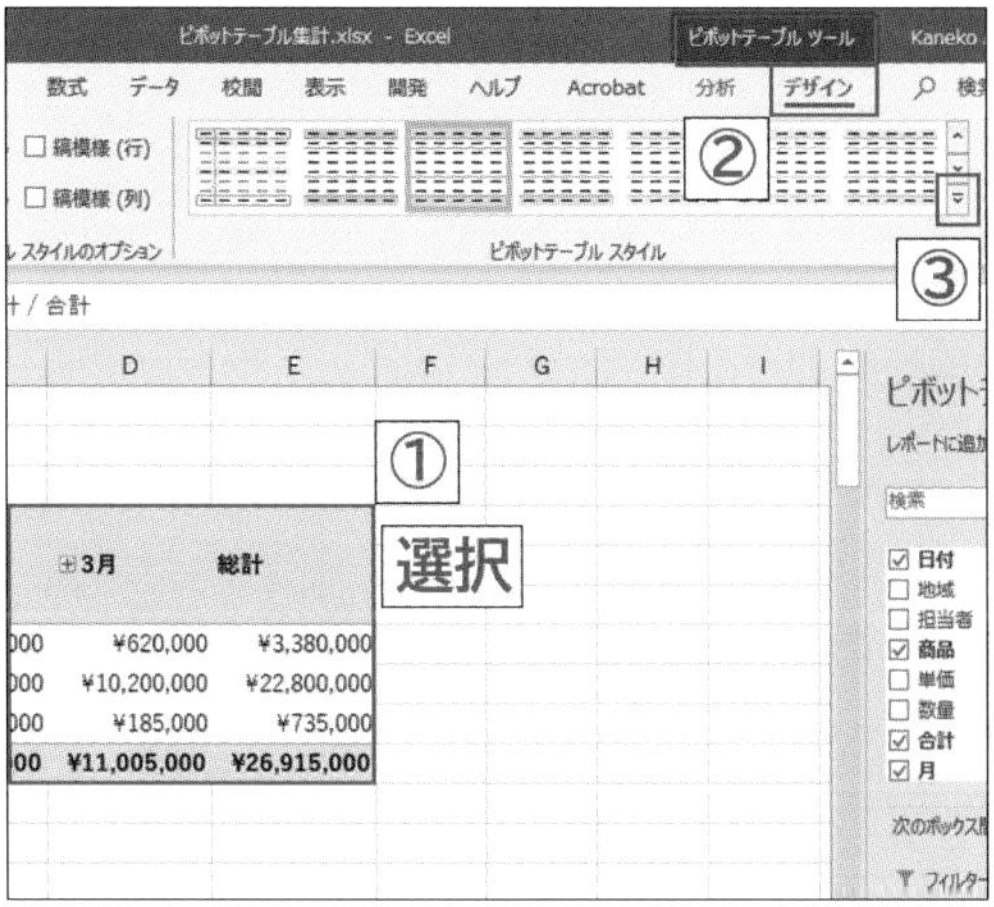

2

さまざまなピボットテーブルのデザインから、使用したいデザインを選んでクリックすると、デザインが適用されます。

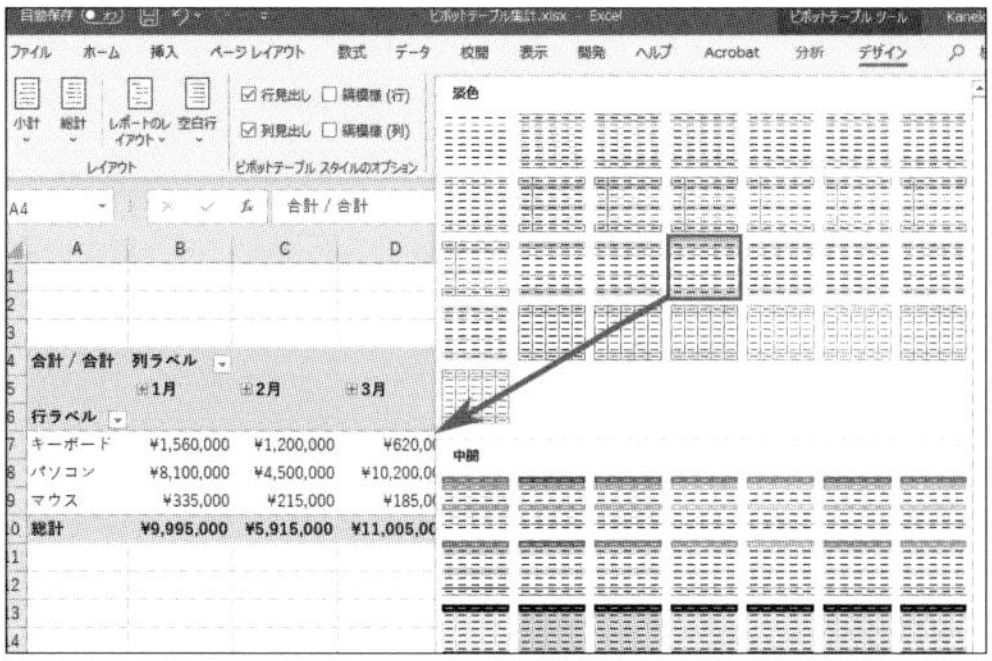

行や列に項目を増やす

項目のチェックボックスにチェックを入れ、列や行のボックスにドラッグすることで、列や行へ簡単に項目を追加できます。

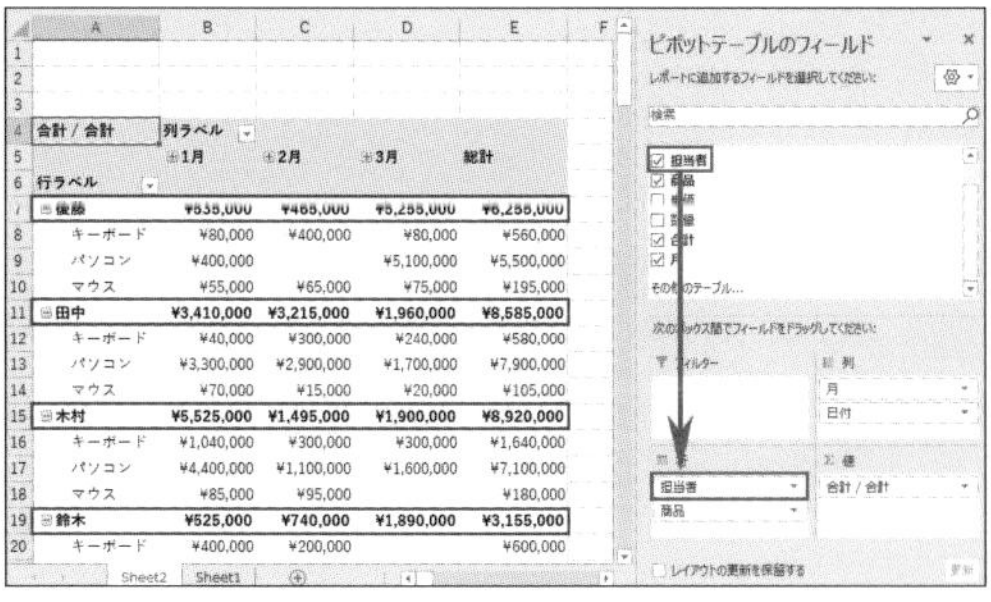

項目の順番を変える

「行」ボックスの順番を入れ替えることで、大項目を変えることができます。また、複数の項目の順番も変更可能です。

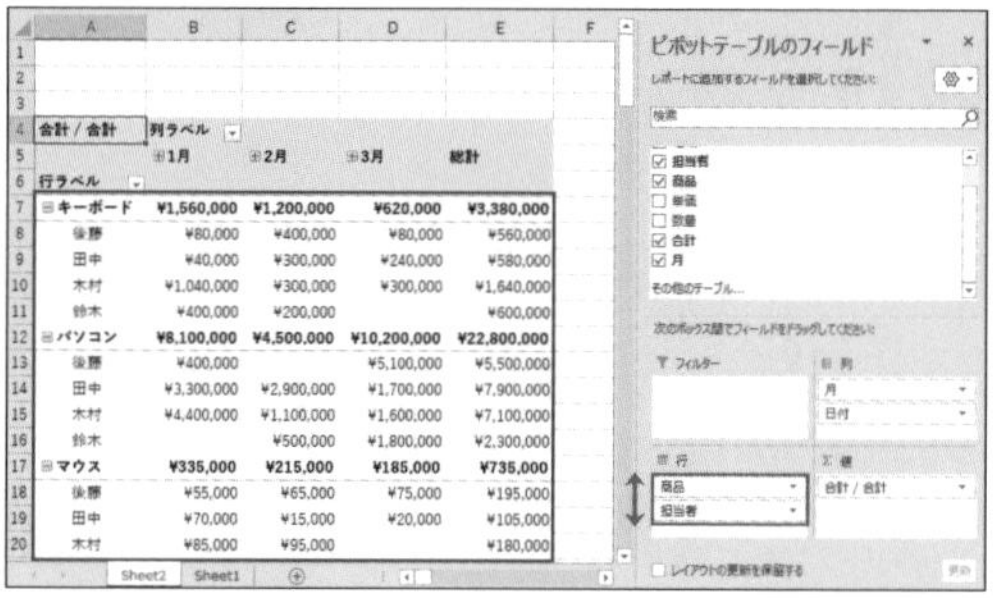

色をつけて見やすくする

行に色をつける

①の「デザイン」タブにある「ピボットテーブル スタイルのオプション」から②の「**縞模様（行）**」にチェックを入れることで、1行おきに色がつきます。

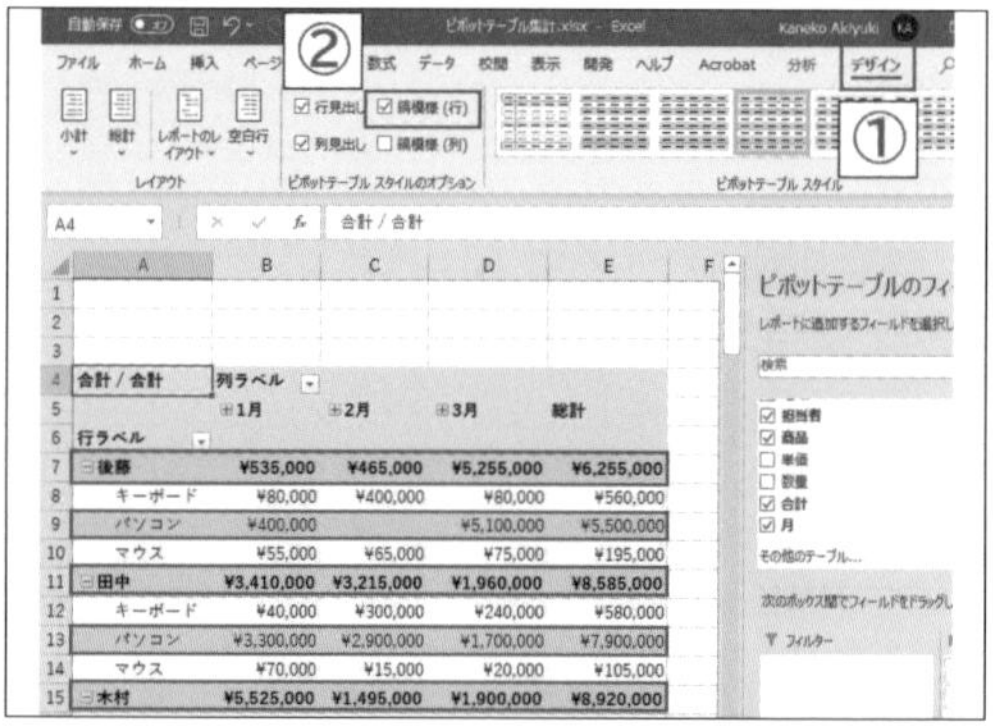

列に色をつける

「ピボットテーブル スタイルのオプション」にある「**縞模様（列）**」にチェックを入れることで、1列おきに色がつきます。

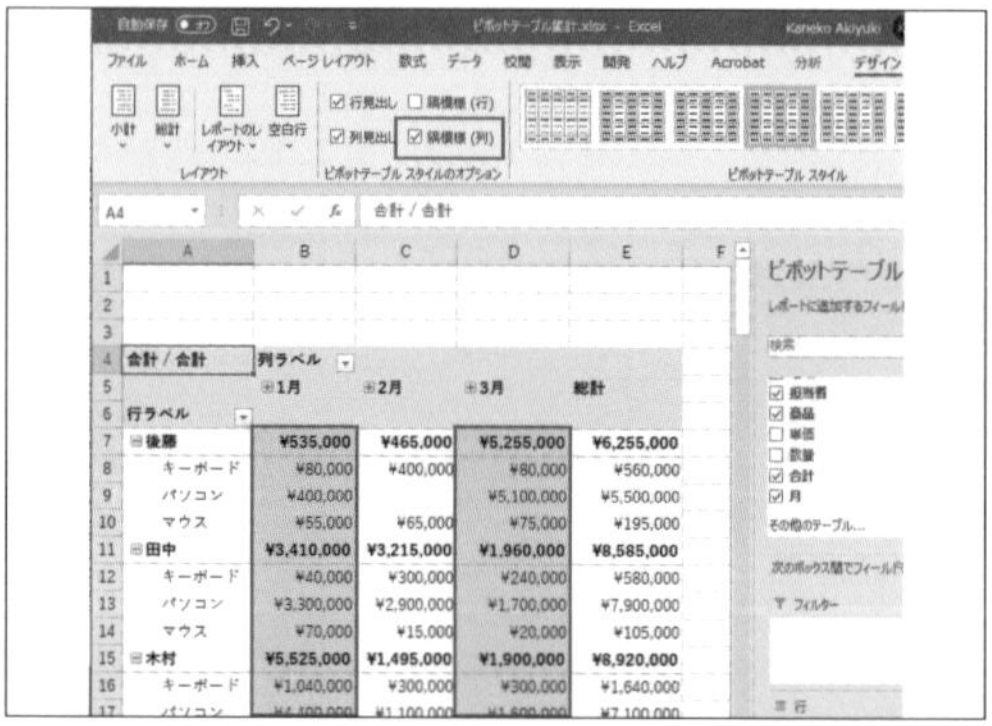

レポートのレイアウトを表形式に変更する

1

ピボットテーブルは、初期状態では小計の表示が各項目の上に表示されています。変更するには、①の「デザイン」タブから②「レポートのレイアウト」をクリックし、③の「**表形式で表示**」をクリックしましょう。

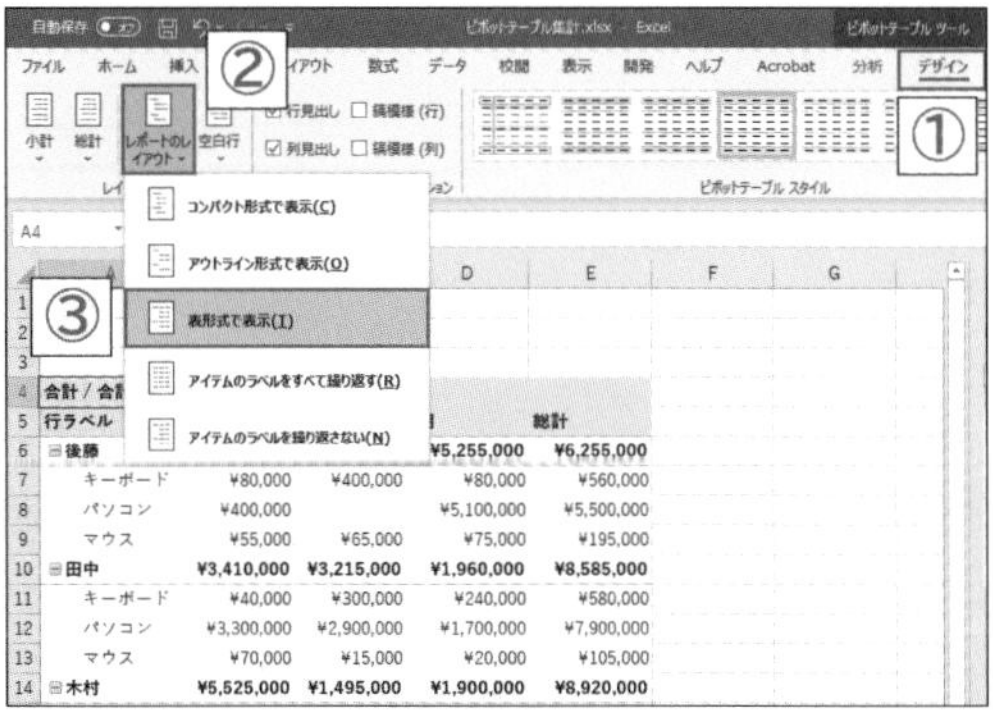

2

小計が各項目の下に移り、見やすい表になりました。

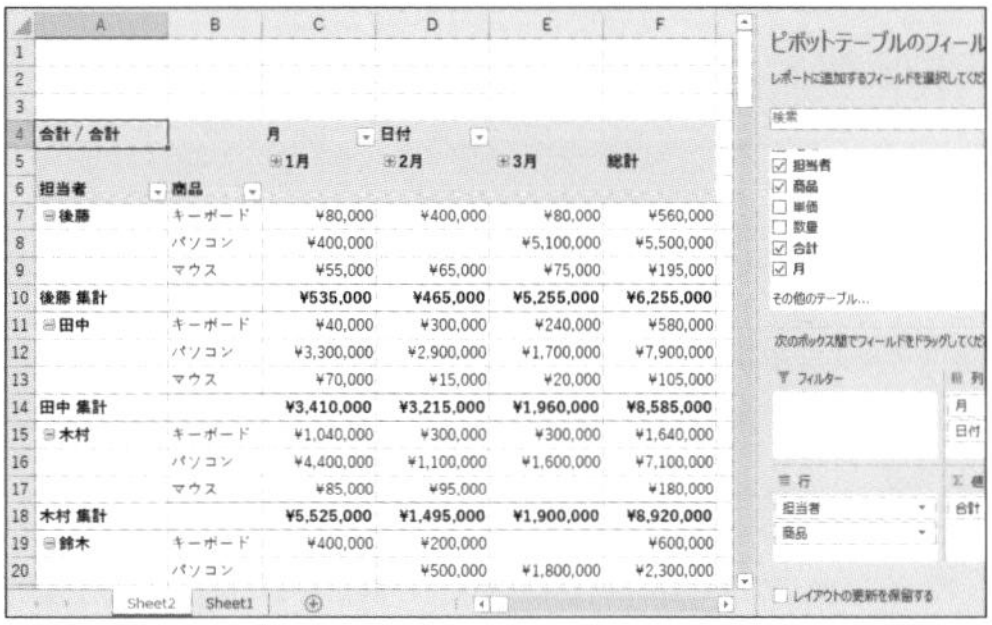

並べ替える

1

ピボットテーブルは、商品の名前順や総合計などの並べ替えができます。項目セル横の下向き三角形をクリックし、「**その他の並べ替えオプション**」をクリックします。

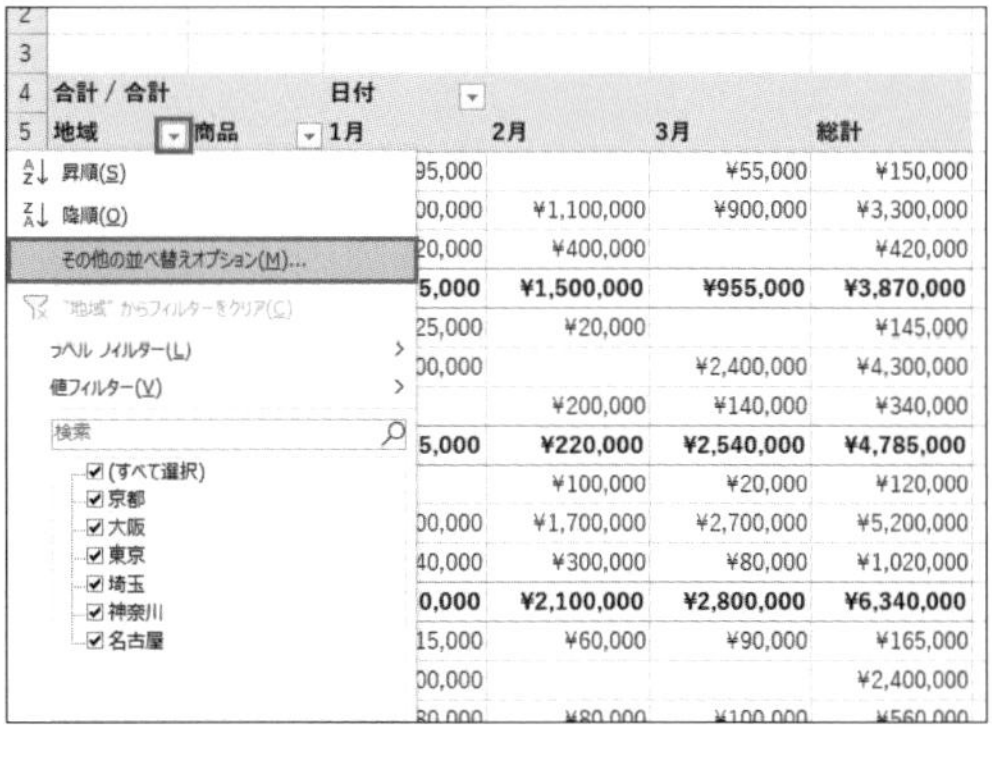

2

「並べ替え」ウィンドウが開くので、設定を変え、「OK」をクリックしましょう。

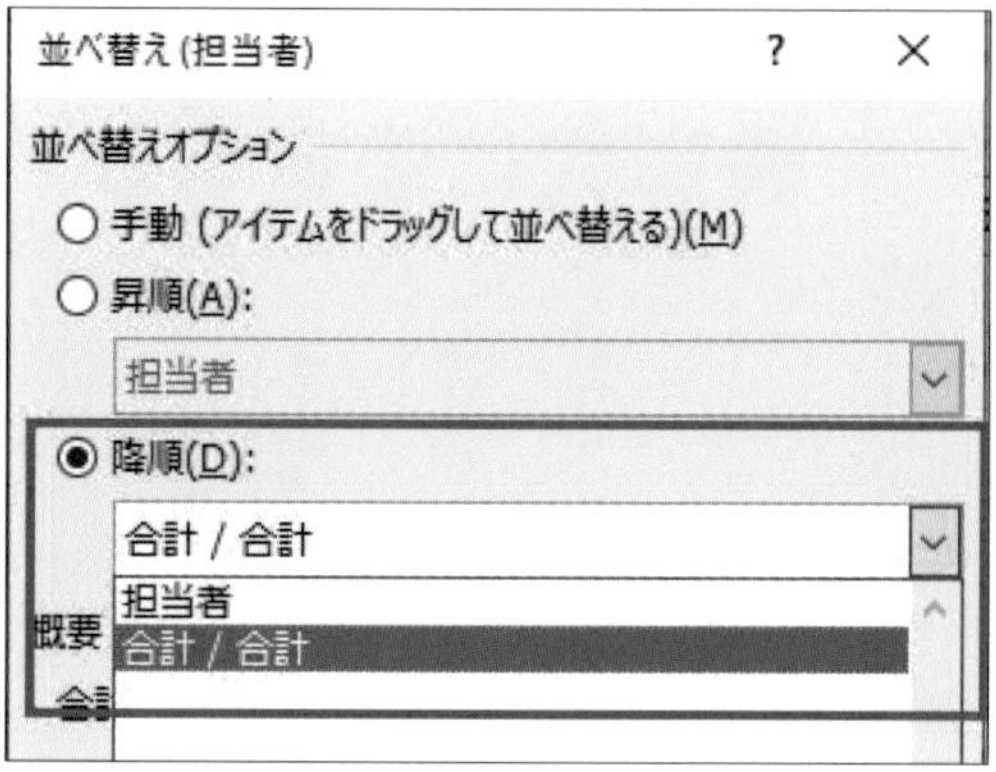

3

表の並びが変更されました。なお、月ごとなど個別の並べ替えはできません。

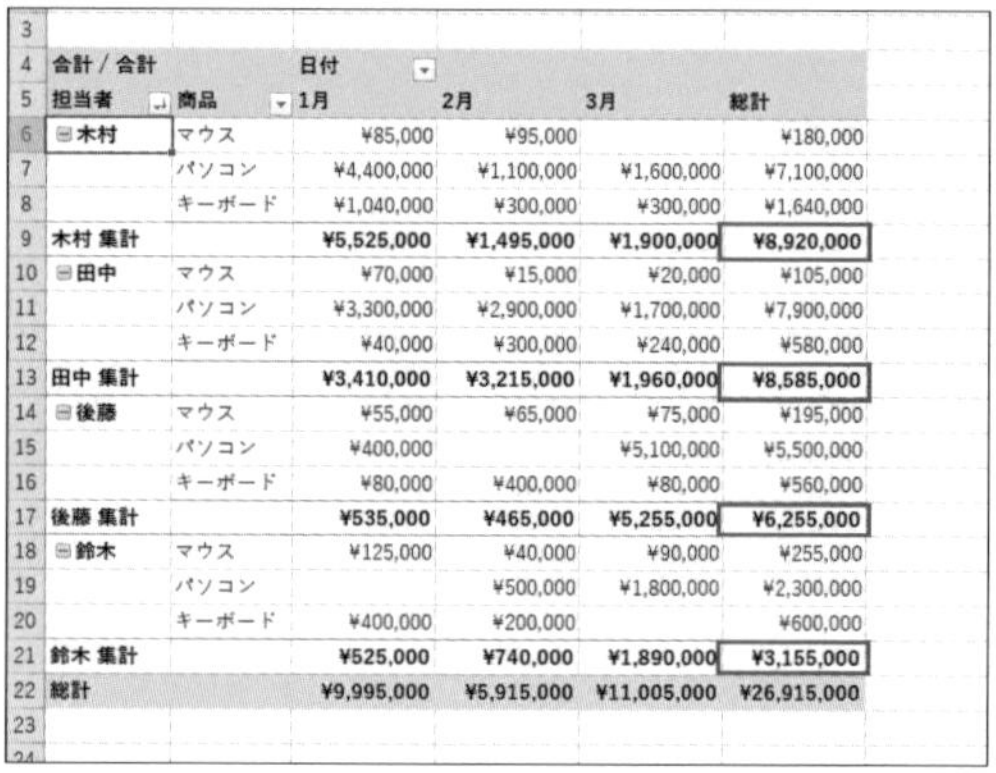

3						
4	合計 / 合計		日付			
5	担当者	商品	1月	2月	3月	総計
6	木村	マウス	¥85,000	¥95,000		¥180,000
7		パソコン	¥4,400,000	¥1,100,000	¥1,600,000	¥7,100,000
8		キーボード	¥1,040,000	¥300,000	¥300,000	¥1,640,000
9	木村 集計		¥5,525,000	¥1,495,000	¥1,900,000	¥8,920,000
10	田中	マウス	¥70,000	¥15,000	¥20,000	¥105,000
11		パソコン	¥3,300,000	¥2,900,000	¥1,700,000	¥7,900,000
12		キーボード	¥40,000	¥300,000	¥240,000	¥580,000
13	田中 集計		¥3,410,000	¥3,215,000	¥1,960,000	¥8,585,000
14	後藤	マウス	¥55,000	¥65,000	¥75,000	¥195,000
15		パソコン	¥400,000		¥5,100,000	¥5,500,000
16		キーボード	¥80,000	¥400,000	¥80,000	¥560,000
17	後藤 集計		¥535,000	¥465,000	¥5,255,000	¥6,255,000
18	鈴木	マウス	¥125,000	¥40,000	¥90,000	¥255,000
19		パソコン		¥500,000	¥1,800,000	¥2,300,000
20		キーボード	¥400,000	¥200,000		¥600,000
21	鈴木 集計		¥525,000	¥740,000	¥1,890,000	¥3,155,000
22	総計		¥9,995,000	¥5,915,000	¥11,005,000	¥26,915,000
23						

項目を絞り込む

フィルターによって項目を絞り込むことができます。項目セル横の①の下向き三角形をクリックし、②で項目のチェックを外します。③の「OK」をクリックすると、その項目が非表示になります。

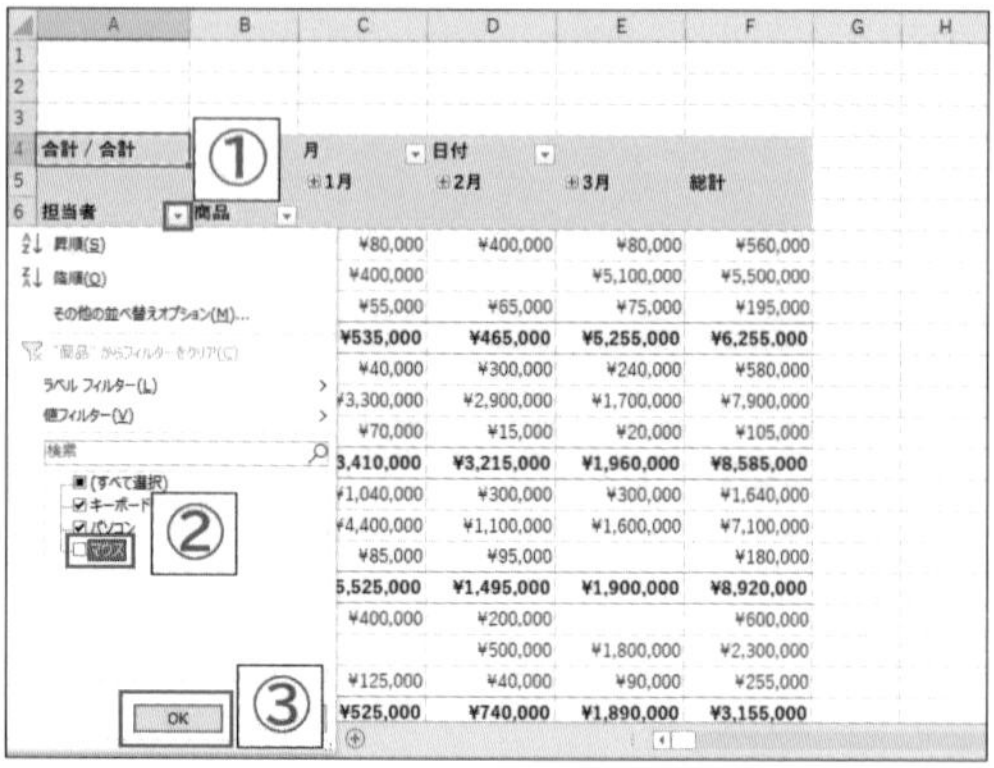

スライサーを使用する

スライサーを使用することで、ピボットテーブルを操作することなく簡単にフィルターをかけられます。また、フィルターの内容も常に画面に表示されるので、ひと目でわかりやすいです。クリックしながら項目を選択することで複数選択、「**Ctrl**」キーを押しながらクリックすることで離れた項目を複数選択、「**Shift**」キーを押しながらクリックすることで指定した範囲まで一括選択ができます。

1

「ピボットテーブルツール」の「分析」タブから「**スライサーの挿入**」をクリックします。

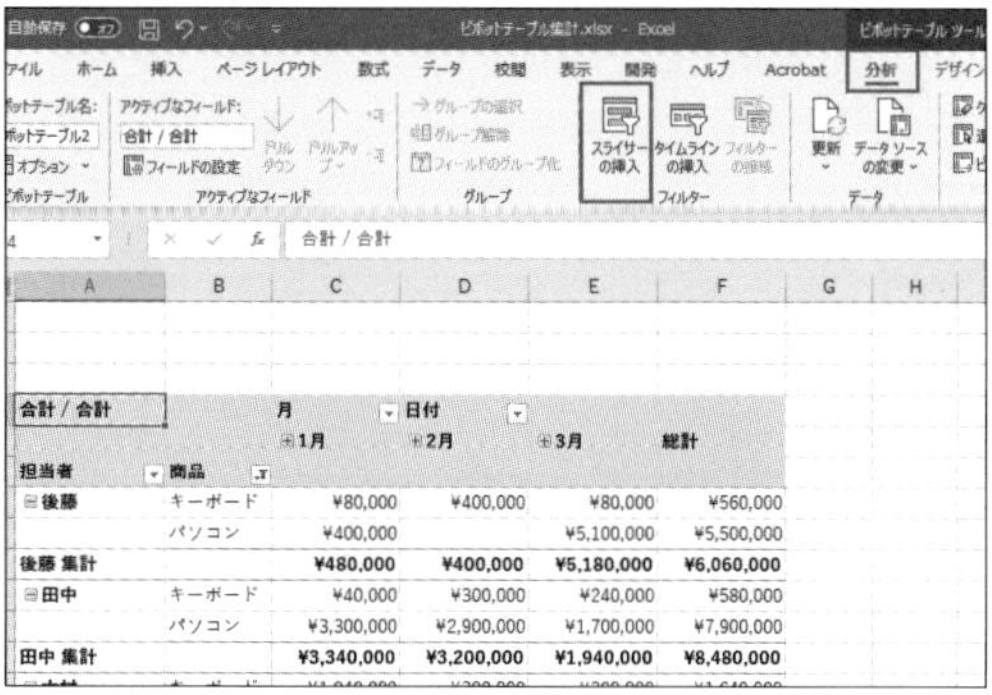

2

フィルターをかけたい項目にチェックを入れ、「OK」をクリックしましょう。

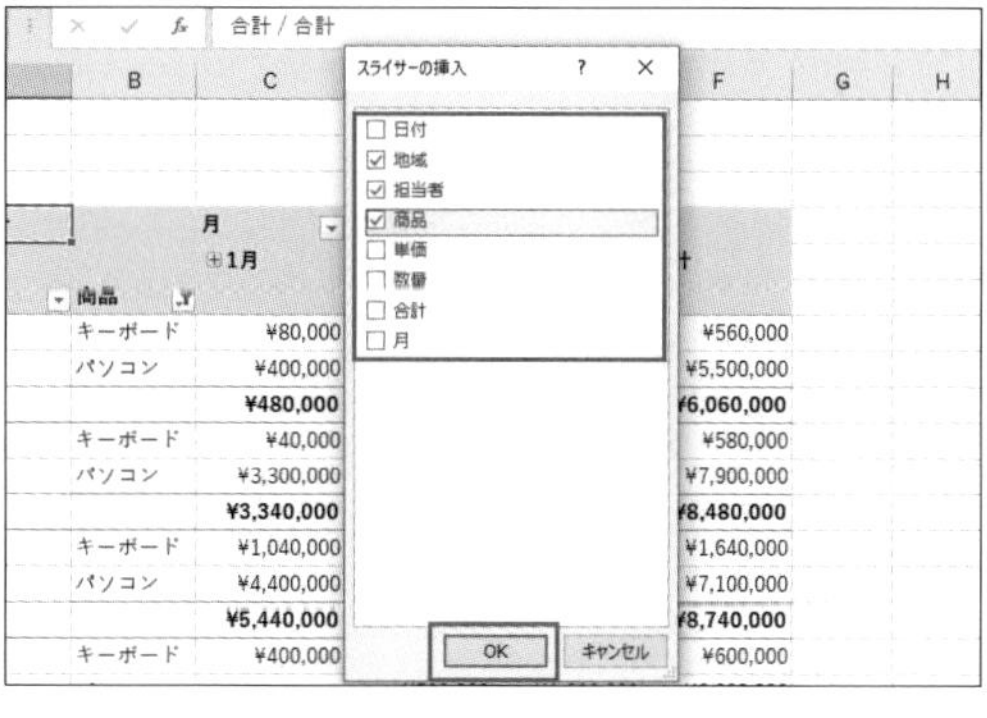

3

スライサーが作成されます。項目を選択すると、ピボットテーブル内でフィルターがかかります。

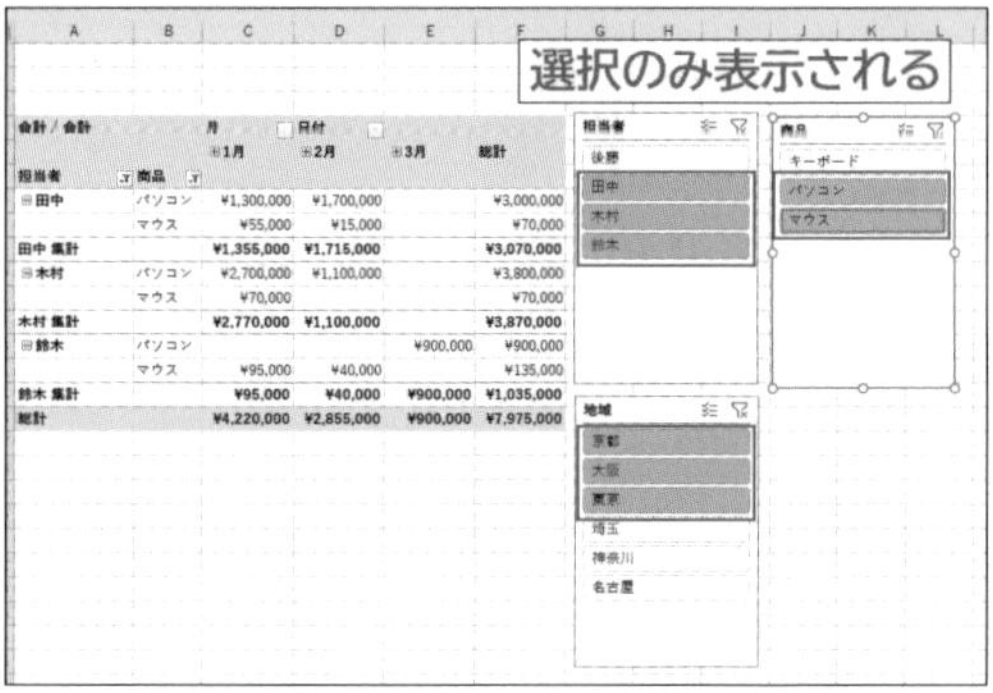

日付を月や年ごとにグループ化をする

1

最新版のExcelでは各月の左側の「-」のアイコンをクリックすると、表示が月ごとに変わるようになっています。日付を展開するには「+」アイコンを押します。

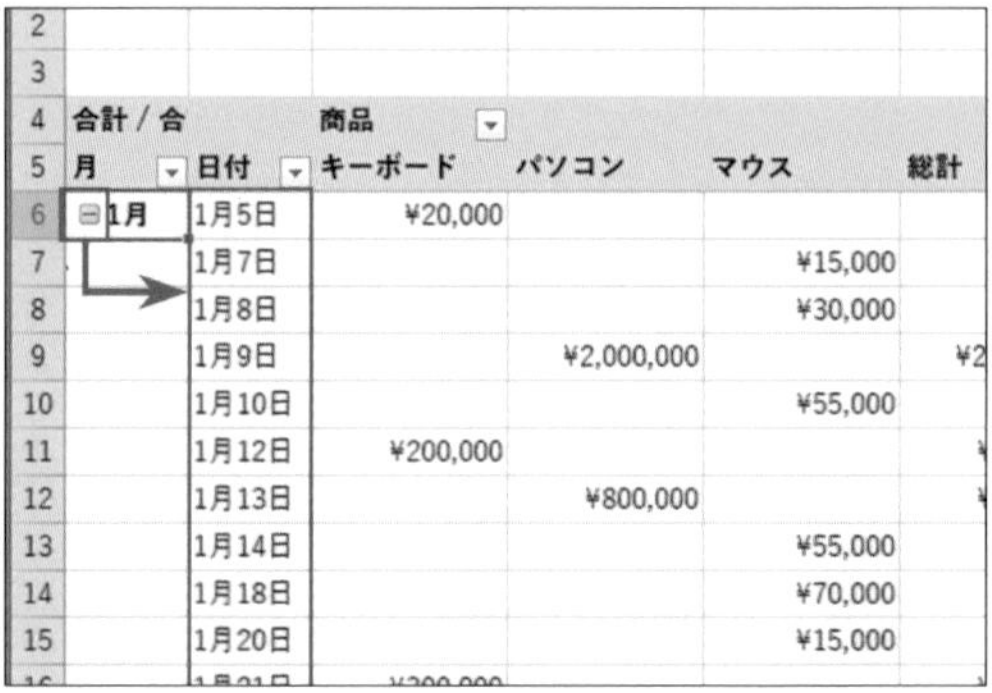

2

Excelのバージョンが古い場合は、「**グループ化**」をすることで、同様の機能が使用できます。日付のセルを選択し、右クリックします。ウィンドウから「グループ化」を選びましょう。

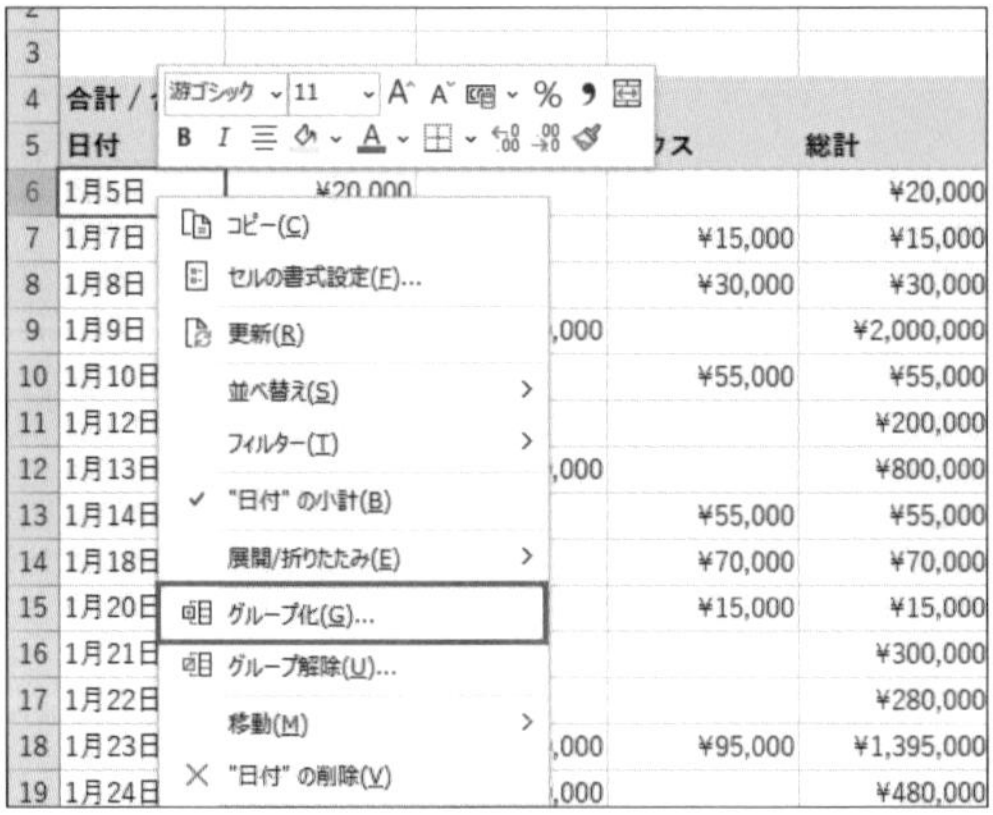

3

「グループ化」ウィンドウの単位から「月」を選び、「OK」をクリックすると、月ごとに表示できるようになります。

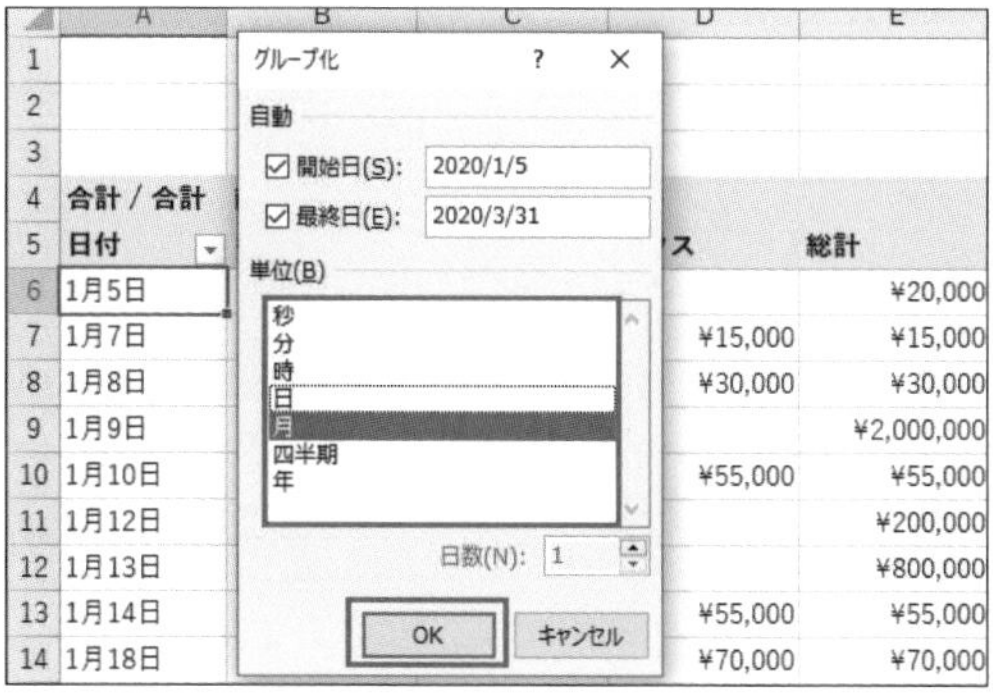

情報を更新する

データベースを修正・追加した場合は、必ず更新ボタンを押しましょう。①の「分析」タブから②の「**更新**」をクリックし、③の「更新」を選択します。複数のピボットテーブルを一度に更新したい場合は「すべて更新」を選びます。

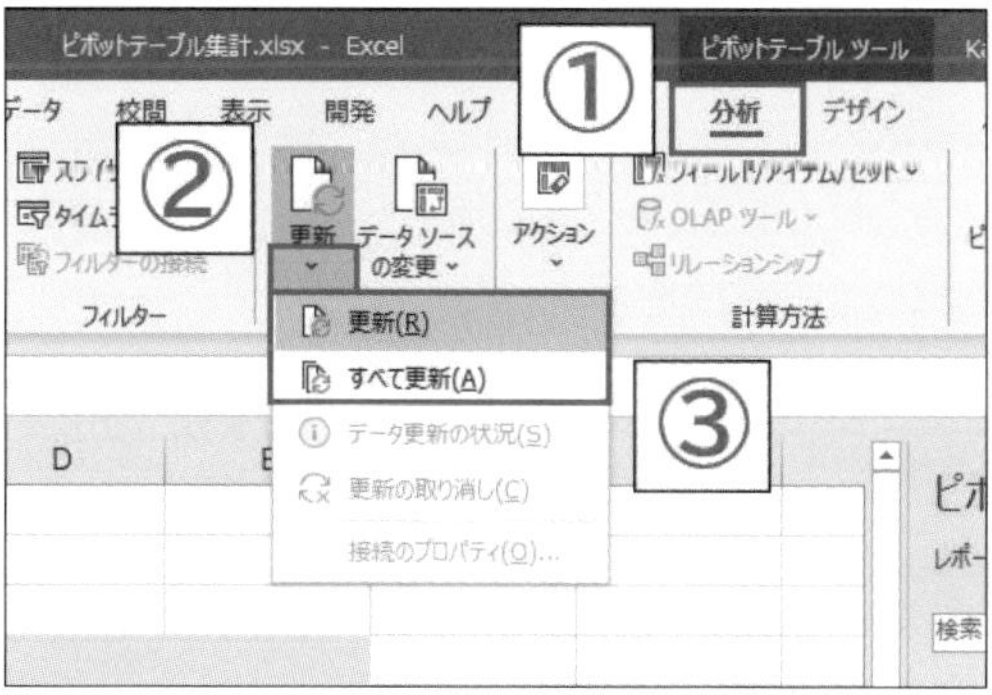

各項目の詳細を表示する

1

項目の詳細を知りたい場合は、値が入力されているセルをダブルクリックしましょう。

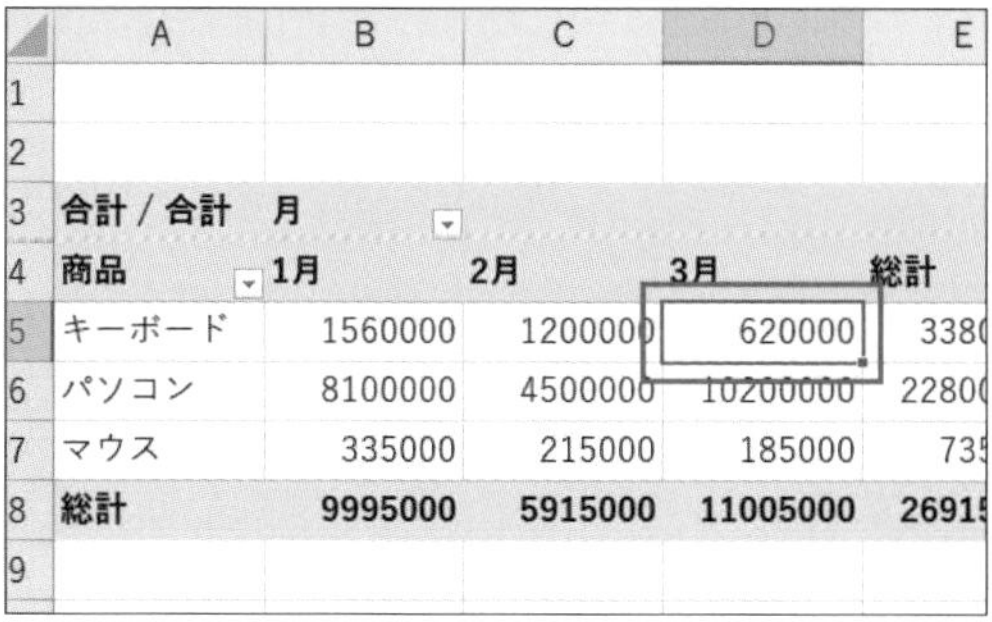

2

一覧が表示されます。

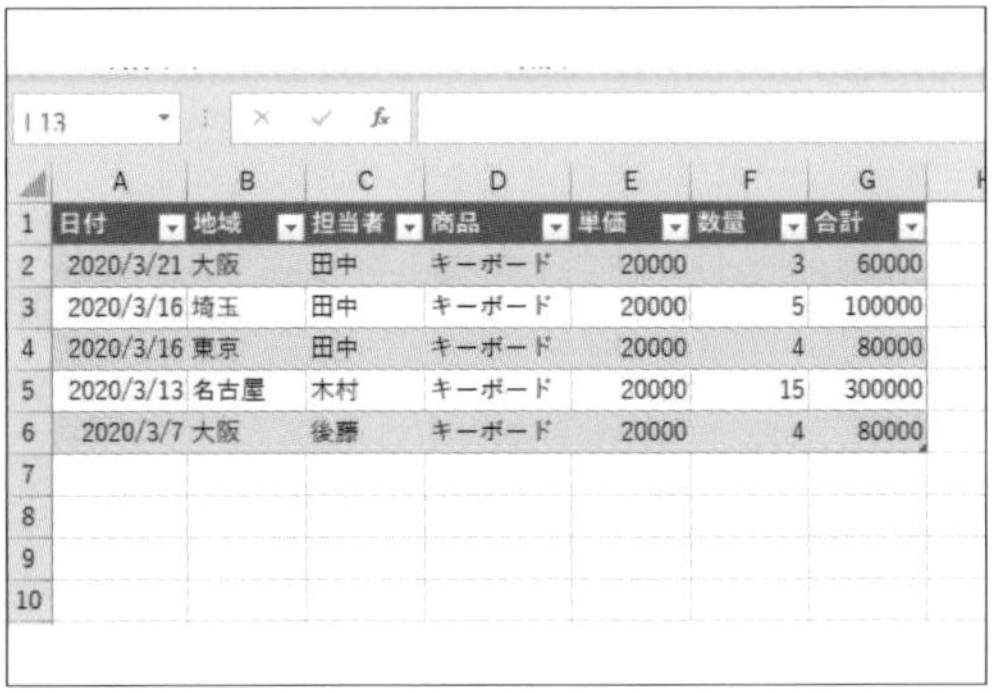

	A	B	C	D	E	F	G
1	日付	地域	担当者	商品	単価	数量	合計
2	2020/3/21	大阪	田中	キーボード	20000	3	60000
3	2020/3/16	埼玉	田中	キーボード	20000	5	100000
4	2020/3/16	東京	田中	キーボード	20000	4	80000
5	2020/3/13	名古屋	木村	キーボード	20000	15	300000
6	2020/3/7	大阪	後藤	キーボード	20000	4	80000

更新時に列幅や書式を変更しない

通常、データを更新するとピボットテーブルの列幅や書式は自動的に元に戻ってしまいます。現在の状態を維持したい場合は①の「分析」タブから②の「**オプション**」をクリックし、③の設定を変更しましょう。

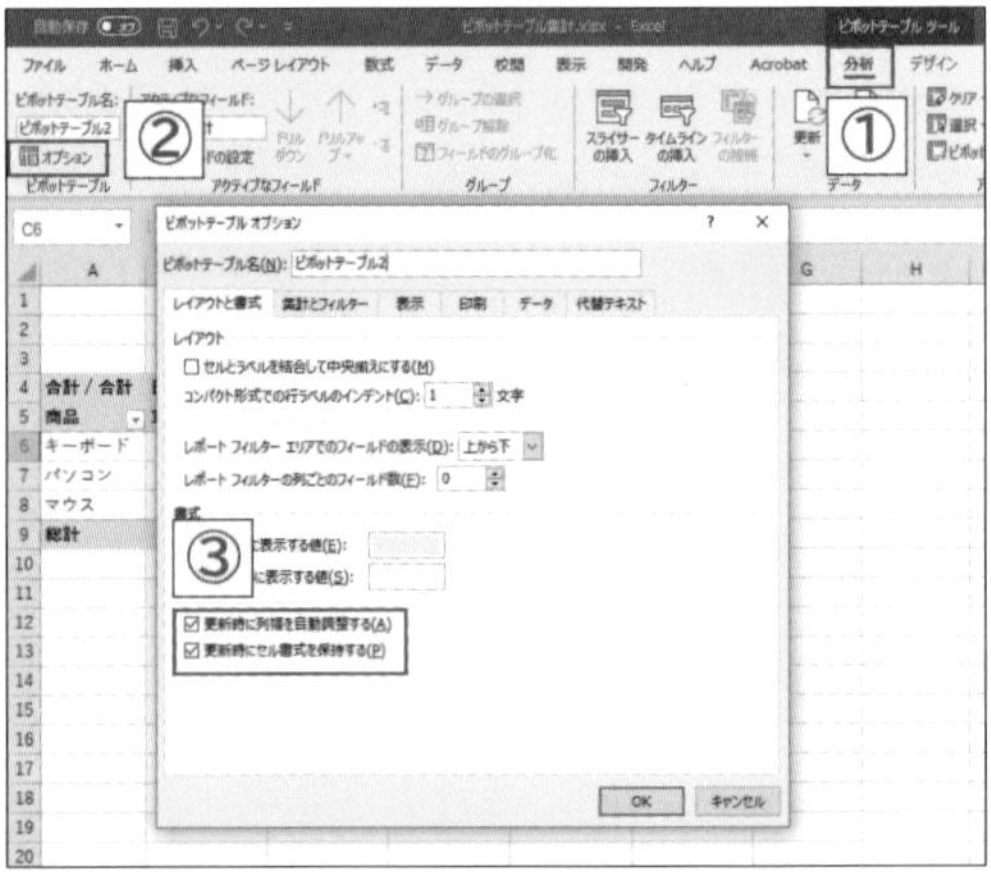

1つのシートに ピボットテーブルを複数配置する

1つのシートにピボットテーブルを複数設置することが可能です。さまざまなデータ分析をピボットテーブルのみで一気に行うことができます。

1

①の「挿入」タブから②の「ピボットテーブル」をクリックし、ピボットテーブル作成の際に③の「既存のワークシート」からセルを選択します。

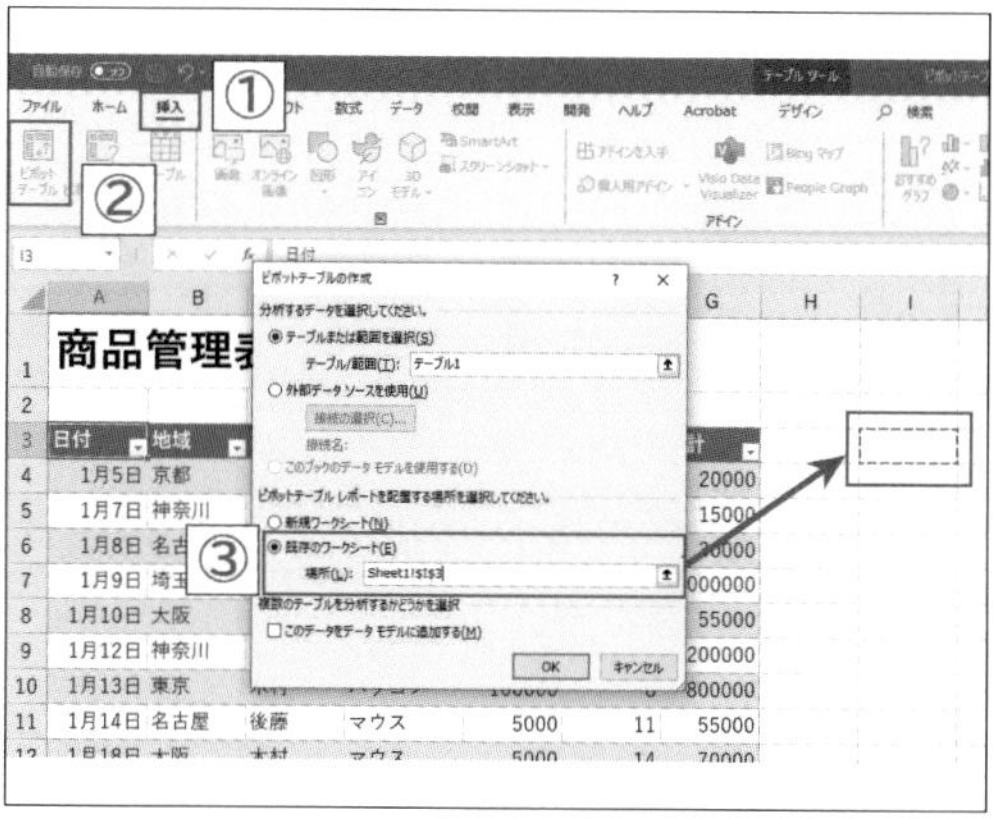

2

１つのシートに２つのピボットテーブルが配置できました。

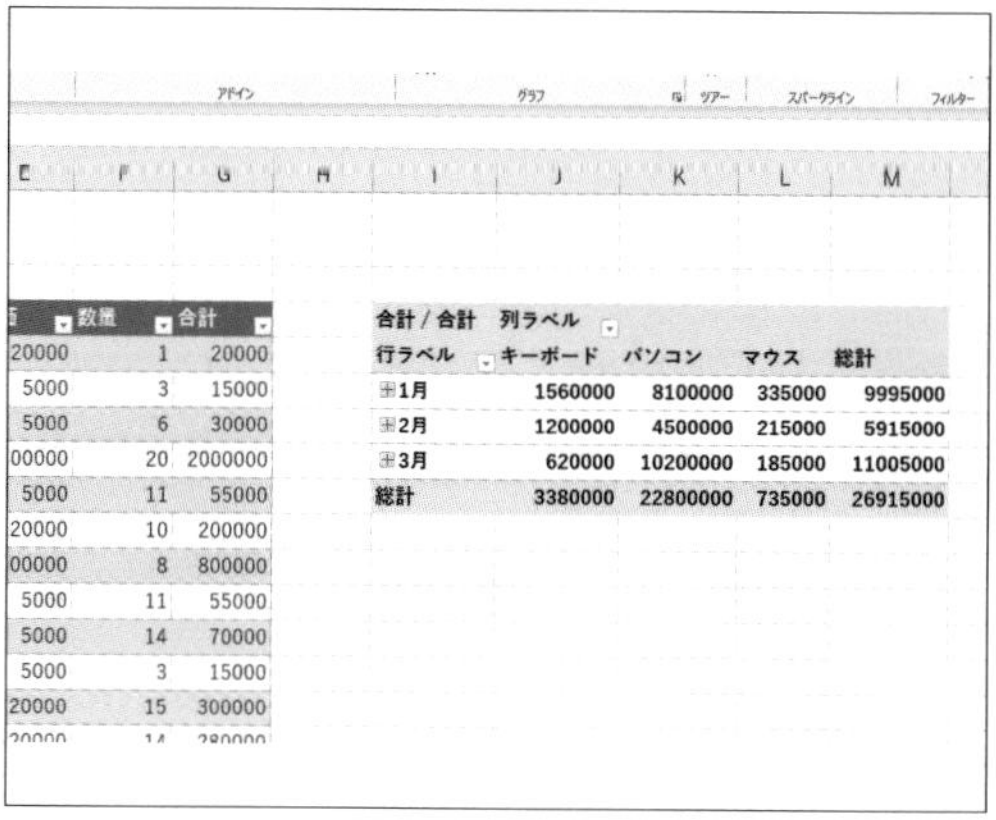

合計 / 合計	列ラベル			
行ラベル	キーボード	パソコン	マウス	総計
⊞1月	1560000	8100000	335000	9995000
⊞2月	1200000	4500000	215000	5915000
⊞3月	620000	10200000	185000	11005000
総計	3380000	22800000	735000	26915000

3

同様の操作で１つのシートに複数のピボットテーブルを設置可能です。

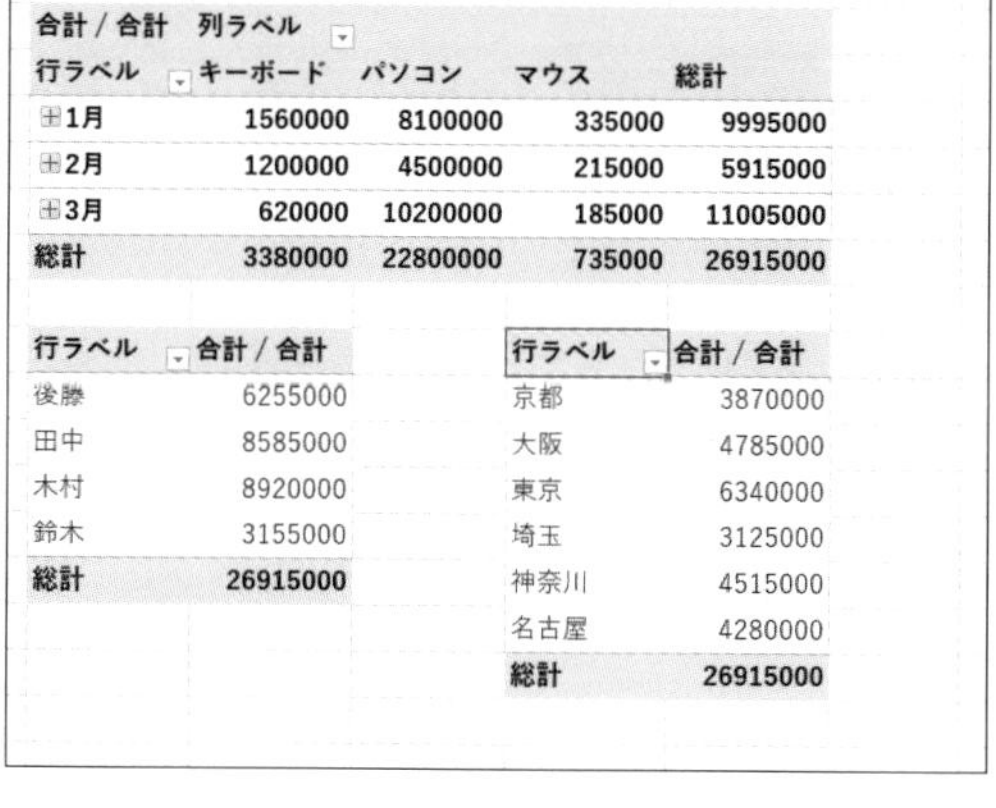

合計 / 合計	列ラベル			
行ラベル	キーボード	パソコン	マウス	総計
⊞1月	1560000	8100000	335000	9995000
⊞2月	1200000	4500000	215000	5915000
⊞3月	620000	10200000	185000	11005000
総計	3380000	22800000	735000	26915000

行ラベル	合計 / 合計
後藤	6255000
田中	8585000
木村	8920000
鈴木	3155000
総計	26915000

行ラベル	合計 / 合計
京都	3870000
大阪	4785000
東京	6340000
埼玉	3125000
神奈川	4515000
名古屋	4280000
総計	26915000

レポート表を作成する

▶ 第三者に見せるための表

レポート表とは、第三者が見ても理解しやすいように情報を整理した表のことです。ピボットテーブルは、集計には適した表ですが、自由な集計やレイアウトができず、「列や行を挿入・削除したい」「平均を総合計の下に表示したい」など、細かな変更には向きません。そのため、レポート表はピボットテーブルから必要な項目を抜き出し、クロス集計表に反映させて作成します。その際に使用する方法は、「**ピボットテーブルのデータをコピーしてクロス集計表に貼り付ける**」と「**GETPIVOTDATA関数を使用する**」の２つがあります。

● ピボットテーブルのデータをコピーしてクロス集計表に貼り付ける

➡ ピボットテーブルのデータを変更してもクロス集計表のデータは**更新されない**

● GETPIVOTDATA関数を使用する

➡ ピボットテーブルのデータを変更した場合、クロス集計表のデータが**自動更新される**

データをコピーして貼り付ける

1

数値を変更しない場合は、ピボットテーブルのデータをコピーしてクロス集計表を作成しましょう。データをクロス集計表に貼り付ける際は、書式を反映しない「**値の貼り付け**」を使用します。

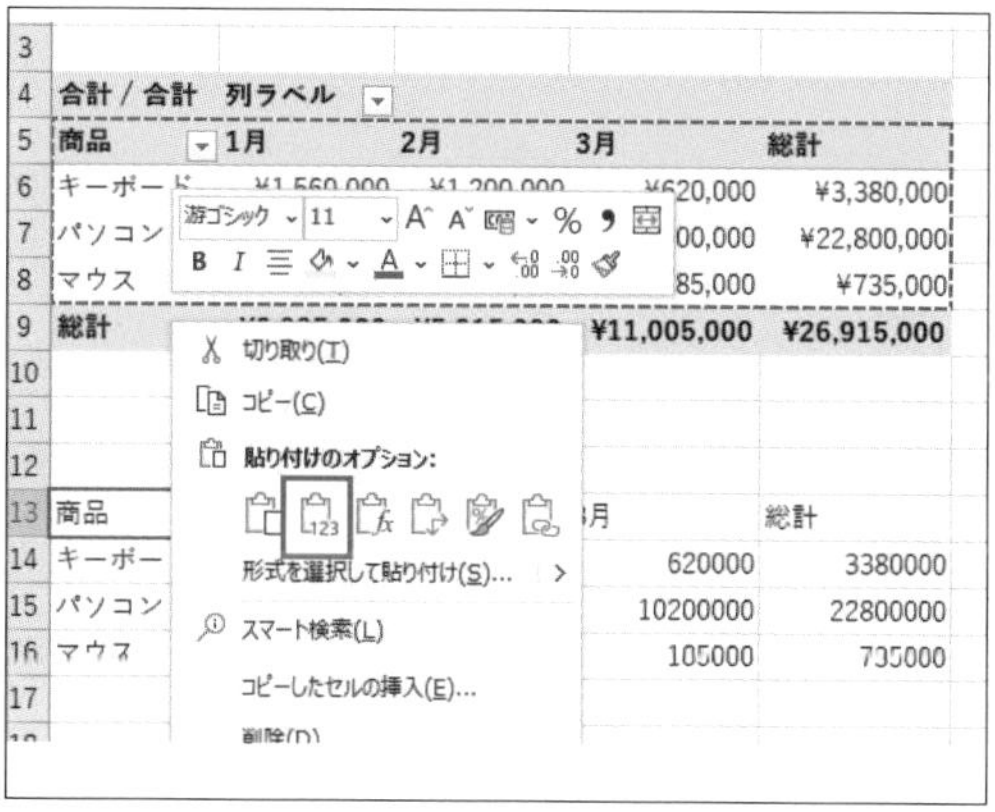

2

「値の貼り付け」を使用し、別シートにレポート用のデザインを施した表を作成します。

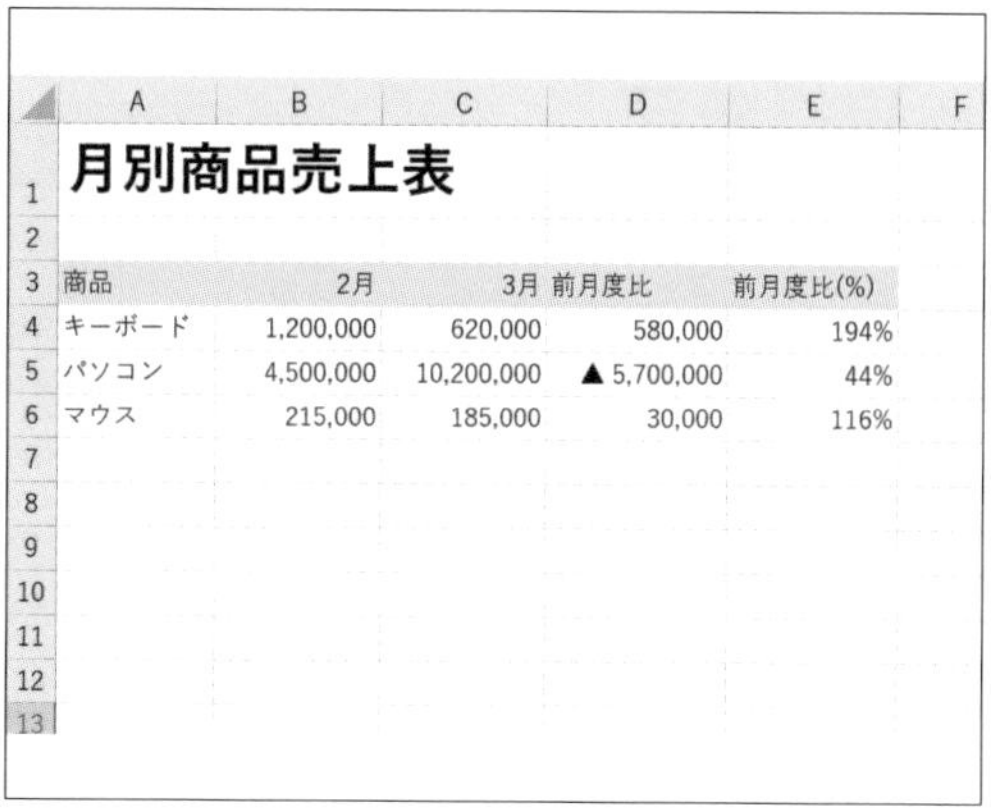

複合参照を理解する

▶ 相対参照と絶対参照を組み合わせる

GETPIVOTDATA関数を理解するためには、まず「**複合参照**」を理解しましょう。複合参照とは、「**相対参照**」と「**絶対参照**」を組み合わせた参照方法です。「相対参照」はセルの指定を固定しない参照方法で、「絶対参照」はセルの指定を固定する参照方法です。「絶対参照」で使用される「**$**」は参照先を固定しているという意味で、直後の列や行の指定にのみ有効です。それぞれの参照方法の特徴は以下の通りです。

● **相対参照**

=A1*B1

➡セルの指定を固定しない

● **絶対参照**

=$A$1*B1

➡セルの指定を固定する

● **複合参照**

=$A1*B1

➡列の指定だけを固定する

=A$1*B1

➡行の指定だけを固定する

相対参照

相対参照の場合、オートフィルを使用するとセルの指定が自動的に移動します。

				10%
商品名	単価	個数	税抜	税込
パソコン	100,000	5	=C4*D4	550,000
マウス	5,000	20	=C5*D5	110,000
キーボード	20,000	10	=C6*D6	220,000

絶対参照

絶対参照の場合、オートフィルを使用してもセルの指定が動くことはありません。数式で青色の部分が相対参照、赤色の部分が絶対参照です。

				10%
商品名	単価	個数	税抜	税込
パソコン	100,000	5	500,000	=E4*(1+$F$2)
マウス	5,000	20	100,000	=E5*(1+$F$2)
キーボード	20,000	10	200,000	=E6*(1+$F$2)

列を固定する複合参照

青色の複合参照は「$C10」となっており、C列が固定されています。オートフィルを使用してもC列は移動しませんが、行を指定する「10」は「$」がないため、オートフィルをすると「11」「12」と移動します。

		数量		売上	
商品名	単価	4月	5月	4月	5月
パソコン	100,000	5	4	=$C10*D10	=$C10*E10
マウス	5,000	20	5	=$C11*D11	=$C11*E11
キーボード	20,000	10	7	=$C12*D12	=$C12*E12

複合参照を組み合わせる

青色の数式はE列を固定、赤色の数式は19行目を固定しています。

				税込金額	
商品名	単価	販売数	税抜金額	8%	10%
パソコン	100,000	5	500,000	=$E20*(1+F$19)	=$E20*(1+G$19)
マウス	5,000	10	50,000	=$E21*(1+F$19)	=$E21*(1+G$19)
キーボード	20,000	8	160,000	=$E22*(1+F$19)	=$E22*(1+G$19)

複合参照を使用して九九の表を作成する

複合参照が使用できるようになると、下のような九九表も一瞬で作成することができます。

	1	2	3	4	5	6	7	8	9
1	=$C3*D$2			4	5	6	7	8	9
2	2	4	6	8	10	12	14	16	18
3	3	6	9	12	15	18	21	24	27
4	4	8	12	16	20	24	28	32	36
5	5	10	15	20	25	30	35	40	45
6	6	12	18	24	30	36	42	48	54
7	7	14	21	28	35	42	49	56	63
8	8	16	24	32	40	48	56	64	72
9	9	18	27	36	45	54	63	72	81

青の部分は列のみ指定を固定し、赤の部分は行のみ指定を固定しています。1×1のセルのみ数式を入力し、後はオートフィルするだけです。

GETPIVOTDATA関数を使用する

▶ レポート表作成にGETPIVOTDATA関数を使う

GETPIVOTDATA関数はピボットテーブルから指定したデータを抜き出す関数です。ピボットテーブル内のデータを参照するためになくてはならない関数で、通常はセルに「=」を入力した後、ピボットテーブル内のデータを参照しようとすると自動的に入力されます。レポート表のセルにGETPIVOTDATA関数を入力することで、ピボットテーブルの値をそのままレポート表に表示できます。また、ピボットテーブルの値をコピーし、別の表に貼り付けて作成したレポート表とは違い、基の表のデータを変更した場合、レポート表のデータも自動的に変わります。内容が変更になる可能性があるレポート表を作成する際には、GETPIVOTDATA関数を使用しましょう。

関数の構造

=GETPIVOTDATA(参照するデータフィールド名,ピボットテーブル範囲,フィールド名1,アイテム名1,フィールド名2,アイテム名2)

1

ピボットテーブルの値を入れたいレポート表のセルに「=」を入力します。今回は「2月のキーボードの売上」です。

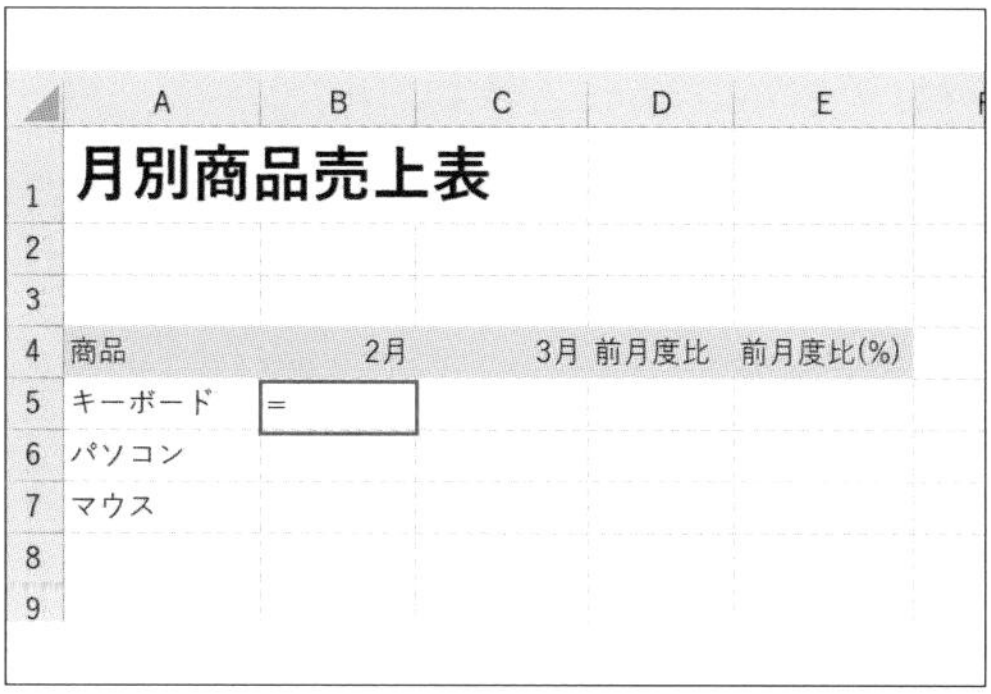

2

ピボットテーブルのシートを表示し、「2月のキーボードの売上」が入っているセルを選択します。数式バーには数式が表示されています。

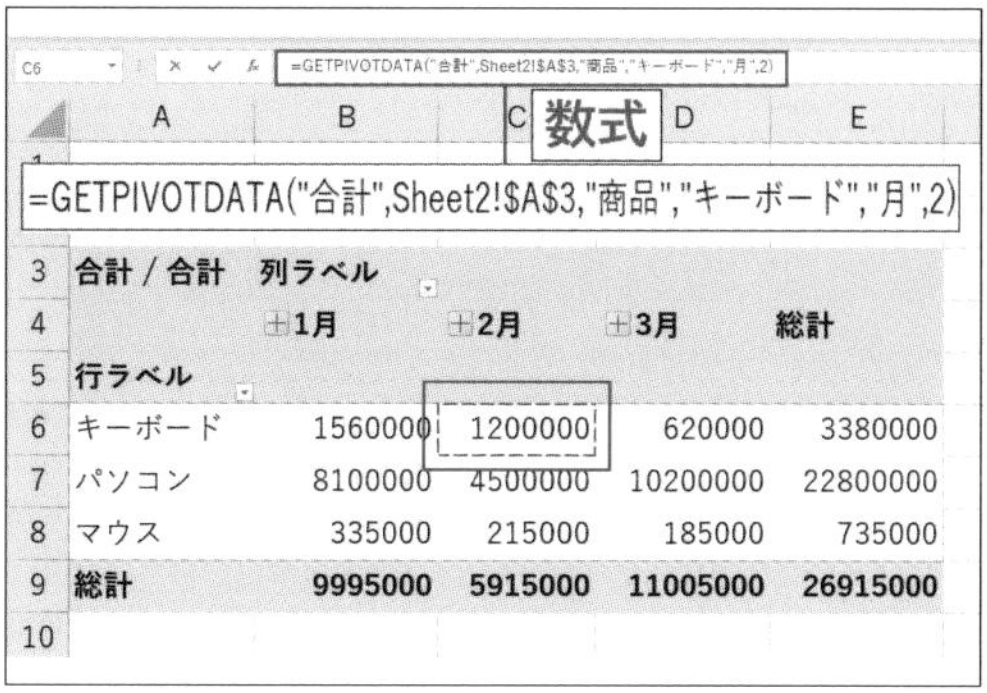

3

選択後「Enter」キーを押して確定すると、値がそのままレポート表に表示されます。

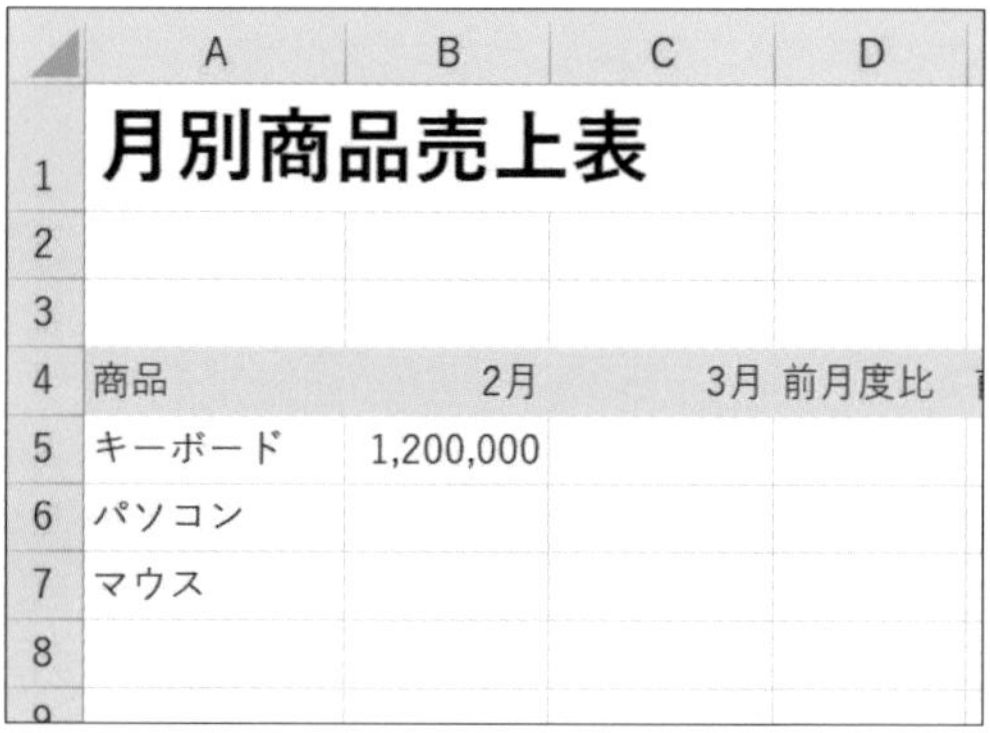

4

数式を確認してみると、列も行も指定がセル番号ではなく、セルに入力されている内容になっていることがわかります。

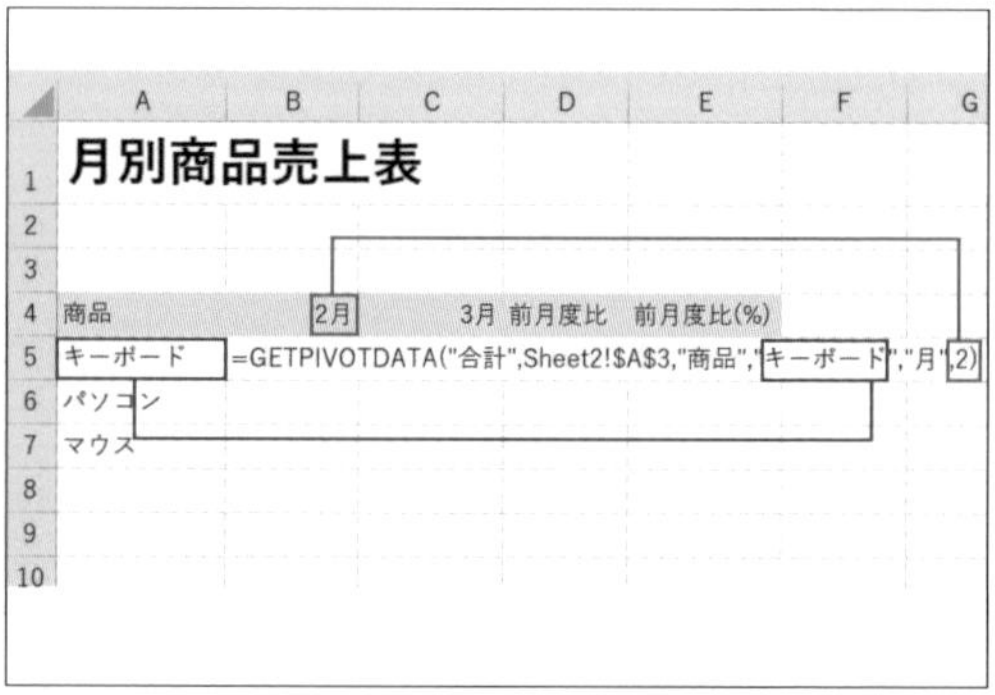

数式の読み解き方

=GETPIVOTDATA("合計", Sheet2!$A$3, "商品","キーボード","月",2)

ワークシート「Sheet2」のA3にある表を基準にデータフィールド「合計」を表示、「商品」フィールドがキーボード、「月」フィールドが2月の値を表示する。

オートフィルで他のセルにも反映させる

1

他のセルにもオートフィルで値を適用するために、商品の「キーボード」、月の「2月」のセルを指定しましょう。セルを指定することによって、作成した表に合わせて値が配置されます。

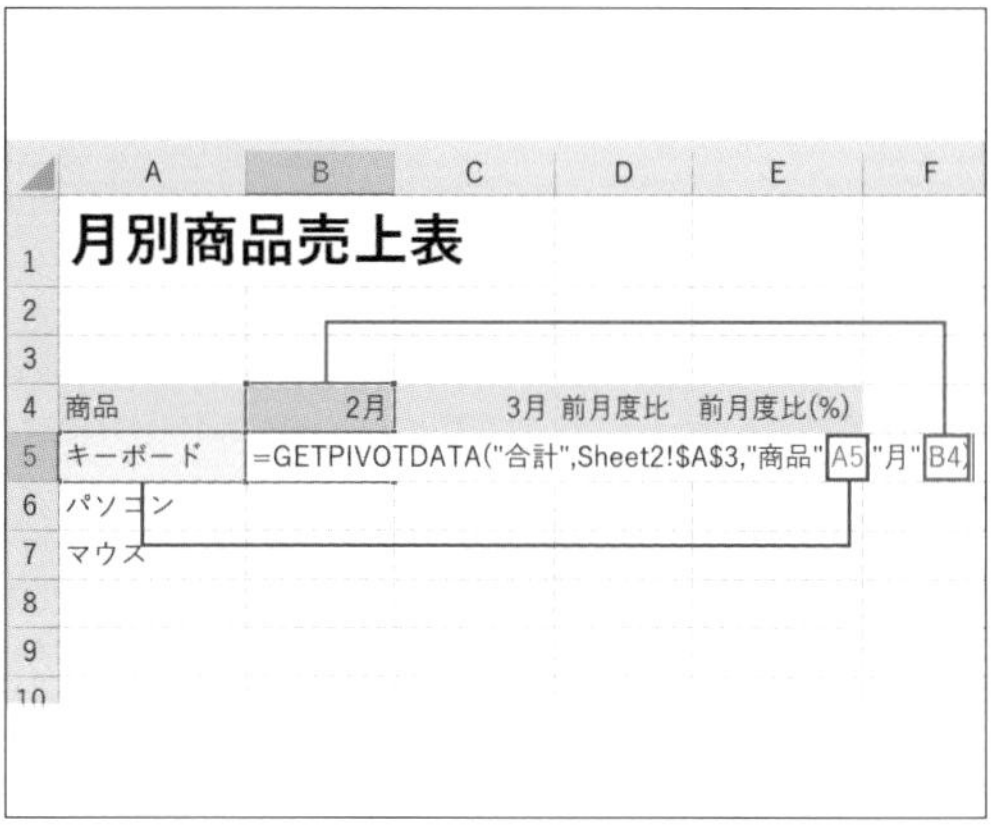

2

しかし、このままオートフィルしてしまうとセルの指定が動いてしまう欠点があるため、設定したセルを複合参照に変換します。

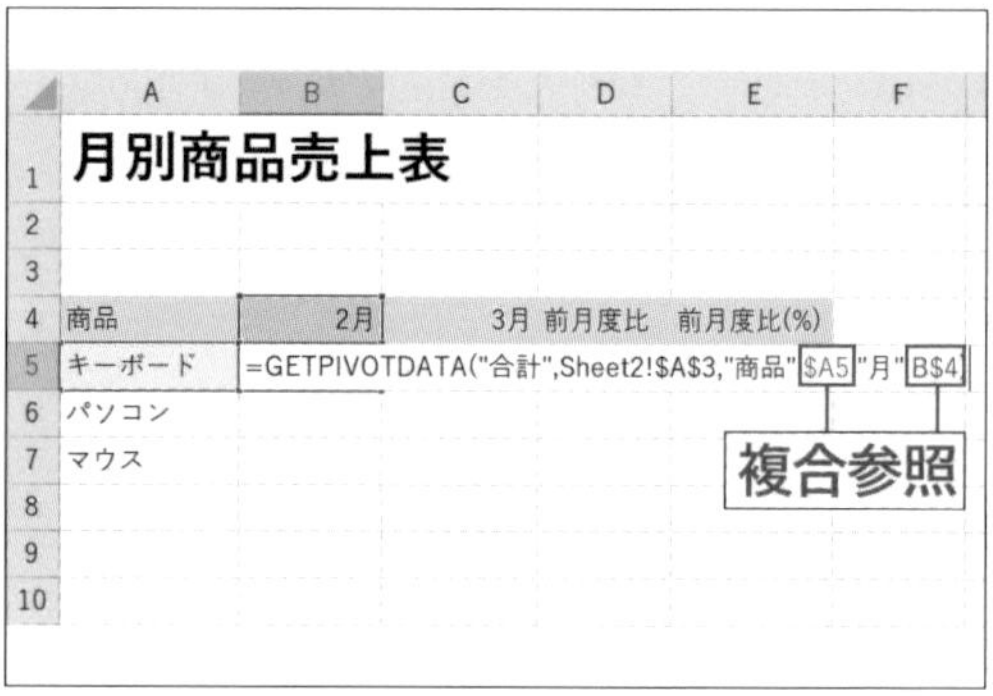

3

全体をオートフィルすると、それぞれに値が入ります。この方法で表を作成できるようになれば、他の表の作成にも生かせます。

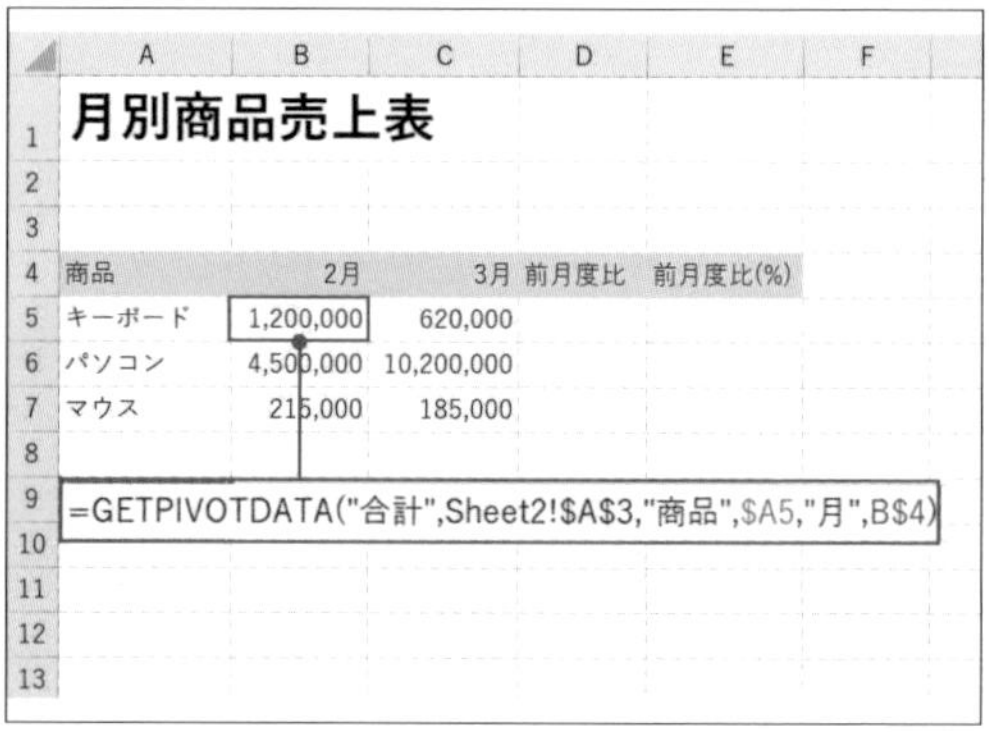

項目が3つあるクロス集計表の作成

大分類があるクロス集計表もGETPIVOTDATA関数を使用し、3つの項目を指定することにより、簡単に作成することができます。見た目的には「エリア」列を結合したいところですが、結合してしまうとExcelがデータを認識しません。しかし、セルの間に罫線を入れず、不要な文字を白色にすることで、結合時と同様の見た目にすることができます。

エリア	商品	1月	2月	3月	合計	平均
京都	キーボード	20,000	400,000	0	420,000	140,000
	パソコン	1,300,000	1,100,000	900,000	3,300,000	1,100,000
[illegible]	[illegible]	[illegible]	[illegible]	[illegible]	[illegible]	50,000
大阪	キーボード	0	200,000	140,000	340,000	113,333
	パソコン	1,900,000	0	2,400,000	4,300,000	1,433,333
	マウス	125,000	20,000	0	145,000	48,333
東京	キーボード	640,000	300,000	80,000	1,020,000	340,000
	パソコン	[illegible]	[illegible]	[illegible]00,000	5,200,000	1,733,333
	マウス	[illegible]	[illegible]	[illegible]20,000	120,000	40,000
合計		4,880,000	3,820,000	6,295,000	14,995,000	4,998,333
平均		542,222	424,444	699,444	1,666,111	555,370

=GETPIVOTDATA("合計",Sheet2!$A$3,"地域",$B3,"商品",$C3,"月",D$2)

文字の色を白色に

見やすいレポート表を作成する

▶ レポート表を作成する9箇条

レポート表は第三者に見せることが多く、デザインを整えて見やすくする必要があります。レポート表を作成する際、下の9つのポイントに意識すると、誰が見ても見やすいレポート表を作ることができます。

レポート表を作る9つのポイント

1. A列と1行目は空ける
2. 列の幅を調整する
3. 罫線を設定する
4. 目盛線を非表示にする
5. 項目に背景色をつける
6. 数値の項目は右揃えにする
7. 表示形式を設定する
8. 使わない行や列は非表示にする
9. A1を選択した状態で保存する

1 A列と1行目は空ける

表を端に寄せると罫線が見えづらくなり、罫線が設定されているかわかりにくくなってしまいます。A列と1行目を空けることで、それを防ぐことができます。表のタイトルはB2などから入力するようにしましょう。

	A	B	C	D	E	F	G
1							
2		月別商品売上表					
3							
4		商品	2月	3月	前月度比	前月度比(%)	
5		キーボード	1200000	620000	-580000	0.51667	
6		パソコン	4500000	10200000	5700000	2.26667	
7		マウス	215000	105000	-30000	0.86047	
8							
9							
10							

2 列の幅を調整する

セルに入力された文字の量が多く、隣のセルまでかかってしまったり、途中で文字が切れてしまったりする場合があります。その場合は、見やすいように列の幅を調整します。調整したい列を選択して右クリックし、メニューウィンドウを開きます。「**列の幅**」をクリックし、適切な数値を入力しましょう。

	A	B	C	D	E	F	G
2		月別商品売上表					
3							
4		商品	2月	3月	前月度比	前月度比(%)	
5		キーボード	1200000	620000	-580000	0.5166667	
6		パソコン	4500000	10200000	5700000	2.2666667	
7		マウス	215000	185000	-30000	0.8604651	
8							
9							
10							

3 罫線を設定する

横線のみ罫線を入れると見やすくなります。罫線の設定は、セルを選択して、右クリックのメニューウィンドウから**「セルの書式設定」**を開き設定することができますが、「Ctrl」キーを押しながら「1」キーを押すショートカットを使用することで、①の**「セルの書式設定」**を素早く開くことができます。タブから②の「罫線」をクリックし、③で罫線の種類を選択します。「外枠」や「内側」など一括で変更も可能ですが、横線のみの場合は個別で罫線を入れる位置を設定する必要があります。

罫線は斜めにも設定ができるので、見やすいデザインを意識しながら自由に変更してみましょう。

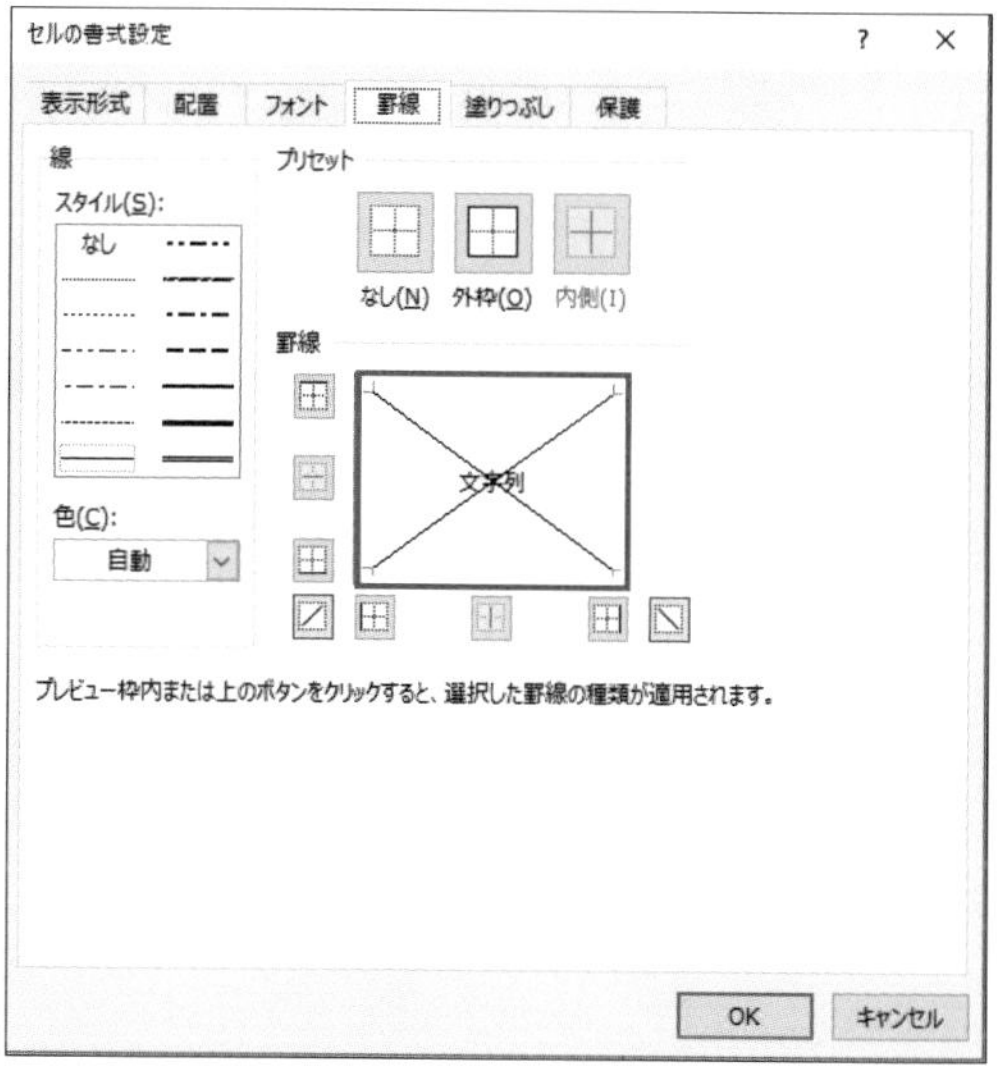

4 目盛線を非表示にする

①の「表示」タブにある②の「**目盛線**」のチェックを外すことで、ワークシートの枠線を見えなくすることができます。罫線を設定した部分のみ線が入るので、表の範囲が見やすくなり、スッキリした印象に変わります。

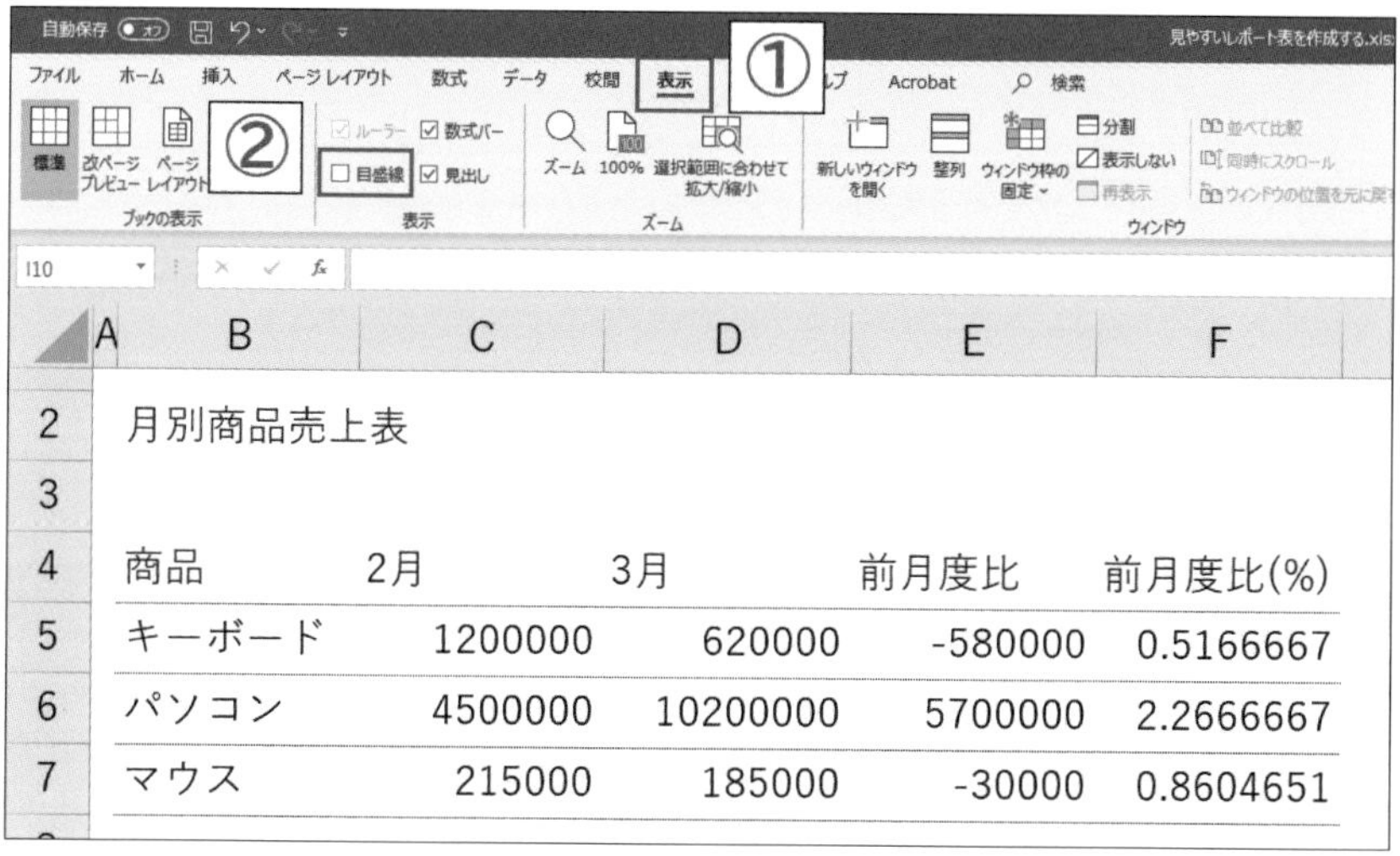

5 項目に背景色をつける

各項目に色をつけることで、表の値との区別がつきやすくなります。また、強調したい部分にも背景色をつけて目立たせましょう。「ホーム」タブの「**フォント**」にあるバケツマーク横の下向き三角形をクリックし、色を選びます。

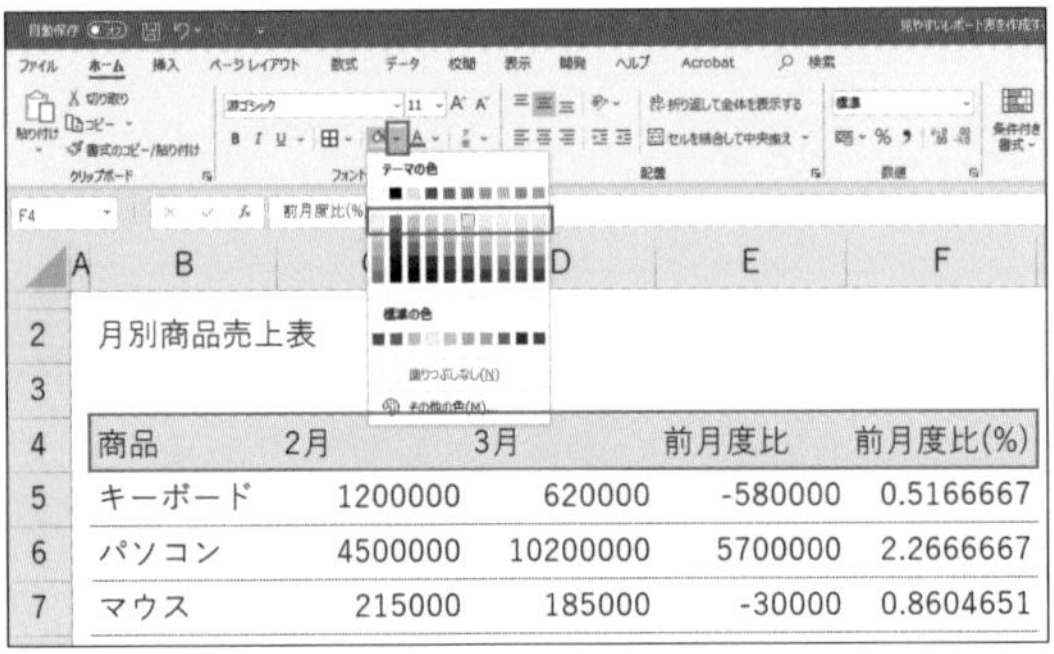

6 数値の項目は右揃えにする

数値は自動的に右揃えで入力されるため、文字列が入力されている列の項目も右揃えにして統一すると見やすくなります。「ホーム」タブの「**配置**」から「右揃え」をクリックしましょう。

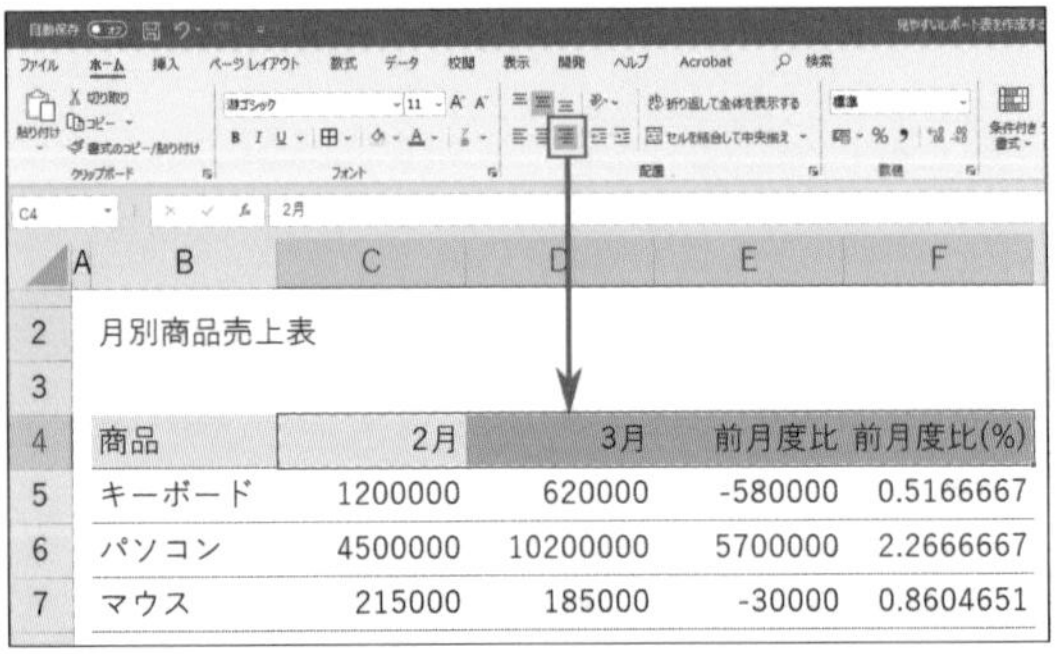

7 表示形式を設定する

セルの値に単位を入力してはいけませんが、そのままでは何を表した数字かわかりにくいことは確かです。値に表示形式を適用し、単位を表示しましょう。また、桁数が多い値に区切りの「,(カンマ)」をつけたり、マイナスの数値を赤字にしたりすることで、さらに表を見やすくできます。表示形式は「ホーム」タブの「**数値**」から簡単に変更することが可能です。

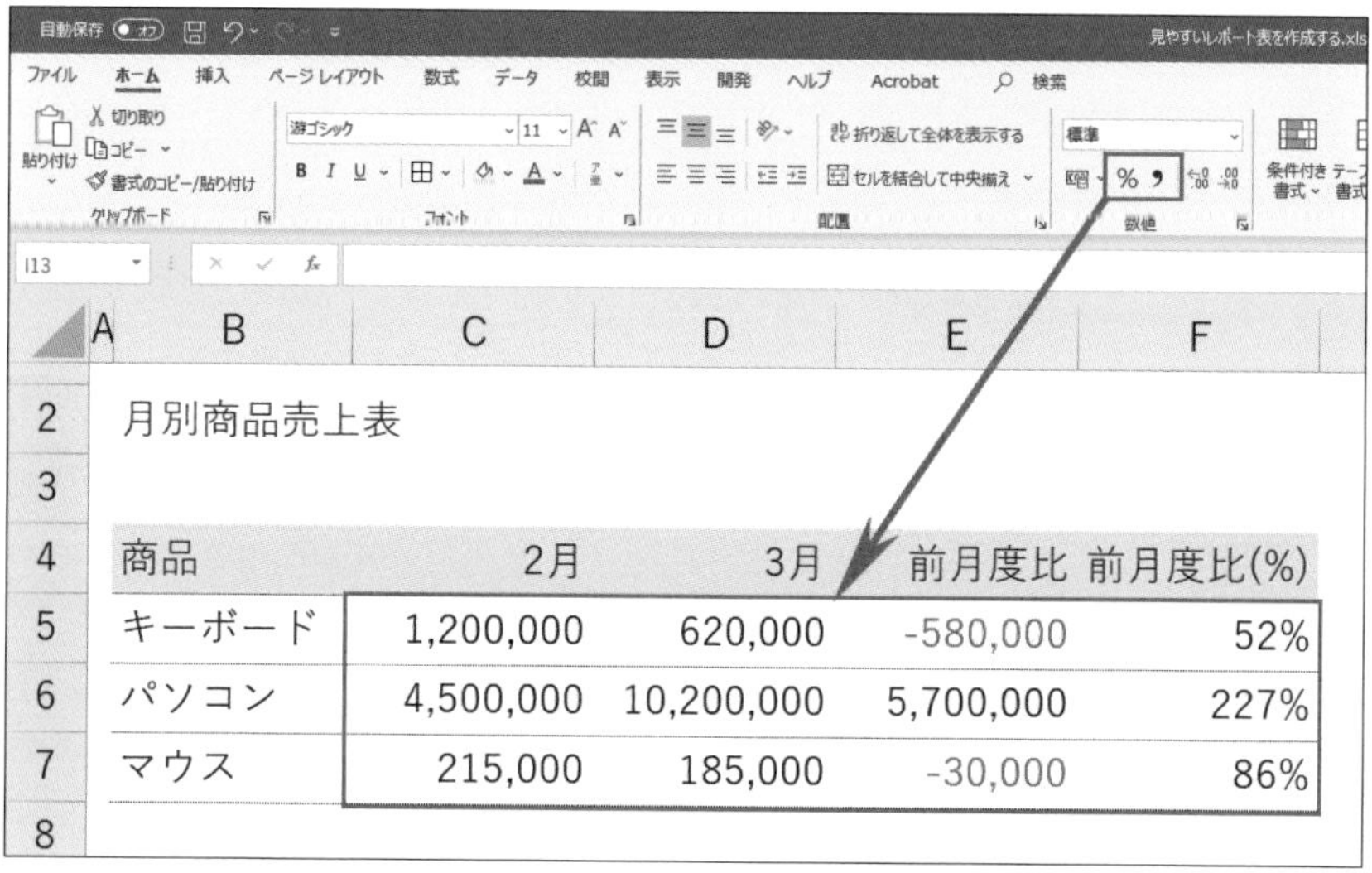

8 使わない行や列は非表示にする

使用していない列や行は非表示にしておくと、レポート表が見やすくなります。不要な列を選択し、「Ctrl」キーと「Shift」キー、「矢印」キーを同時に押すことでセルを一括選択できます。セルを選択後、右クリックでウィンドウを出して「**非表示**」をクリックし、適用すると、その範囲が灰色に変わり、列番号や行番号も表示されなくなります。なお、ワークシートの途中を非表示した場合、列や行が詰まります。

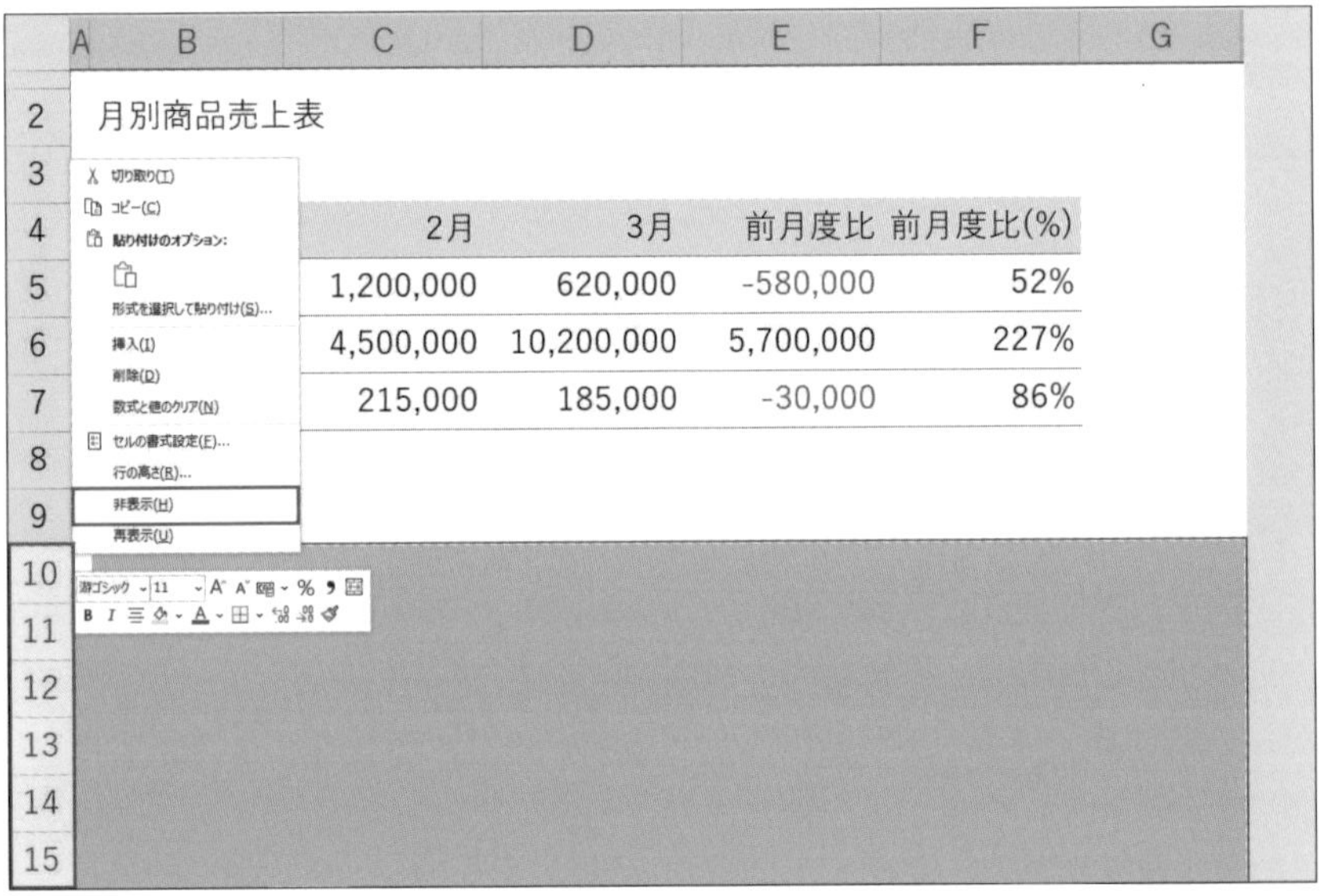

9 A1を選択した状態で保存する

保存したExcelのファイルを開くと、最後に選択されたセルの位置で開きます。そのため、レポート表から遠く離れたセルを選択した状態で保存してしまうと、次に開いた際にレポート表の位置まで移動する手間がかかってしまいます。再度開くことを考え、レポート表のあるシートを選び、レポート表に近い**A1**を選択した状態で保存しましょう。

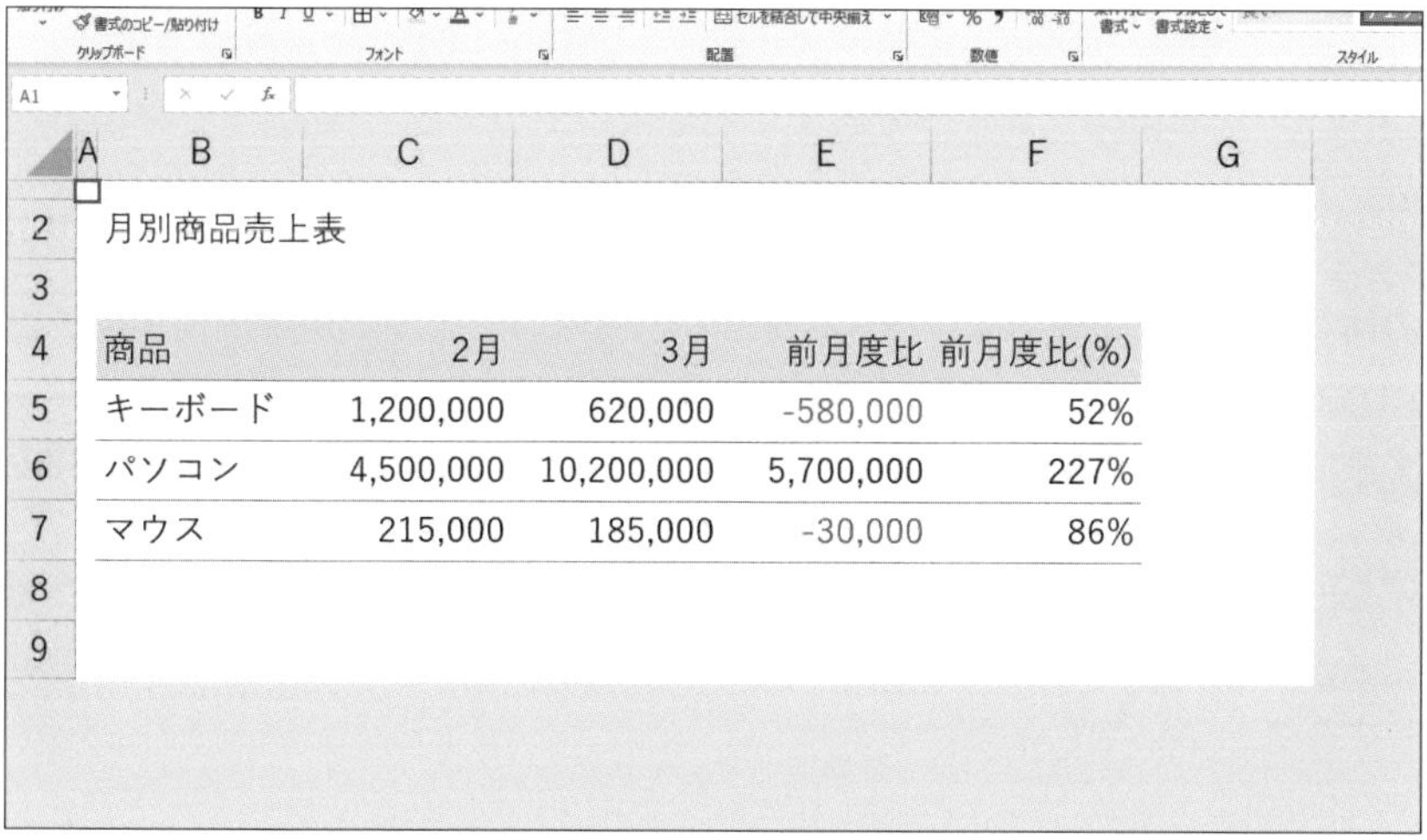

月別商品売上表

商品	2月	3月	前月度比	前月度比(%)
キーボード	1,200,000	620,000	-580,000	52%
パソコン	4,500,000	10,200,000	5,700,000	227%
マウス	215,000	185,000	-30,000	86%

IT必須知識 1

拡張子とは?

ファイル名の「.(ドット)」から後ろに続いている文字列を「拡張子」といいます。非表示にもできるため、気にしたことがない人もいるかもしれません。

「拡張子」はファイルの種類を表すもので、「.txt」ならテキストファイル、「.mp3」なら音楽ファイルであることを表しています。「拡張子」によってパソコンは起動するソフトを決めており、「.txt」ならメモ帳、「.xlsx」ならExcelが起動することが一般的です。そのため、拡張子を変えるとファイルの種類も変わり、起動するソフトも変わってしまいます。例えば、拡張子を「.txt」から画像ファイルの「.jpg」に変更するとファイルの種類が画像ファイルに変わり、画像閲覧ソフトが起動します。しかし、ファイル自体は画像ではないのでファイルは正常に開きません。結局、拡張子が正しくないとファイルは開けないのです。

人から送られてきたファイルが開かない場合も正しい拡張子かどうか確認してみるといいでしょう。

主な拡張子の種類

拡張子	内容
.mp3	音楽ファイル
.mp4,.mov	動画ファイル
.zip	圧縮ファイル
.xlsx	Excel ファイル
.docx	Word ファイル
.jpg,.png,.gif	画像ファイル
.txt	テキストファイル
.csv	カンマ区切りのテキストファイル

2章

Excelの機能を使いこなす

動画でまとめて学ぶ
https://pasonyu.com/book2546

ワークシートのコピー、移動、削除、色をつける

▶ 複数のワークシートを使う

複数のワークシートを使用していると、移動やコピー、複製して再利用、ワークシートの削除などを多用しなければいけません。その方法をしっかり覚えておきましょう。

ワークシートの移動

ワークシートのタブをドラッグすることで、ワークシートの順番を変更することができます。

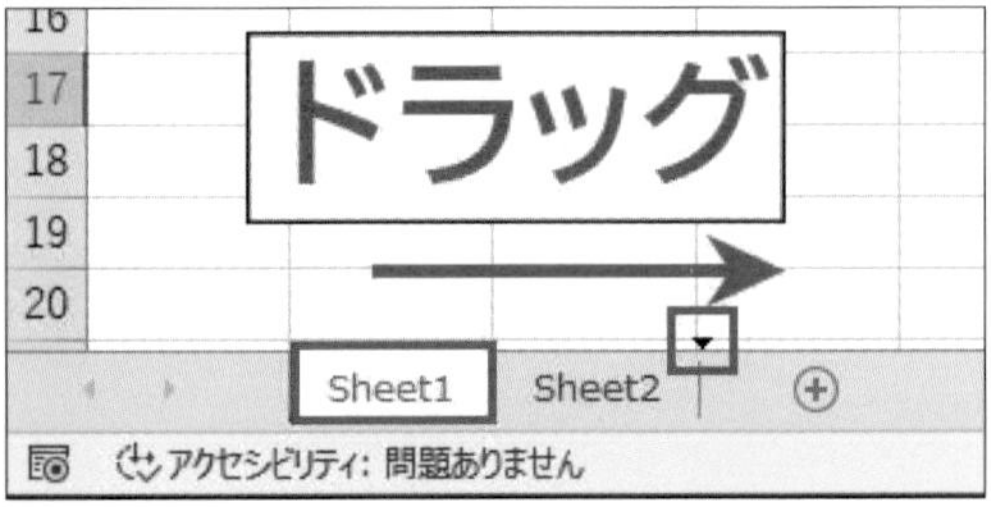

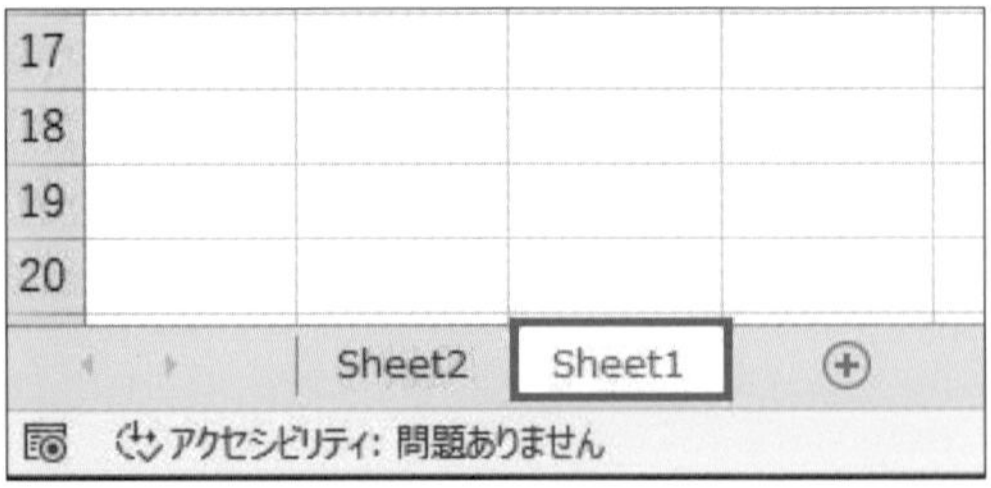

ワークシートのコピー

「**Ctrl**」キーを押しながら、ワークシートのタブをドラッグすることで、ワークシートをコピーすることができます。

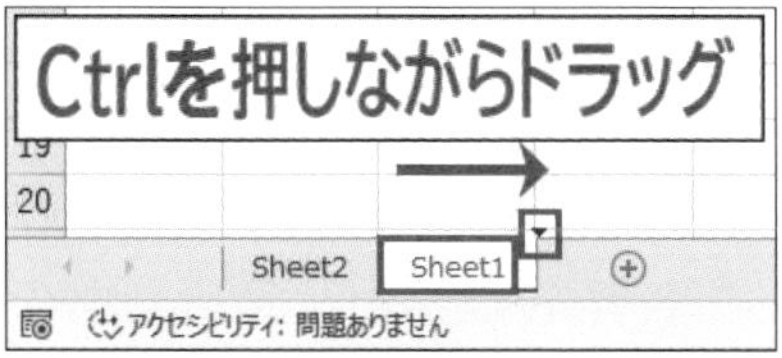

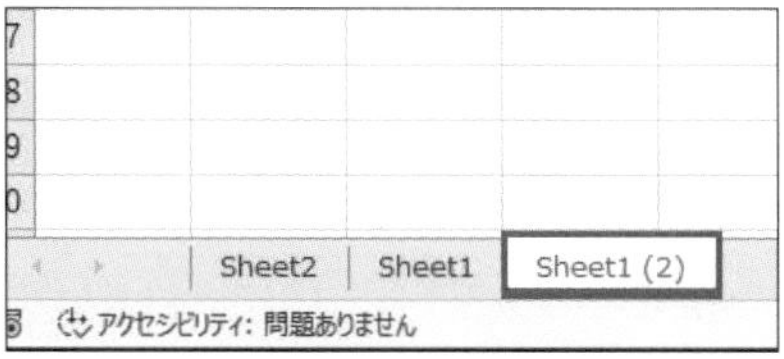

ワークシートの削除

ワークシートのタブを右クリックし、メニューウィンドウを開きます。メニューウィンドウから「削除」を選択しましょう。

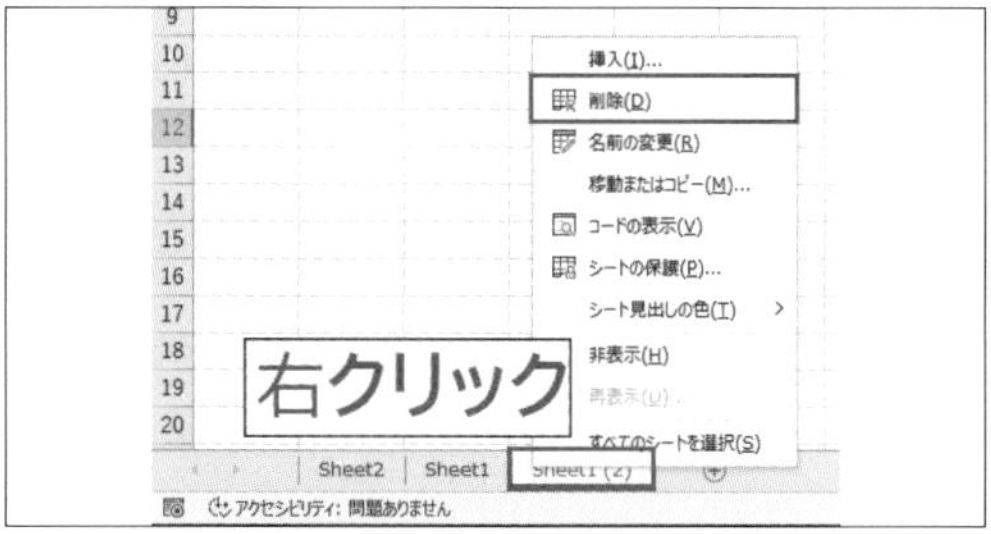

ワークシートに色をつける

ワークシートのタブを右クリックし、メニューウィンドウを開きます。「**シート見出しの色**」を選択し、好きな色を選びましょう。

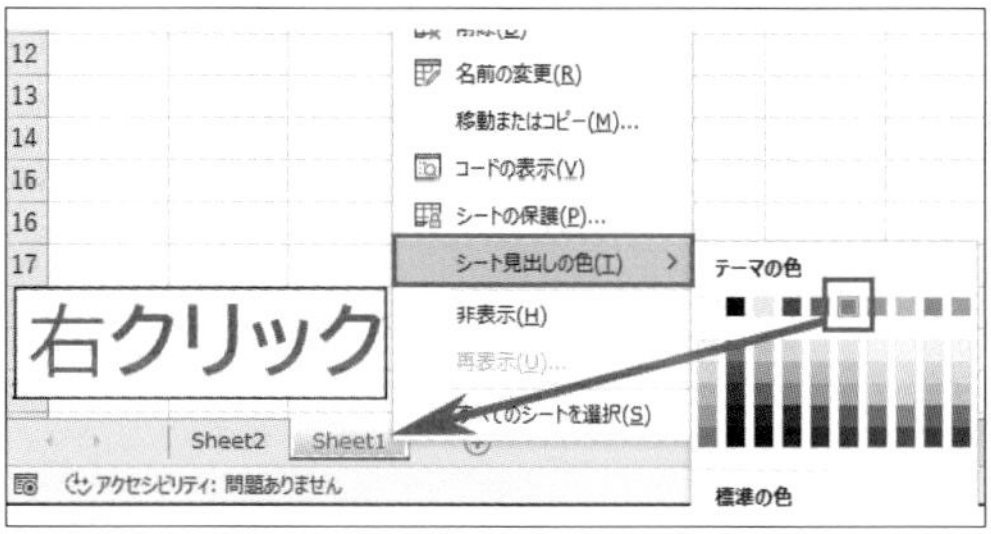

表示形式を徹底理解する

▶ 表示形式とは？

表示形式を変更すると、値に「¥」マークなどをつけることができます。しかし、しっかりと理解して使用しないと、思ったものとは異なる値が表示されてしまいます。表示形式とは、**「人間から見た際に理解しやすいように表示する処理」**と考えて下さい。

「10000」と入力した場合の画面表示

セルに「10000」と入力した場合、Excelは「10000」という数字を処理します。セルに「¥10,000」と表示されている場合は、人間がわかりやすいように、画面上だけ「¥」を表示しているということになります。

入力した値 Excel が処理する値	表示形式（通貨） 人間から見た表示
10000	¥10,000

セルに「¥10,000」と表示されていても、実際にExcelが処理している値は「10000」です。セルを選択している状態で数式バーを見れば、実際に入力されている値がわかります。

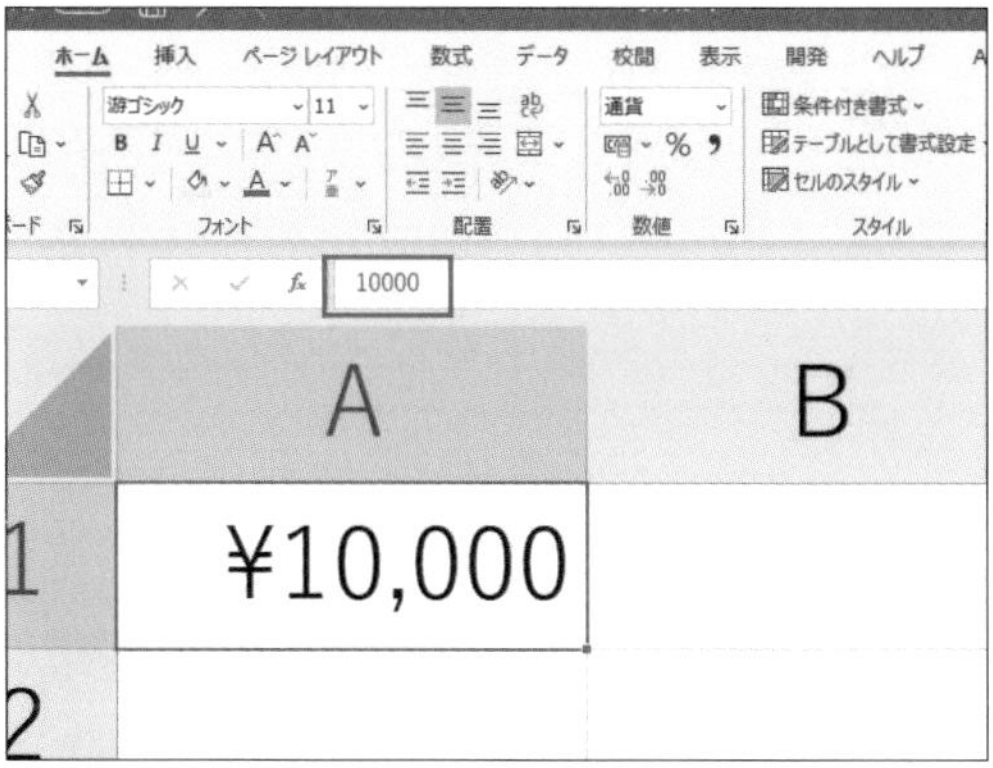

「10000」と入力した場合の表示形式の違い

すべて「10000」と入力した場合でも、表示形式が変われば、下記のように表示が変わります。なお、表示形式は通常、「**標準**」が適用されています。

数値	表示形式
10000	標準
10,000	数値
¥10,000	通貨
¥　10,000	会計
1927/5/18	日付
0:00:00	時刻

数値	表示形式
1000000%	パーセンテージ
10000	分数
1.00E+04	指数
10000	文字列
001-00	その他
10000	ユーザー定義

それぞれの表示形式の違い

標準	入力された内容に合わせて変化する
数値	数値が表示される
通貨	￥マークなどの通貨を数値の先頭に表示する
会計	左端に￥マークなどの通貨を表示させる
日付	シリアル値を基に日付を表示させる
時刻	シリアル値を基に時間を表示させる
パーセンテージ	パーセント表示をする
分数	分数を表示する
指数	指数を表示する
文字列	表示されている文字を文字列として扱う
その他	郵便番号などを表示させる
ユーザー定義	自由に設定できる

表示形式の設定はセルの書式設定を使用する

ホームタブから設定できる表示形式では11種類しか設定できません。セルの書式設定なら、すべての表示形式を詳細に設定可能です。セルの書式設定は「**Ctrl**」キーを押しながら「**1**」キーを押すことで開くことができます。

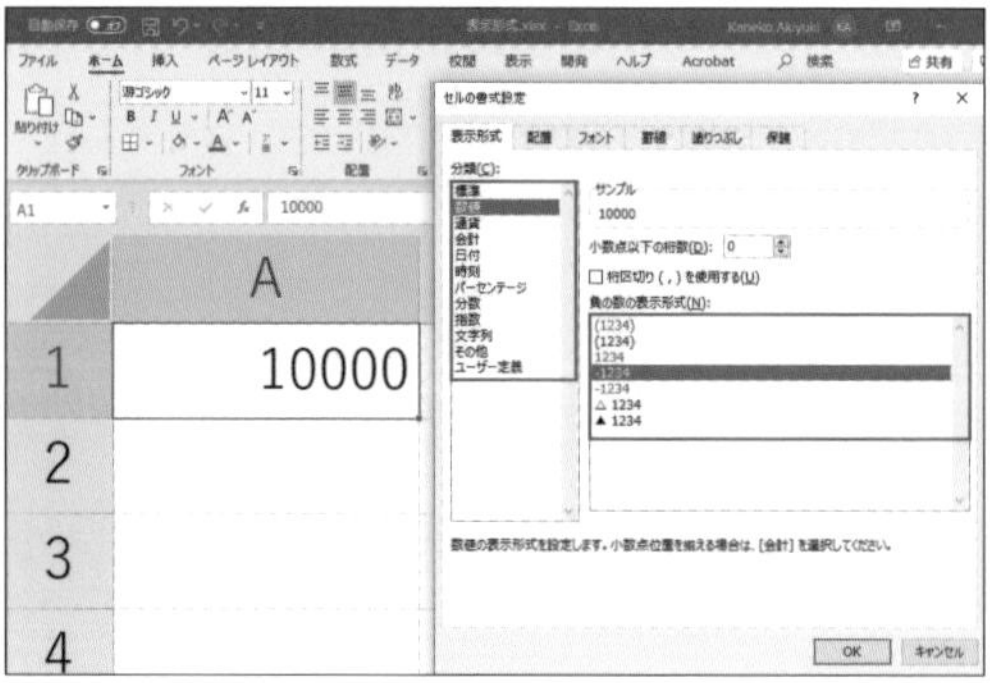

シリアル値について

「10000」と入力した場合、表示形式が「日付」になっていると「1927/5/18」と表示されます。Excelは日付を「**シリアル値**」として判断しています。シリアル値では、「**1900/1/1**」を「**1(1日目)**」とし、数字が10000増えると10000日後の「1927/5/18」になるのです。

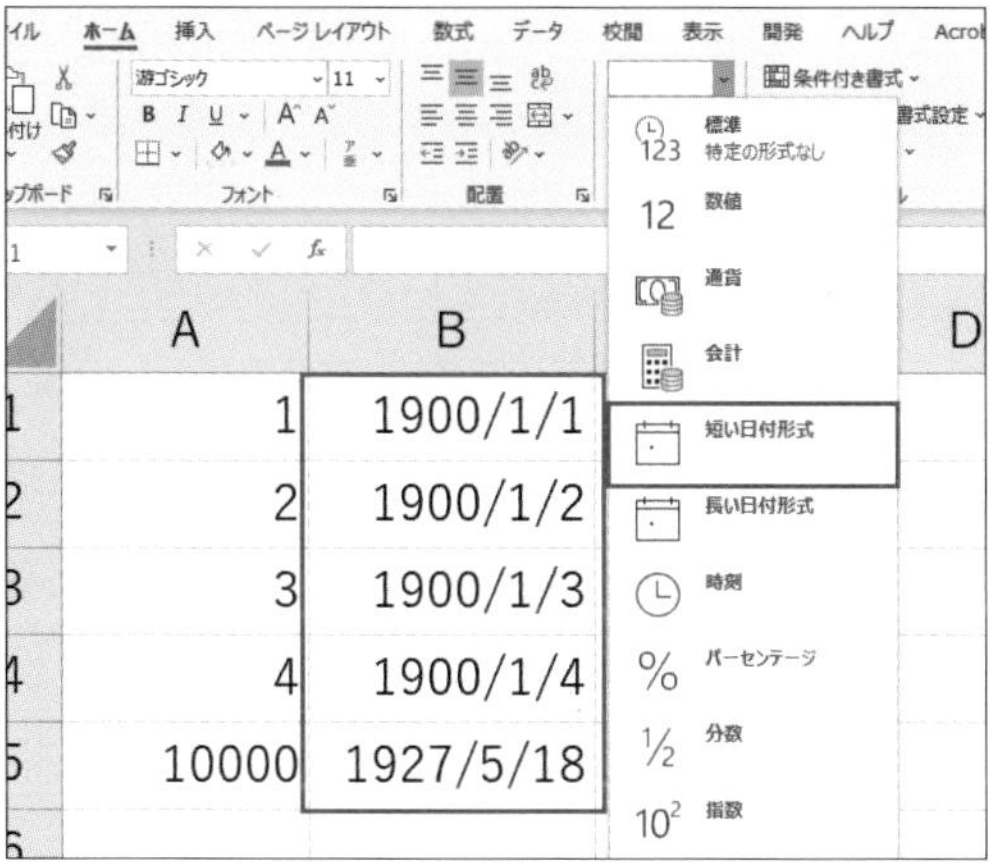

時刻の考え方

時刻も日付と同様、「**1=1日=24時間**」として計算します。そのため、小数点以下が時間を表しており、「**0.25=6時間**」となります。

	A	B
1	1	1900/1/1 0:00
2	1.25	1900/1/1 6:00
3	1.5	1900/1/1 12:00
4	1.75	1900/1/1 18:00
5	2	1900/1/2 0:00
6	2.25	1900/1/2 6:00

ユーザー定義でよく使う書式記号

「通貨」や「日付」など、あらかじめ決められた表示形式とは異なり、ユーザー定義は既存の表示形式パターンでは表示できない自由な表示形式を設定することが可能です。設定の際には特殊な記号を使用しますが、この記号を「**書式記号**」と呼びます。これらの「書式記号」を組み合わせて使いこなすことで、セルの値をさまざまな表示に変えることができます。

主な書式記号

記号	意味
#	0を表示しない数値
0	0を表示する数値
,	単位の桁
@	文字列
*	次の文字を繰り返してセルを埋める
ggg	元号(令和)
e	和暦の年
yyyy	西暦
m	月
d	日
h	時

記号	意味
[h]	時(24時間以上の表記)
m	分
[m]	分(60分以上の表記)
s	秒
[s]	秒(60秒以上の表記)
aaa	曜日(例:月)
aaaa	曜日(例:月曜日)
ddd	曜日(例:Mon)
dddd	曜日(例:Monday)
_	次の文字分のスペースが空く
[赤]	赤色にする

書式記号を組み合わせた場合の結果

書式記号	値	結果
#	1	1
0	1	1
0円	1	1円
###	1	1
000	1	001
#.##	1.1	1.1
0.00	1.1	1.10
#,	10000000	10000
#,,	10000000	10
h:m:s	8:05:08	8:5:8

書式記号	値	結果
h:mm:ss	8:05:08	8:05:08
@様	田中	田中様
ggge年	2020/5/8	令和2年
yyyy/m/d	2020/5/8	2020/5/8
yyyy/mm/dd	2020/5/8	2020/05/08
aaa	2020/5/8	金
aaaa	2020/5/8	金曜日
[赤]	文字	文字
¥* #	10	¥　　10
¥* #_a	10	¥　　10

セミコロンで区切る

ユーザー定義は「**;（セミコロン）**」で区切ることにより、条件によって表示形式を変化させることができます。例えば「+#,###;△#,###;0.00;@様」と入力した場合、Excelは「正；負；ゼロ；文字列」と判断します。

値	結果
1000	＋1,000
-1000	△1,000
0	0.00
田中	田中様

複数の集計表を同シートに収める

▶ クロス集計表と同シートに別の集計表を置く

メインのクロス集計表とは別の集計表を同じシートに入れたい場合もあります。しかし、設置の仕方を間違えるとデータの増減に対応できません。別の集計表を入れる場合には、クロス集計表の上に設置するようにしましょう。

クロス集計表の下に別の集計表を作成した場合

クロス集計表にデータが増えた場合、対処できなくなります。また、クロス集計表の右に設置した場合も項目が増えた際に対処できないので避けるようにしましょう。

成績表

名前	国語	英語	数学	合計
田中	9	34	54	97
鈴木	35	25	10	70
木村	82	5	84	171

全体人数	最高点
3	171

クロス集計表の上に別の集計表を作成した場合

クロス集計表にデータが増えても、集計表を移動する必要がありません。

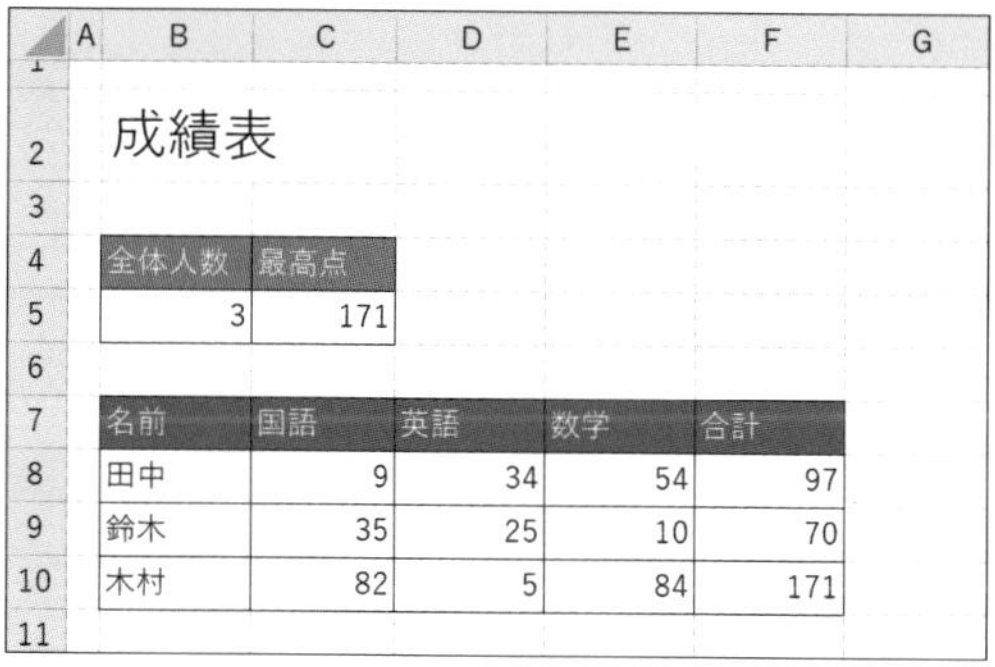

ウィンドウ枠を固定する

①で固定したい行を選び、②の「**表示**」タブから③の「**ウィンドウ枠の固定**」をクリックしましょう。集計表を上にすることにより、ウィンドウ枠の固定がしやすくなり、常に集計表を表示しておくことができます。

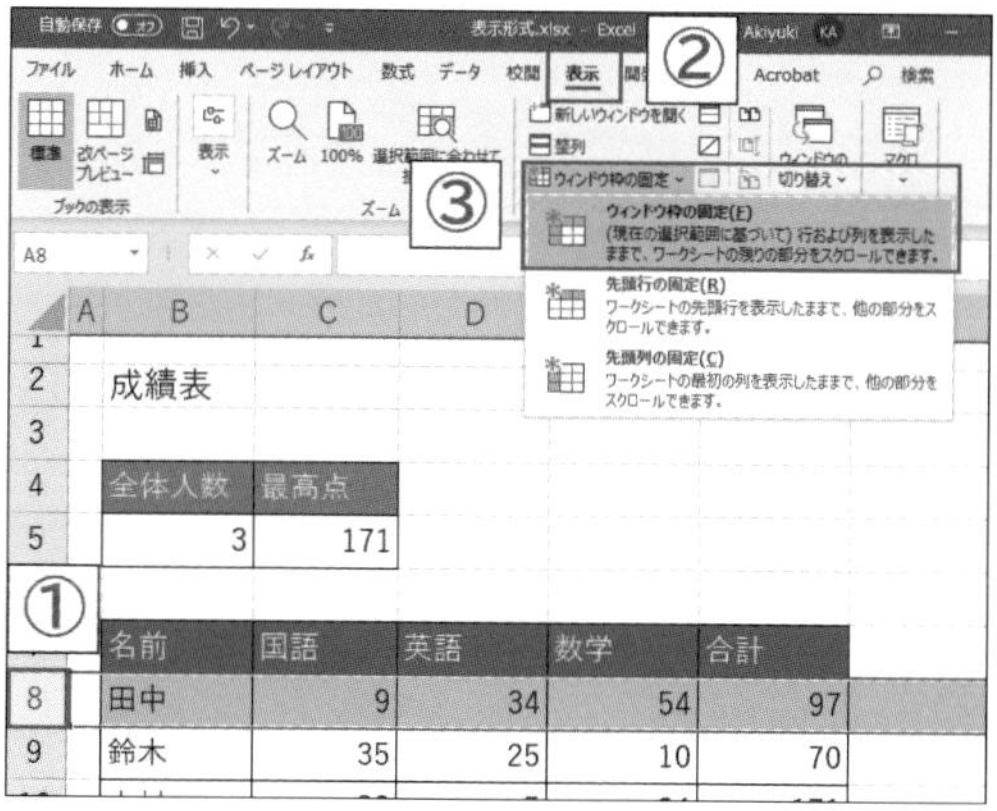

グループ化

▶ グループ化で表を見やすくする

Excelには複数の行や列、図形などを１つにまとめる「**グループ化**」という機能があります。列や行などをグループ化すると、グループ化ウィンドウが表示され、「−」マークのスライダーを操作することによってまとめて非表示にすることが可能です。通常の非表示とは異なり、グループ化ウィンドウがあることによって非表示になっている部分がわかりやすく、再表示も簡単です。

グループ化の方法

今回は列をグループ化してみましょう。①でグループ化したい列を選び、②の「**データ**」タブから③の「**グループ化**」を選ぶと選択した部分がグループとしてひとまとめになります。

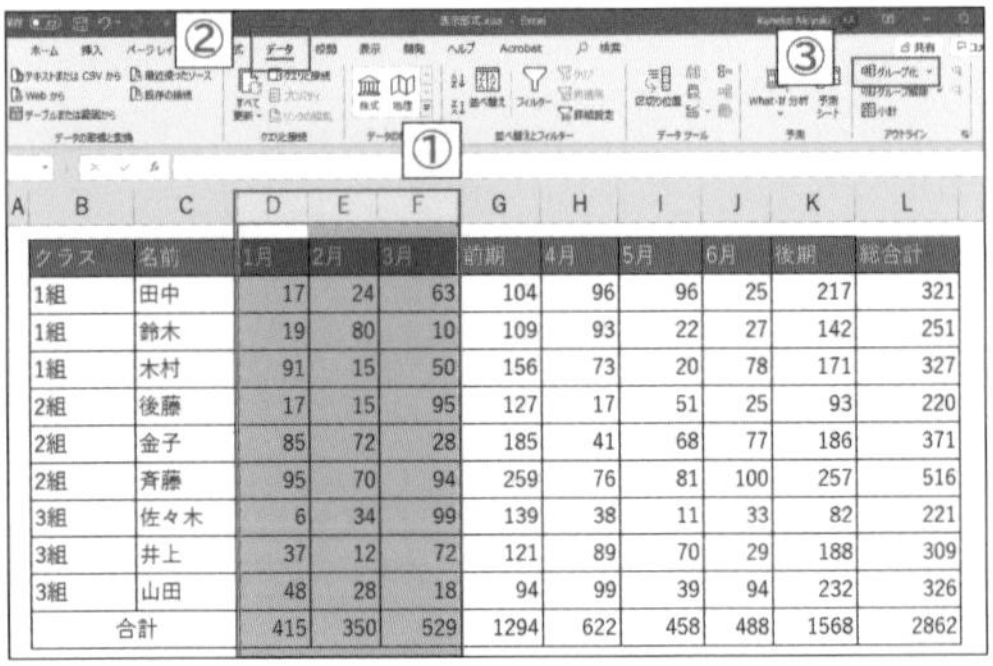

クラス	名前	1月	2月	3月	前期	4月	5月	6月	後期	総合計
1組	田中	17	24	63	104	96	96	25	217	321
1組	鈴木	19	80	10	109	93	22	27	142	251
1組	木村	91	15	50	156	73	20	78	171	327
2組	後藤	17	15	95	127	17	51	25	93	220
2組	金子	85	72	28	185	41	68	77	186	371
2組	斉藤	95	70	94	259	76	81	100	257	516
3組	佐々木	6	34	99	139	38	11	33	82	221
3組	井上	37	12	72	121	89	70	29	188	309
3組	山田	48	28	18	94	99	39	94	232	326
合計		415	350	529	1294	622	458	488	1568	2862

グループ表示状態

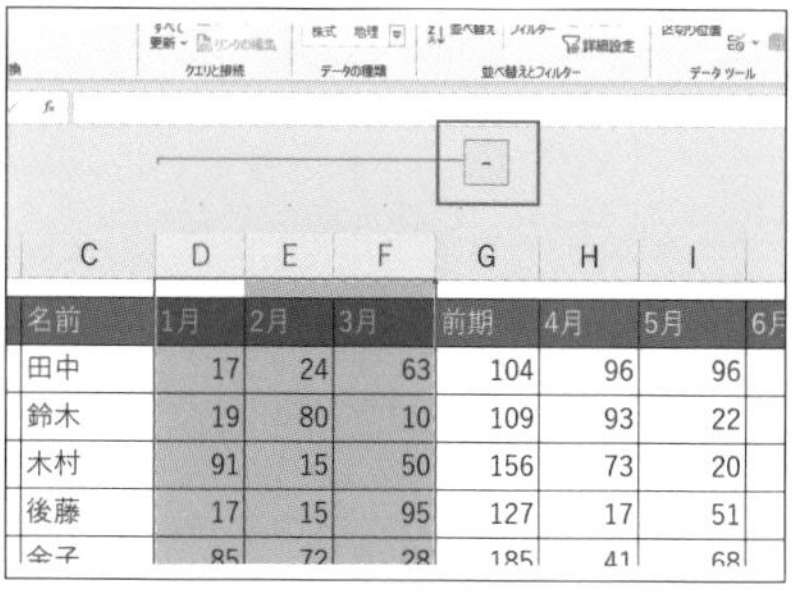

名前	1月	2月	3月	前期	4月	5月	6月
田中	17	24	63	104	96	96	
鈴木	19	80	10	109	93	22	
木村	91	15	50	156	73	20	
後藤	17	15	95	127	17	51	
金子	85	72	28	185	41	68	

グループ非表示状態

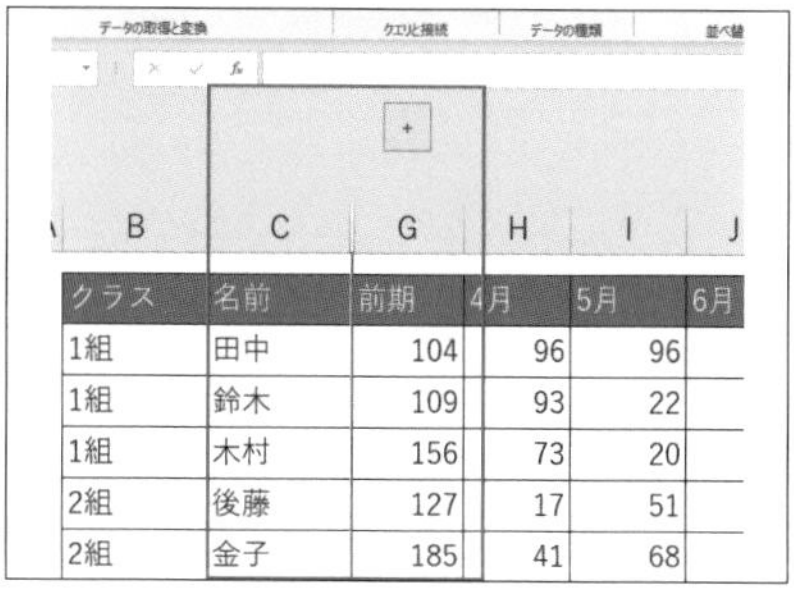

クラス	名前	前期	4月	5月	6月
1組	田中	104	96	96	
1組	鈴木	109	93	22	
1組	木村	156	73	20	
2組	後藤	127	17	51	
2組	金子	185	41	68	

2段階のグループ化も可能

グループ化は重ねて設定することも可能です。重ねて設定することにより、一度に総合計を表示したい場合や、前期・後期で表示したい場合など臨機応変に対応することができます。

グループ化した表の列を、範囲を変えて①で再度選択し、②の「**データ**」タブから③の「**グループ化**」を選ぶと、さらにグループが追加されます。④の「－」マークを動かすことで別の非表示設定が行えます。

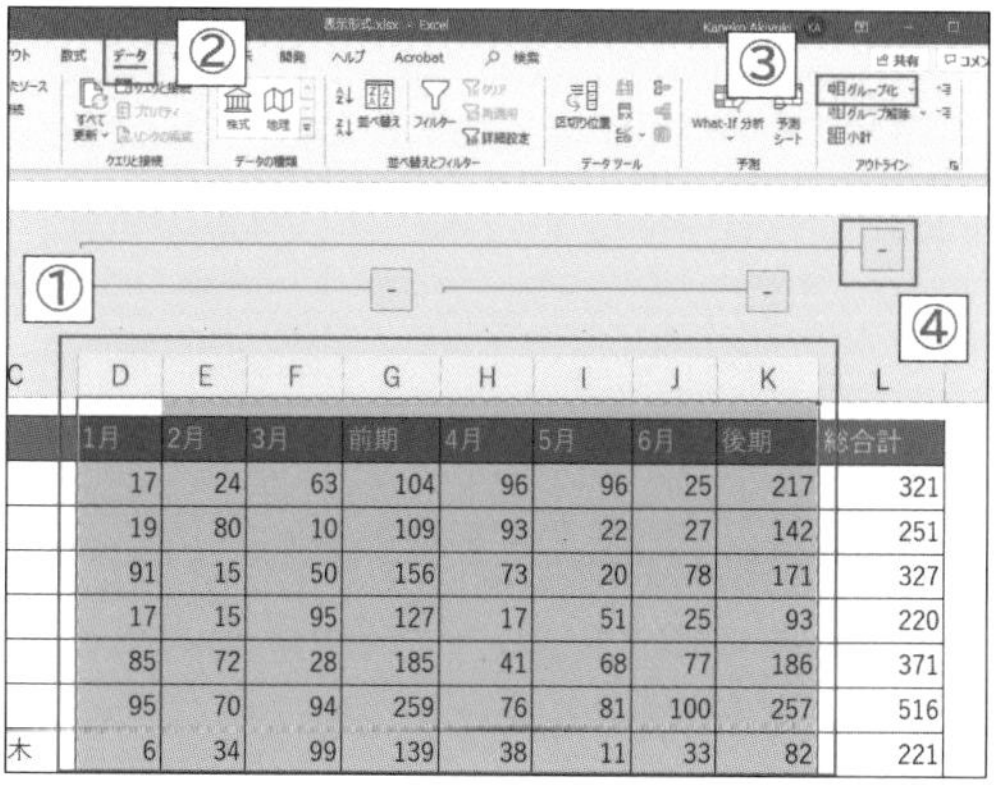

	1月	2月	3月	前期	4月	5月	6月	後期	総合計
	17	24	63	104	96	96	25	217	321
	19	80	10	109	93	22	27	142	251
	91	15	50	156	73	20	78	171	327
	17	15	95	127	17	51	25	93	220
	85	72	28	185	41	68	77	186	371
	95	70	94	259	76	81	100	257	516
木	6	34	99	139	38	11	33	82	221

コピペのさまざまな使い方

▶ コピペを使いこなす

コピペ（コピー＆ペースト）は「**Ctrl**」キーを押しながら「**C**」キーを押すことでコピーし、「**Ctrl**」キーを押しながら「**V**」キーを押すことで貼り付けられますが、Excelはセルに貼り付ける際に「**Ctrl**」キーを押しながら「**Alt**」キーを押し、「**V**」キーを押すことで他の貼り付け形式を選択できます。なかでも、よく使用する「値の貼り付け」「書式の貼り付け」「行/列の入れ替え」を理解しておきましょう。

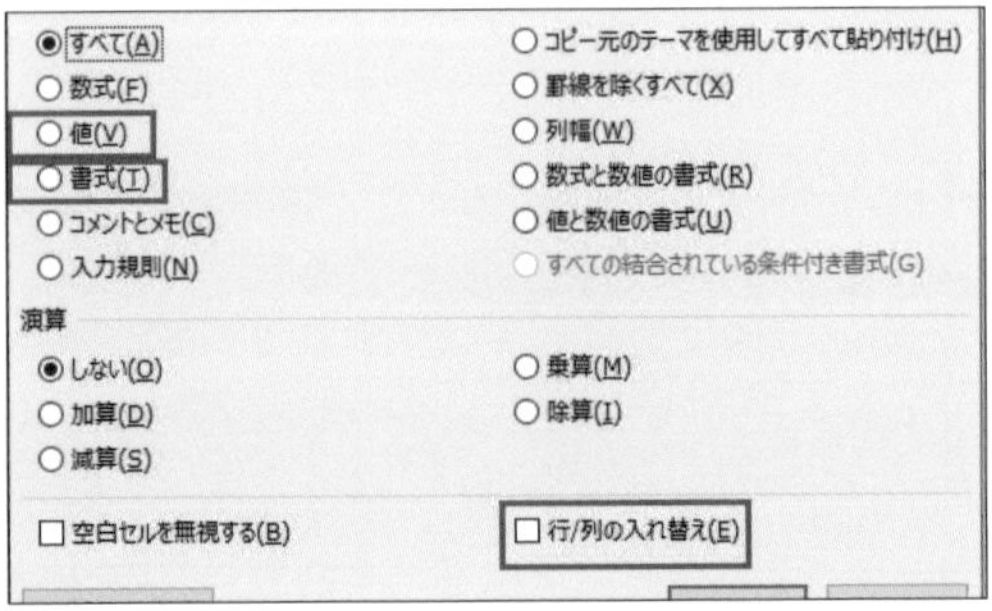

値の貼り付け

入力した値のみ貼り付けられます。書式や数式は適用されません。

	A	B	C	D	E	F
1						
2		名前	点数		名前	点数
3		田中	10		田中	10
4		鈴木	20		鈴木	20
5		合計	30		合計	30
6						

書式の貼り付け

文字など値は貼り付けられず、色や罫線などの書式が適用されます。

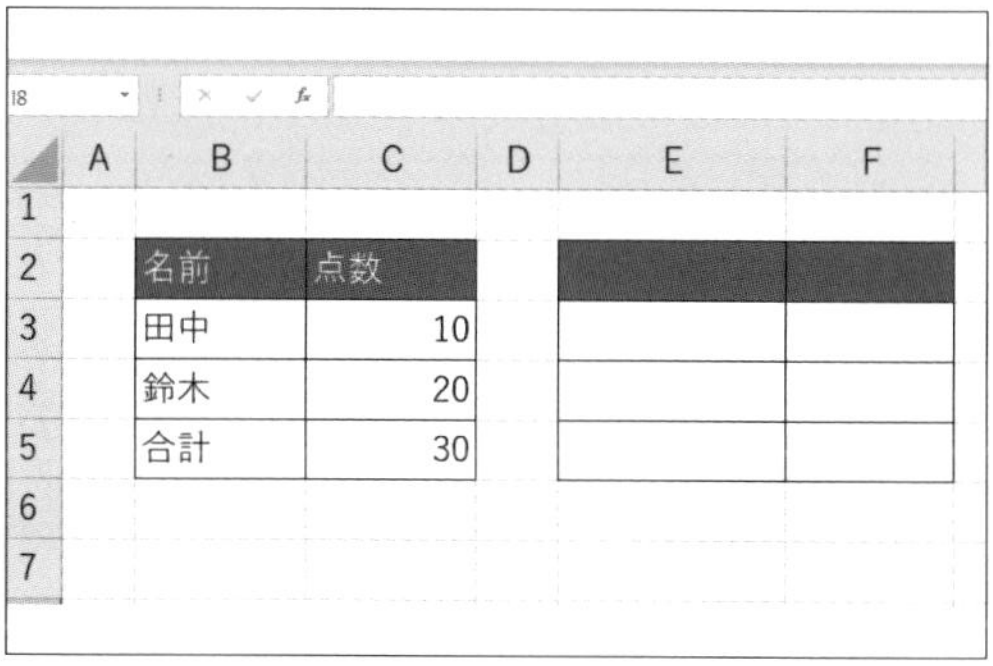

行/列の切り替え

行と列を入れ替えて貼り付けることもできます。この機能は他の貼り付け形式と組み合わせることも可能なので、値の貼り付けを選択しながら行/列の切り替えもできます。

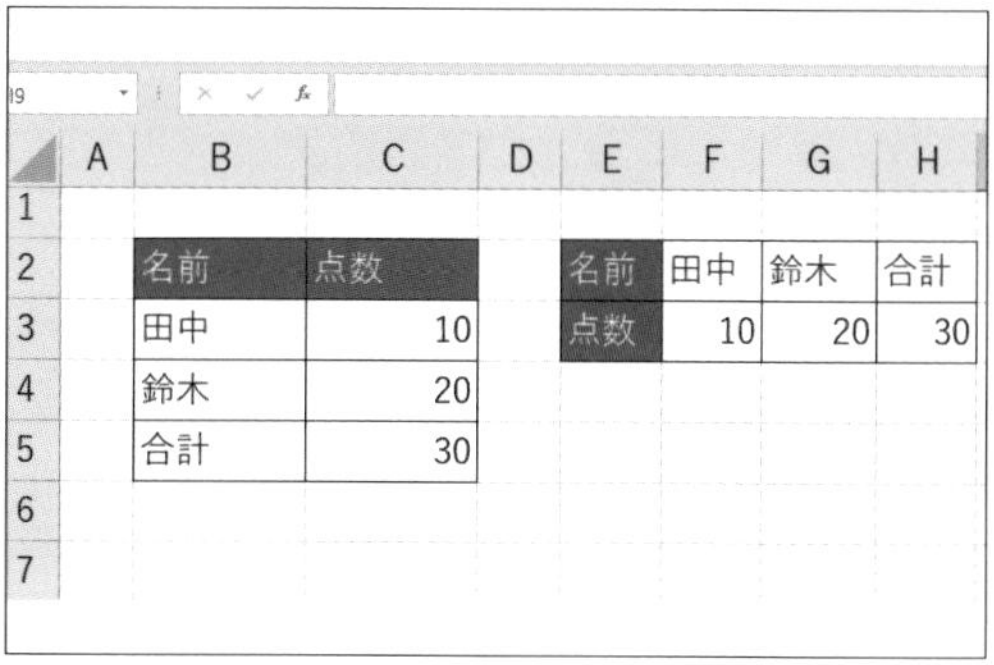

オートフィルのさまざまな使い方

▶ オートフィルを使いこなす

オートフィルは、数式をコピーしたり、連続した数字や文字を入力したりする際に便利な機能です。さらに、オートフィルは右クリックで表示されるウィンドウから実行することでさまざまに設定を変えられ、より便利な使い方ができます。

日付のオートフィル

日付のオートフィルは4種類あり、それぞれセルごとに変化する日数が変わります。「**連続データ（日単位）**」はオートフィルすると、セルごとに1日分変化し、「**連続データ（週日単位）**」はセルごとに土日を除く１日分、「**連続データ（月単位）**」はセルごとに1カ月分変化します。また、「**連続データ（年単位）**」は、セルごとに1年分変化します。

連続データ（日単位）	セルごとに１日分増加する
連続データ（週日単位）	セルごとに土日を除く１日分増加する
連続データ（月単位）	セルごとに１カ月分増加する
連続データ（年単位）	セルごとに１年分増加する

書式なしコピー

書式が適用されているセルに数字や文字など、値のみ入れたい場合は、オートフィルの設定を「**書式なしコピー**」にしましょう。

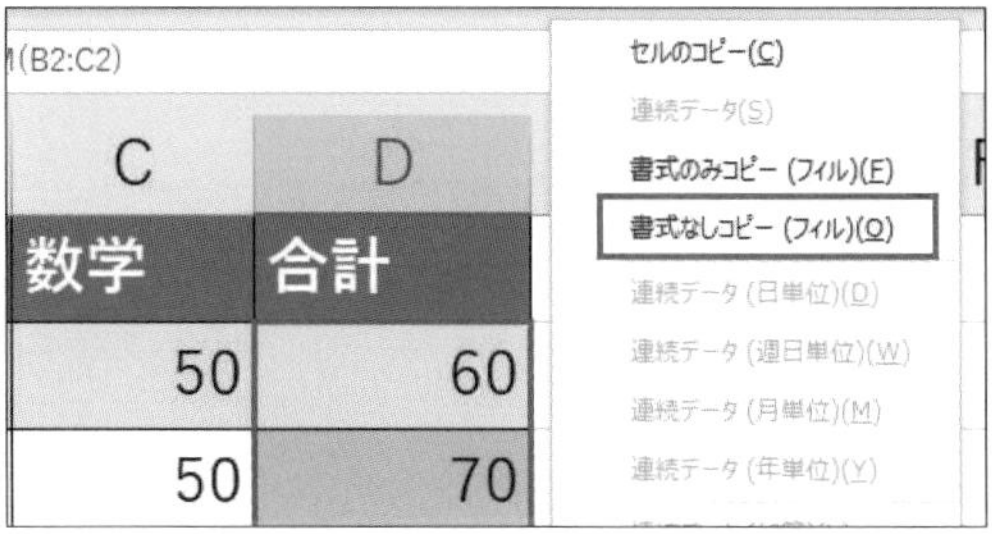

オートフィル後の変更

通常のオートフィル後、一番下のセルに①の「**オートフィルオプション**」のマークが表示されます。オートフィル後でも②のように修正することが可能です。

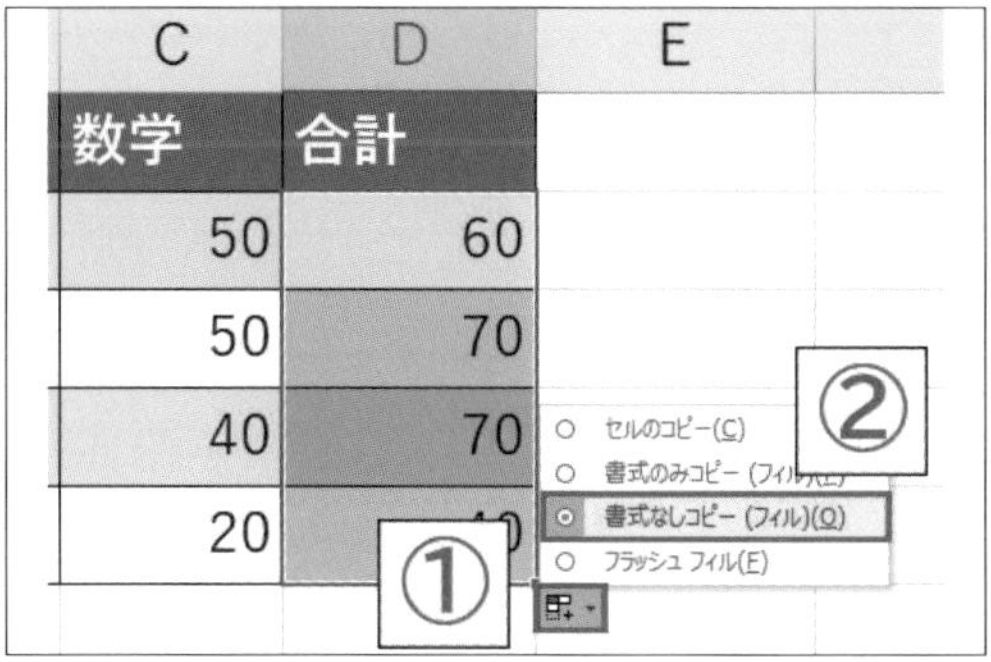

ダブルクリックでオートフィルできない場合

オートフィルを適用したいセルの左右どちらかのセルに値が入力されていない場合、ダブルクリックによるオートフィルはできません。

並べ替えを活用する

▶ 並べ替えを使いこなす

並べ替えを使用することによって、昇順や降順の並べ替えが簡単にできます。さらに、並び順を自由に設定して並べ替えることも可能です。

1

①の「データ」タブから②の「**並べ替え**」を選択すると、「並べ替え」ウィンドウが表示されます。

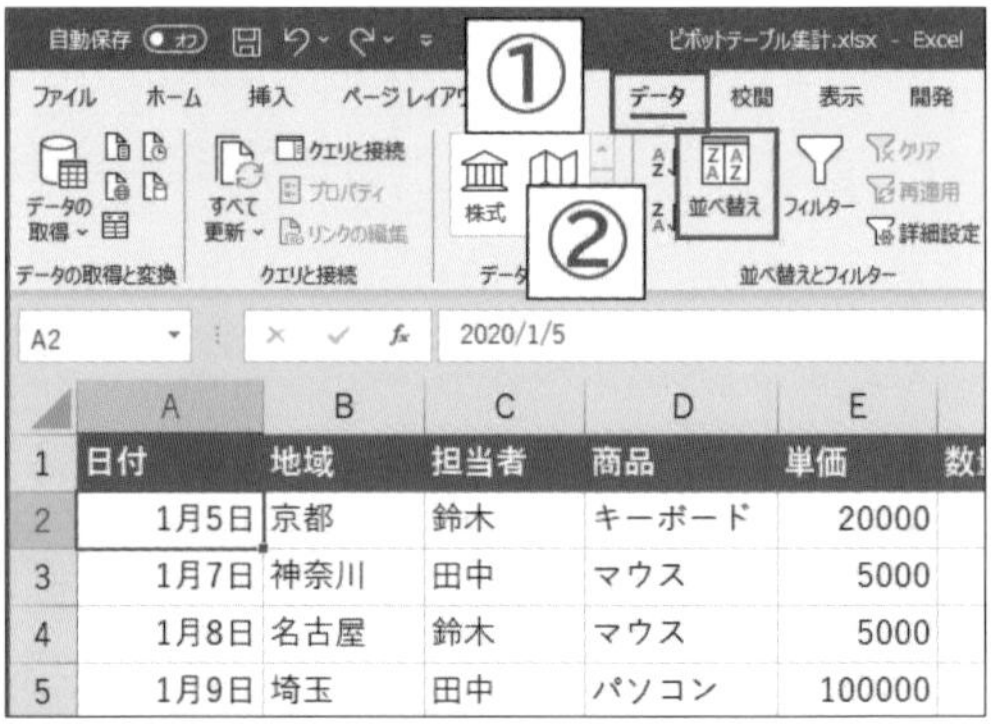

2

①で並べ替える列を選び、②の「順序」の項目で「**昇順（小さい順）**」「**降順（大きい順）**」を選択します。「**ユーザー設定リスト**」は、自由に並べ替えの設定が可能です。

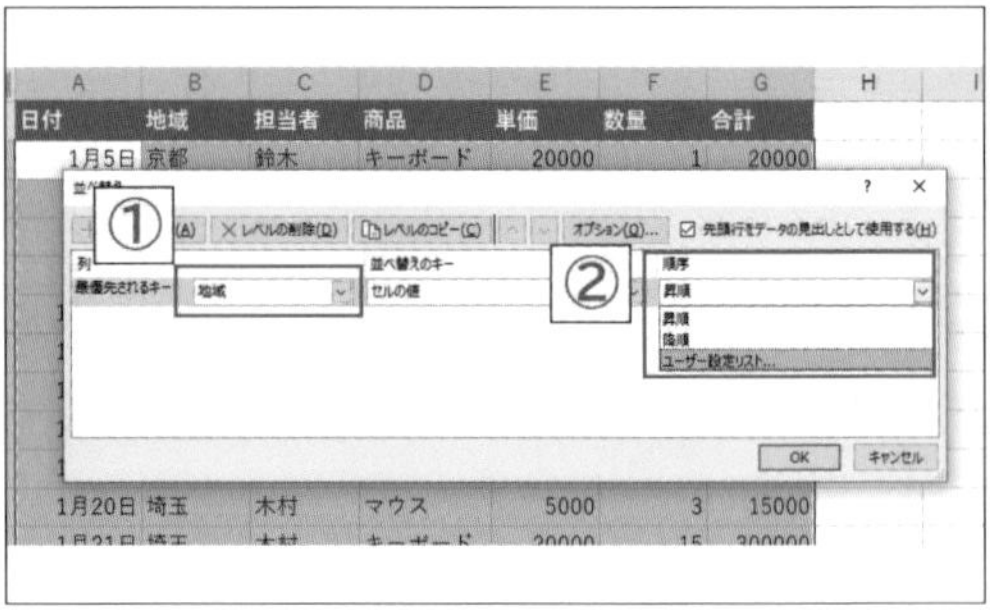

3

①の「**リストの項目**」に指定を入力し、②の「追加」をクリックすることによって、任意の順番に並べ替えることができます。

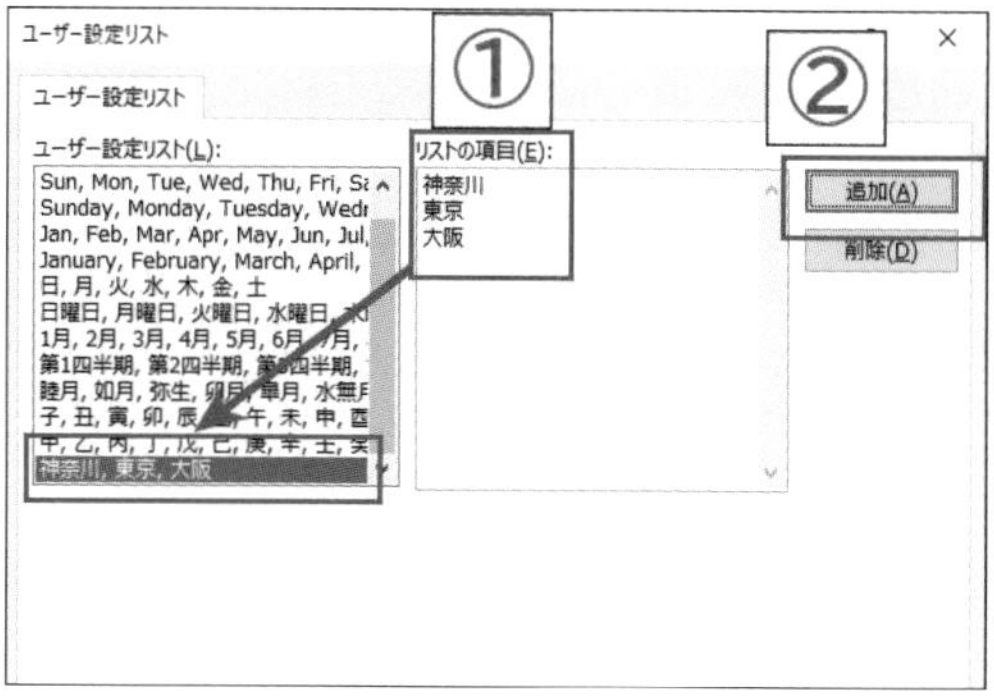

色の指定

フォントやセルに色がついている場合、「**並べ替えのキー**」を変更することによって、色のあるセルやフォントを指定して並べ替えることが可能です。

オートフィルターの活用

▶ オートフィルターを使いこなす

「オートフィルター」を使用することによって、簡単に並べ替えができたり、データを抽出したりできます。また、条件を設定して抽出することもできます。

オートフィルターを適用する

①の「データ」タブから②の**「フィルター」**を選択すると、オートフィルターが適用され、「並べ替え」ウィンドウが表示されます。また、ショートカットキーもあり、**「Ctrl」**キーを押しながら、**「Shift」**キーを押し、**「L」**キーを押すことで簡単に適用することも可能です。

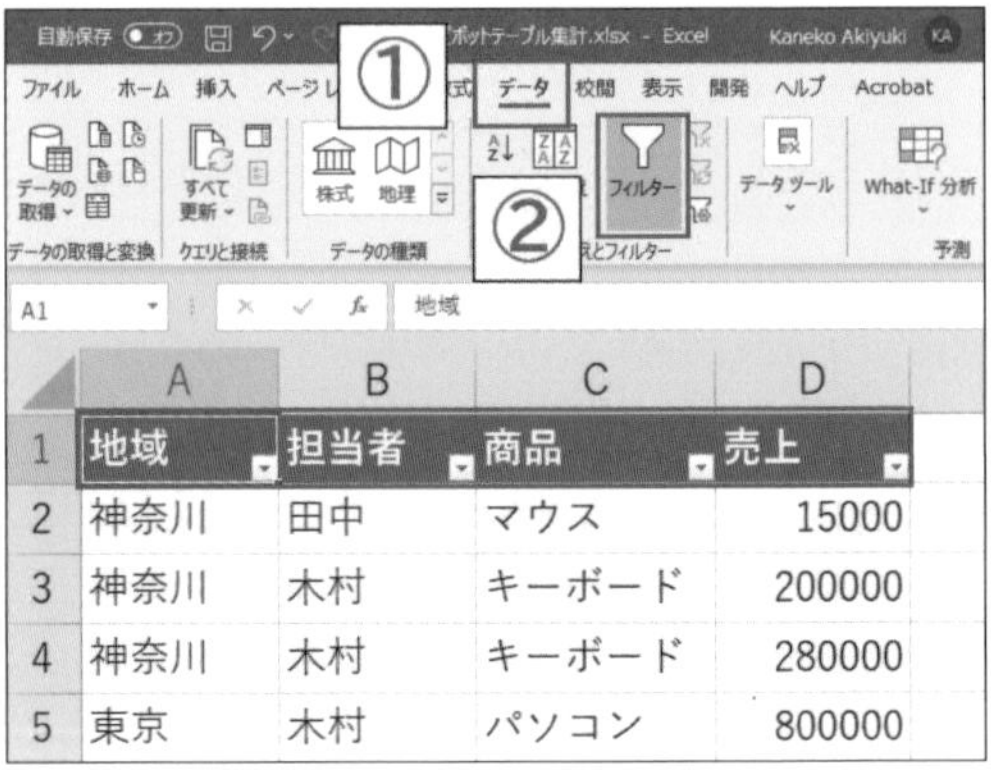

テキストフィルター

1

テキストフィルターは、指定した文字を条件にしてさまざまな抽出ができます。①の下向き三角形から、②の「テキストフィルター」を選択し、今回は③の「**指定の値を含む**」を選択します。

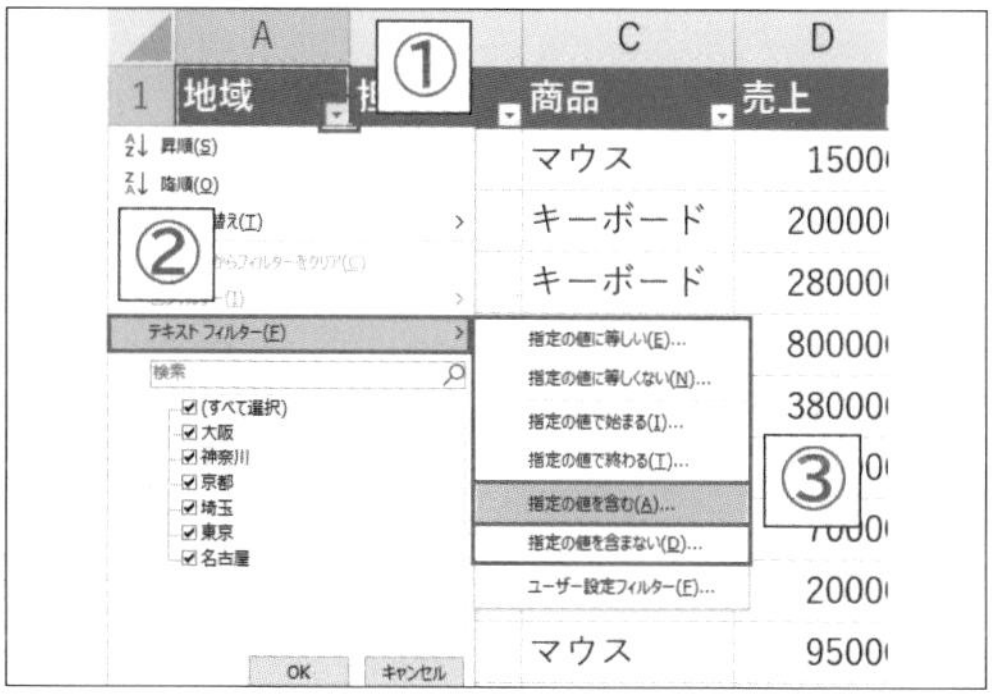

2

「**オートフィルターオプション**」ウィンドウが表示されます。今回は、「地域」列を選択し、「京」と入力します。

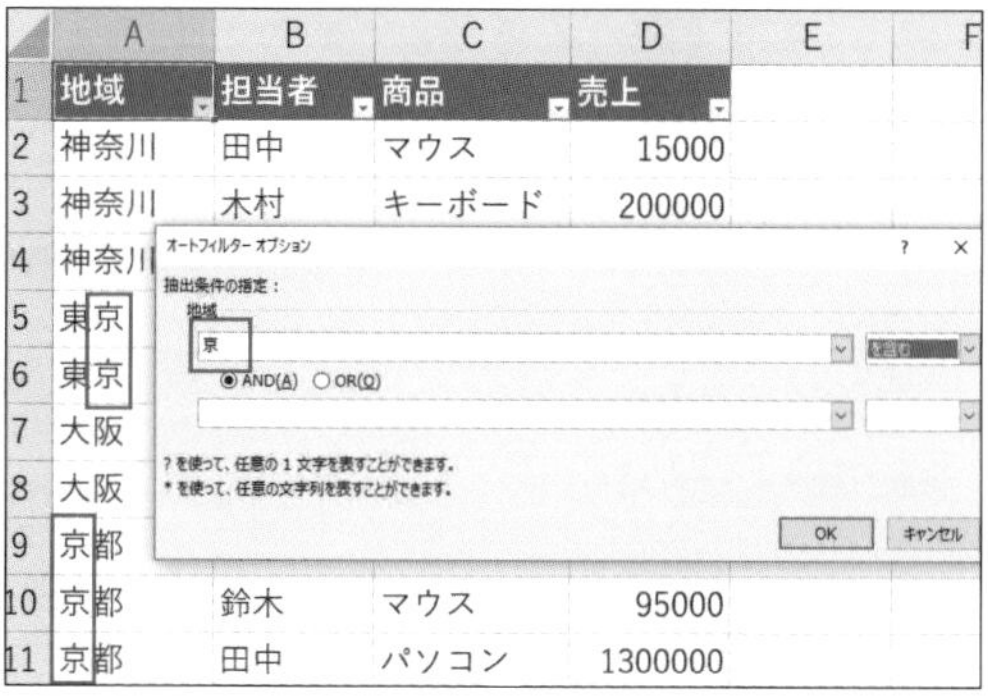

3

「地域」列から「京」の字を含む、「東京」と「京都」が抽出されました。

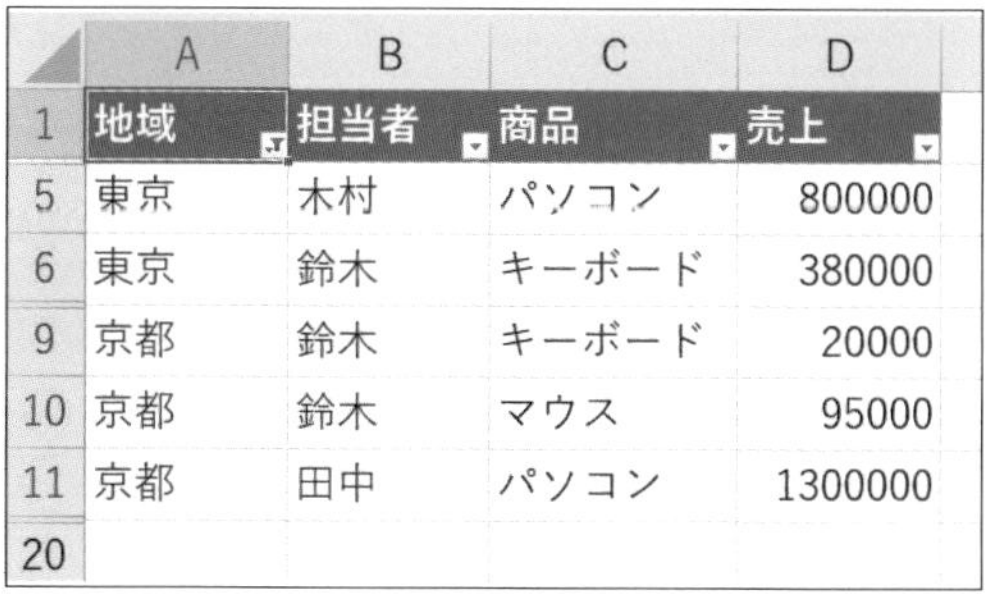

	A	B	C	D
1	地域	担当者	商品	売上
5	東京	木村	パソコン	800000
6	東京	鈴木	キーボード	380000
9	京都	鈴木	キーボード	20000
10	京都	鈴木	マウス	95000
11	京都	田中	パソコン	1300000
20				

数値フィルター

数値フィルターは数値を指定することで、条件に一致する行を抽出することが可能です。①の下向き三角形から、②の「数値フィルター」をクリックし、③で条件を選択します。

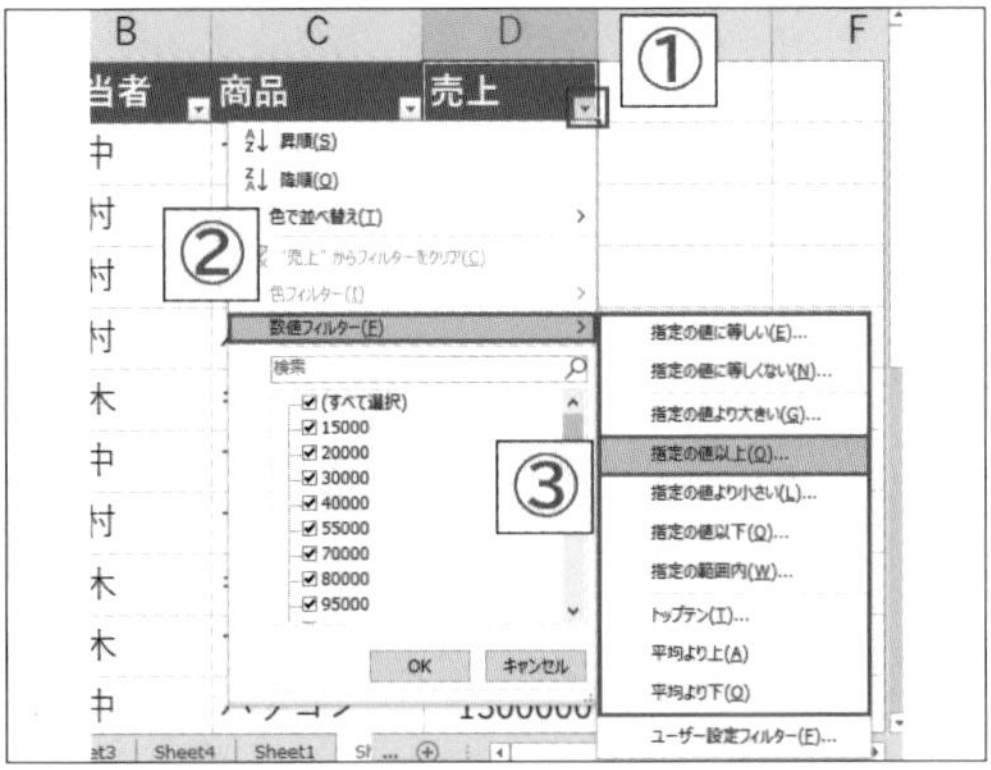

数値フィルターで使用できる条件

指定の値に等しい	指定した値と合致する値を抽出する
指定の値に等しくない	指定した値以外の値を抽出する
指定の値より大きい	指定した値を含まない指定より上の値を抽出する
指定の値以上	指定した値を含む指定より上の値を抽出する
指定の値より小さい	指定した値を含まない指定より下の値を抽出する
指定の値以下	指定した値を含む指定より下の値を抽出する
指定の範囲内	指定した値を含む範囲内の値を抽出する
トップテン	上位または下位の10項目を抽出する
平均より上	平均を含まない平均より上の値を抽出する
平均より下	平均を含まない平均より下の値を抽出する
ユーザー設定フィルター	条件を自由に設定できる

一瞬で抽出を解除する

オートフィルターは、適用時のショートカット「**Ctrl+ Shift+L**」を押すことで解除できます。抽出はフィルターの条件を戻すことで、解除できますが、オートフィルターを一旦解除し、再度適用したほうが、素早く抽出状態を解除することが可能です。

解除

再適用

重複の削除

▶ 重複をなくす

「重複の削除」を使用すると、複数存在する項目を削除できます。さらに重複する項目を複数選択することにより、より厳密に削除することが可能です。また、項目だけでなく、行も削除できます。

1

①の「データ」タブから、②の**「重複の削除」**を選択すると「重複の削除」ウィンドウが表示されます。③で重複項目を選択しましょう。

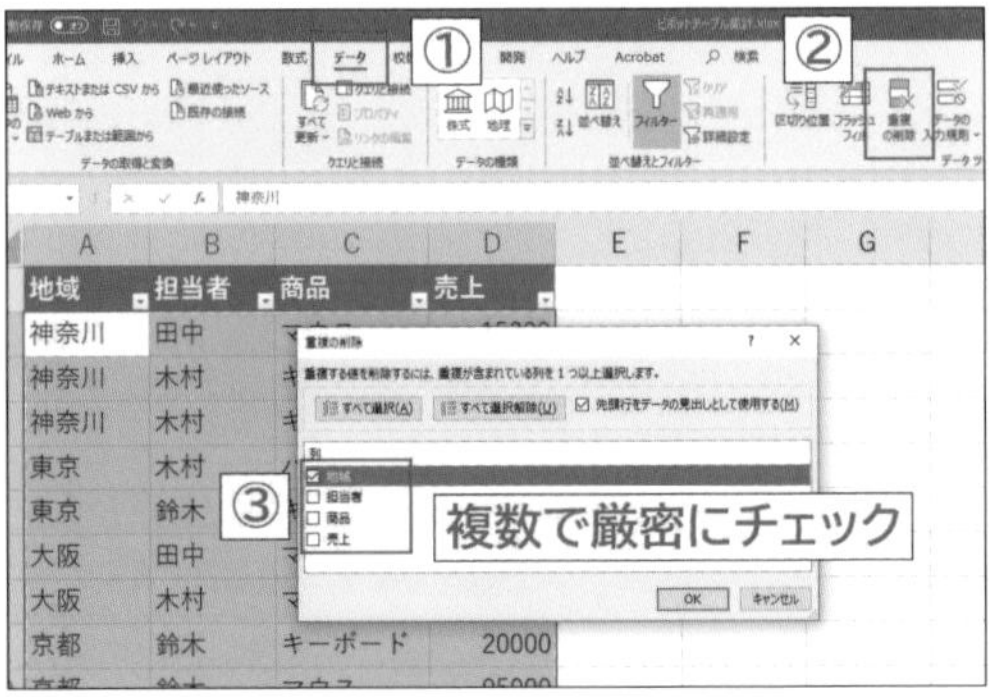

2

「地域」列から、項目が重複している行の1つ目を残して、すべてが削除されます。

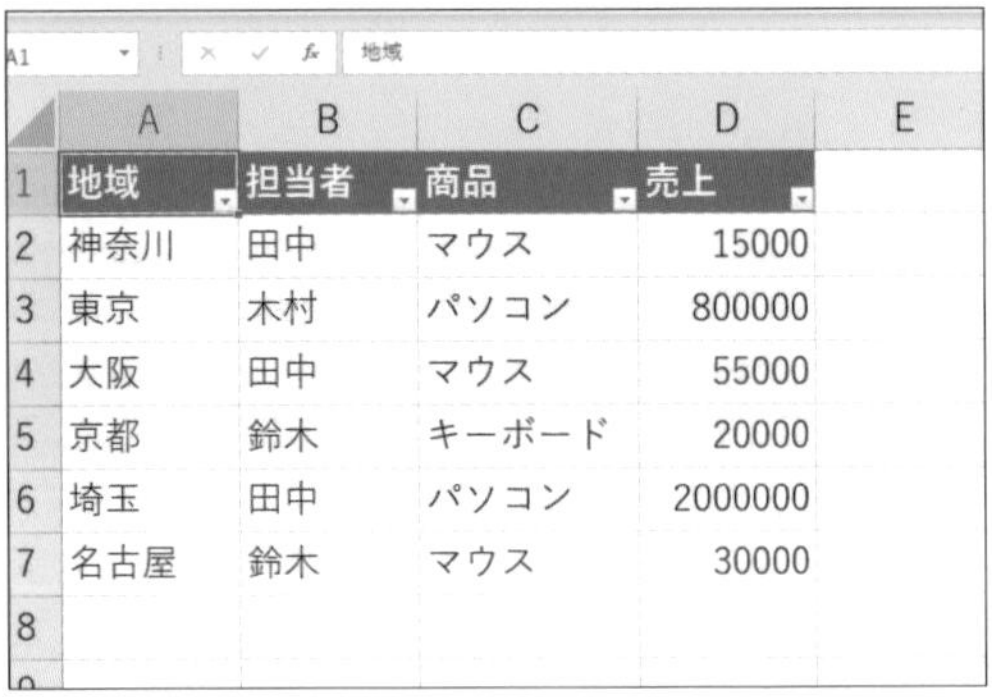

	A	B	C	D
1	地域	担当者	商品	売上
2	神奈川	田中	マウス	15000
3	東京	木村	パソコン	800000
4	大阪	田中	マウス	55000
5	京都	鈴木	キーボード	20000
6	埼玉	田中	パソコン	2000000
7	名古屋	鈴木	マウス	30000

重複の削除はミスがある

重複の削除は便利な機能ですが、データ数が多い場合、うまく動作しないなどのバグ（不具合）があります。そのため、確実に重複を削除したい場合は「**COUNTIF関数**」を使用します。

1

重複確認ではCOUNTIF関数は少し特殊な使い方をします。一番上のみ「**絶対参照**」で範囲を固定し、1つずつ範囲指定を広げます。条件にその行の項目を指定すると、指定した項目が範囲内にいくつ含まれているかが確認できます。

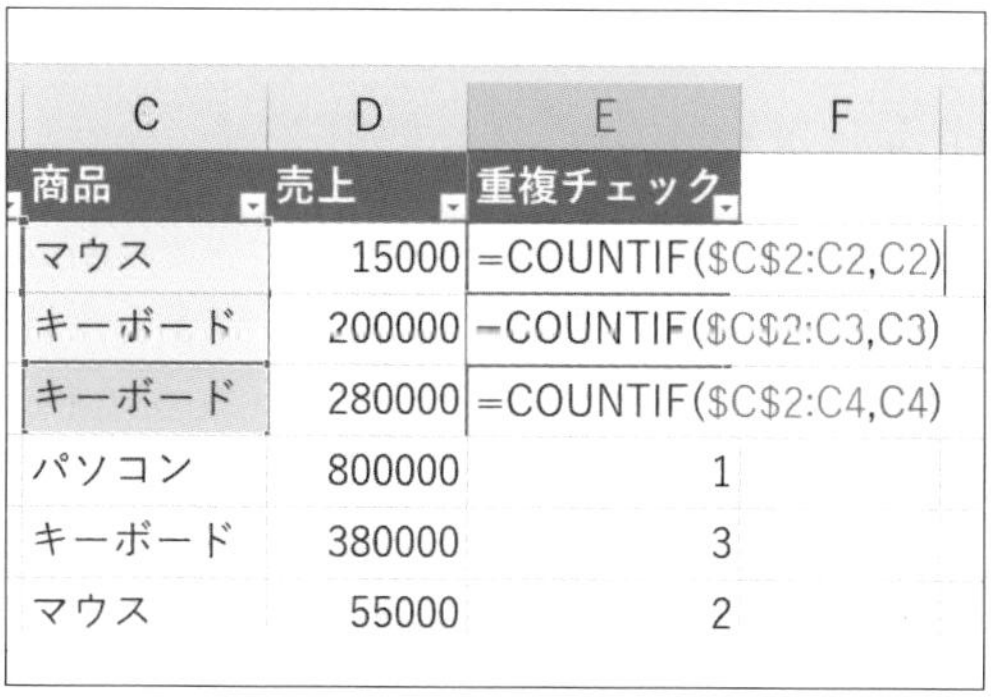

	C	D	E	F
	商品	売上	重複チェック	
	マウス	15000	=COUNTIF($C$2:C2,C2)	
	キーボード	200000	=COUNTIF($C$2:C3,C3)	
	キーボード	280000	=COUNTIF($C$2:C4,C4)	
	パソコン	800000	1	
	キーボード	380000	3	
	マウス	55000	2	

2

COUNTIF関数の場合、「1」以外の項目は重複している項目がある行になります。オートフィルで「1」以外を抽出して、「**行の削除**」をし(①)、②で重複を削除しましょう。

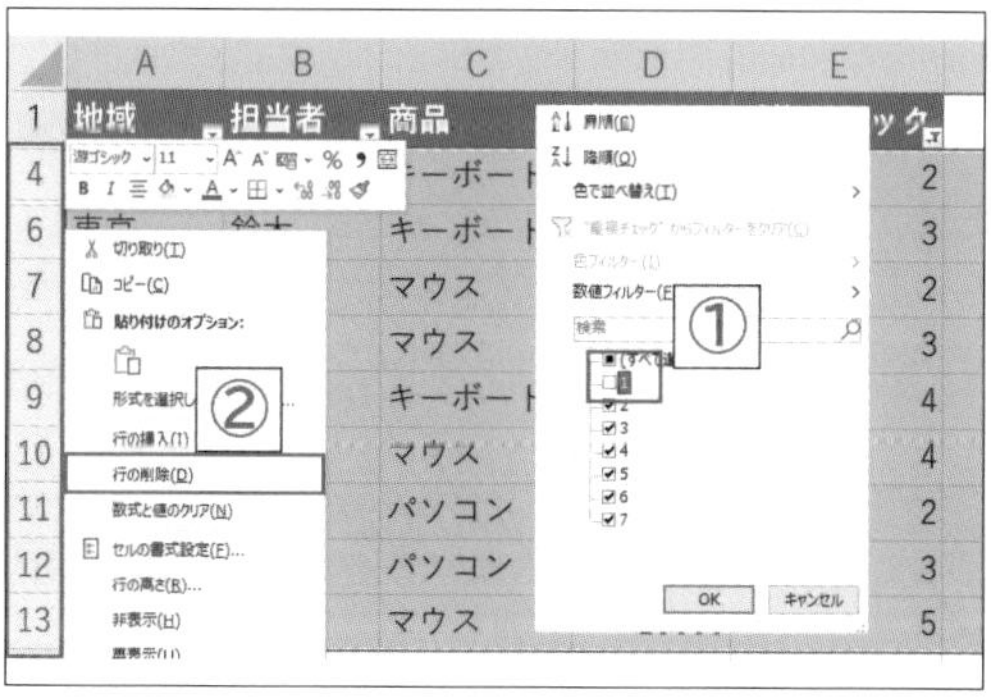

ハイパーリンク

▶ 表にリンクを追加する

ハイパーリンクとは、クリックすると指定のWebページやファイルなどを表示できる機能です。「リンク」とも呼ばれ、Webページで青色の文字をクリックしたときに、ページが変更される機能とほぼ同様と考えるとわかりやすいです。

1

①でセルを指定した状態で、②の「挿入」タブから③の「**リンク**」をクリックします。④の「ファイル、Webページ」を選択した状態で、⑤の「アドレス」にWebページのURLアドレスを入力します。

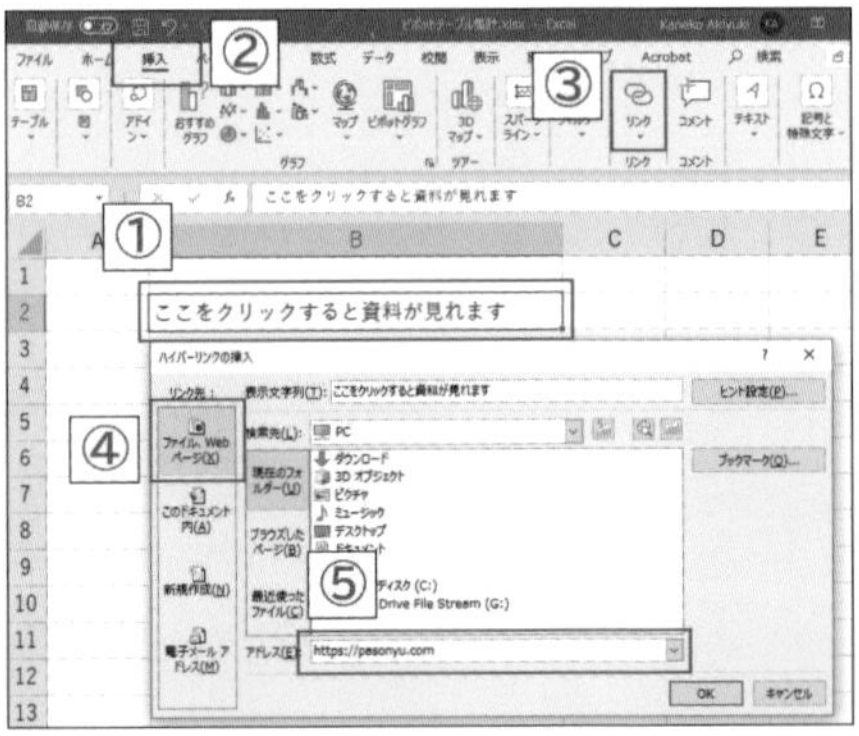

2

リンク部分が青字になり、クリックするとWebページなどが表示されます。

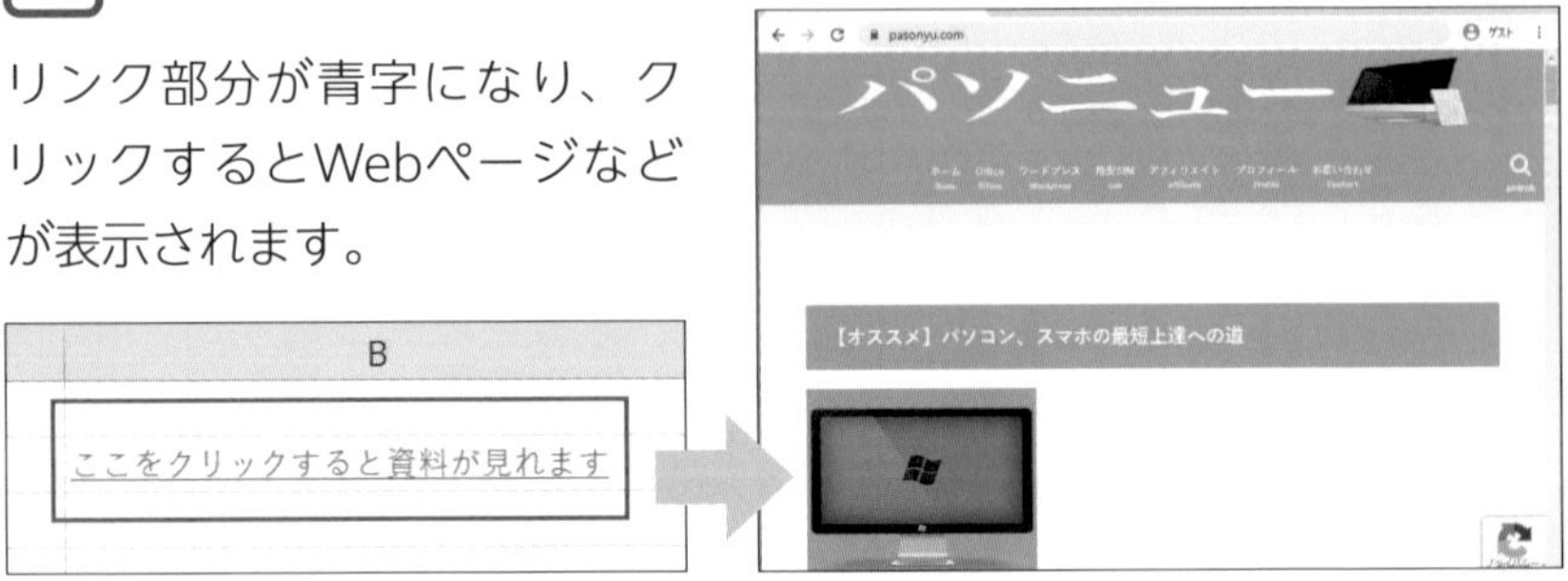

ファイルを開く

ハイパーリンクは、ExcelやWordなどのファイルを開くこともできます。①で「ファイル、Webページ」を選択し、②の「**ハイパーリンク**」を選んで、③でリンクしたいファイルを指定します。

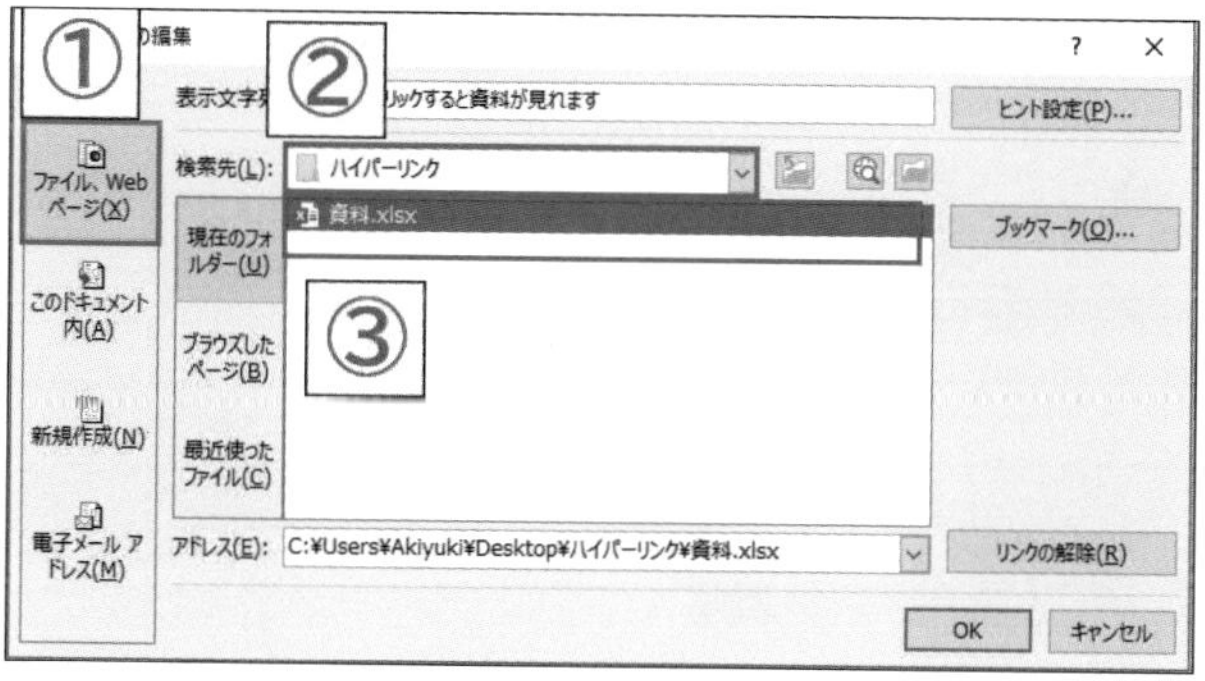

シート内の指定セルを表示する

シート内にある指定のセルを表示することもできます。①で「**このドキュメント内**」を選び、②でシートやグループ名を選択して、③で参照するセルを指定します。

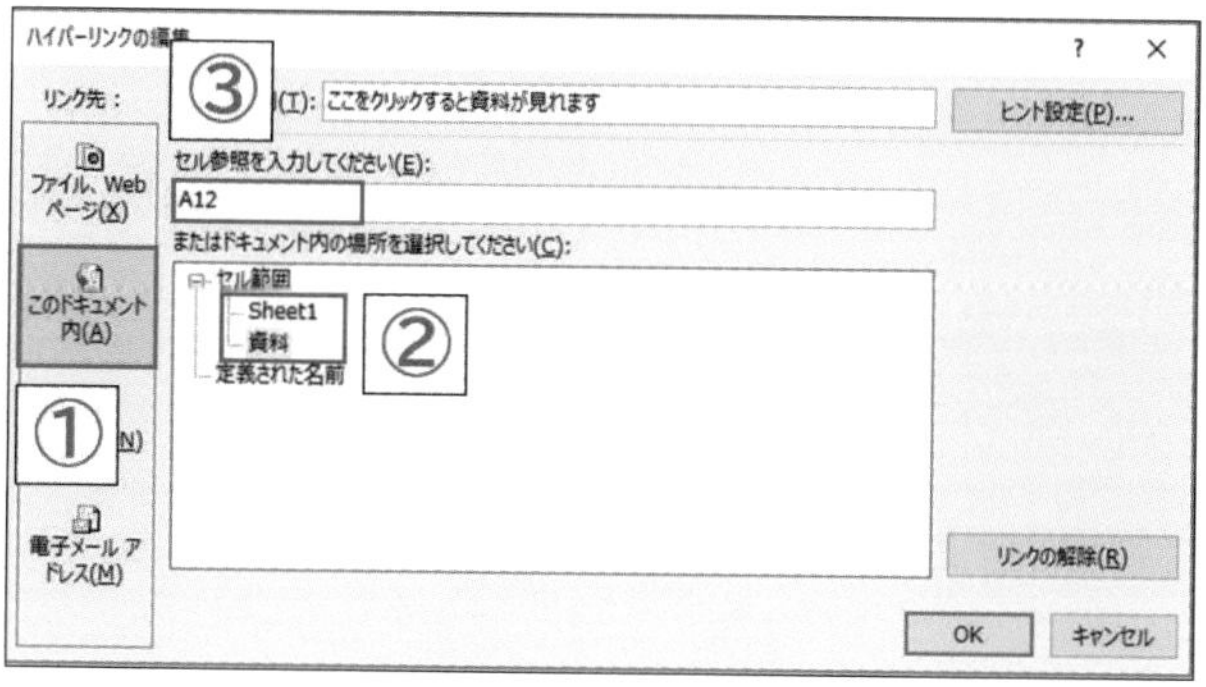

印刷設定

▶ 印刷で困らないための設定

Excelのファイルを印刷する際、はみ出してしまったり、うまく印刷ができなかったりすることがあります。しかし、しっかり設定すれば印刷で困ることは少なくなります。

拡大縮小印刷

「**拡大縮小印刷**」のパーセントを変更すると、表のサイズを拡大したり、縮小したりできます。小さい表を拡大して印刷したい場合はパーセントを大きくし、表を縮小印刷したい場合はパーセントを小さくします。

「ページレイアウト」タブの「拡大縮小印刷」にある「**拡大/縮小**」のパーセントを変更すると印刷時のサイズが変わります。

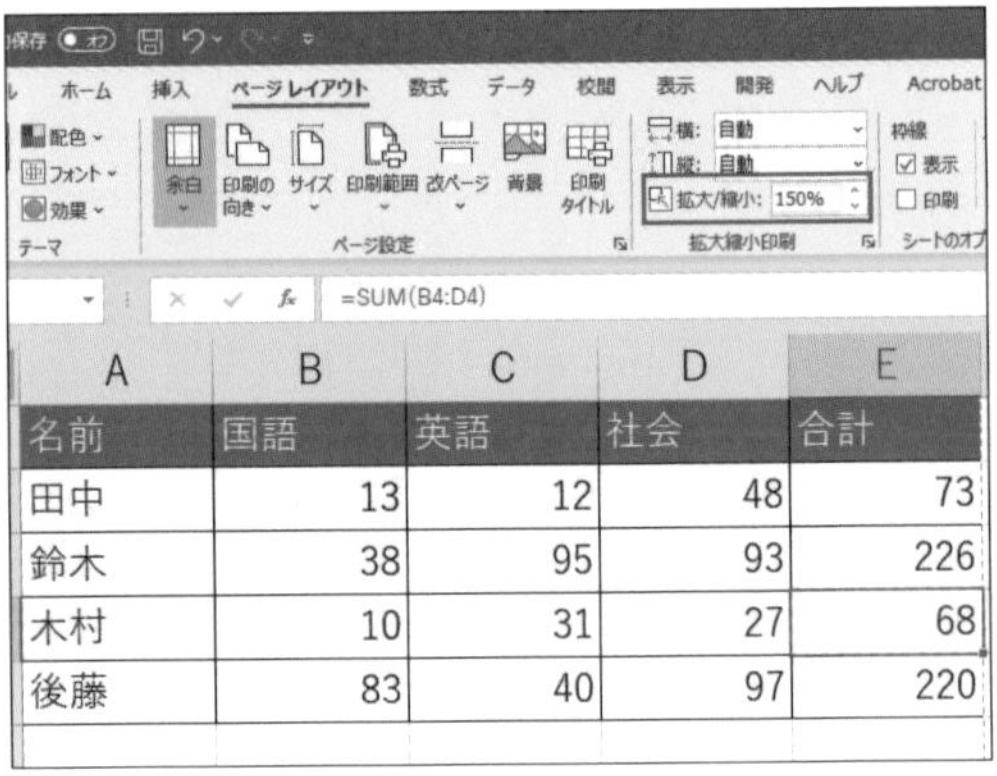

A	B	C	D	E
名前	国語	英語	社会	合計
田中	13	12	48	73
鈴木	38	95	93	226
木村	10	31	27	68
後藤	83	40	97	220

1ページに収めて印刷する

設定を変更すると、指定したページ数に表を収めることができます。表を用紙１ページに収めたい場合などに便利です。

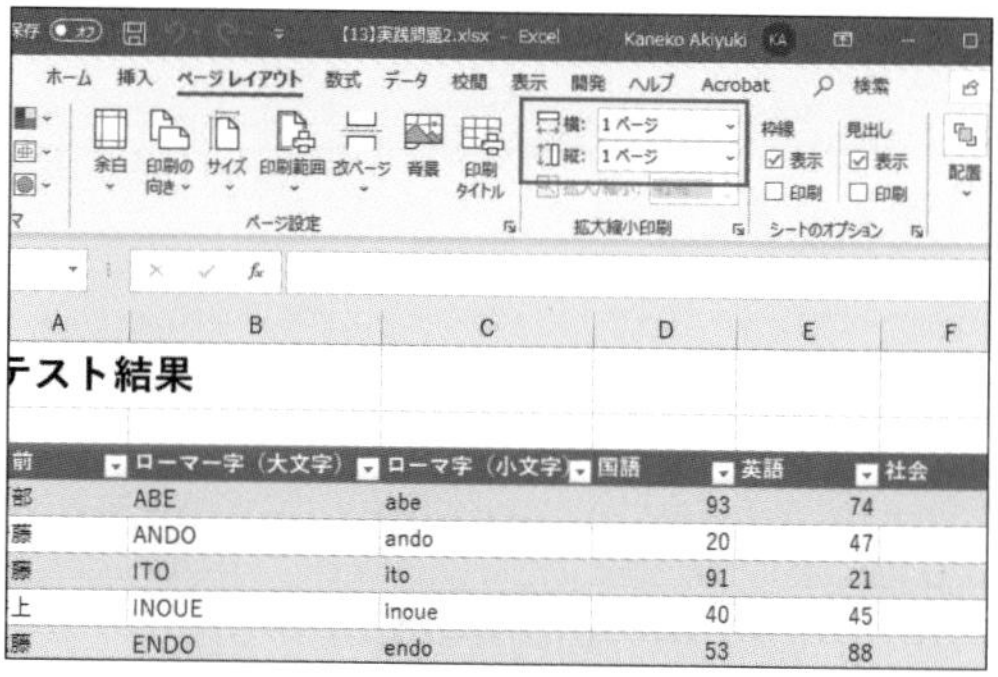

改ページを挿入し印刷箇所を設定する

表示形式を「**改ページプレビュー**」に変更すると、印刷される箇所が青線または青い点線で表示されます。青い線はドラッグで動かすことができ、印刷範囲を増やすことも簡単です。

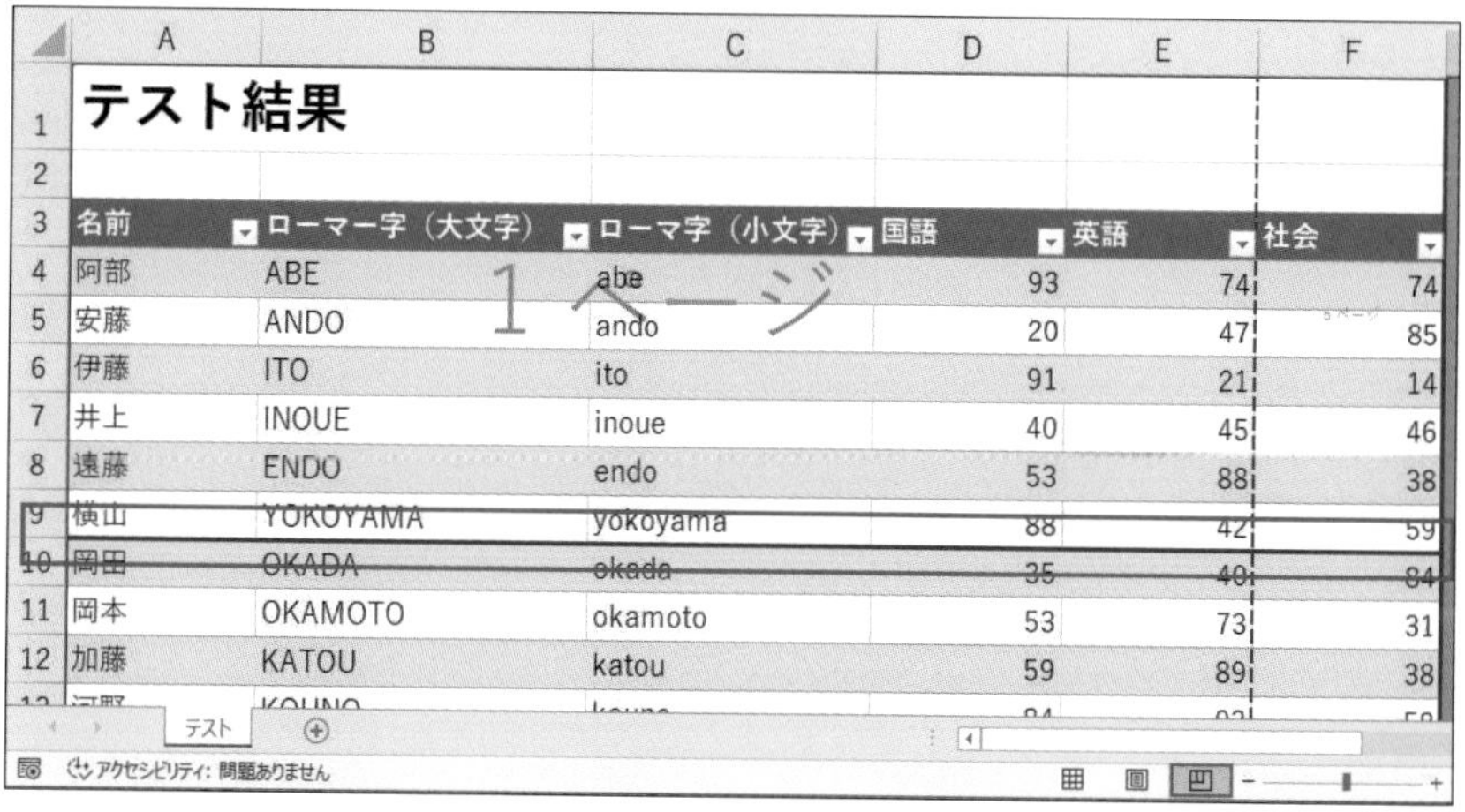

①の青い点線が1ページの範囲です。改ページの範囲を追加するには、②で行や列などを選び、③の「ページレイアウト」タブにある④の「改ページ」を選択し「**改ページの挿入**」を選びます。

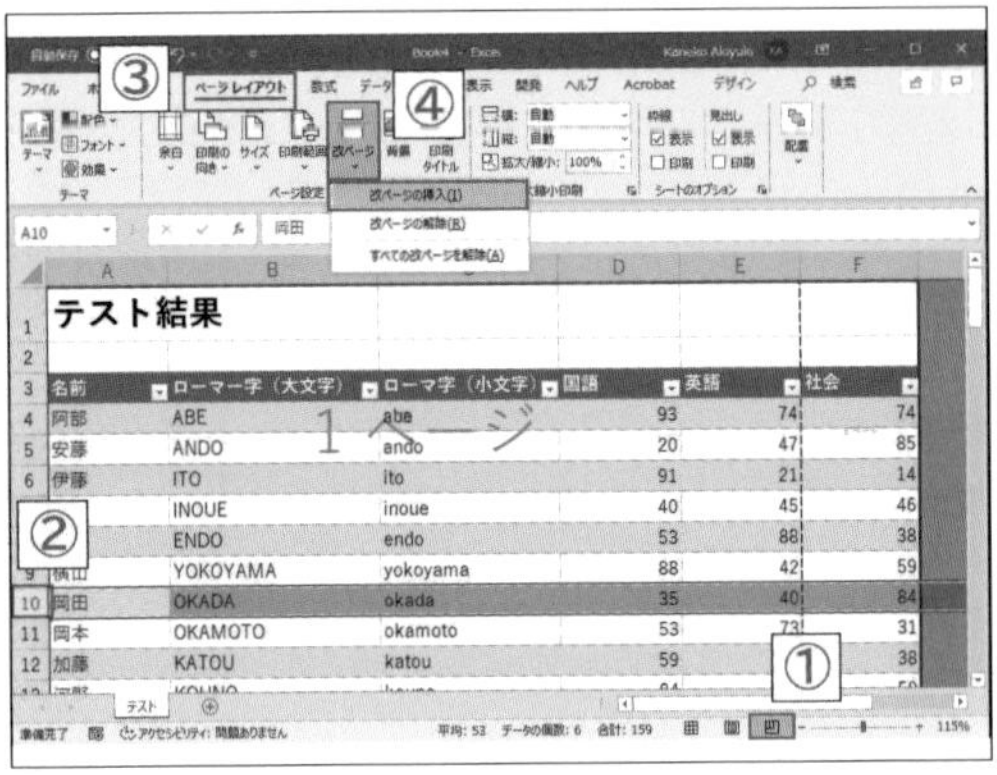

印刷範囲の設定

印刷範囲を設定することで、表の一部を印刷したり、余白を含めて印刷できたりします。

①で印刷したい範囲を選び、②の「ページレイアウト」タブから③の「印刷範囲」を選択し、「**印刷範囲の設定**」をクリックしましょう。

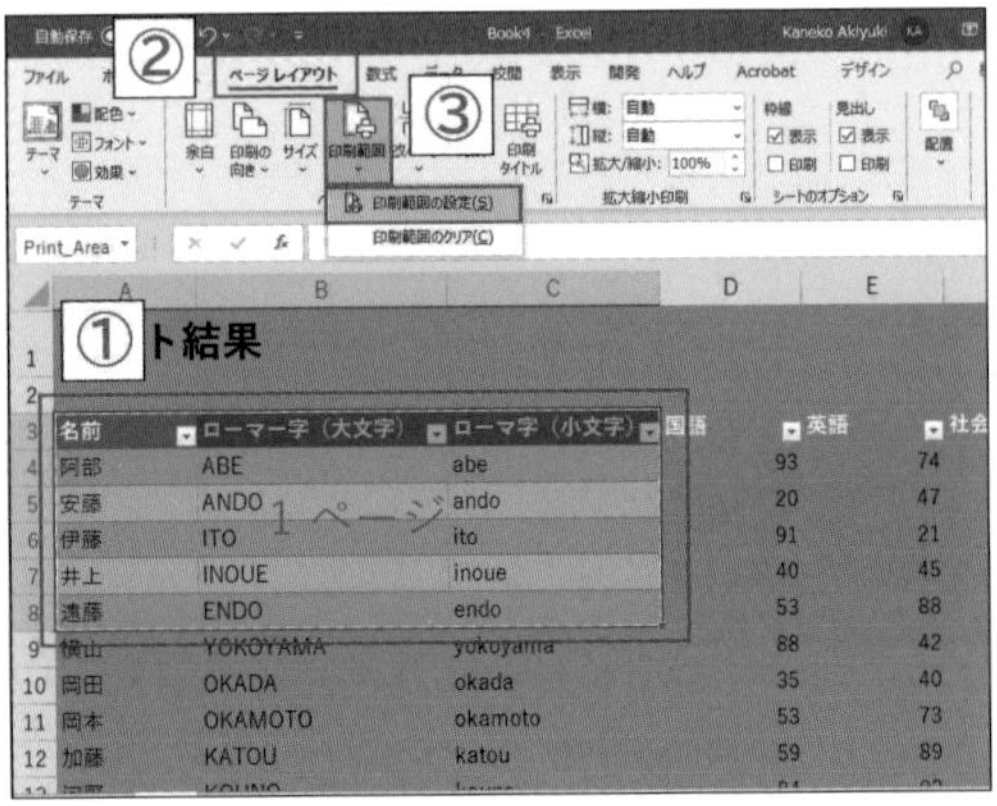

中央に揃えて印刷

1

通常の印刷では、表が左寄せになります。そのままでもよいのですが、設定を変更すれば中央に寄せて印刷することもできます。

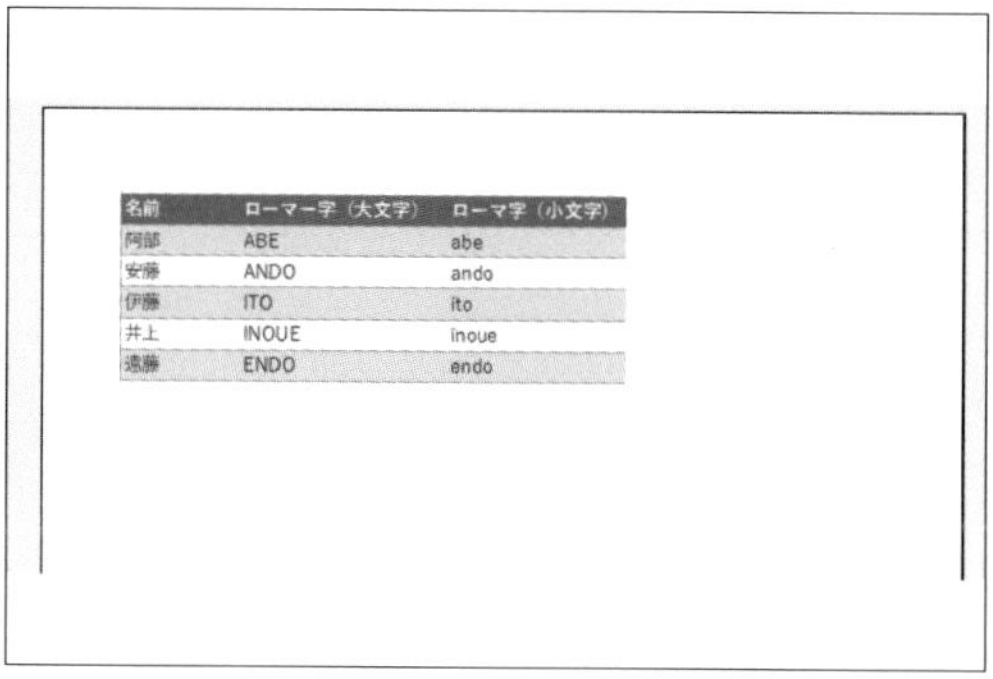

2

①の「ページレイアウト」タブから②の「余白」を選択して、③の「**ユーザー設定の余白**」を選びます。

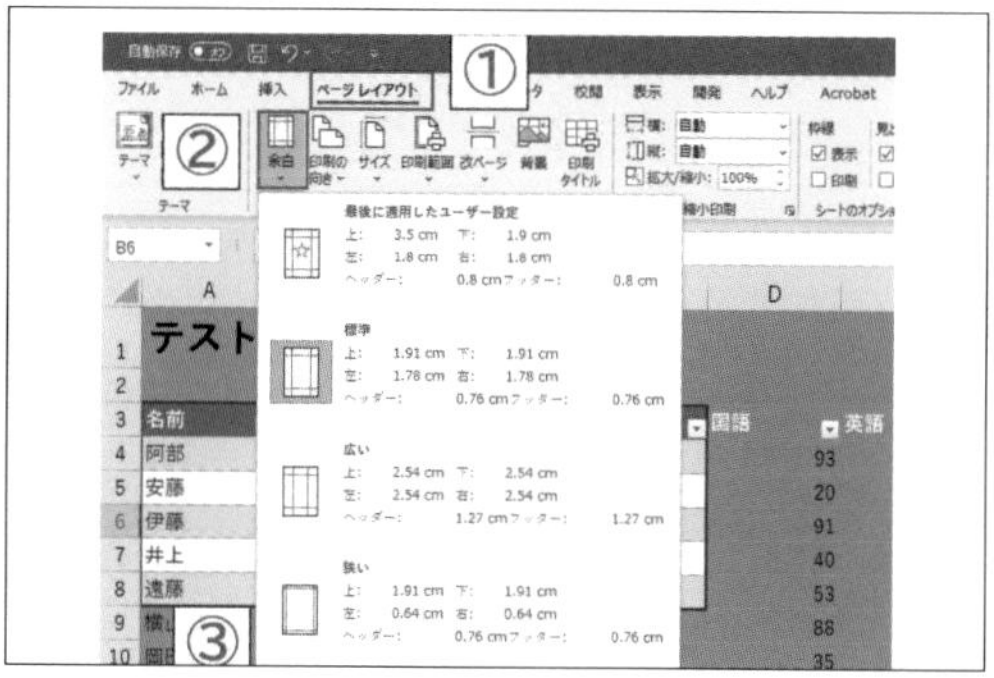

3

「ページ設定」ウィンドウが開きます。「ページ中央」の「**水平**」にチェックを入れると左右中央、「**垂直**」にチェックを入れると上下中央に印刷される位置が変わります。

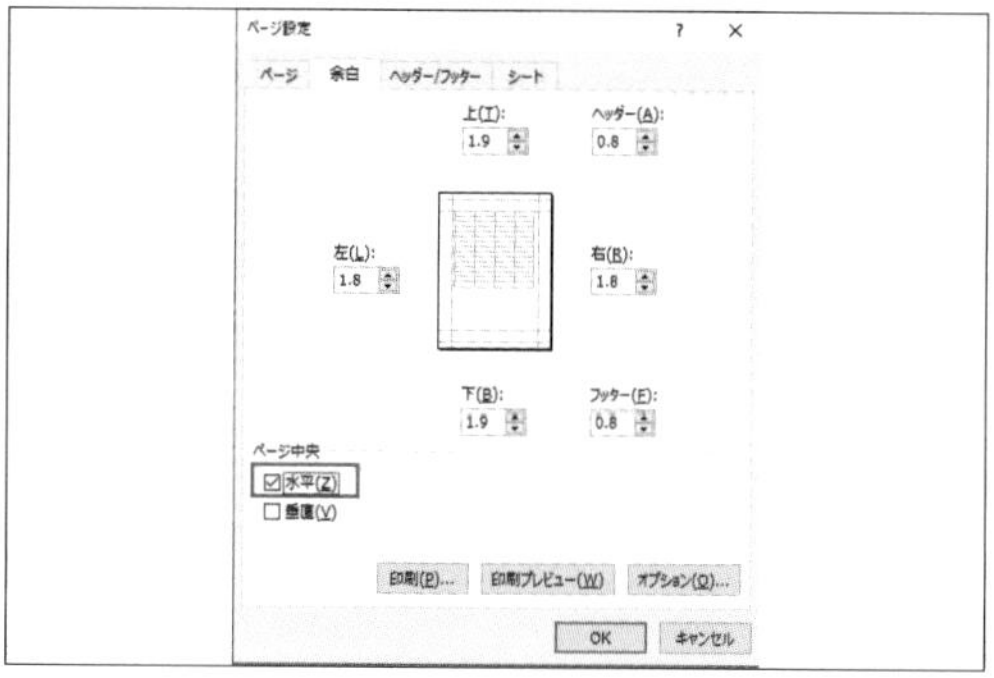

5

「水平」にもチェックを入れると用紙の中央に表が印刷されます。

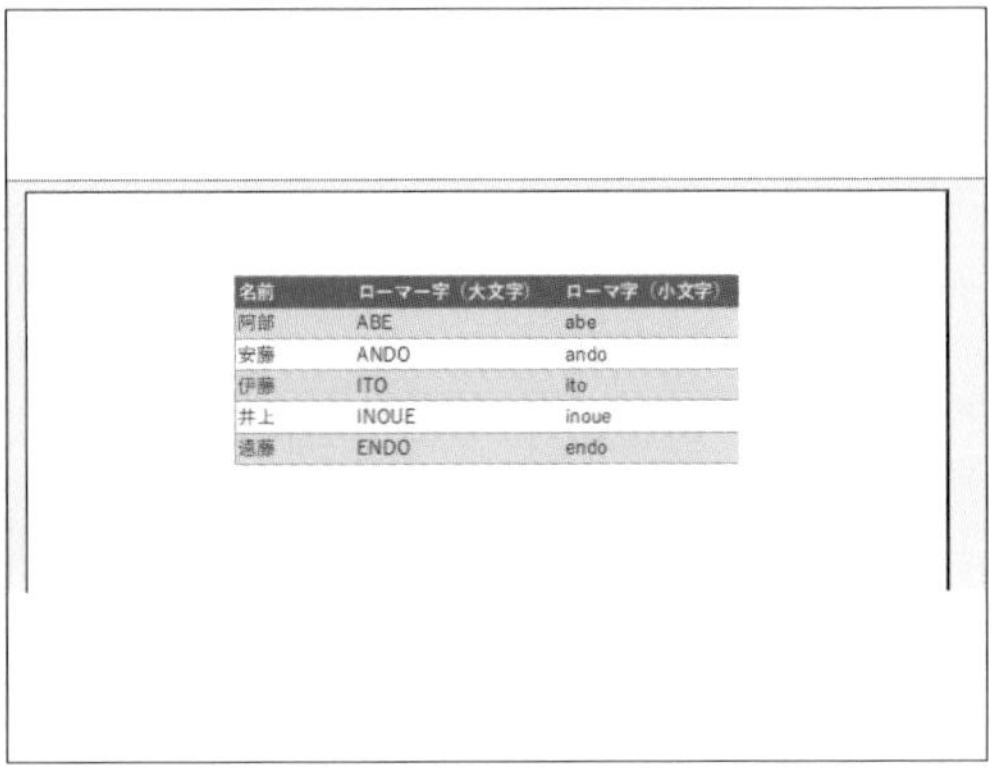

ヘッダーとフッターの設定

「**ヘッダー**」は用紙の上部の余白部分を表し、「**フッター**」は用紙の下部の余白部分を表します。ヘッダーとフッターを１つ設定すれば、すべての用紙に表示されます。

「ワークシート」の上部余白に表示されるのが「ヘッダー」、「ワークシート」の下部余白に表示されるのが「フッター」です。

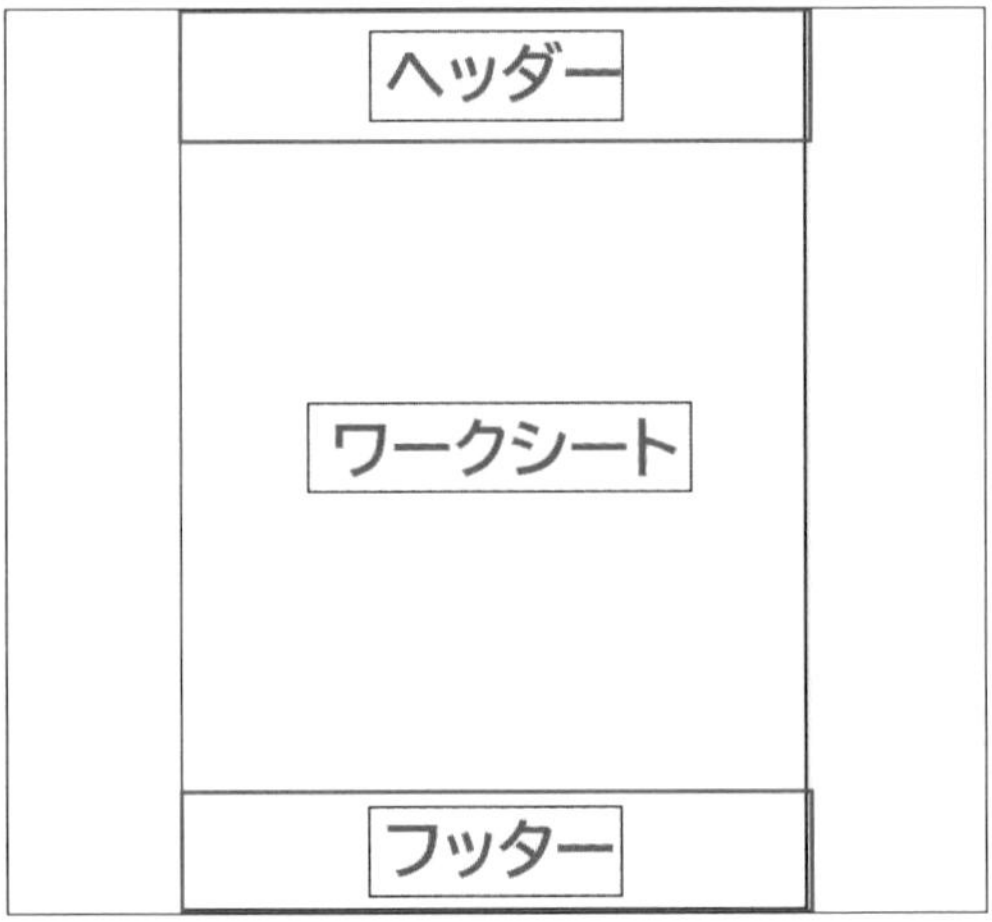

文字を直接入力する

表示形式を「ページレイアウト」に変更すると、ヘッダーやフッターが表示されます。ヘッダーやフッターに文字を直接入力すると、すべてのページに印刷されます。

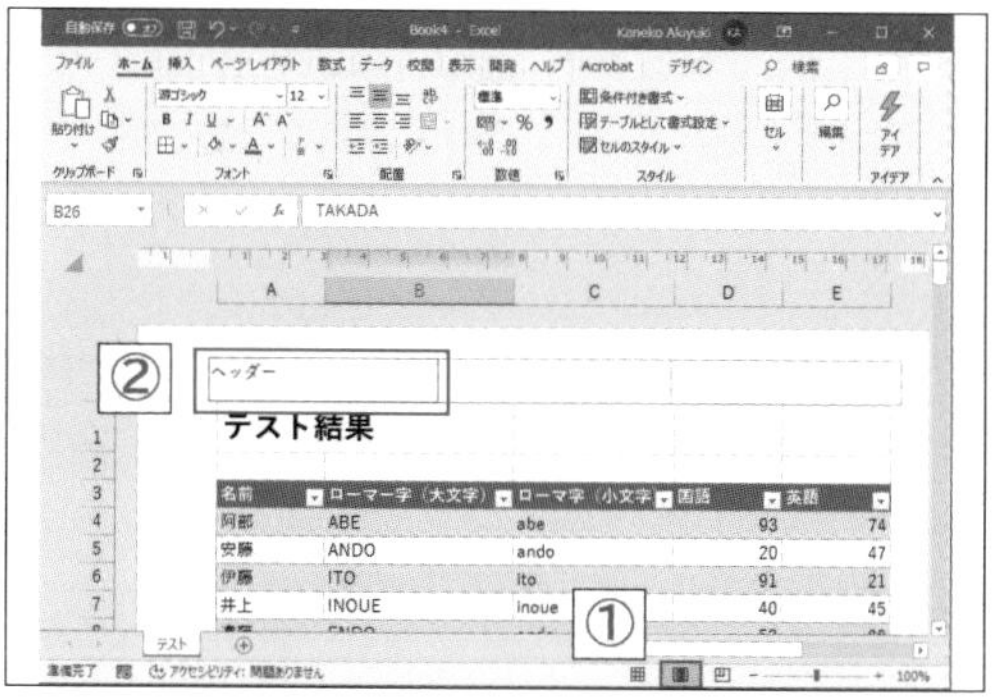

ヘッダー/フッターツール

1

「**ヘッダー/フッターツール**」を使用すると、各用紙にページ番号などを配置することが可能です。①の「**デザイン**」タブから②の「ページ番号」を選択しましょう。

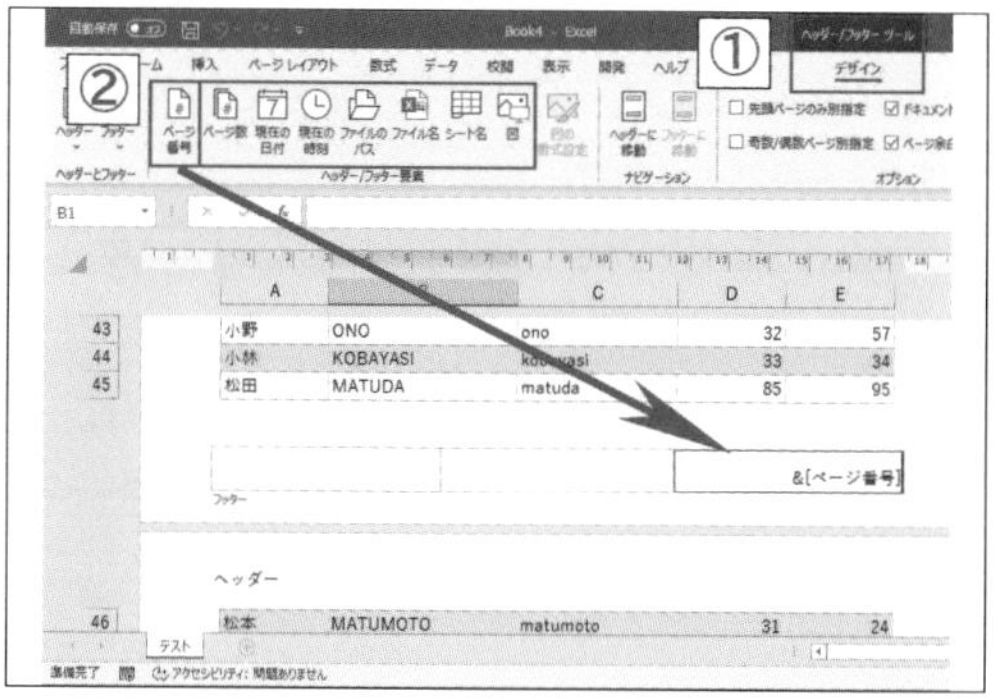

2

「**ページ番号**」と「**ページ数**」をクリックすると、「○/○」のように現在のページ数と総ページ数を一気に配置できます。

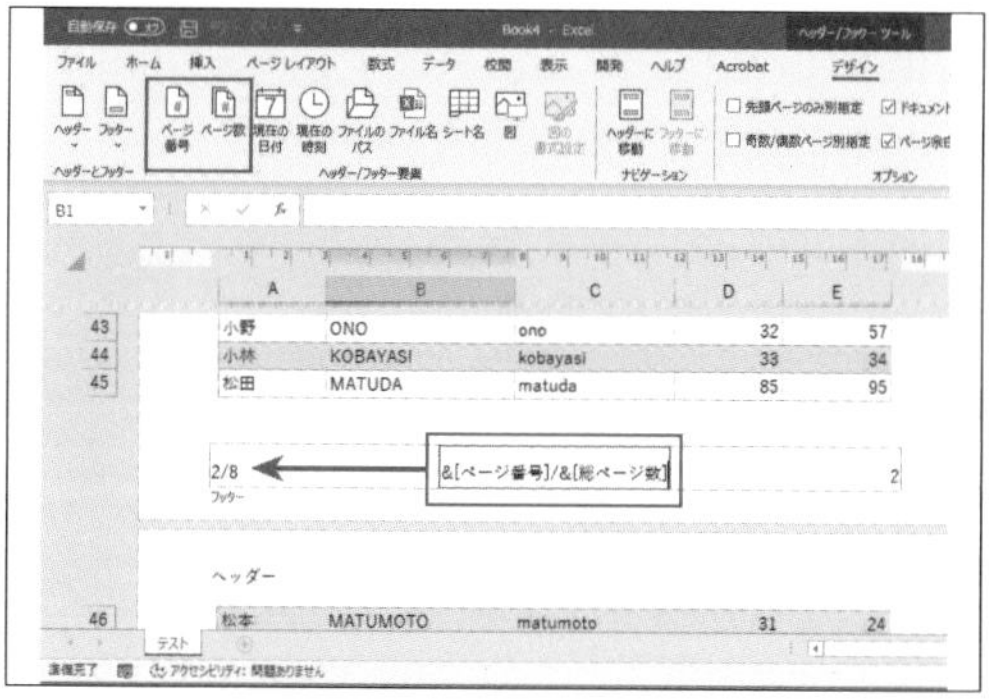

条件付き書式を使用する

▶ 条件でセルの書式を変える

　表を見やすくするため、セルに色をつけたり、文字色を変えたりする必要があります。手動で１つひとつ行うこともできますが、条件付き書式を設定すれば、条件に合わせてまとめて書式を変更することが可能です。

セルの強調表示ルール

「**セルの強調表示ルール**」を設定すると、指定した条件に合致する値のあるセルを強調表示させることができます。

1

①で強調したいセル範囲を選択し、「ホーム」タブにある②の「条件付き書式」をクリックします。③の「**セルの強調表示ルール**」を選択し、今回は④の「指定の値より大きい」をクリックしましょう。

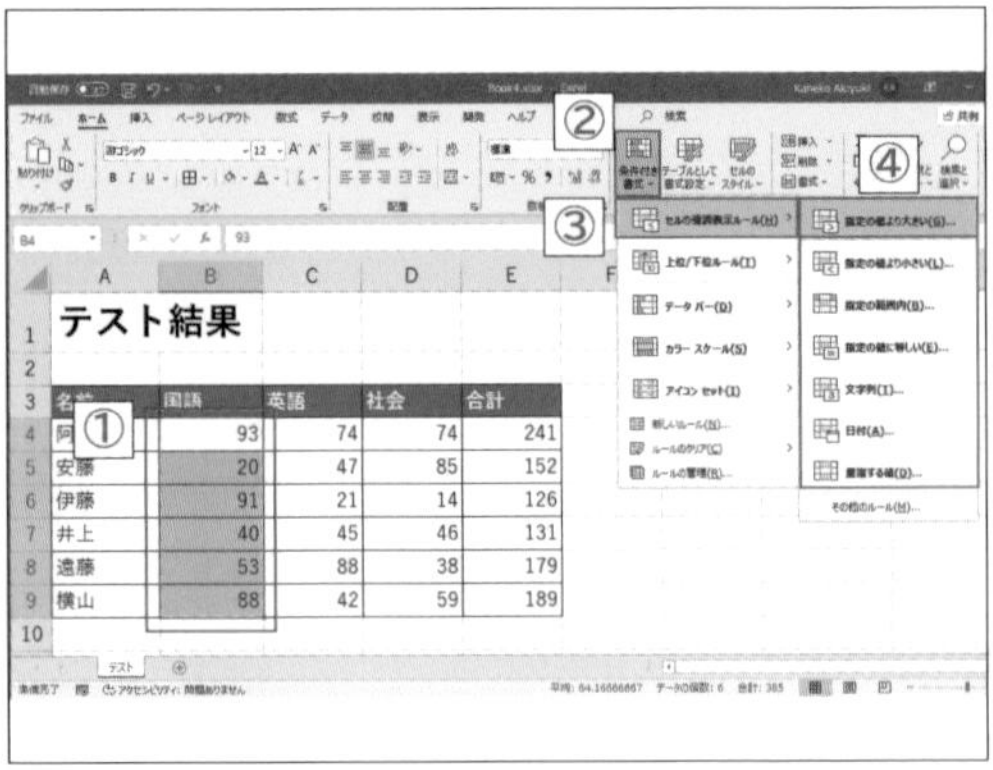

2

「指定の値より大きい」ウィンドウで値を指定し、書式を選択しましょう。条件に従って表の表示が変わります。

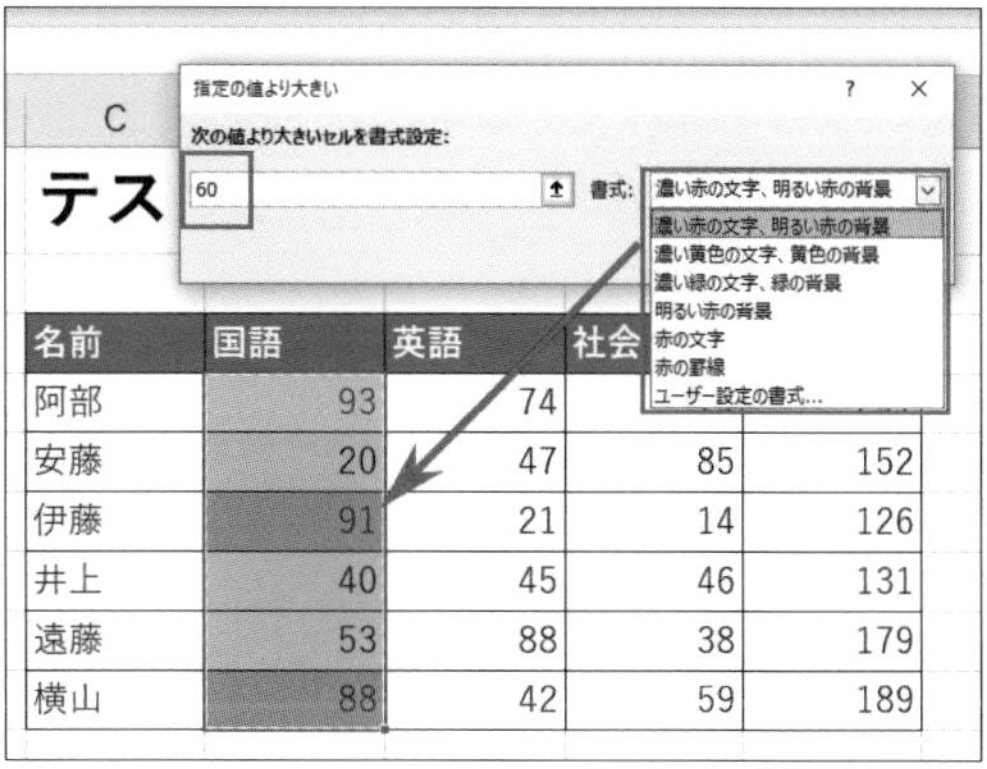

上位/下位ルール

上位10項目や平均より下など、特定の条件を指定したい場合は「**上位/下位ルール**」を選択します。

1

①で強調したいセルを選択し、「ホーム」タブにある②の「条件付き書式」をクリックします。③の「**上位/下位ルール**」を選択し、④でルールを選びます。今回は「平均より上」をクリックしましょう。

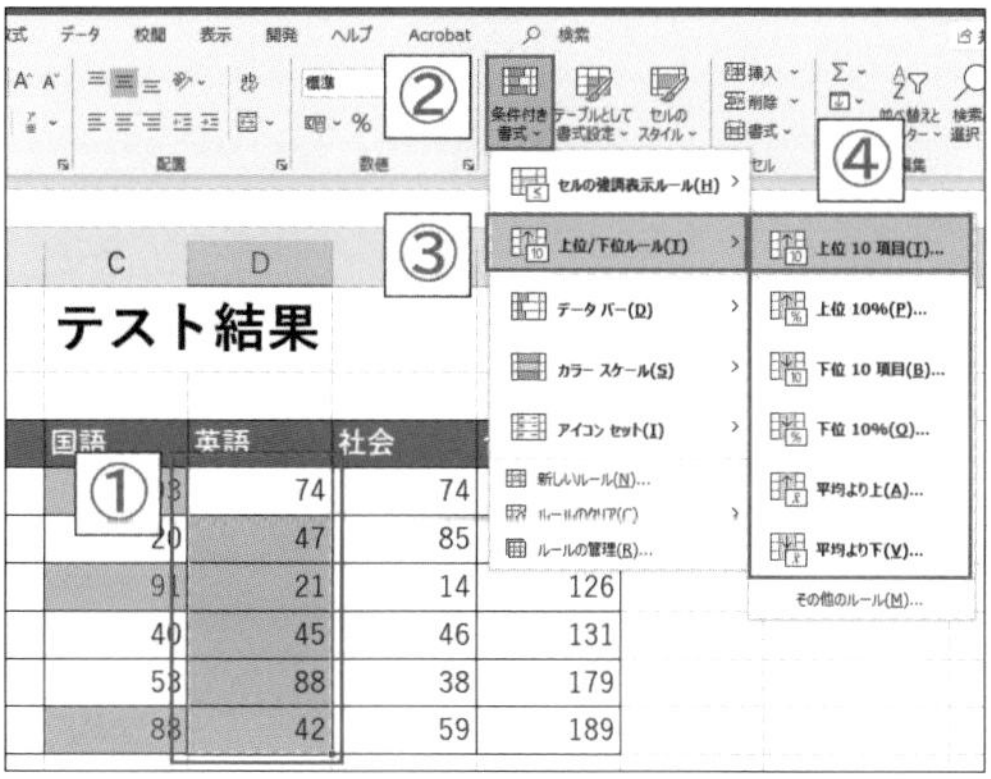

2

「平均より上」ウィンドウで書式を選択しましょう。条件に従って表の表示が変わります。

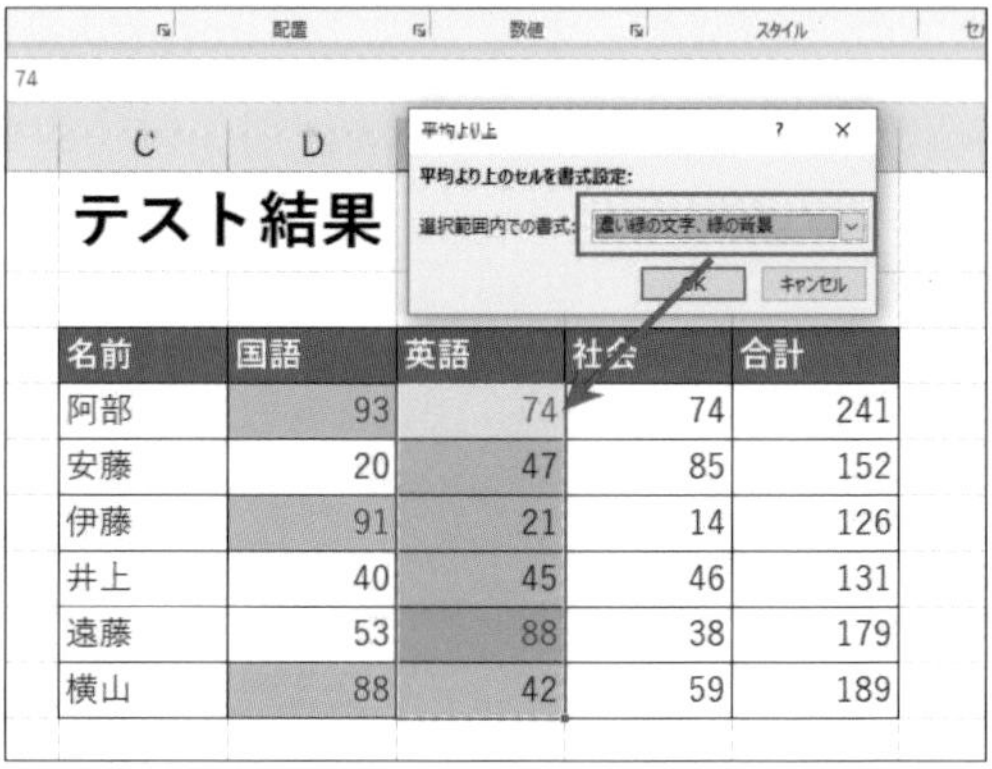

データバー

「条件付き書式」で「**データバー**」を選択すると、セル内に棒グラフを表示でき、ひと目で値の大小がわかりやすくなります。

①で強調したいセルを選択し、「ホーム」タブにある②の「条件付き書式」をクリックします。③の「**データバー**」を選択し、④でデザインを選びます。

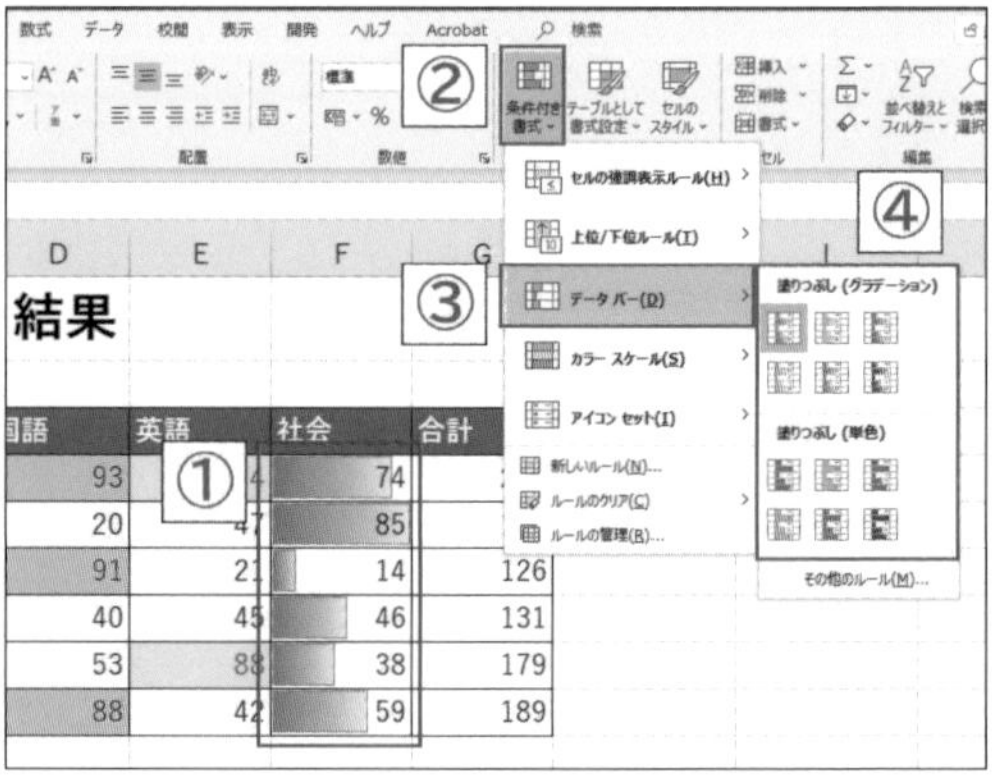

条件付き書式を変更する

条件付き書式は書式を細かく変更することができます。今回は「**データバー**」を適用したセルの値を非表示にして、データバーのみ表示してみましょう。

1

①で書式を変更したいセルを選択し、「ホーム」タブにある②の「条件付き書式」をクリックします。③の「**ルールの管理**」を選択します。

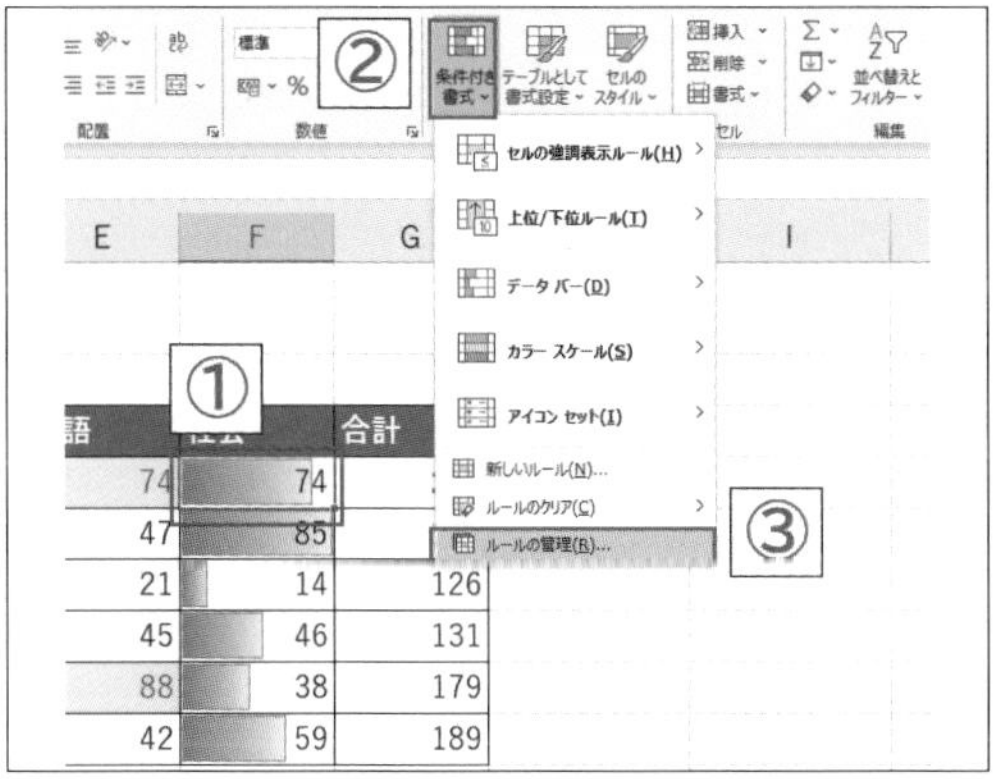

2

「**条件付き書式ルールの管理**」ウィンドウが表示されます。「ルールの編集」をクリックしましょう。

3

「書式ルールの編集」ウィンドウが表示されます。「セルの値に基づいてすべてのセルを書式設定」にある「棒のみ表示」にチェックを入れると、値が非表示になります。

条件付き書式の削除

条件付き書式を削除したい場合は、「**条件付き書式ルールの管理**」ウィンドウから①で範囲を選択して、②で削除したい条件を選び、③の「**ルールの削除**」をクリックします。

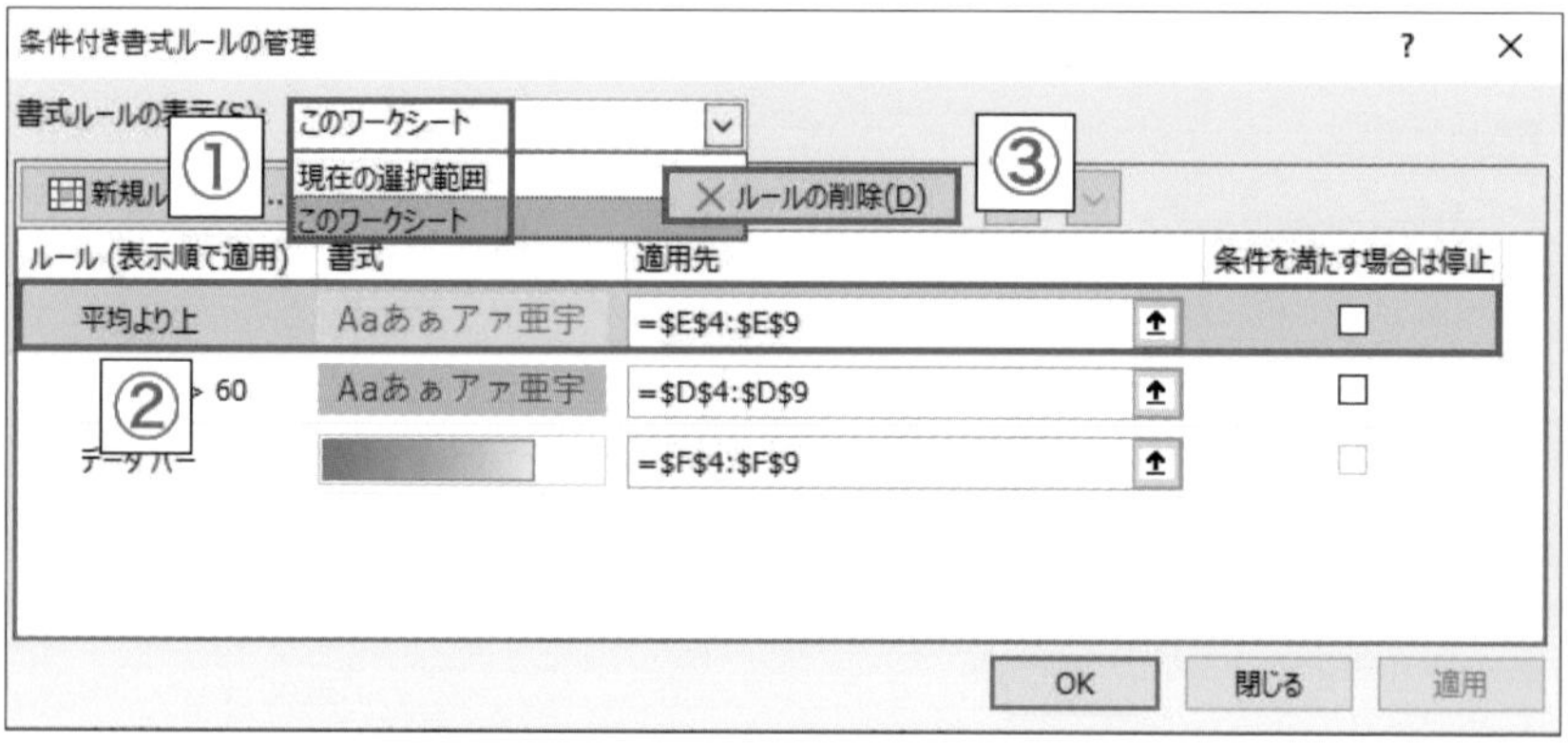

アイコンセット

「**アイコンセット**」は数値に合わせてセルをグループ分けし、アイコンを表示する機能です。

1

①でアイコンを表示したいセルを選択し、「ホーム」タブにある②の「**条件付き書式**」をクリックします。③の「**アイコンセット**」を選択し、④でデザインを選びます。

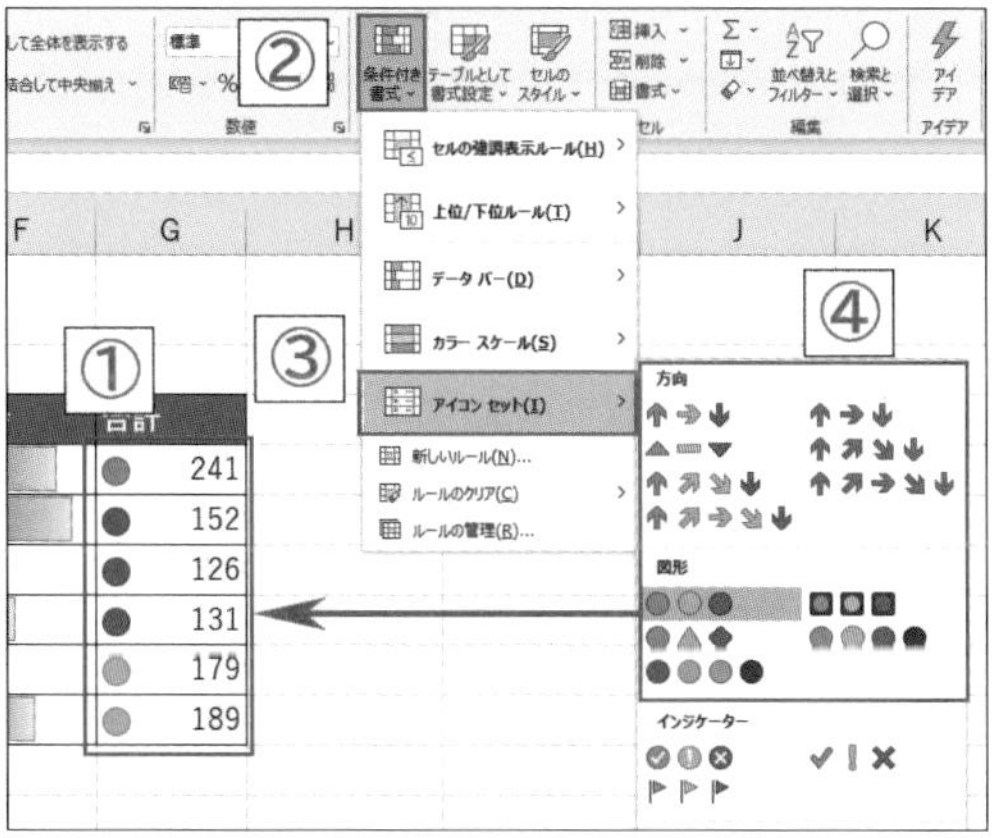

2

「書式ルールの編集」から、アイコンのルールを変更できます。表示されている値を基にしたい場合は、必ず種類を「**数値**」に変更します。また、アイコン適用方向を逆にしたい場合は「**アイコンの順序を逆にする**」にします。

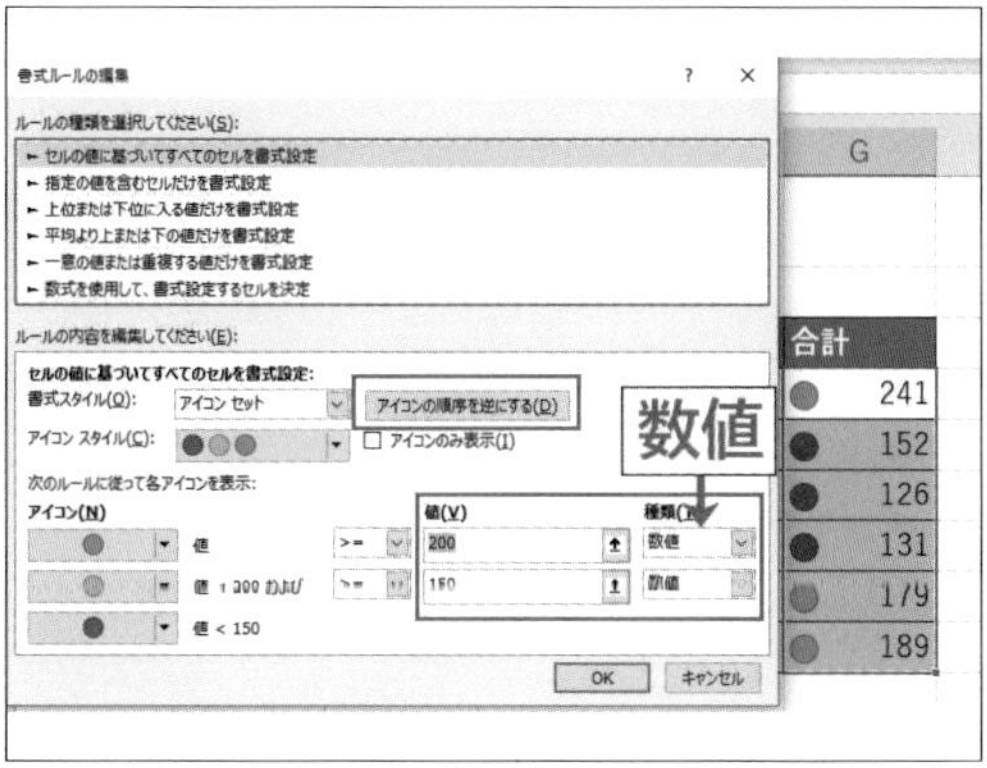

データの入力規則

▶ 入力できる値を設定する

　データの入力規則を設定すると、指定以外の値を入力することを禁止できます。

入力規則の設定

1

①でデータの入力規則を設定したいセルを選択し、②の「データ」タブにある③の「**データの入力規則**」をクリックします。

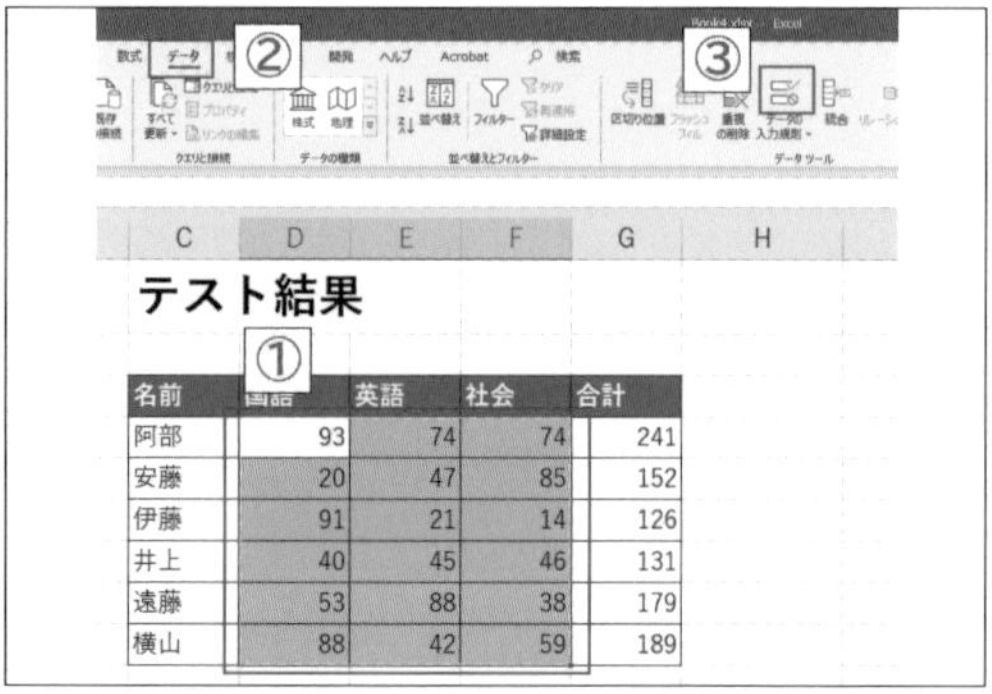

2

表示される「データの入力規則」ウィンドウで、今回は「入力できる値」を設定します。最初は「すべての値」が設定されていますので、「整数」に変更します。

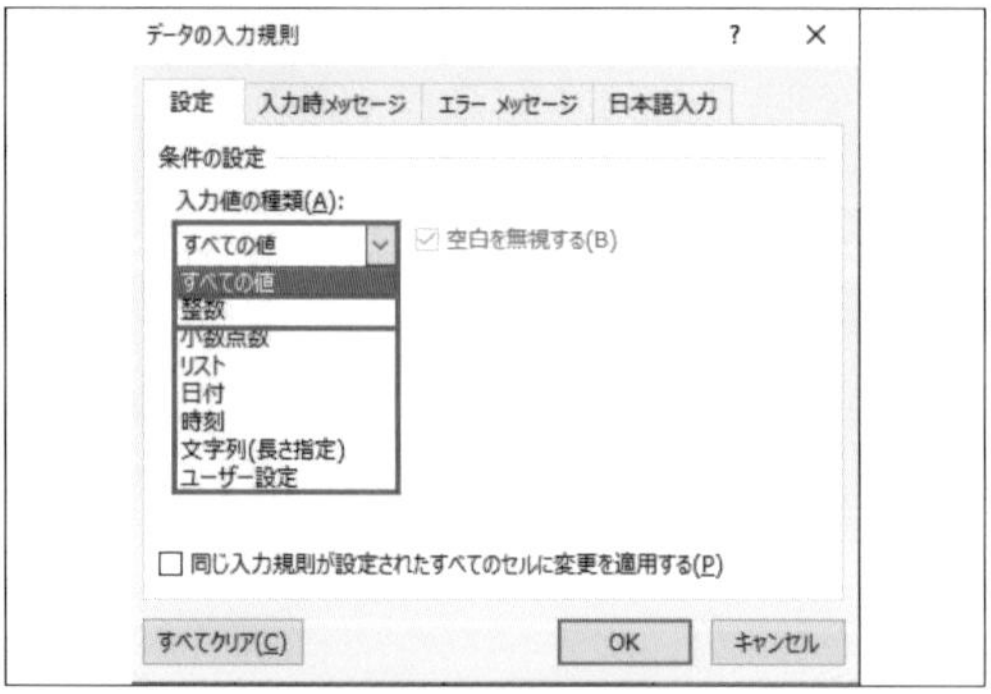

3

「最小値」と「最大値」を設定することで、「0」から「100」の間の整数のみ入力できるようになります。

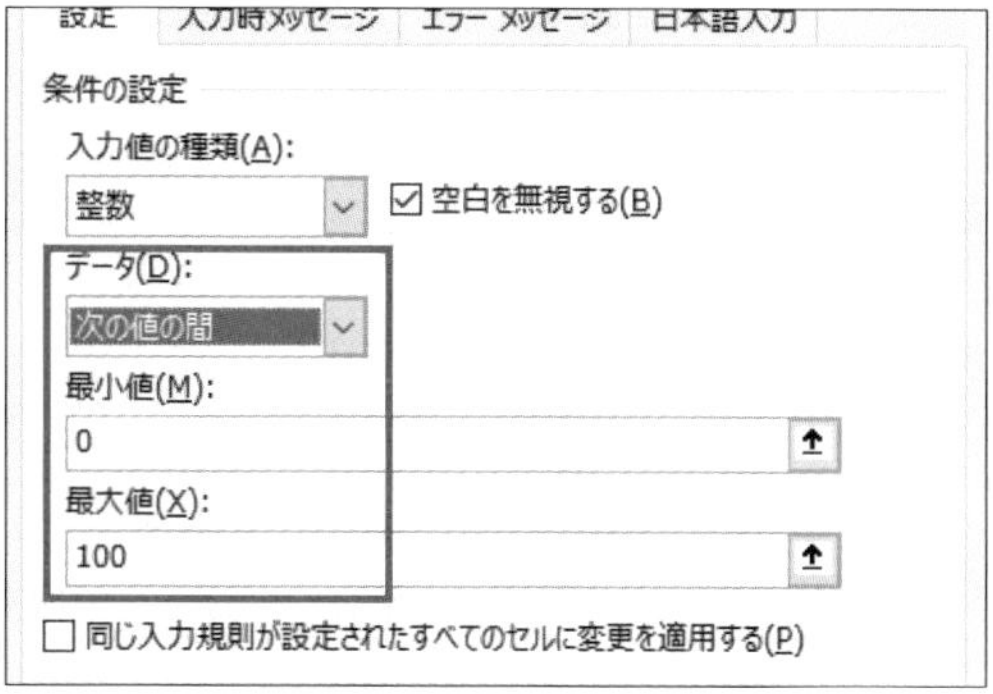

4

指定した値以外が入力されると、エラーメッセージが表示され、入力はできません。

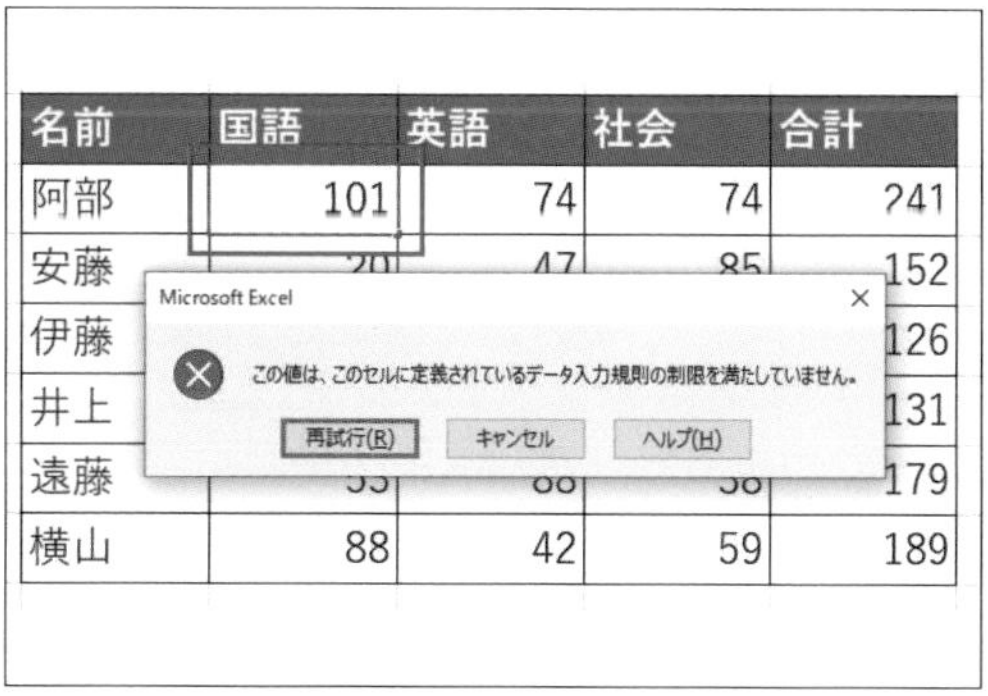

エラーメッセージを変更する

1

エラーメッセージを自由に変更することも可能です。「データの入力規則」ウィンドウから①の「**エラーメッセージ**」タブを選びます。②で「タイトル」と「エラーメッセージ」を設定します。

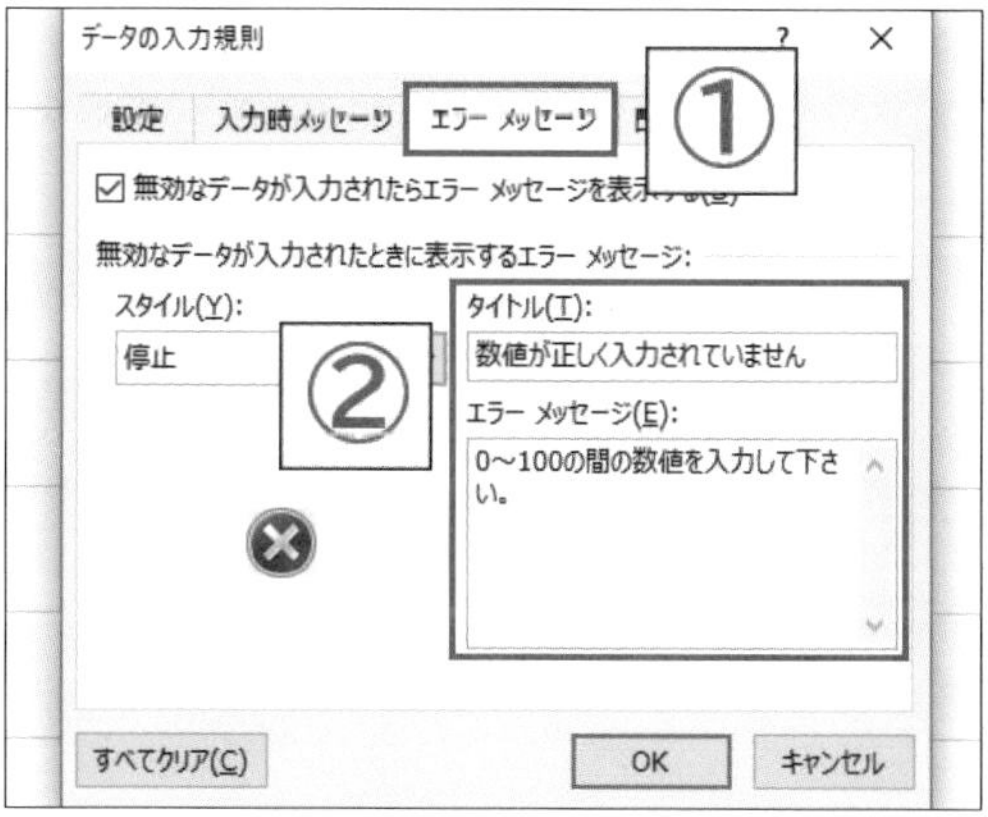

データの入力規則

2章 Excelの機能を使いこなす

2

スタイルを「**注意**」に変更するとアイコンが変わります。入力した値が範囲外だった場合、その値を残すか、入力し直すかを促すメッセージが表示されます。

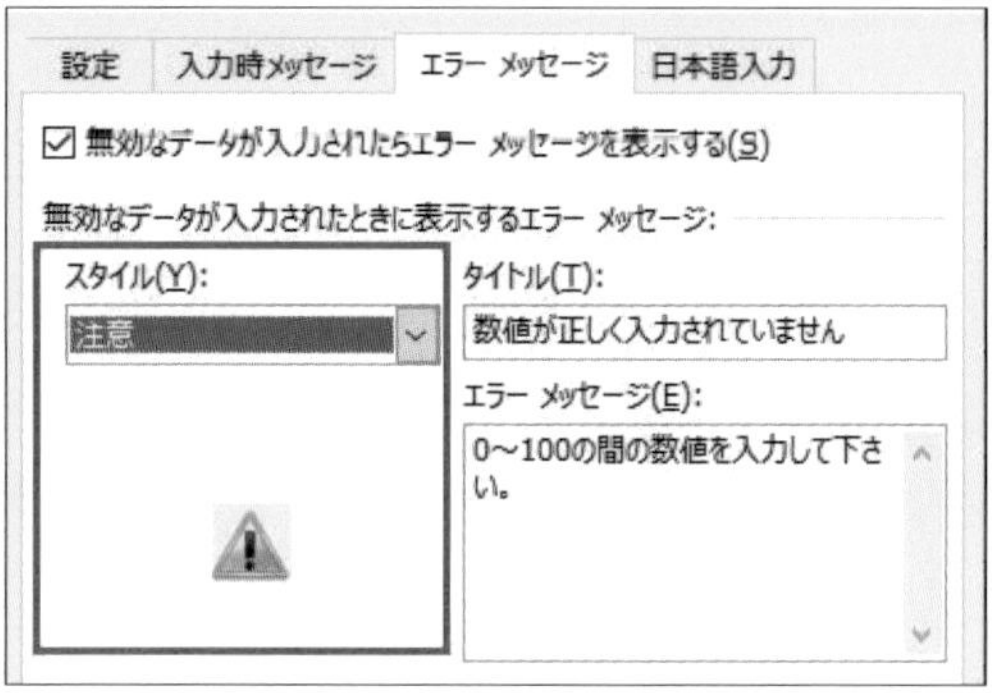

リストを表示する方法

1

データの入力規則では「**ドロップダウンリスト**」を作成できます。①でリストを表示したいセルを選び、「データの入力規則」を開きます。②の「入力値の種類」を「リスト」に変更し、③の「元の値」の参照を設定します。

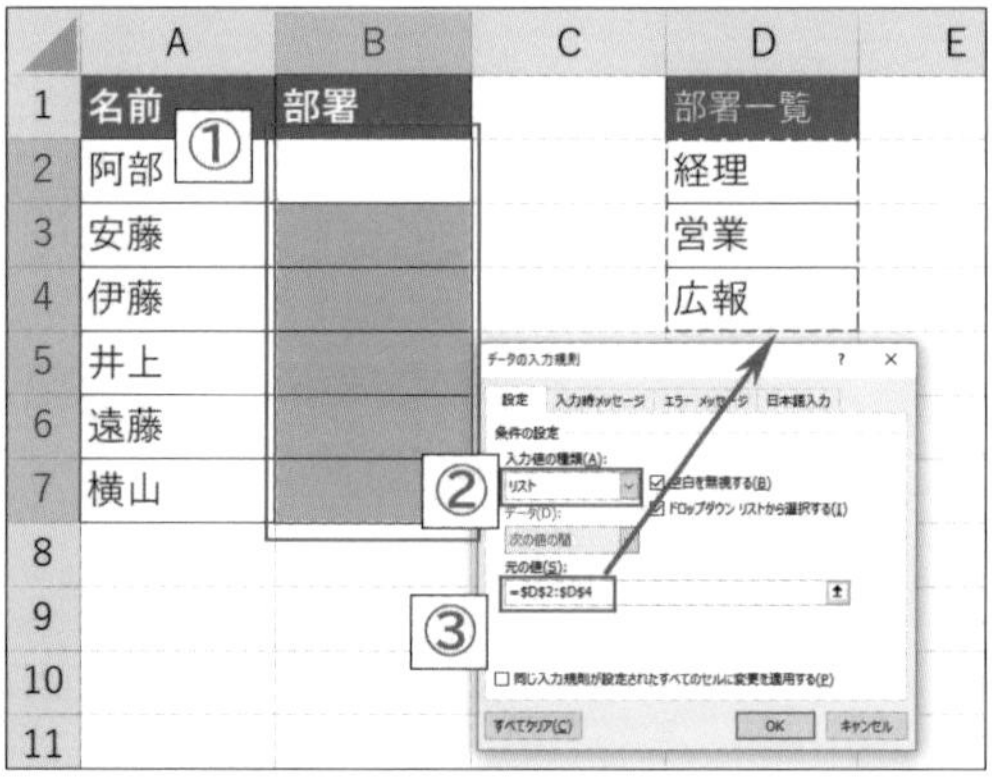

2

適用されたセルをクリックすると、ドロップダウンリストが表示されます。リストから選ぶだけになるので入力ミスが減りやすくなります。

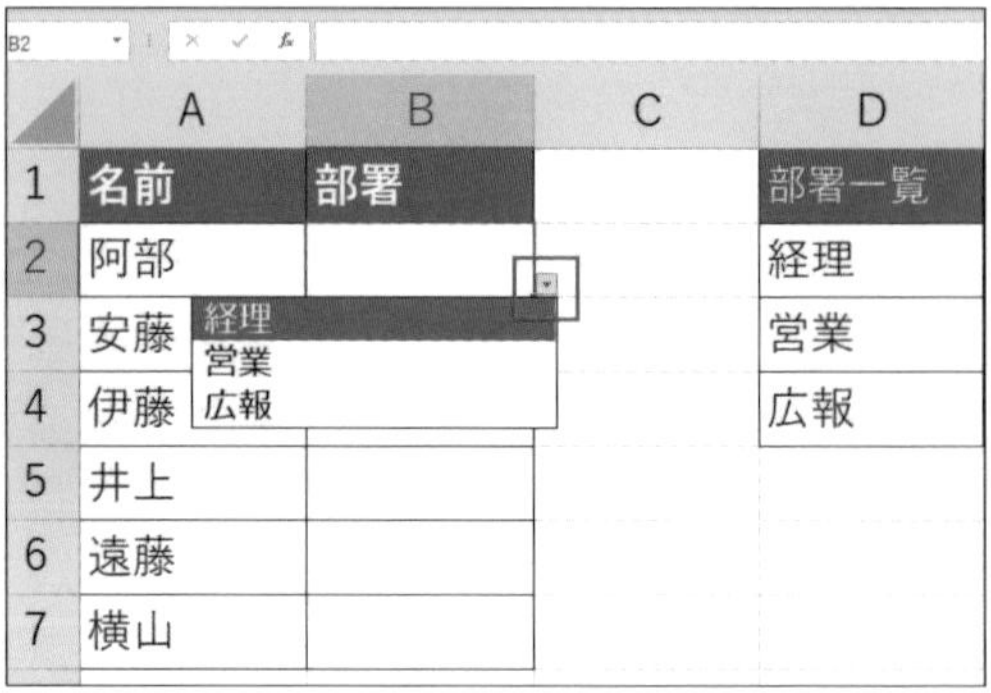

リストを自動更新する方法

「データの入力規則」で設定したリストは、参照元が追加された場合に自動更新されません。しかし、参照元をテーブルにすることによって追加が自動で更新されるようになります。

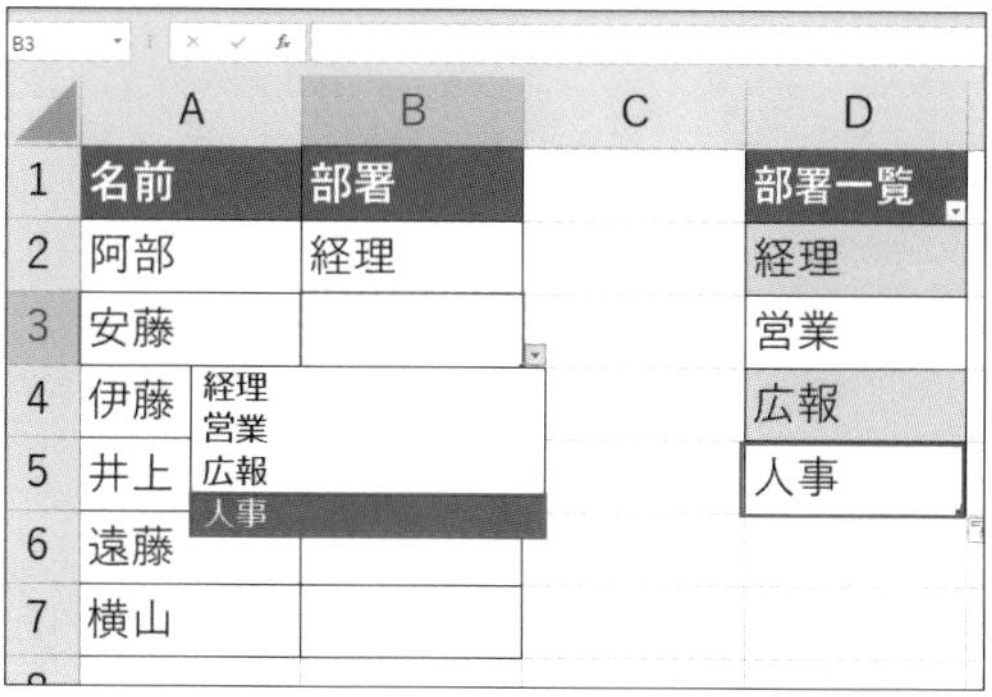

別のシートのリストを自動更新する

1

「**元の値**」の参照元を別のシートにしている場合、セル範囲の名前を設定する必要があります。セル範囲を選択し、左上にセルの名前を入力します。

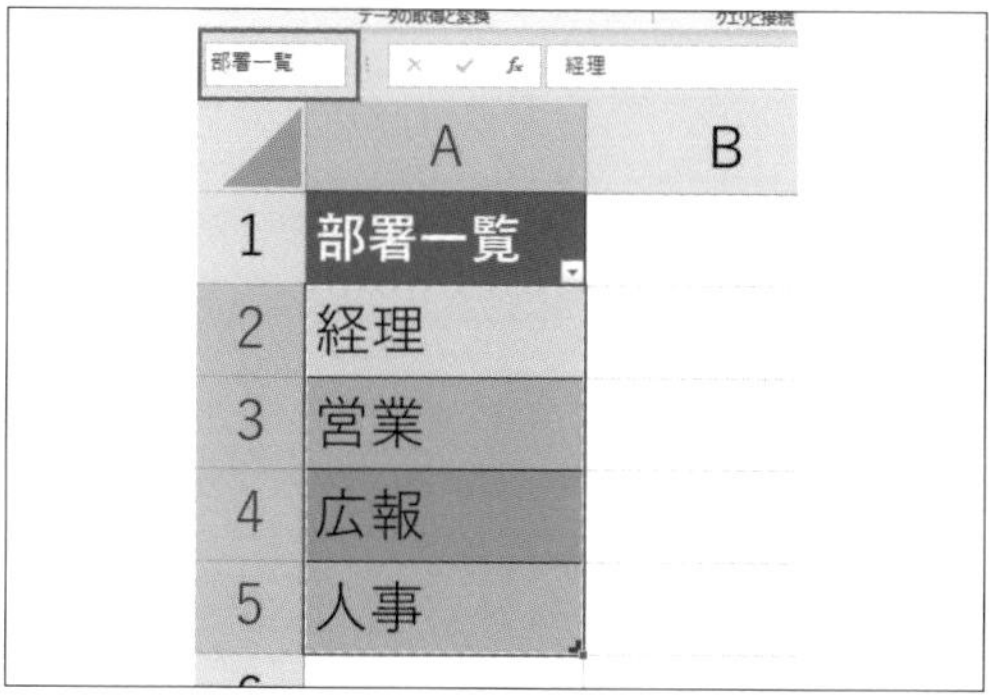

2

「データの入力規則」の「元の値」に、「=(セル範囲の名前)」と入力すると、「ドロップダウンリスト」が自動更新されるようになります。

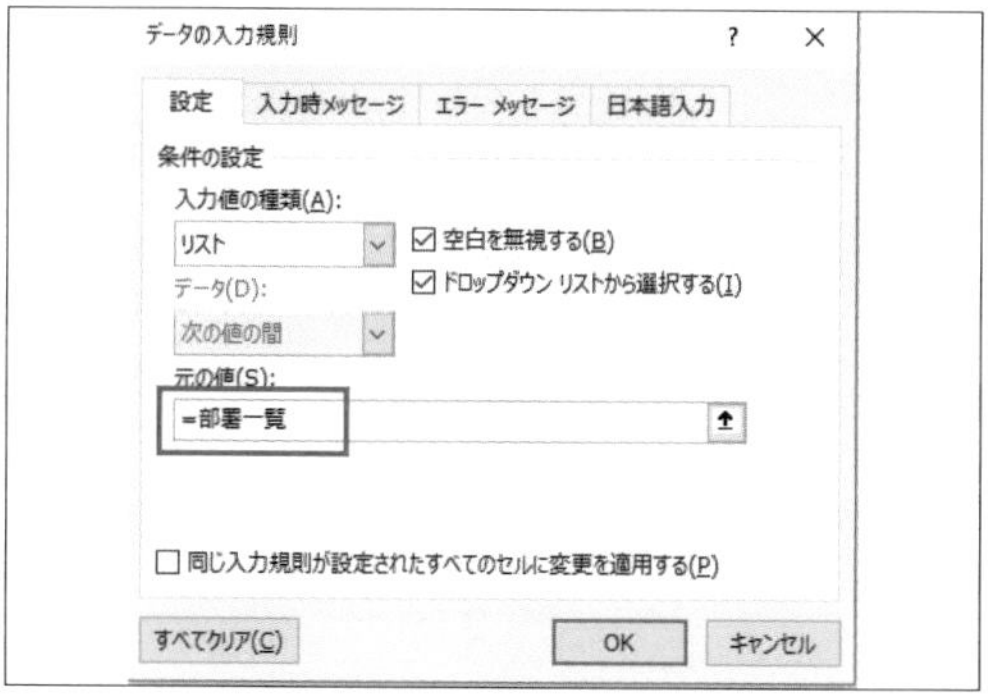

見やすいグラフを作る

▶ 見やすいグラフの８つのテクニック

数値を視覚的に伝えることができる「**グラフ**」は、資料や報告書などに多用されます。第三者に見せることも多いグラフの作成は、常に見やすいデザインを意識する必要があるのです。実は、グラフの種類に関係なく、すべてのデザインにおいて見やすくなるポイントは共通しています。少しの工夫で格段に見やすさが向上しますので、グラフを見やすくする8つのポイントを覚え、状況によって使い分けましょう。

グラフを見やすくする8つのポイント

1. 3Dグラフを使わない
2. データラベルをつける
3. 余計な情報を削除してシンプルにする
4. 重要なポイントを強調する
5. 図形で情報を表示する
6. グラフの横幅を広げる
7. 増減をわかりやすくする
8. 並べ替える

1 3Dグラフを使わない

3Dデザインはインパクトがあり、つい多用しがちです。しかし、立体的になると、かえって見づらくなってしまいます。見やすさよりインパクトを重視する場合以外では使わないようにしましょう。

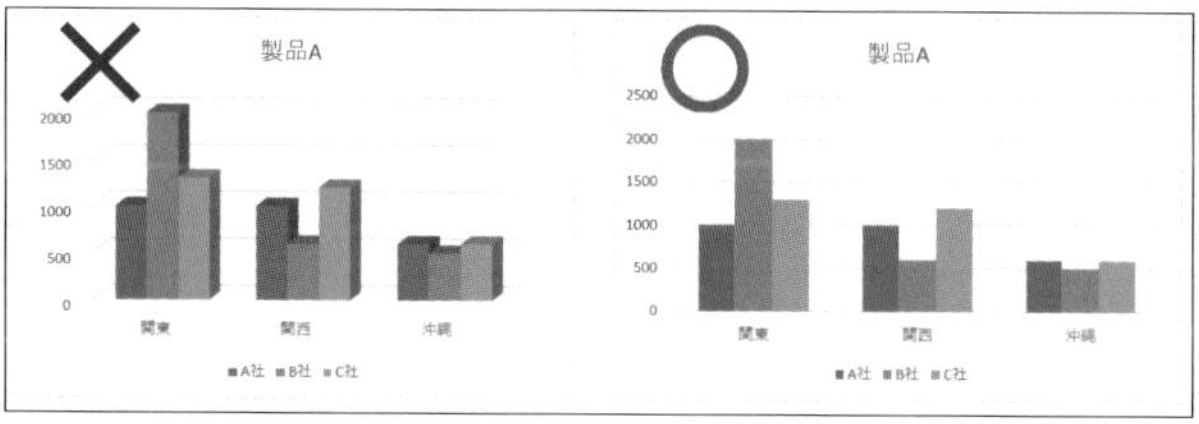

2 データラベルをつける

「データラベル」を使用すると、表の数値をグラフ上に表示させることができます。①の「デザイン」タブにある②の「グラフ要素を追加」をクリックし、③の「データラベル」を選択します。④でデータラベルを表示する位置を設定します。今回はグラフの「外側」を選択します。

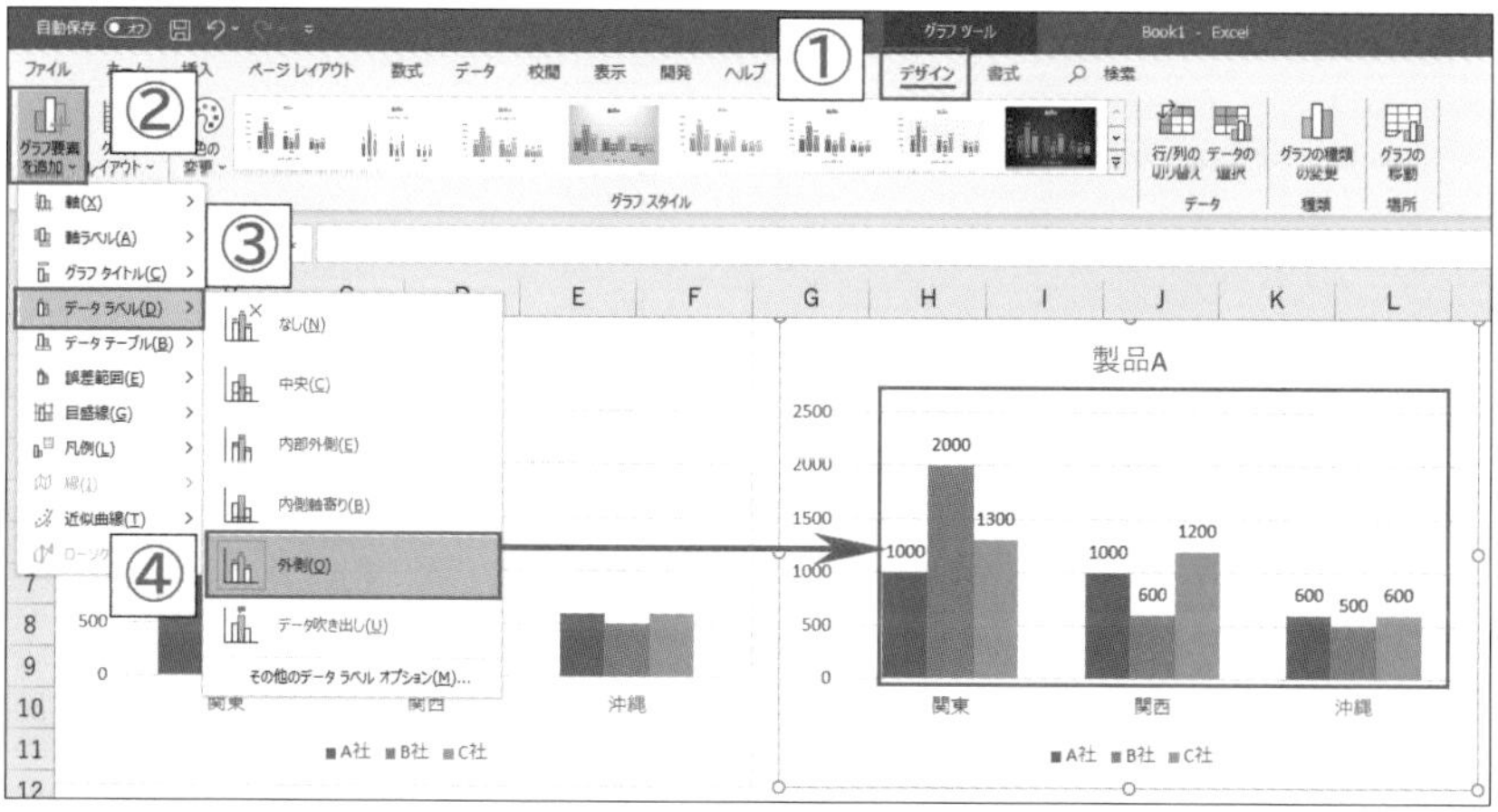

3 余計な情報を削除してシンプルにする

「目盛線」「凡例」「軸の値」など、状況によって必要のない情報もあります。不要だと思った項目はすべて削除してシンプルにしましょう。削除する場合は項目をクリックし、「Delete」キーで削除できます。

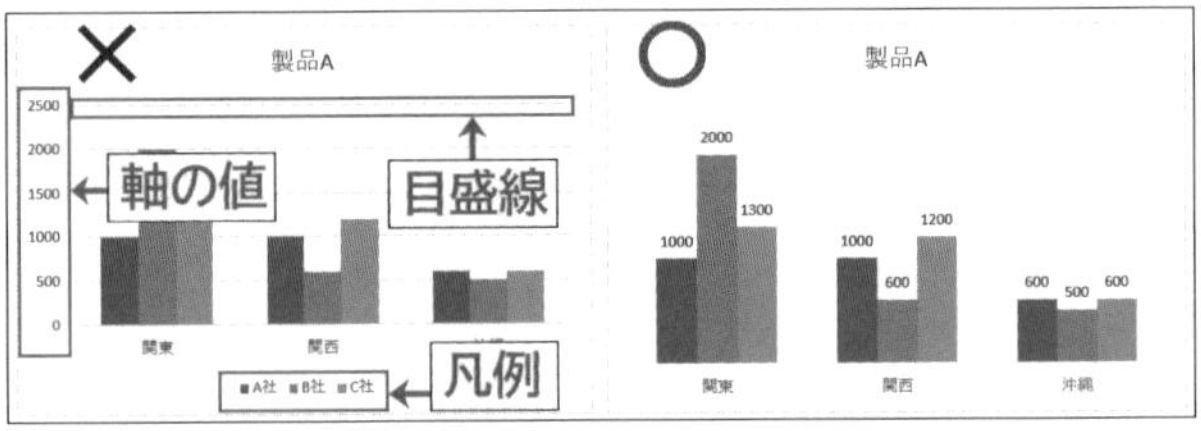

4 重要なポイントを強調する

グラフは、見せた際に一瞬で「何を見せたいのか？」が伝わるとベストです。そのため、重要なポイントは強調してわかりやすくしましょう。「書式」タブの「**図形の塗りつぶし**」をクリックするとグラフの棒の色を変更できます。重要な情報は目立つ色を使い、重要でない情報は目立たない色にしましょう。

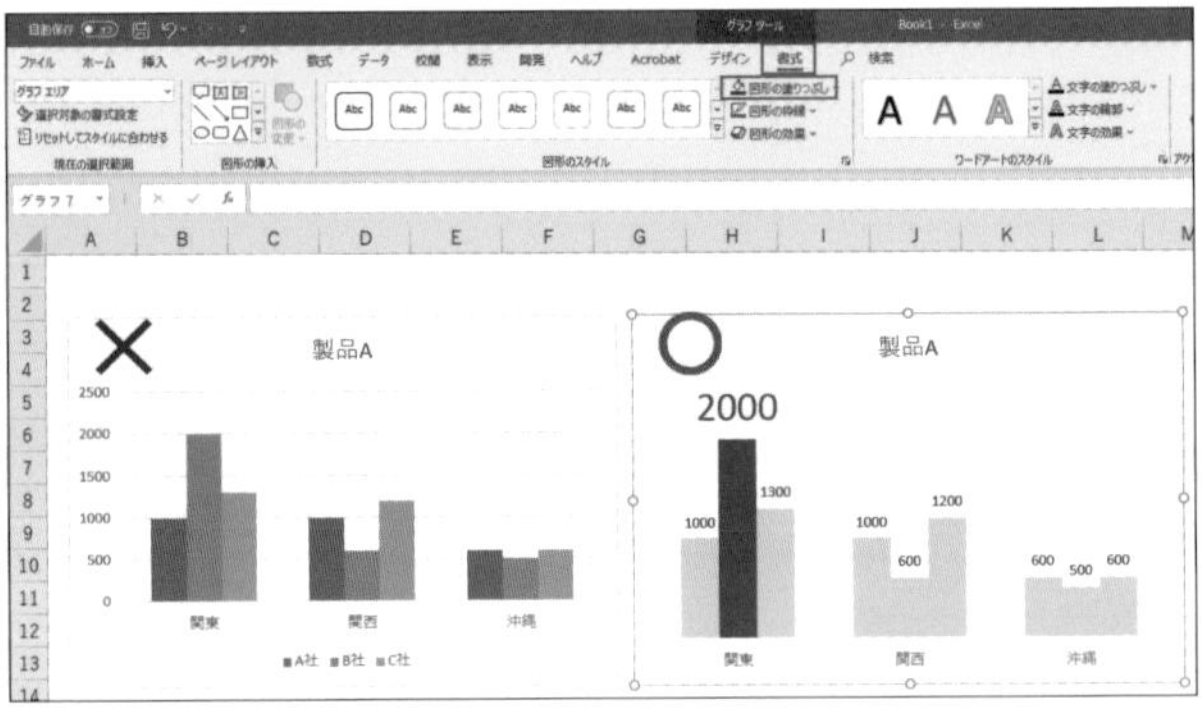

5 図形で情報を表示する

グラフの内容に合わせて説明したい情報がある場合は、図形に文字列を入力して表示すると情報を一発で伝えられます。

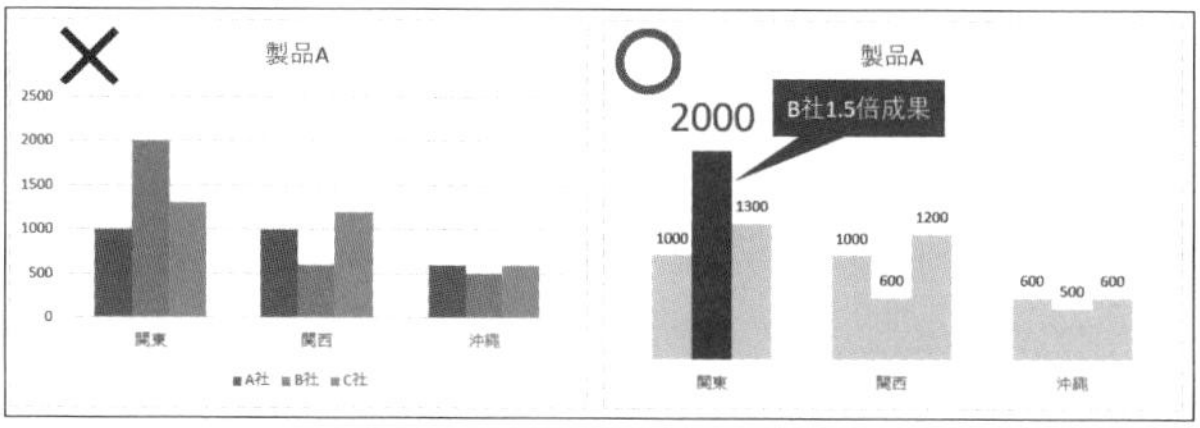

6 グラフの横幅を広げる

グラフの棒が細くて見づらい場合は、グラフの棒の横幅を広げて見やすくしましょう。①でグラフの棒を選択して右クリックし、メニューウィンドウを表示します。②の「データ系列の書式設定」をクリックし、「系列のオプション」にある③のグラフアイコンをクリックします。④の「**要素の間隔**」に数字を入力するか、スライダーを動かすことによってグラフの棒の横幅が変わります。

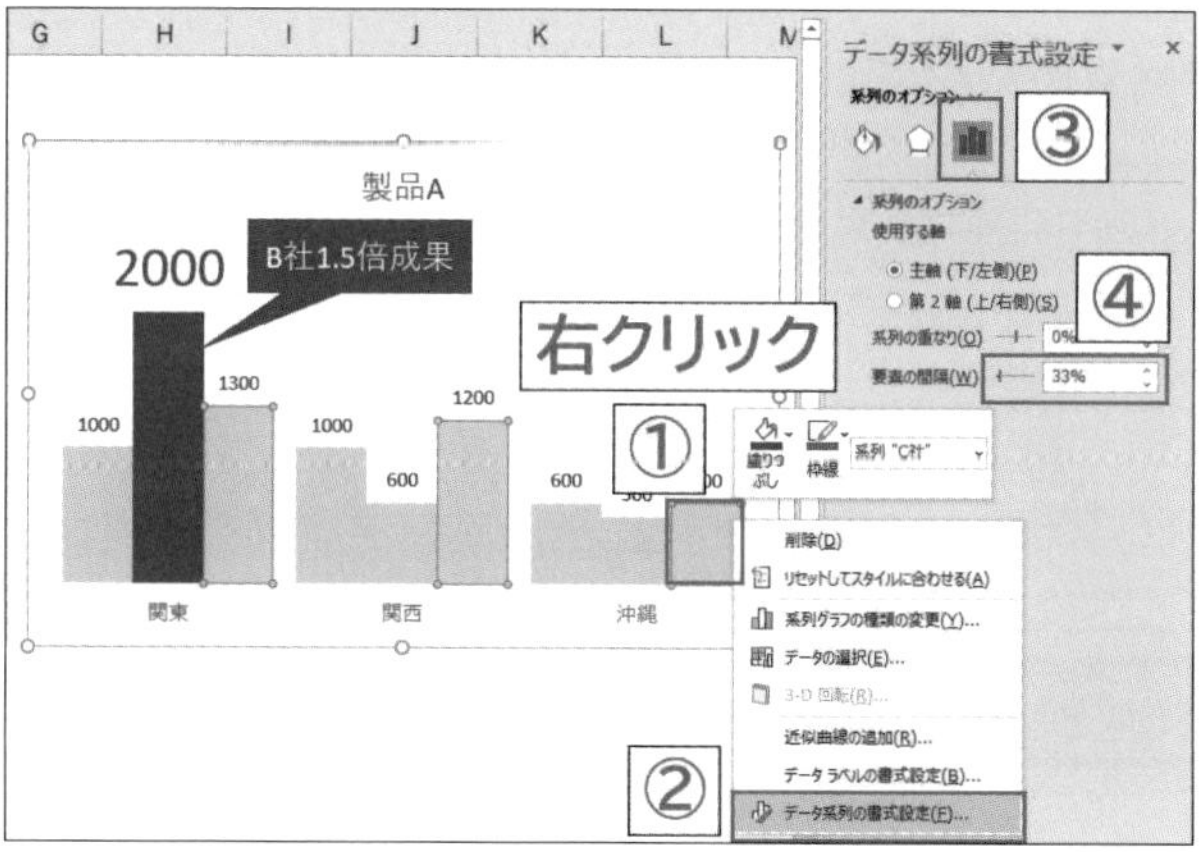

7 増減をわかりやすくする

最小値と最大値を変更し、増減をわかりやすくすると、グラフの意図が伝わりやすくなります。グラフによっては変化を少なくしたり、最小値を「0」にしたりしたほうがわかりやすいこともあります。①で軸の値を右クリックしてメニューウィンドウを表示し、②の「軸の書式設定」を選びます。③のグラフアイコンをクリックし、④の**「最小値」「最大値」**を設定しましょう。

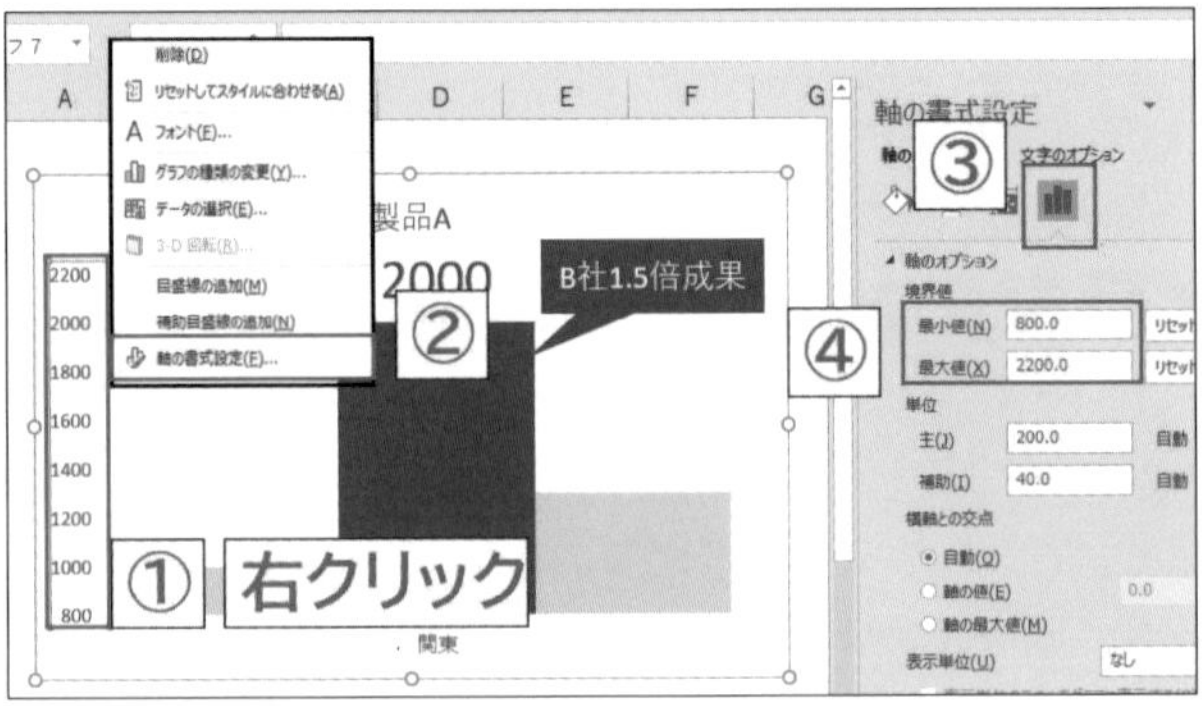

説明がないと何を伝えたいのかわからなかった左のグラフですが、デザインを変更した右のグラフでは格段にわかりやすくなっています。基となる表が同じでもグラフのデザインを変えるだけで、これだけの変化があるのです。

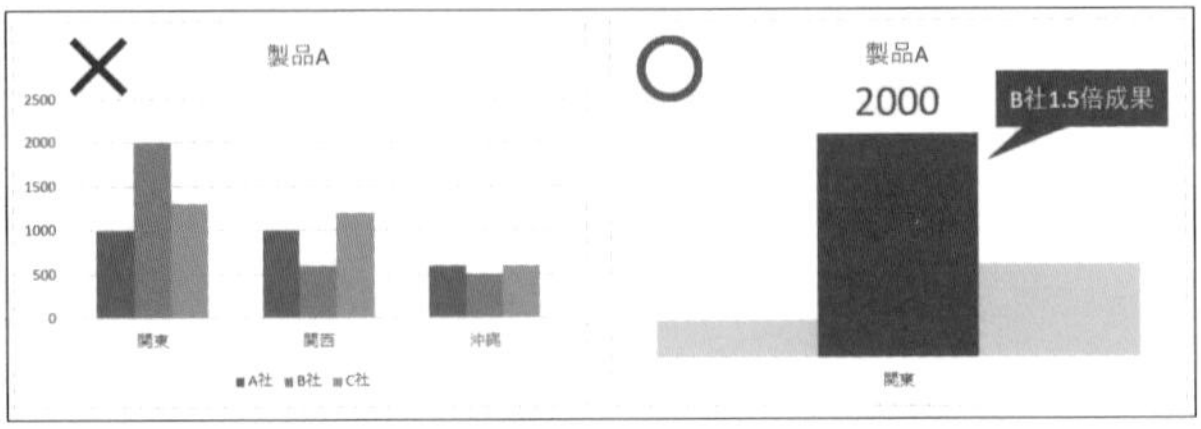

8 並べ替える

グラフのデータの並び順は表の並び順によって決まります。しかし、グラフは一般的に大きい値から順番に並べると見やすくなります。そのため、表を並べ替え、グラフの順番を変更する必要があります。

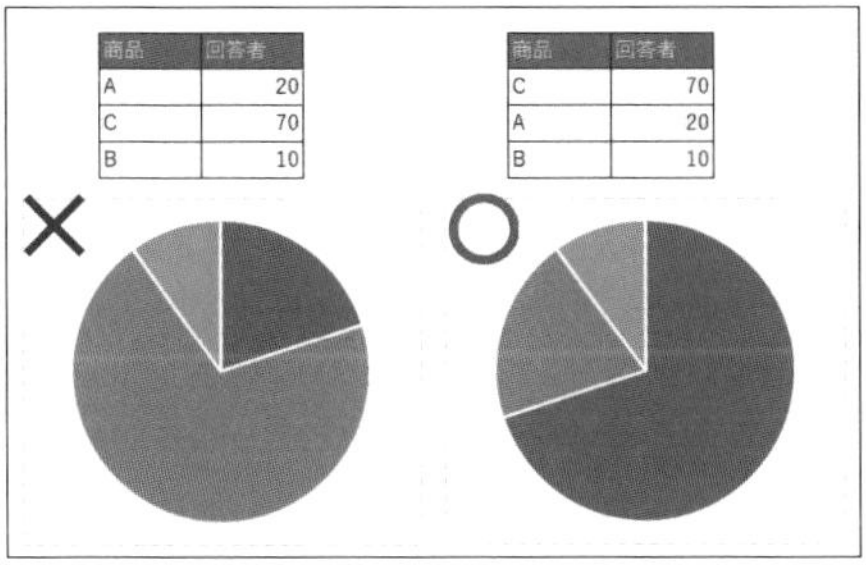

円グラフに項目やパーセントを表示したい場合

円グラフに項目名やパーセント表示などを入れたい場合は、凡例を使用するのではなく、データラベルを適用して表示しましょう。グラフを①で選択して、右クリックし、メニューウィンドウを表示します。②の「データラベルの書式設定」をクリックし、③の「**ラベルの内容**」から必要な情報にチェックを入れましょう。

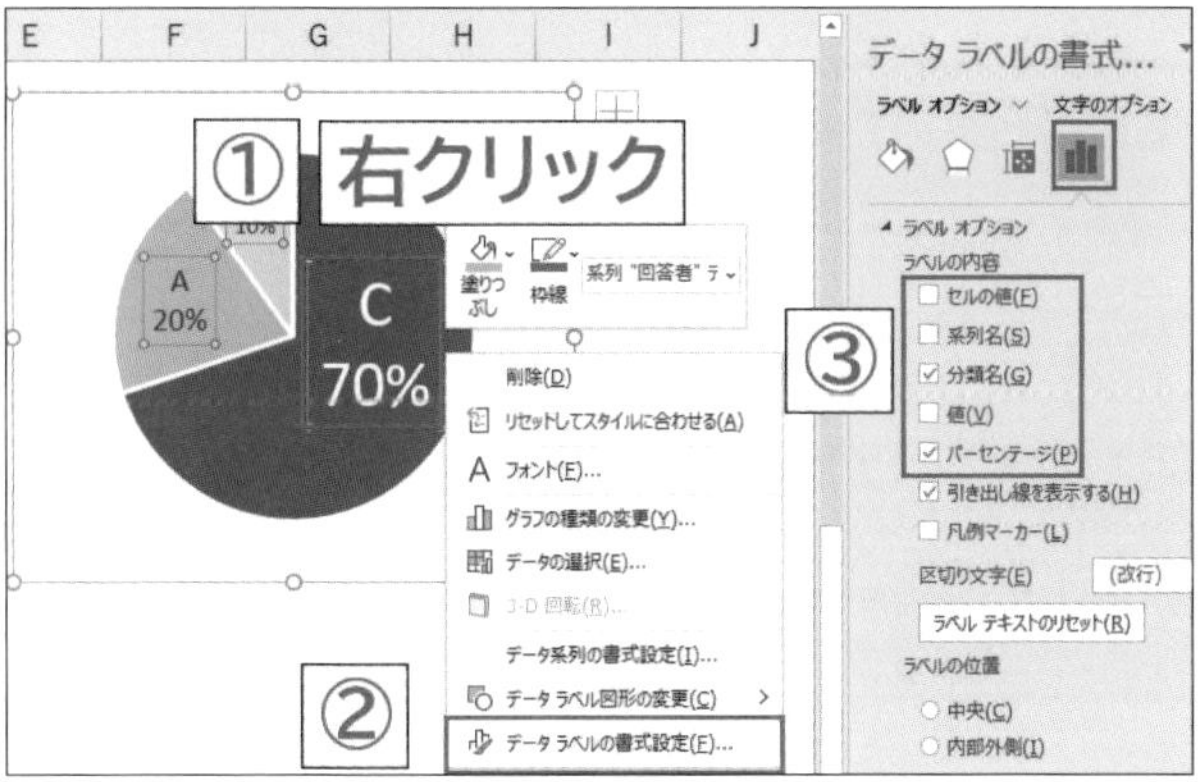

PowerQuery

▶ 外部データから取り込む

PowerQueryとは、外部データに接続し、データの加工、抽出などができる、Excel2016から搭載された機能です。機能は豊富ですが、「CSVの取り込み」「表示形式の変更」「クロス集計表をデータベースに変換」を覚えるだけでもすごく便利です。

CSVの取り込み

CSVとは、各項目が「，(カンマ)」で区切られているファイルのことで、別サービスからExcelにデータを移す場合によく使用されます。CSVをExcelでそのまま起動すると、「開催コードが日付になってしまう」「変更が保存されない」など、機能が正常に使えないことがよくあります。

メモ帳でCSVを開いた場合

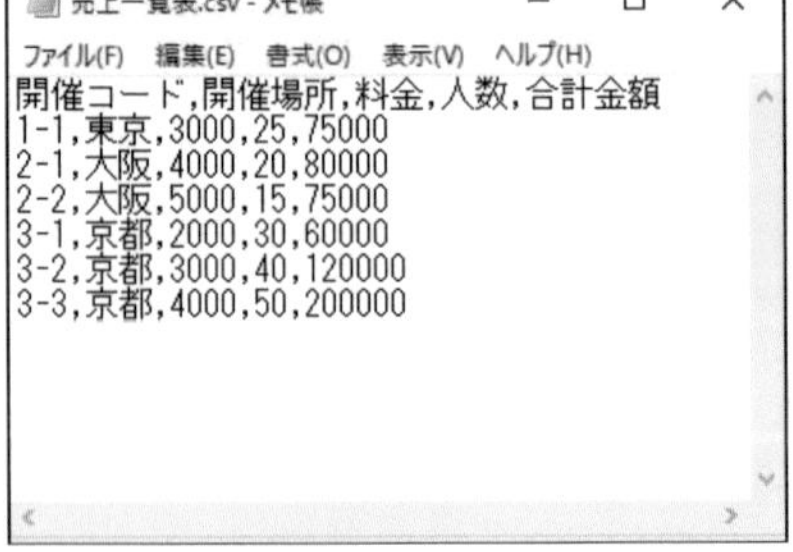

開催コード,開催場所,料金,人数,合計金額
1-1,東京,3000,25,75000
2-1,大阪,4000,20,80000
2-2,大阪,5000,15,75000
3-1,京都,2000,30,60000
3-2,京都,3000,40,120000
3-3,京都,4000,50,200000

ExcelでCSVを開いた場合

	A	B	C	D	E	F
1	開催コー	開催場所	料金	人数	合計金額	
2	1月1日	東京	3000	25	75000	
3	2月1日	大阪	4000	20	80000	
4	2月2日	大阪	5000	15	75000	
5	3月1日	京都	2000	30	60000	
6	3月2日	京都	3000	40	120000	
7	3月3日	京都	4000	50	200000	
8						

1

CSVをExcelに取り込むには、①の「データ」タブにある②の「**テキストまたはCSVから**」をクリックして、③で「CSVファイル」を選択します(Excel2016以前は表示が異なる場合があります)。

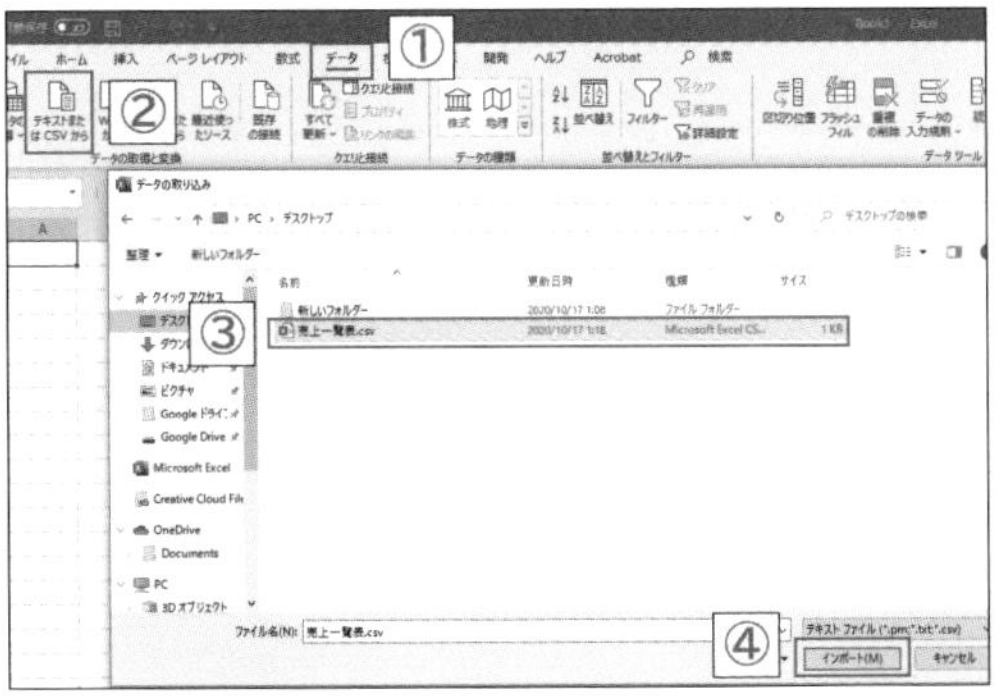

2

CSVファイルが表示されるので、「**データの変換**」をクリックします。

表示形式の変更

1

CSVファイルをExcelで読み込むと、「**PowerQueryエディター**」が起動します。取り込む際、数字が日付になってしまうため、表示形式を適切な形に変更します。①で列を選択し、②の「データ型：日付」から文字列に変更する③の「テキスト」を選択します。

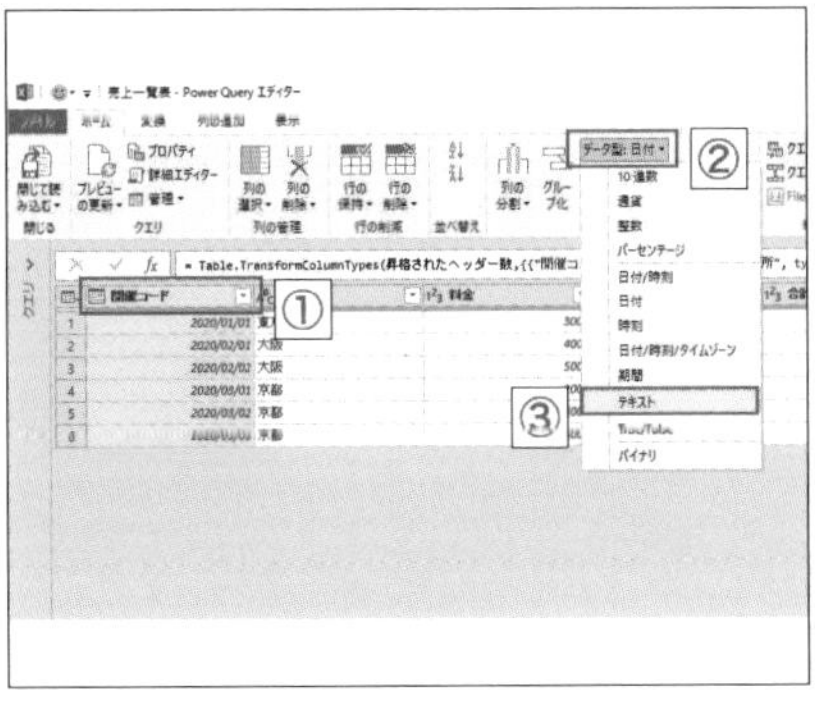

2

「列タイプの変更」ウィンドウが表示されます。「現在のものを置換」をクリックしましょう。

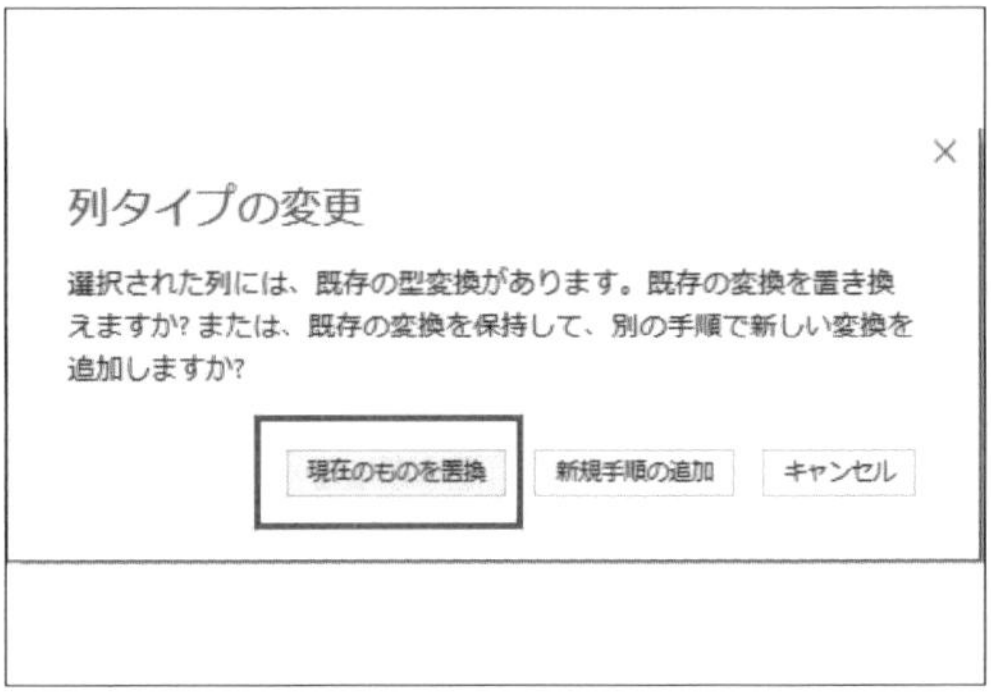

3

セルの内容が文字列に変換されました。すべての手順が終了したら、「閉じて読み込む」をクリックし、「閉じて次に読み込む」を選択します。

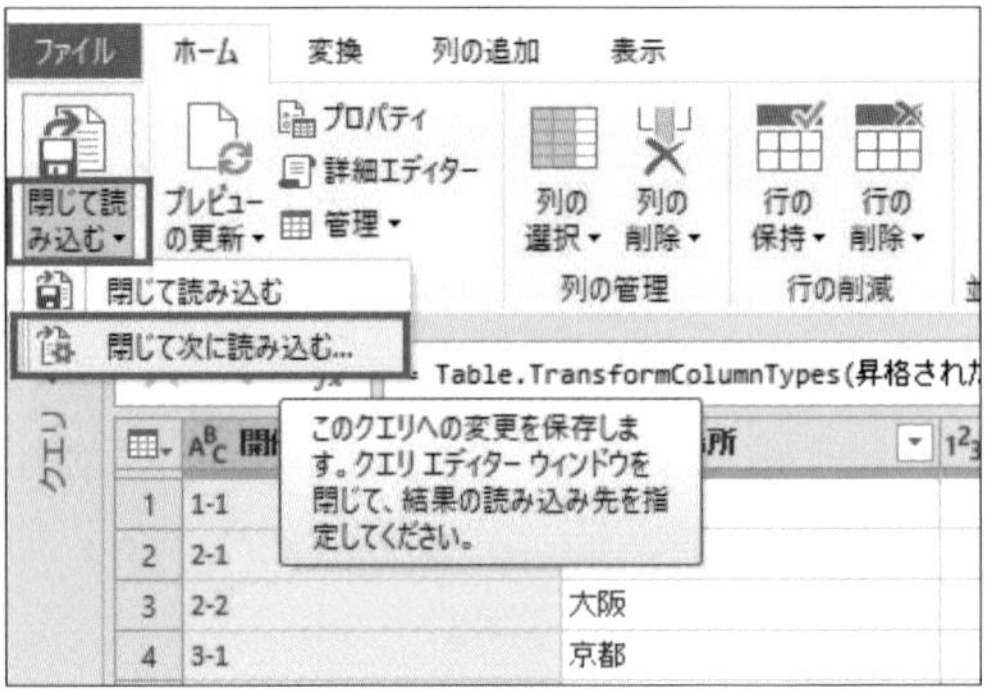

データを取り込みましょう。ピボットテーブルと同様、「既存のワークシート」または「新規ワークシート」を選択します。データがテーブル形式で貼り付けられます。

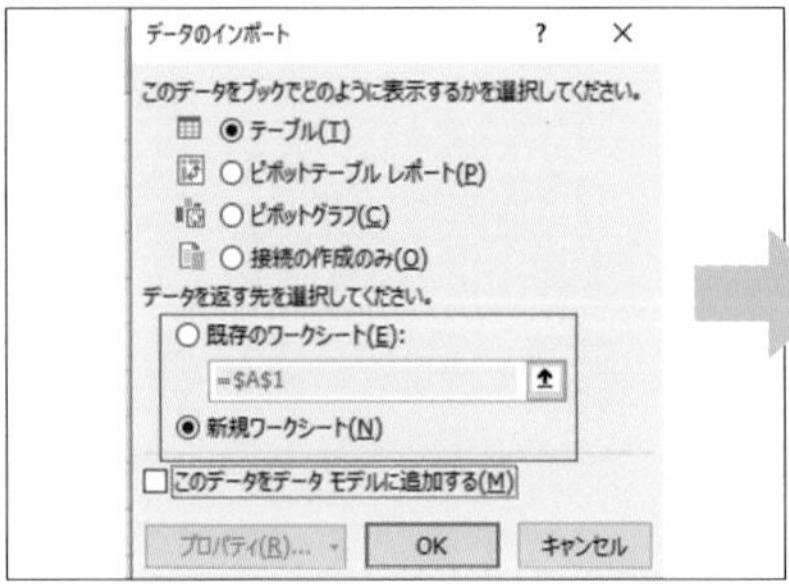

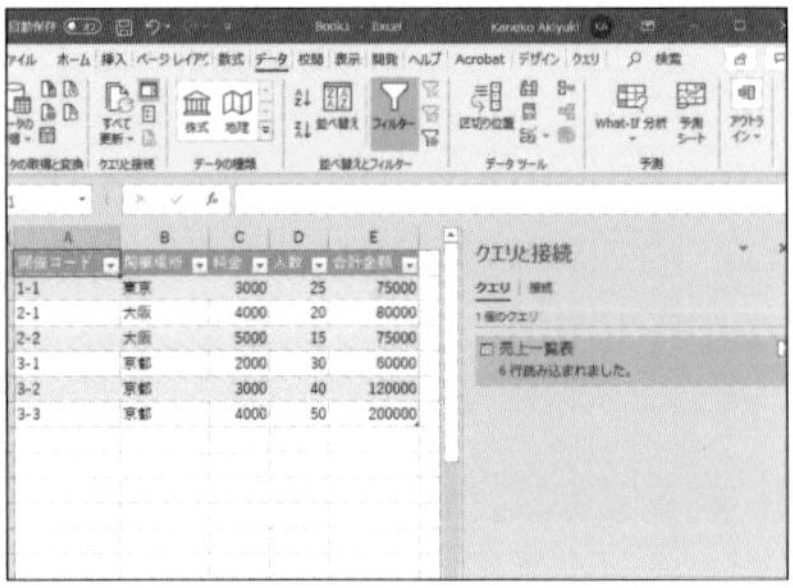

1行目が項目になっていない場合の対処法

CSVファイルを読み込んだ際、1行目が項目にならないことがあります。その場合は「**1行目をヘッダーとして使用**」をクリックして修正しましょう。

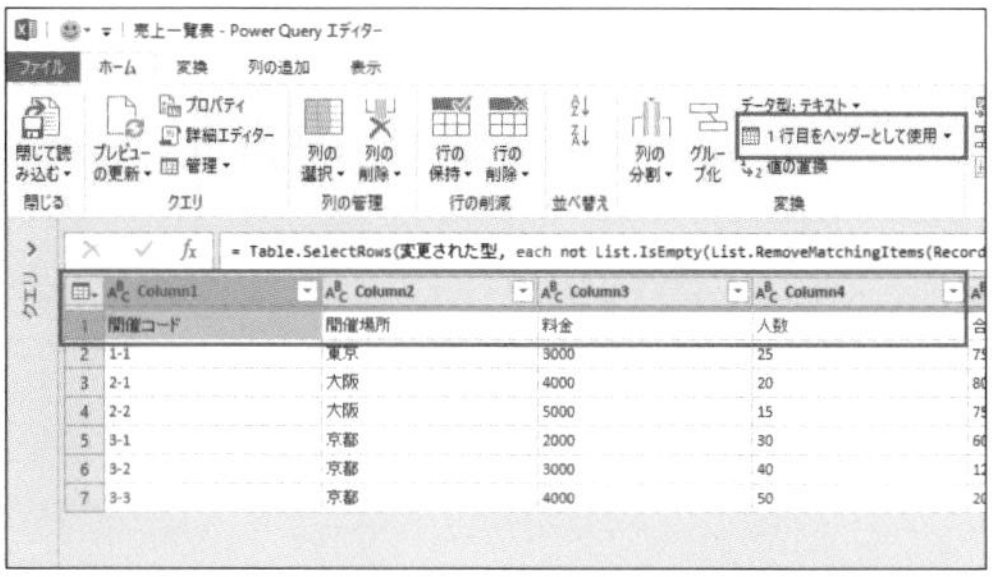

クロス集計表をデータベースに変換

1

クロス集計表をデータベース形式に変換することができます。データベース形式に変換できれば、ピボットテーブルの使用が可能です。①の「データ」タブから②の「**テーブルまたは範囲から**」をクリックし、表が範囲と認識されている状態で③の「OK」をクリックします。

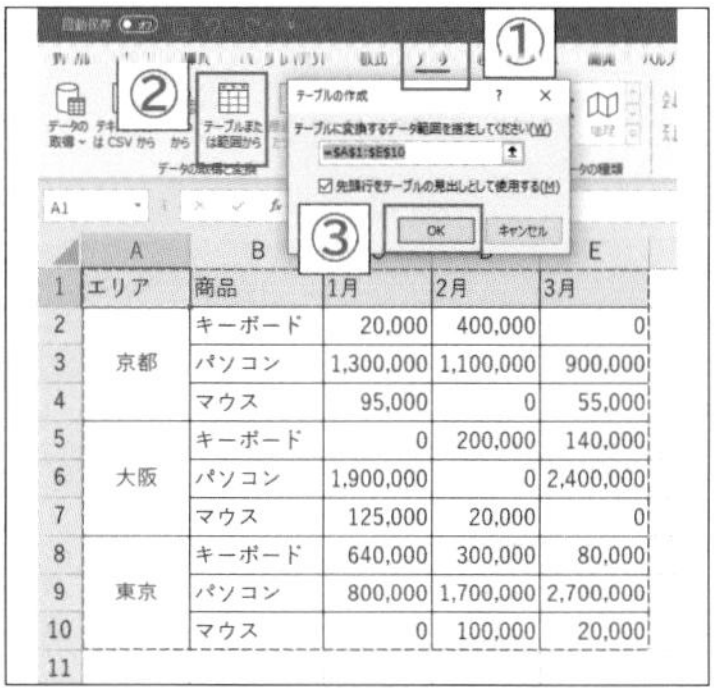

2

クロス集計表が自動的にテーブルに変換され、「PowerQueryエディター」が開きます。結合セルがある場合、①で結合されている列を選択して、②の「変換」タブにある③の「フィル」をクリックし、「下」を選択します。なお、「null」とは空白セルのことです。

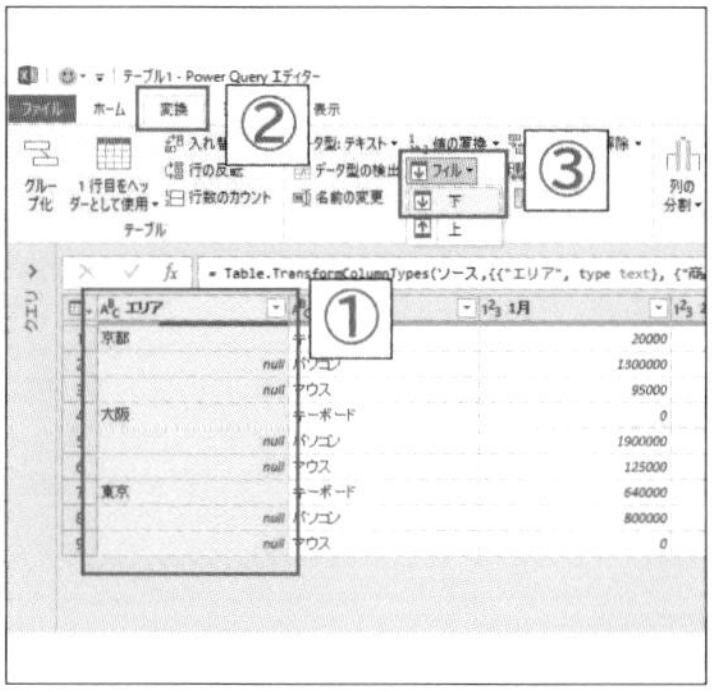

3

①で月別に仕分けられた列を選択し、「変換」タブにある②の「列のピボット解除」をクリックします。「**Shift**」キーを押しながらクリックで複数選択が可能です。

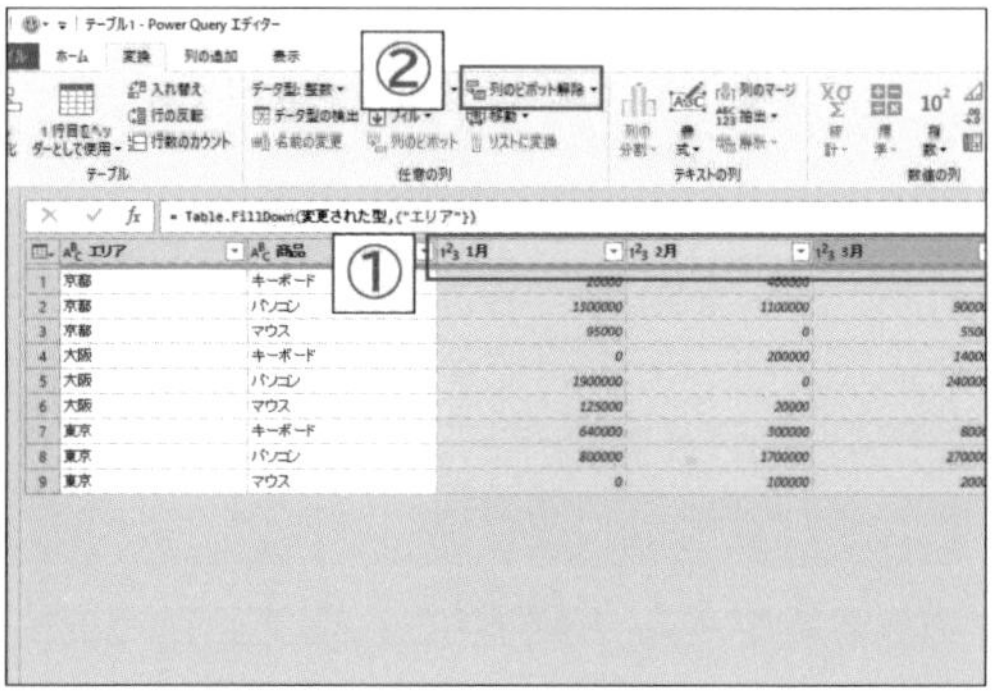

4

データベース形式に変換されます。項目の名前を変更したい場合は、項目をダブルクリックすると変更できます。

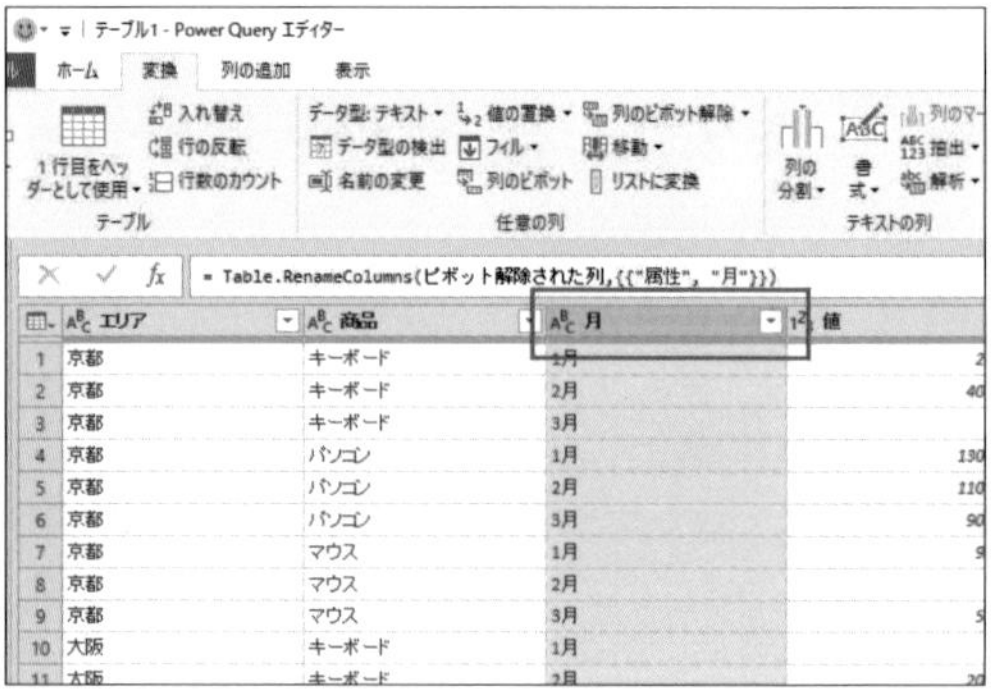

5

PowerQueryで読み込まれたデータは「**クエリ**」と呼ばれます。元のファイルに変更を加えた場合は、「クエリ」タブの「**更新**」をクリックすることで簡単に更新可能です。

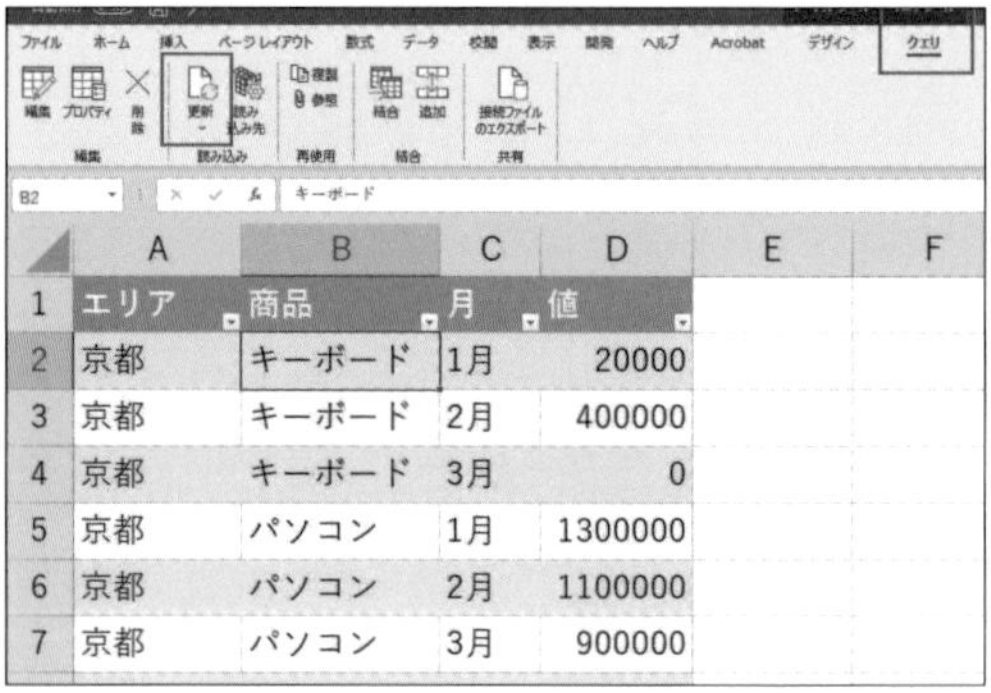

1文字目が自動確定されてしまう場合

1

クエリで「データ」タブにある「**クエリと接続**」を閉じると、入力中の1文字目が自動的に確定されてしまうことがあります。表示しておくことで防げますが、閉じる場合はグループを作成します。

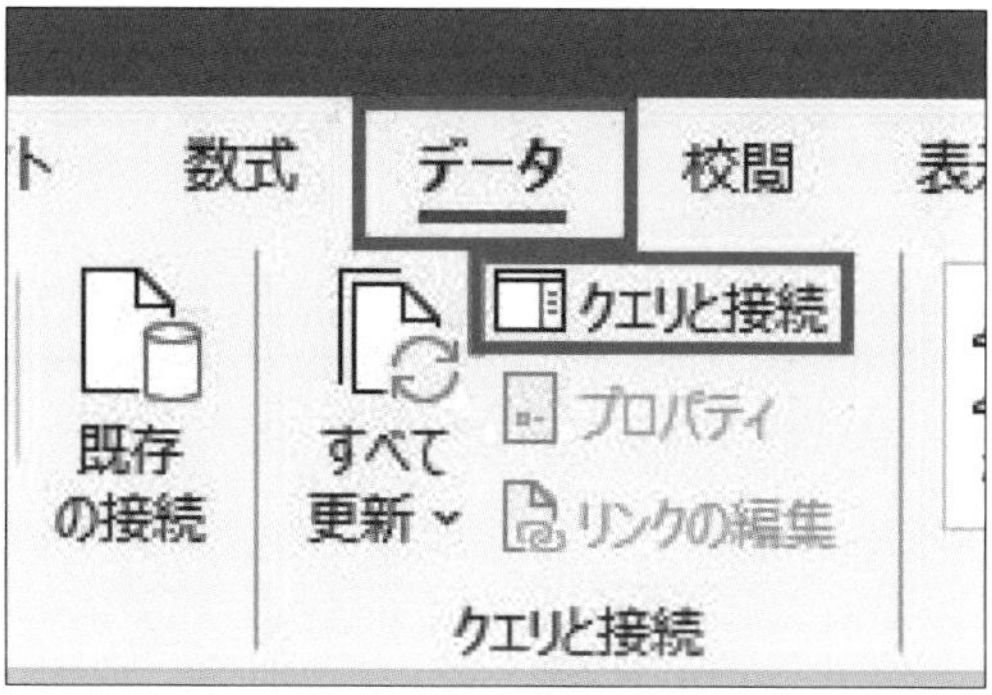

2

①でテーブルを選択して、②の「グループへ移動」を選び、③の「**グループの作成**」をクリックします。「グループの作成」ウィンドウで適当な名前をつけましょう。

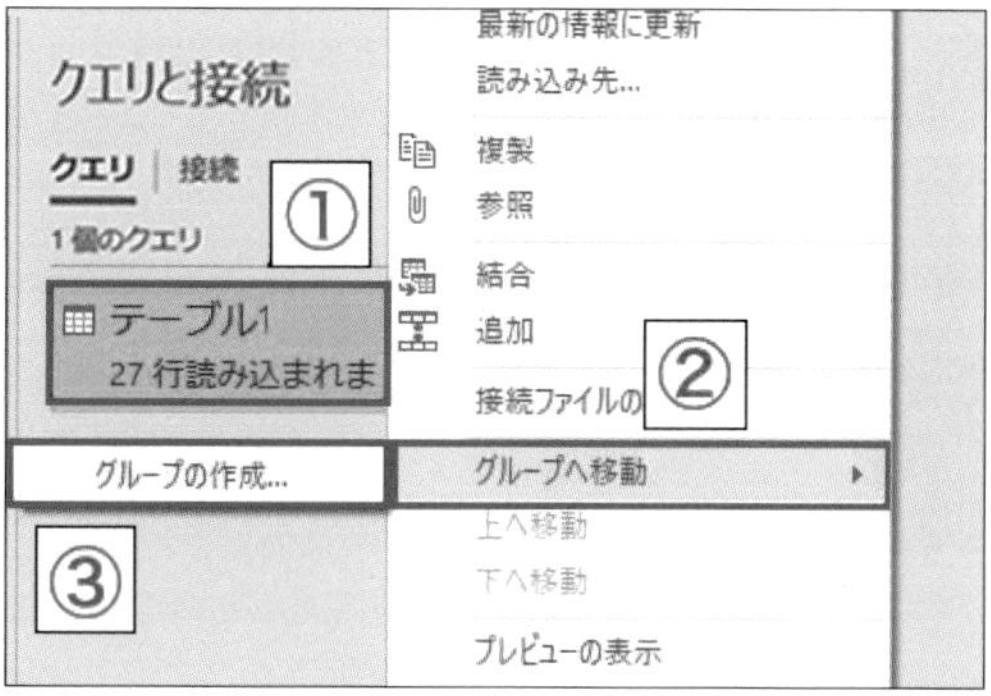

3

名前をつけたフォルダを選択した状態で、空白セルをクリックします。

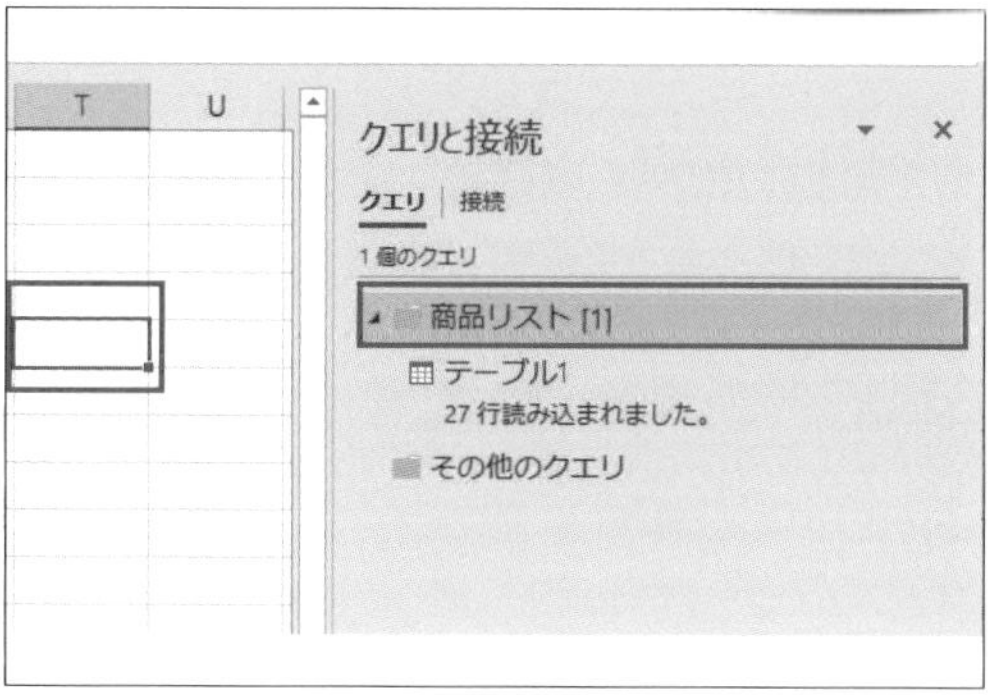

セルを保護する

▶ シートとブックを保護する

入力されたくないセルがある場合は、「**シートの保護**」を使用しましょう。セルへの入力だけでなく、書式設定や挿入など、さまざまな編集ができないように設定することも可能です。また、Excelファイルにロックをかけたい場合は「**ブックの保護**」を使用しましょう。

シートの保護

「シートの保護」を適用すると、すべてのセルが保護されます。入力できるようにしたいセルはロックを外しておきましょう。

1

①でロックしたくないセルを選択します。「**Ctrl**」キーを押しながら「**1**」キーを押して「セルの書式設定」ウィンドウを開き、②の「**保護**」のタブから③の「ロック」のチェックを外します。

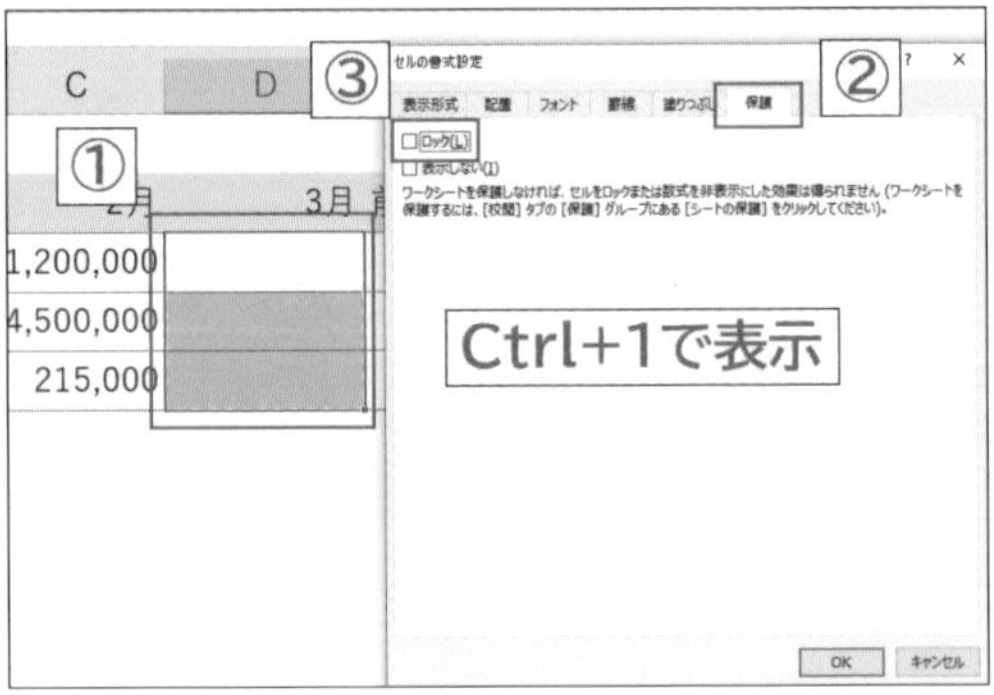

2

①の「校閲」タブにある②の「**シートの保護**」をクリックします。③の「OK」をクリックすると、ロックを外したセル以外に入力できなくなります。

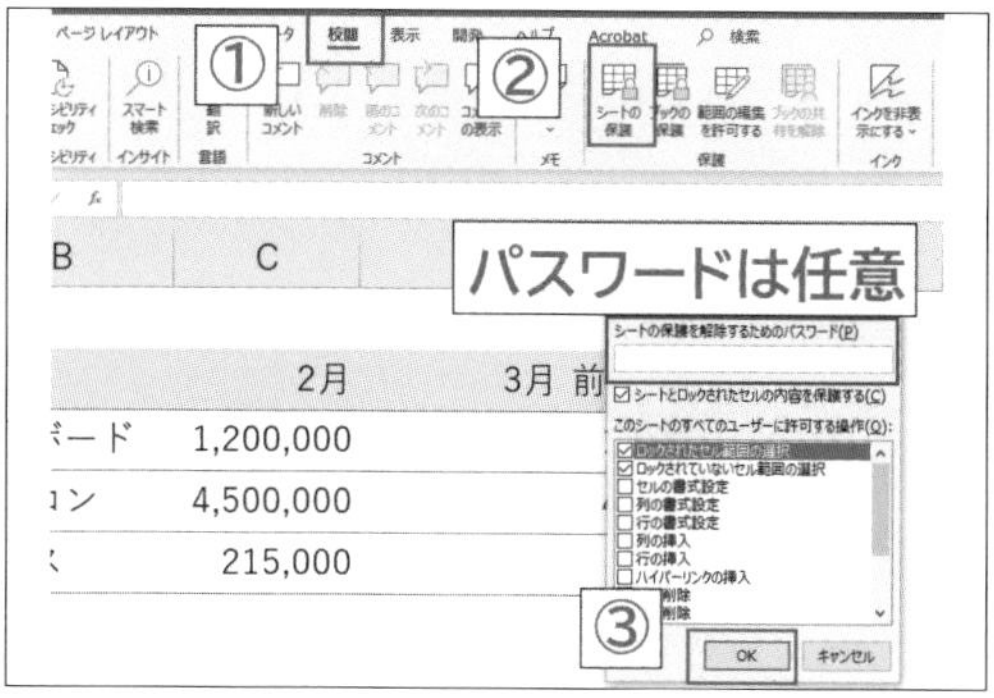

ブックの保護

1

シートの名前や順序などを変更されたくない場合は「**ブックの保護**」を使用します。まず、「ファイル」タブをクリックします。

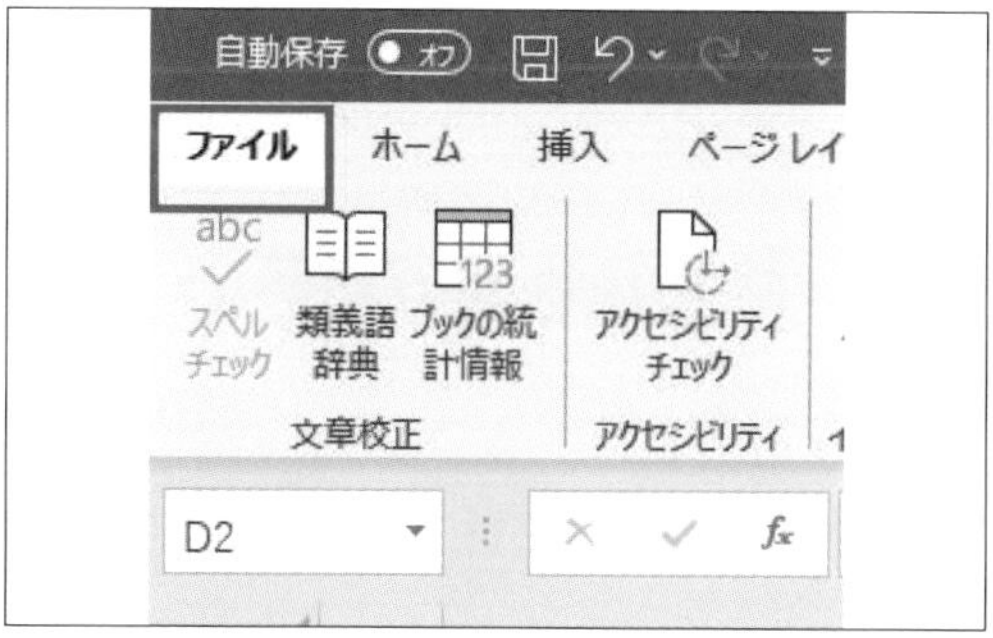

2

「情報」を選び、「ブックの保護」をクリックし、「**パスワードを使用して暗号化**」を選びます。「ドキュメントの暗号化」ウィンドウからパスワードの設定が可能です。

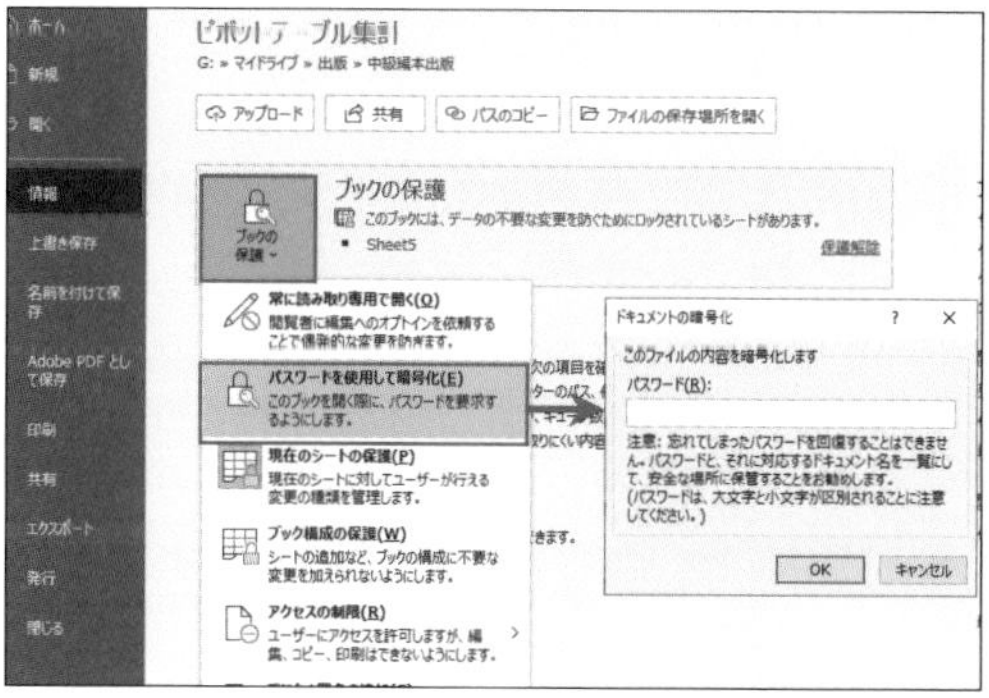

共同編集

▶ 人とファイルを共有する

Excelには複数の人とファイルを共有して編集できる「共同編集」という機能があります。元々、Excelには「ブックの共有」という機能がありましたが、それに代わる機能としてExcel2016から登場しました。「共同編集」を使用するためには、Microsoft365を契約しており、マイクロソフトのクラウドサービス「**OneDrive**」が使用できる環境を整える必要があります。

共同編集の使い方

1

Excelの画面右上の「共有」をクリックします。

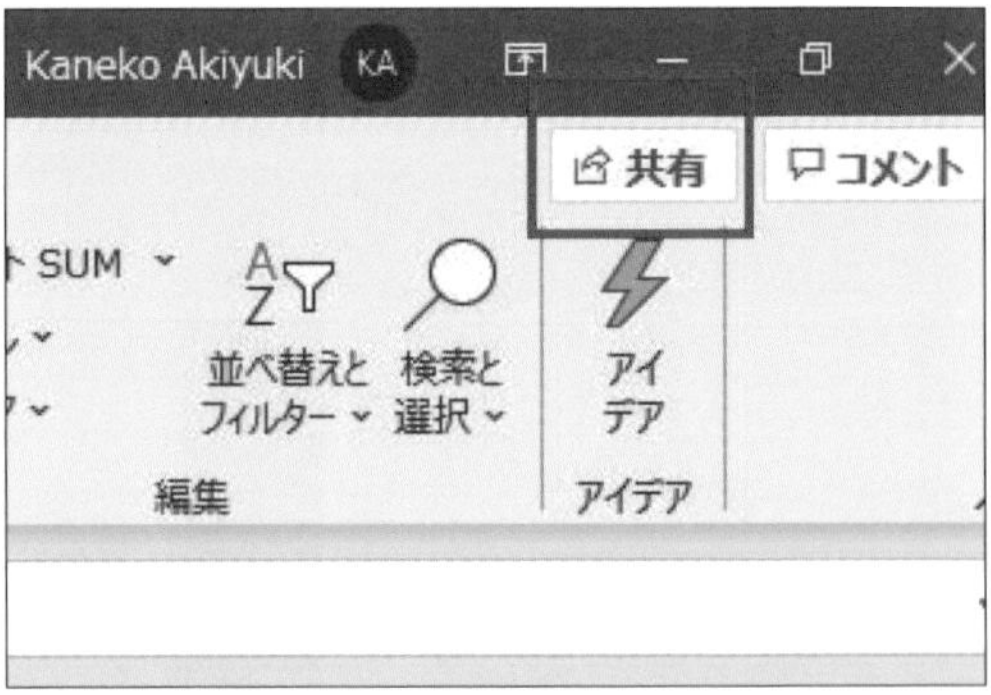

2

登録している「**OneDrive**」を選択します。

3

「**リンクの送信**」ウィンドウが表示されます。共同編集したい相手のメールアドレスを入力して「送信」をクリックすると、通知が相手に届きます。また、「リンクのコピー」で、ファイルのアドレスを取得できます。

4

リンクをコピーした場合は、リンクのアドレスを相手に知らせましょう。アドレスを知っている人であれば、誰でもファイルを編集できるようになります。

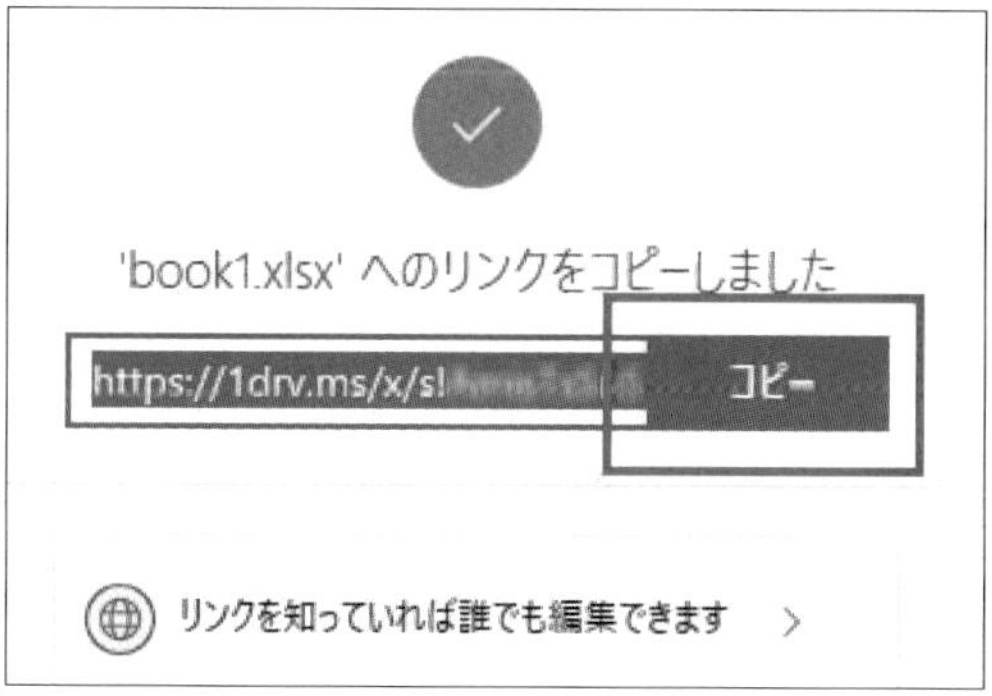

IT必須知識 2

クリップボードとスクリーンショット

Windowsの便利な機能に「クリップボード」があります。通常、Wordなどで文字列をコピーすると、貼り付けられるのは直前にコピーしたもののみです。しかし、クリップボードにはコピーの履歴があり、過去にコピーした内容が25項目まで残るため、それらを何度も貼り付けることが可能です。この機能を覚えておけば、現在の作業が2倍にも3倍にも速くなります。

クリップボードを使用するには「Windows」キーを押しながら「V」キーを押します。「クリップボード」ウィンドウが開き、コピーした項目が表示されています。クリップボードが有効になっていない場合は、「クリップボード」ウィンドウに表示されている「有効」にするというボタンをクリックしましょう。また、クリップボードは「Windowsの設定」から有効にすることもできます。「Windows」ボタンをクリックすると表示されるウィンドウの「設定」から「システム」を選び、「クリップボード」の「クリップボードの履歴」をオンにしましょう。

さらに、クリップボードでコピーできるのは文字列だけではありません。画像やWordなどで作成した図形をコピーすることも可能です。クリップボードに保存された内容を貼り付けたい場合は、「クリップボード」ウィンドウを開き、貼り付けたい項目を選んでクリックします。クリップボードには「ピン留め」という機能もあり、残しておきたい内容をパソコンの再起動後も残すことができます。

なお、パソコンの画面を保存する「スクリーンショット」という機能がありますが、クリップボードと合わせることで、さらに利便性が上がります。スクリーンショットは「Shift」キーと「Windows」キーを押しながら「S」キーを押すことで起動できますが、スクリーンショットとして保存したものはクリップボードに保存されるので、連続でスクリーンショットを貼り付けたい場合に非常に便利なのです。

3章

関数の使い方を徹底理解する

動画でまとめて学ぶ
https://pasonyu.com/book2593

セルの選択を使いこなす

▶ ショートカットでセルを選択する

ショートカットを使用してセルを選択すると、セルの選択速度が圧倒的に速くなります。絶対に覚えたいセルの選択方法は主に4つです。

- 矢印キー
- 「Shift」キー＋矢印キー
- 「Ctrl」キー＋矢印キー
- 「Ctrl」キー＋「Shift」キー＋矢印キー

通常の選択方法

1. 開始位置を決め、列を全選択

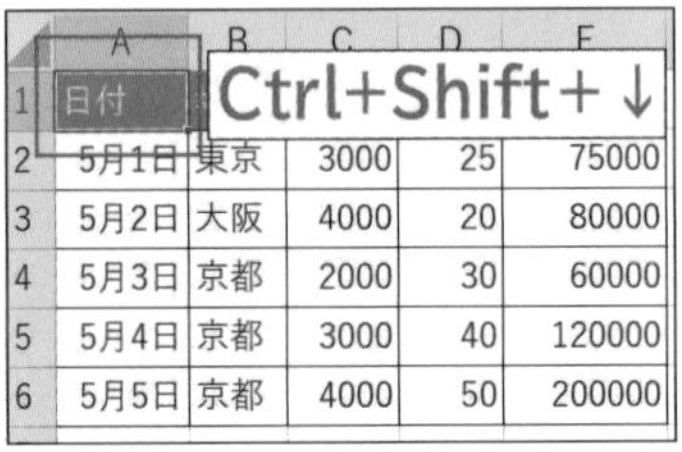

2. 行を全選択

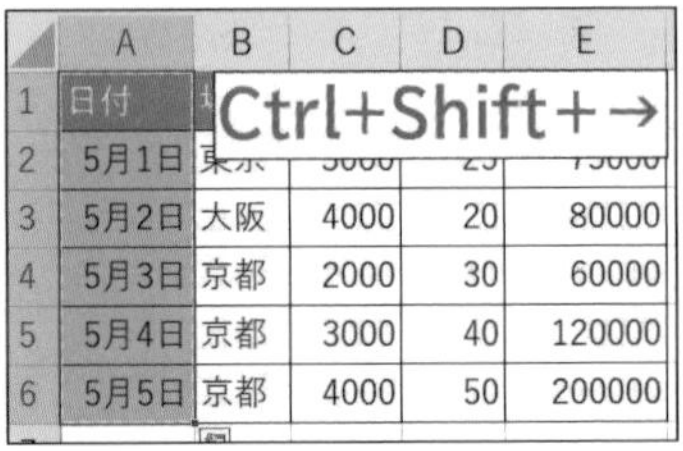

3. 全選択状態

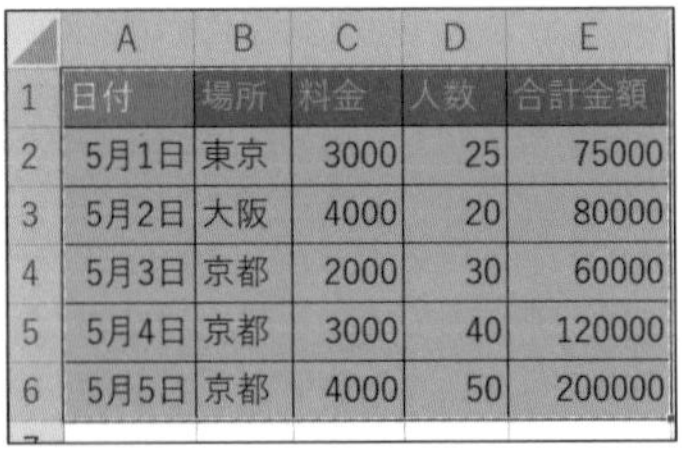

4. 必要な範囲に調整

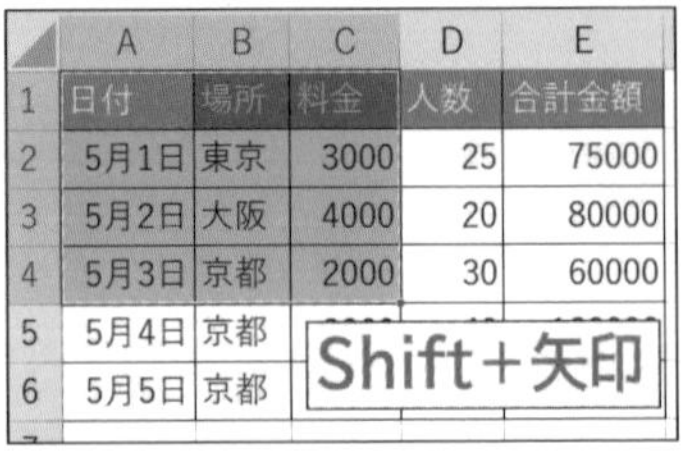

空白がある場合の選択方法

1. 空白セルまで複数選択

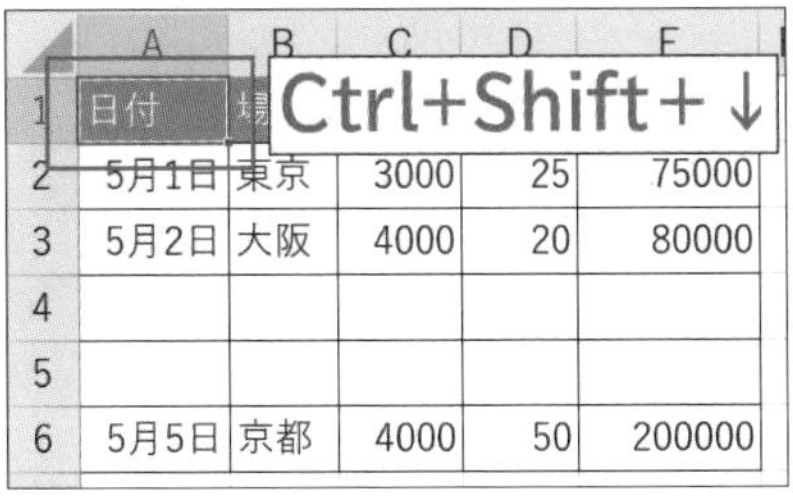

2. 空白セルから再度複数選択

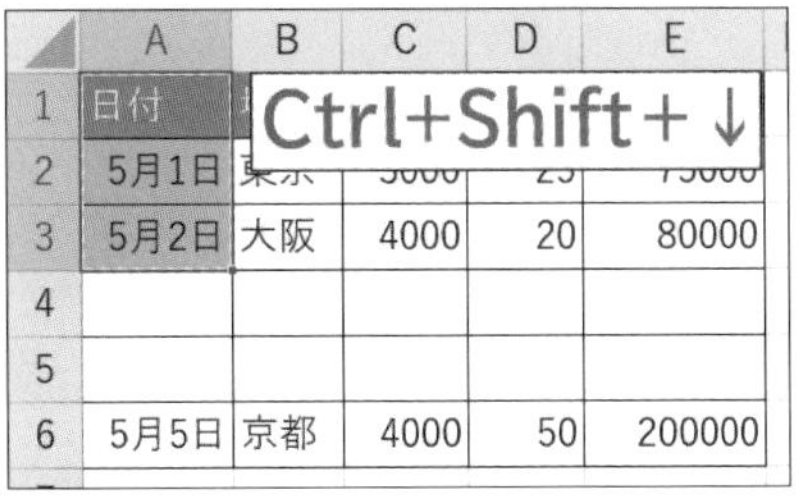

空白セルのみの場合の選択方法

1. 値のある列の最後に移動

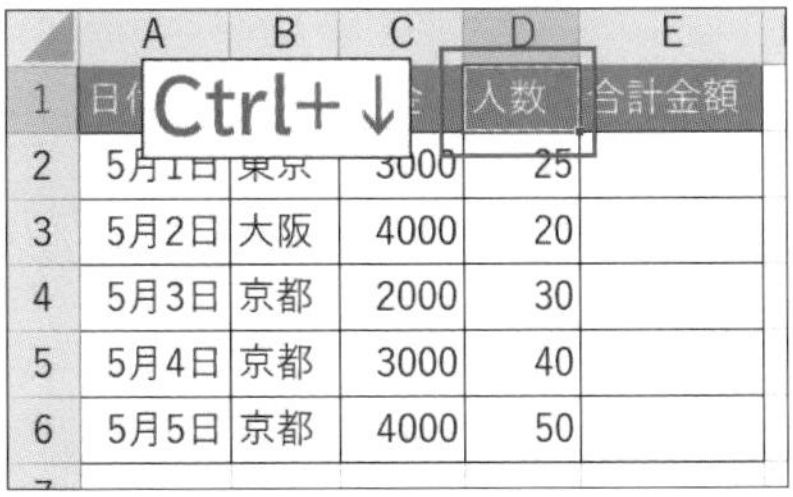

2. 空白セル列に移動

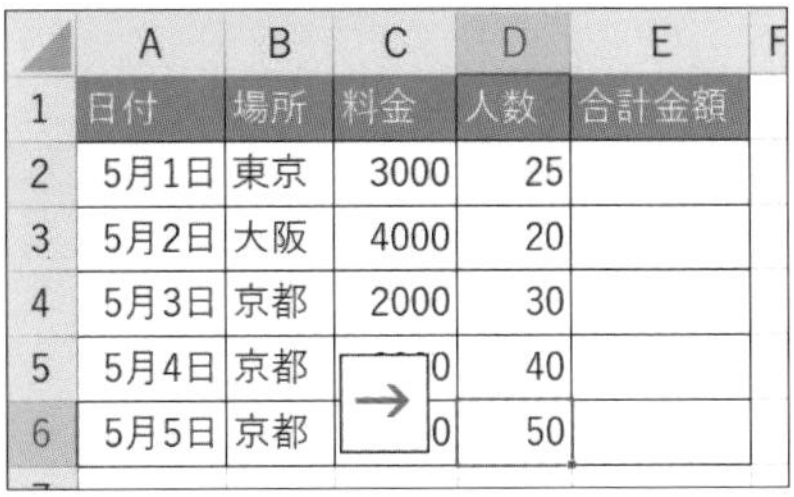

3. 空白セル列を全選択

4. 選択範囲を調整

入力と編集の違い

▶ セルのデータ入力モードを理解する

セルの選択方法は数式入力時も使用できますが、「**入力モード**」と「**編集モード**」の違いを理解していないと、思い通りにセルを選択することはできません。その違いを覚えておきましょう。

入力モード セルを選択することができる

編集モード 数式の中のカーソルを動かすことができる

入力モード

1

セルを選択し、数式を入力し始めた際の状態は「**入力モード**」です。矢印キーなどでセルの選択が可能なため、キーボードのみで数式を入力することができます。

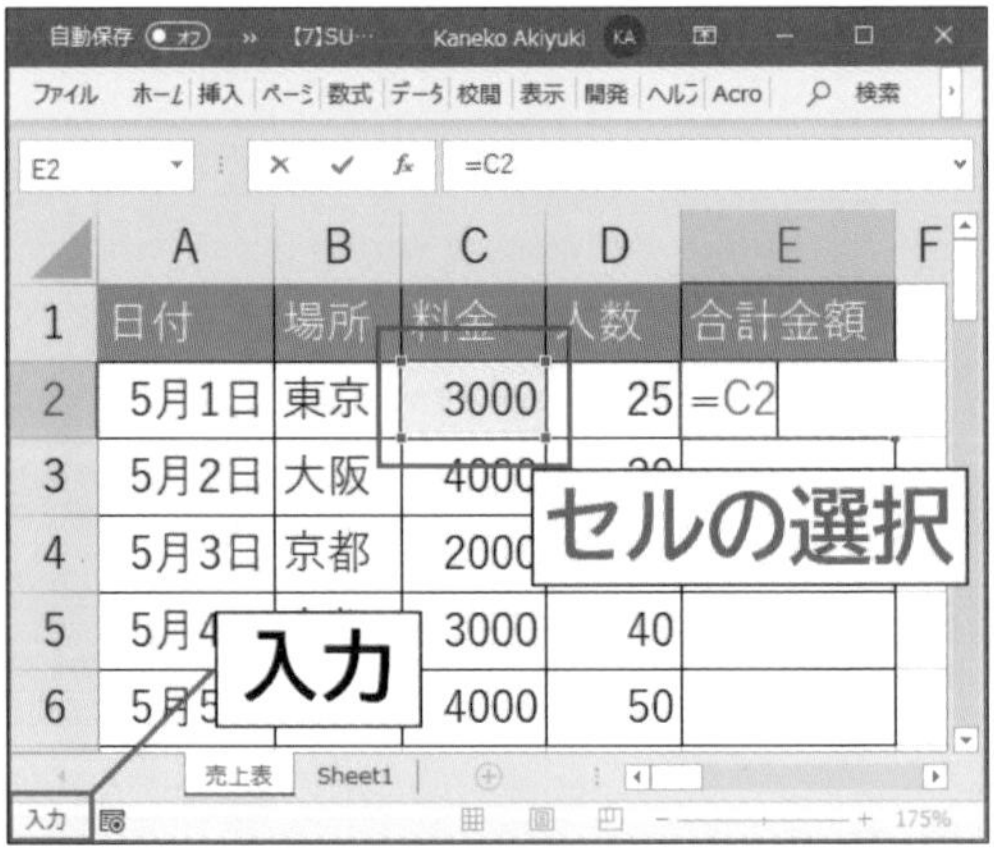

編集モード

入力モード状態で「**F2**」キーを押すことにより、編集モードに切り替わります。編集モードでは、矢印キーを押すと数式の中のカーソルが移動します。主に、「数式の途中で絶対参照をつけたい」「セル範囲を修正したい」など、数式の修正を行う際に使用します。

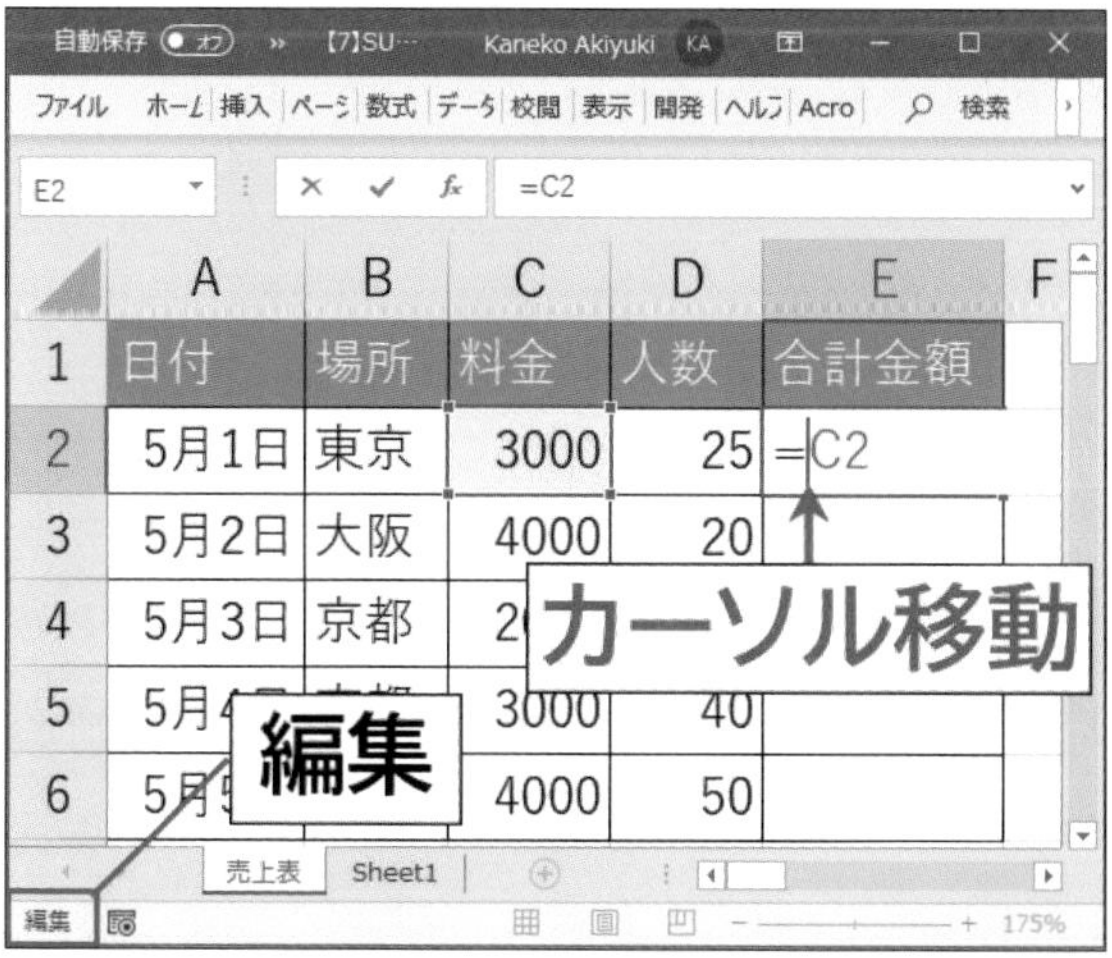

入力モードと編集モードの違いを理解していないと、矢印キーを押した際に「カーソルが動いてしまう」「セルが選択されてしまう」など、意図しない動きをしてしまいます。今はどちらのモードなのかを必ず意識するようにしてください。

「Ctrl」+「Enter」を使いこなす

▶ Ctrl + Enter の便利な機能

「Ctrl」キーを押しながら「Enter」キーを押すことで、Excelの便利な機能を使うことができます。

セルへの一括入力

複数のセルを選択し、一番上のセルへのデータ入力後、「Ctrl」キーを押しながら「Enter」キーを押すことで、選択したセルに一括で入力できます。

	A	B	C	D	
1	日付	場所	料金	人数	合
2	5月1日	東京		25	
3	5月2日		4000	20	
4	5月3日		2000	30	
5	5月4日		3000	40	

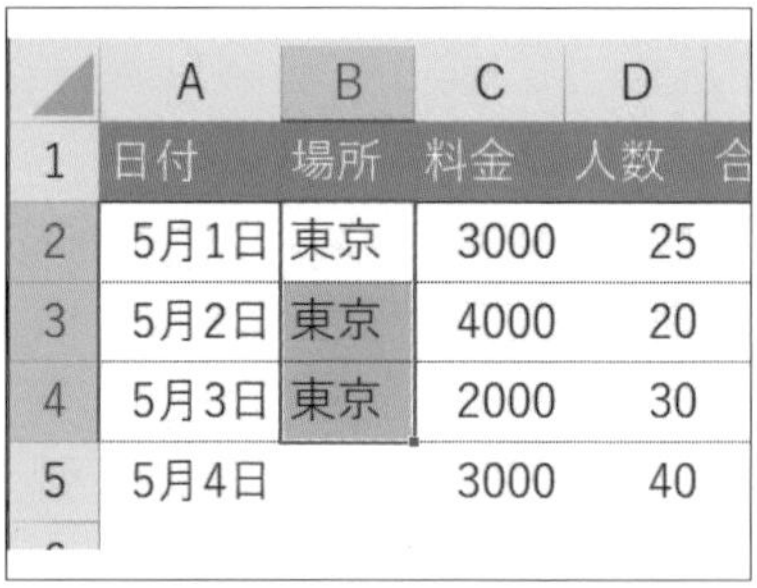

	A	B	C	D	
1	日付	場所	料金	人数	合
2	5月1日	東京	3000	25	
3	5月2日	東京	4000	20	
4	5月3日	東京	2000	30	
5	5月4日		3000	40	

アクティブセルを維持する

通常、「Enter」キーで確定すると１つ下のセルが選択されますが、「Ctrl」キーを押しながら「Enter」キーを押すと、セルの選択が動かないため、そのまま文字の色の変更などができます。

	A	B	C	D
1	日付	場所	料金	人数
2	5月1日	東京	3000	25
3	5月2日		4000	20
4	5月3日		2000	30
5	5月4日		3000	40

	A	B	C	D
1	日付	場所	料金	人数
2	5月1日	東京	3000	25
3	5月2日		4000	20
4	5月3日		2000	30
5	5月4日		3000	40

書式を引き継がない

オートフィルでも一括入力は可能ですが、罫線などを引き継いでしまいます。しかし、「Ctrl」キーを押しながら「Enter」キーを押した場合は、書式が引き継がれずに一括入力できます。

	A	B	C	D	E
1	日付	場所	料金	人数	合計金額
2	5月1日	東京	3000	25	75000
3	5月2日	東京	4000	20	80000
4	5月3日	東京	2000	30	60000
5	5月4日	東京	3000	40	120000
6		合計			

	A	B	C	D	E	F
1	日付	場所	料金	人数	合計金額	
2	5月1日	東京	3000	25	75000	
3	5月2日	東京	4000	20	80000	
4	5月3日	東京	2000	30	60000	
5	5月4日	東京	3000	40	120000	
6		合計				

列を指定して計算を行う

▶ 数式の範囲に列を指定する

Excelの計算式はセルだけではなく、列を指定することも可能です。セルの範囲を指定した場合、テーブル以外は増減に対応できませんが、列を指定すると増減に関係なく解くことが可能です。

COUNTIF関数で列指定をする

列を指定することで、リスト列のデータの増減に関係なく個数を計算することが可能です。

	A	B	C	D	E
1	残り商品		商品	数量	
2	いちご		いちご	=COUNTIF(A:A,C2)	
3	ぶどう		ぶどう	=COUNTIF(A:A,C3)	
4	いちご				
5					

数式の読み解き方

=COUNTIF(A:A,C2)

A列の中にC2と同じ値がいくつあるかを表示する。

VLOOKUP関数で列指定をする

VLOOKUP関数の場合でも、列の指定はまったく同じです。また、列は複数列指定することも可能です。

	A	B	C	D	E	F
1	ID	商品	数量		ID	商品
2	1	いちご			1	いちご
3	2	=VLOOKUP(A3,E:F,2,FALSE)			2	ぶどう
4	3	バナナ			3	バナナ
5						
6						

数式の読み解き方

=VLOOKUP(A3:E:F,2,FALSE)

E列からF列の中にA3と同じ値があった場合、2列目の同じ行にある値を表示する。

列指定の注意点

列を指定することで、データの増減に関係なく計算が可能ですが、数式によっては計算に時間がかかってしまう場合があります。また、見えていないセルにデータが入っていないか確認しておきましょう。

比較演算子を使用した関数の解き方

▶ 関数に比較演算子を使う

Excelの関数は、条件に不等号などの「**比較演算子**」を使用することが可能です。例えば、「**IF関数**」で「セルA1の値が5000以上の場合は○を表示し、5000未満の場合は×を表示する」という式を作りたい場合は「=IF(A1>=5000,"○","×")」となります。今回は「**COUNTIF関数**」と「**SUMIF関数**」に比較演算子を使用し計算してみましょう。IF関数の論理式と違い、検索条件の場合は比較演算子の式を「**"(ダブルクォーテーション)**」で挟む必要があります。

A>B	AよりBが小さい
A<B	AよりBが大きい
A>=B	AがB以上
A<=B	AがB以下
A=B	AとBが等しい
A<>B	AとBが等しくない

COUNTIF関数を解く

比較演算子は関数の「**条件**」に入力します。COUNTIF関数の検索条件に比較演算子を使用する際は、「"（ダブルクォーテーション）」で挟むことを忘れないようにしましょう。

	A	B	C	D	E	F	G
1	場所	料金	人数	合計金額		合計金額が100000以下の回数	
2	東京	3000	25	75000		=COUNTIF(D2:D9,"<=100000")	
3	大阪	4000	20	80000			
4	東京	2000	30	60000		人数が30以上の時の合計金額	
5	東京	3000	40	120000			
6	京都	4000	50	200000			
7	大阪	5000	15	75000			
8	大阪	6000	35	210000			
9	東京	1000	24	24000			

数式の読み解き方

=COUNTIF(D2:D9,"<=100000")

D2からD9の中に100000以下の値がいくつあるかを表示する。

SUMIF関数を解く

SUMIF関数の検索条件に比較演算子を使用する際も、「"（ダブルクォーテーション）」で挟む必要があります。

	A	B	C	D	E	F	G
1	場所	料金	人数	合計金額		合計金額が100000以下の回数	
2	東京	3000	25	75000			5
3	大阪	4000	20	80000			
4	東京	2000	30	60000		人数が30以上の時の合計金額	
5	東京	3000	40	120000		=SUMIF(C2:C9,">=30",D2:D9)	
6	京都	4000	50	200000			
7	大阪	5000	15	75000			
8	大阪	6000	35	210000			
9	東京	1000	24	24000			

数式の読み解き方

=SUMIF(C2:C9,">=30",D2:D9)

C2からC9の中にある人数が30人以上の行を探し、D2からD9の中から検索条件に合った行の合計を表示する。

COUNTIFS関数の使い方

▶ 複数の条件に合致するセルの個数を調べる

「COUNTIFS関数」は、指定した範囲の中から複数の条件に合致するセルの個数を調べることができる関数です。よく似た関数である「COUNTIF関数」は、1つの検索条件しか指定できませんが、COUNTIFS関数は、1つの検索条件だけでなく、複数の検索条件を指定することができます。すべての検索条件は「検索条件1を満たし、かつ検索条件2を満たす」といったAND条件となっています。

関数の構造

=COUNTIFS(範囲1,検索条件1,範囲2,検索条件2,……)

数を調べたい範囲を指定する（範囲1、範囲2）

文字列など調べたい条件を指定する（検索条件1、検索条件2）

範囲1の中で検索条件1を満たし、かつ範囲2の中で検索条件2を満たすセルの個数を数える（範囲2以降は省略可能）。

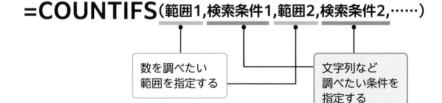

COUNTIFS関数を解く

では、実際にCOUNTIFS関数の式を作成してみましょう。あるイベントのデータをまとめたクロス集計表から「東京で開催された参加者が30人以上のイベントの回数」を数えてみます。COUNTIF関数と同様、検索条件は「**”(ダブルクォーテーション)**」で挟みます。

	A	B	C	D	E	F	G	H
1	場所	料金	人数	合計金額		東京で30人以上の開催回数		
2	東京	3000	25	75000		=COUNTIFS(A2:A9,"東京",C2:C9,">=30")		
3	大阪	4000	20	80000				
4	東京	2000	30	60000				
5	東京	3000	40	120000				
6	京都	4000	50	200000				
7	大阪	5000	15	75000				
8	大阪	6000	35	210000				
9	東京	1000	24	24000				

数式の読み解き方

=COUNTIFS(A2:A9,”東京”,C2:C9,”>=30”)

A2からA9までの範囲の「東京」と入力されたセルで、かつC2からC9の範囲で値が30以上のセルの個数を数える。

SUMIFS関数とAVERAGEIFS関数の使い方

▶ 複数の条件に合致するセルの合計や平均を調べる

「**SUMIFS関数**」は、指定した範囲の中から検索条件に合致するセルの合計を計算できる関数です。一方、「**AVERAGEIFS関数**」は、指定した範囲の中から検索条件に合致するセルの平均を計算できる関数です。「SUMIFS関数」と「AVERAGEIFS関数」の構造はほぼ同様で、「SUMIF関数」や「AVERAGEIF関数」と異なり、複数の検索条件を指定することができます。

関数の構造

=SUMIFS
(合計対象範囲,範囲1,検索条件1,範囲2,検索条件2,……)

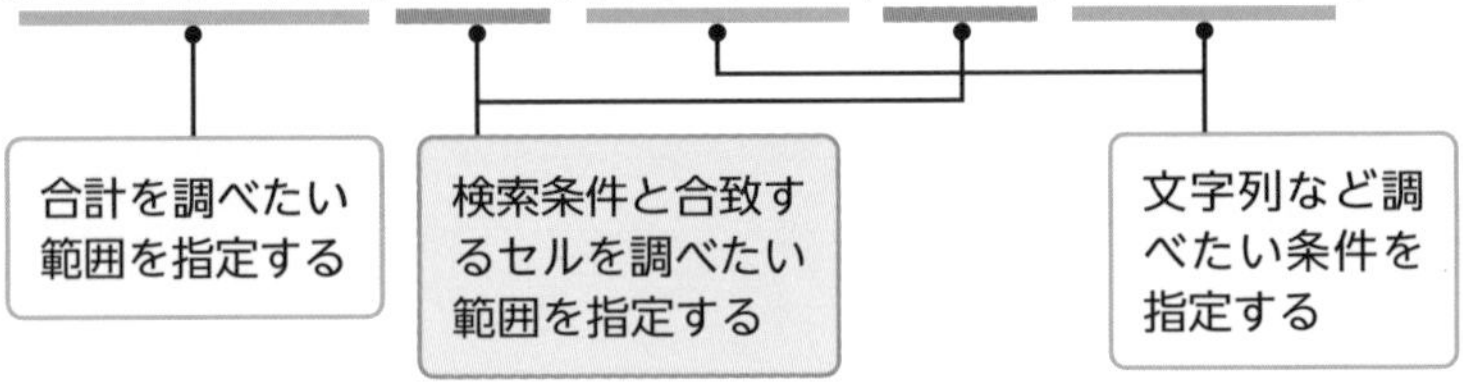
合計を調べたい範囲を指定する
検索条件と合致するセルを調べたい範囲を指定する
文字列など調べたい条件を指定する

合計対象範囲の中から範囲1の中で検索条件1を満たし、かつ範囲2の中で検索条件2を満たすセルの値の合計を計算する。

=AVERAGEIFS
（平均対象範囲,範囲1,検索条件1,範囲2,検索条件2,……）

平均を調べたい範囲を指定する

検索条件と合致するセルを調べたい範囲を指定する

文字列など調べたい条件を指定する

平均対象範囲の中から範囲1の中で検索条件1を満たし、かつ範囲2の中で検索条件2を満たすセルの値の平均を計算する。

SUMIF関数やAVERAGEIF関数との順序の違い

「SUMIF関数」と「AVERAGEIF関数」は、カッコで挟んだ数式の最後に合計範囲や平均範囲を入力します。しかし、「SUMIFS関数」と「AVERAGEIFS関数」はカッコで挟んだ数式の最初に合計範囲や平均範囲を入力します。

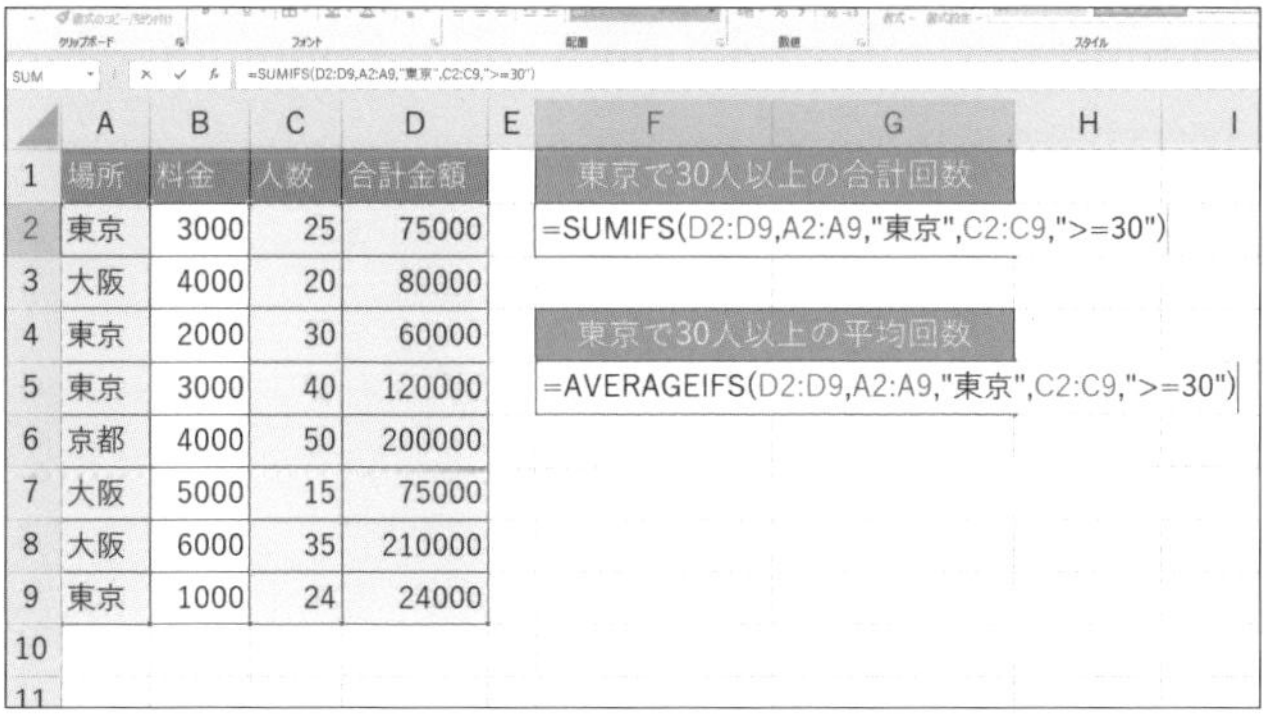

	A	B	C	D	E	F	G	H	I
1	場所	料金	人数	合計金額		東京で30人以上の合計回数			
2	東京	3000	25	75000		=SUMIFS(D2:D9,A2:A9,"東京",C2:C9,">=30")			
3	大阪	4000	20	80000					
4	東京	2000	30	60000		東京で30人以上の平均回数			
5	東京	3000	40	120000		=AVERAGEIFS(D2:D9,A2:A9,"東京",C2:C9,">=30")			
6	京都	4000	50	200000					
7	大阪	5000	15	75000					
8	大阪	6000	35	210000					
9	東京	1000	24	24000					
10									
11									

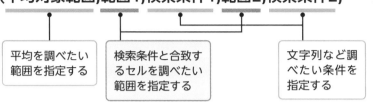

名前の定義を使用する

▶ セルの範囲に名前をつける

Excelはセルに名前をつけることができます。名前をつけると「数式が短くできる」「数式がわかりやすい」「絶対参照が不要」というメリットがあります。しかし、名前をつけすぎると、数式にセル番号が表示されないため、かえってわかりにくくなるというデメリットもあります。必要な部分にのみ使用しましょう。

名前を定義する

①で名前を定義したいセルを選択し、②に名前を入力します。名前が定義できていれば下向き三角形をクリックすると一覧が表示されます。該当の名前を選択すると、設定した範囲を調べることができます。

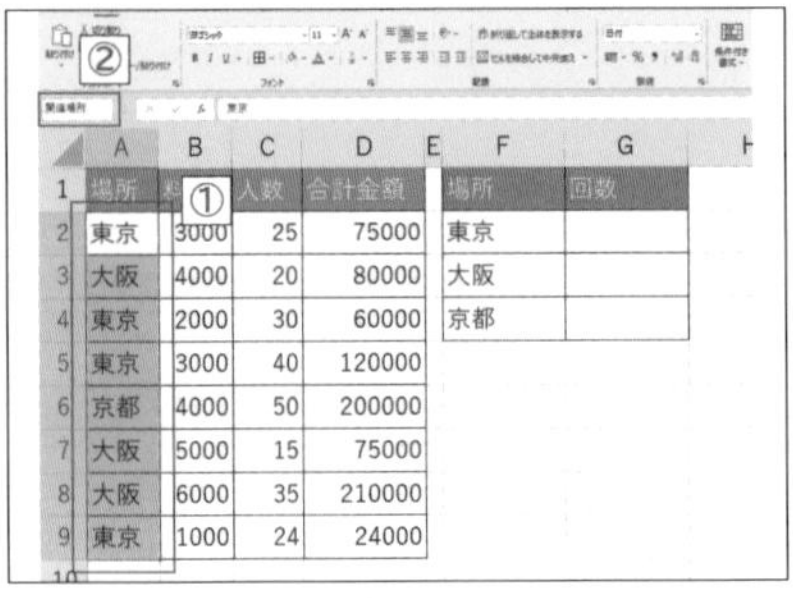

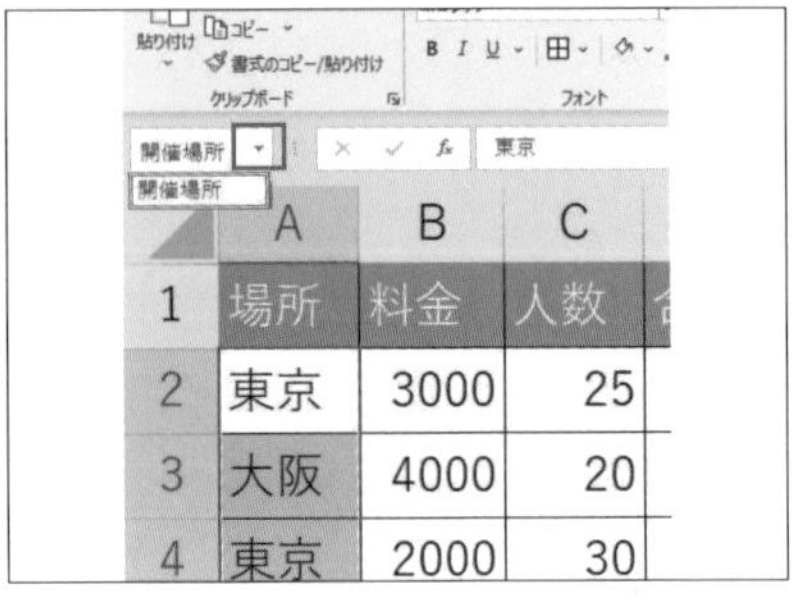

関数に名前を使用する

関数で名前を使用したい場合は、「名前を設定したセルの範囲を選択する」または「名前を入力」すると使用できます。

	A	B	C	D	E	F	G	H
1	場所	料金	人数	合計金額		場所	回数	
2	東京	3000	25	75000		東京	=COUNTIF(開催場所,F2)	
3	大阪	4000	20	80000		大阪	=COUNTIF(開催場所,F3)	
4	東京	2000	30	60000		京都	=COUNTIF(開催場所,F4)	
5	東京	3000	40	120000				
6	京都	4000	50	200000				
7	大阪	5000	15	75000				
8	大阪	6000	35	210000				
9	東京	1000	24	24000				
10								

名前を削除する

名前は上書きができないので、「間違えてつけてしまった」「他の場所で使用したい」などの場合は、名前を削除してから、再度名前を設定する必要があります。①の「数式」タブにある②の「**名前の管理**」をクリックし、「名前の管理」ウィンドウを表示します。削除したい名前を選択して③の「削除」をクリックし、④の「OK」をクリックしましょう。

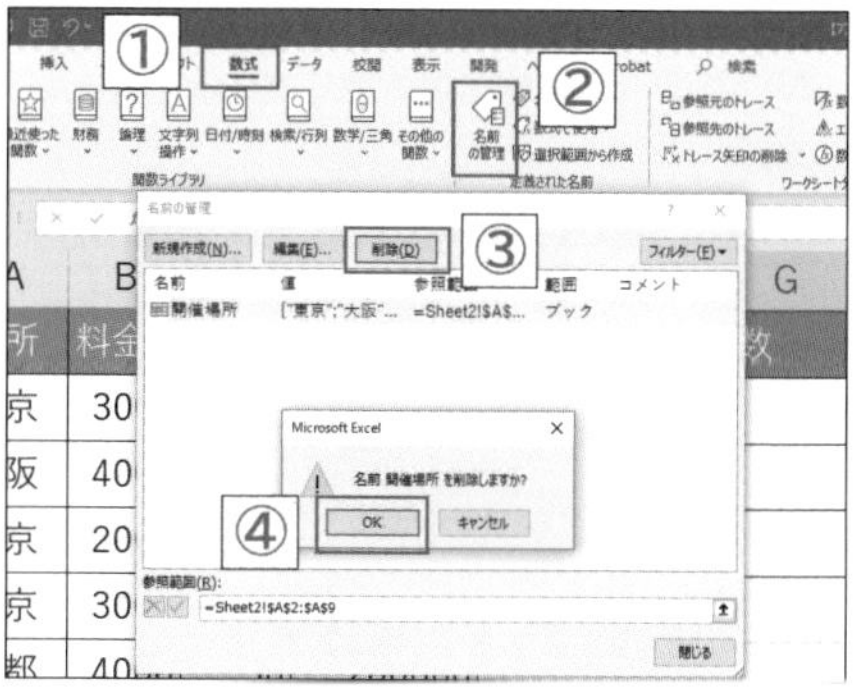

セル参照の読み解き方

▶ 5つの参照方法

関数で使用する参照方法は5つです。これらを基に数式を組み立てるので、すべて理解しておけば、数式の作成で困ることはほとんどなくなります。

5つの参照方法

- 相対参照
- 構造化参照
- 絶対参照
- 名前を定義した範囲の参照
- 複合参照

参照方法の違い

相対参照

同シートの場合

=SUM(A1:A5)

A1からA5までの合計を計算する。

別シートの場合

=SUM(Sheet1!A1:A5)

シート名「Sheet1」のA1からA5までの合計を計算する。

絶対参照

同シートの場合

=COUNTIF($A$1:$A$5,C1)

参照範囲をA1からA5までに固定し、C1を検索条件として合致する個数を数える。

別シートの場合

=COUNTIF(Sheet1!$A$1:$A$5,Sheet2!C1)

参照範囲をシート名「Sheet1」のA1からA5までに固定し、シート名「Sheet2」のC1を検索条件として合致する個数を数える。

複合参照

同シートの場合

=$A2*B$1

列のみA列に固定し参照したセルと、行のみ1行目に固定し参照したセルを掛け算する。

別シートの場合

=Sheet1!$A2*Sheet2!B$1

シート名「Sheet1」から列のみA列に固定し参照したセルと、シート名「Sheet2」から行のみ1行目に固定し参照したセルを掛け算する。

構造化参照

=SUM(テーブル1[合計金額])

テーブル名「テーブル1」の表の合計金額の列を参照し、合計を計算する。

名前を定義した範囲の参照

=SUM(金額)

「金額」と名前をつけたセル範囲の合計を計算する。

連結演算子の使い方

▶ 結合演算子でセルの値を連結する

「&」は「文字列演算子」に分類され、「テキスト連結演算子」と呼ばれています。数式に使用することでセルの値とセルの値を連結することが可能です。複数のセルの文字列を連結し、1つの文章にしたいという状況は多く発生しますので、必ず覚えておきたい機能の1つです。

他のセルの値を表示する

セルに「=」を入力して、他のセルの指定を入れることにより、指定したセルの文字列や数値をそのまま表示することができます。F3には「MAX関数」が入力されているので、常に表の最高得点が表示されます。

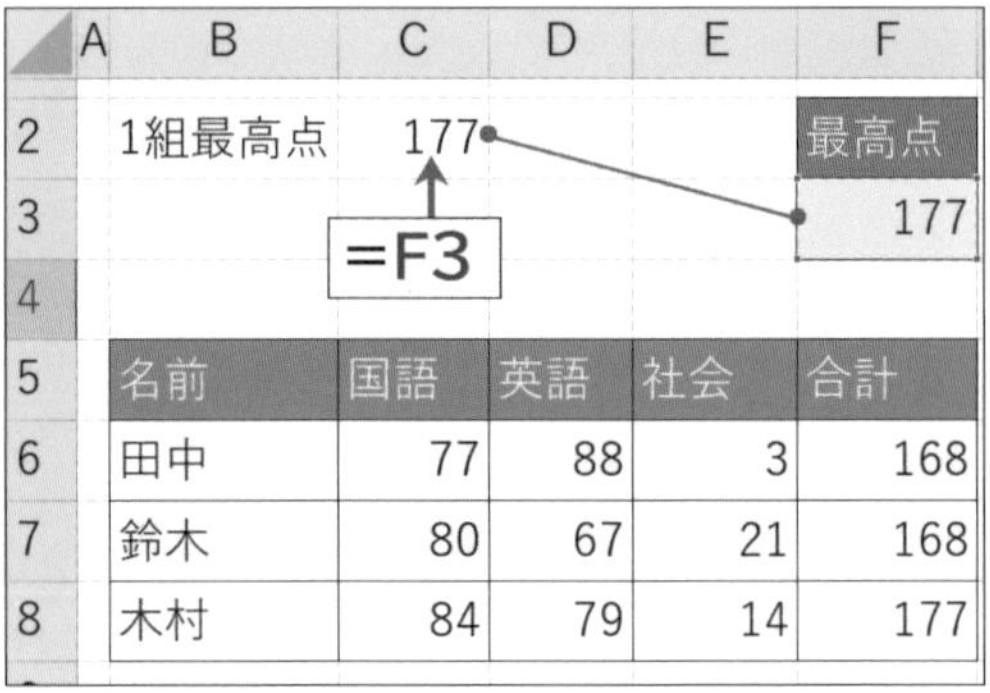

	A	B	C	D	E	F
2		1組最高点	177			最高点
3			=F3			177
4						
5		名前	国語	英語	社会	合計
6		田中	77	88	3	168
7		鈴木	80	67	21	168
8		木村	84	79	14	177

「&」で文字列を連結する

文字列を入力する際は、「"1組"」のように「"（ダブルクォーテーション）」で文字列を挟みます。セルに入力された文字列を連結したい場合は、「&」を入力後、連結したいセルを１つずつ選択していきます。

	A	B	C	D	E	F
2		="1組"&F2&F3				最高点
3						177
4		1組最高点177				
5		名前	国語	英語	社会	合計
6		田中	77	88	3	168
7		鈴木	80	67	21	168
8		木村	84	79	14	177

セルを参照しているので、F2の文字列を「最低点」に変更し、F3を「MAX関数」から「MIN関数」に変えても、変更が自動で反映されます。

	A	B	C	D	E	F
2		="1組"&F2&F3				最低点
3						168
4		1組最低点168				
5		名前	国語	英語	社会	合計
6		田中	77	88	3	168
7		鈴木	80	67	21	168
8		木村	84	79	14	177

CONCATENATE関数とCONCAT関数を使いこなす

▶ 関数を使ってセルの値を連結する

「CONCATENATE関数」や「CONCAT関数」は文字列を連結する関数です。「&」と同じような使い方ができますが、1つずつ指定する必要はなく一気に選択できるのが特徴です。「CONCAT関数」は、サブスクリプション版のExcel2016で追加された関数なので、それ以降の作業環境では「CONCAT関数」を使用し、それ以前の環境では「CONCATENATE関数」を使用しましょう。

それぞれの連結方法の特徴

&を使用した場合

=A1&A2&A3&A4

連結したいセルが増えるたびに「&」の入力が必要。

CONCATENATE 関数を使用した場合

=CONCATENATE(A1,A2,A3,A4)

「,(カンマ)」で区切り、指定できる。

CONCAT 関数を使用した場合

=CONCAT(A1:A4)

連結したいセルが連続している場合、まとめて指定できる。

CONCATENATE関数の使い方

CONCATENATE関数は、連結したいセルを「,（カンマ）」で区切って選択します。計算式による値の連結や「"（ダブルクォーテーション）」で文字列を挟むことにより文字列の連結も可能です。

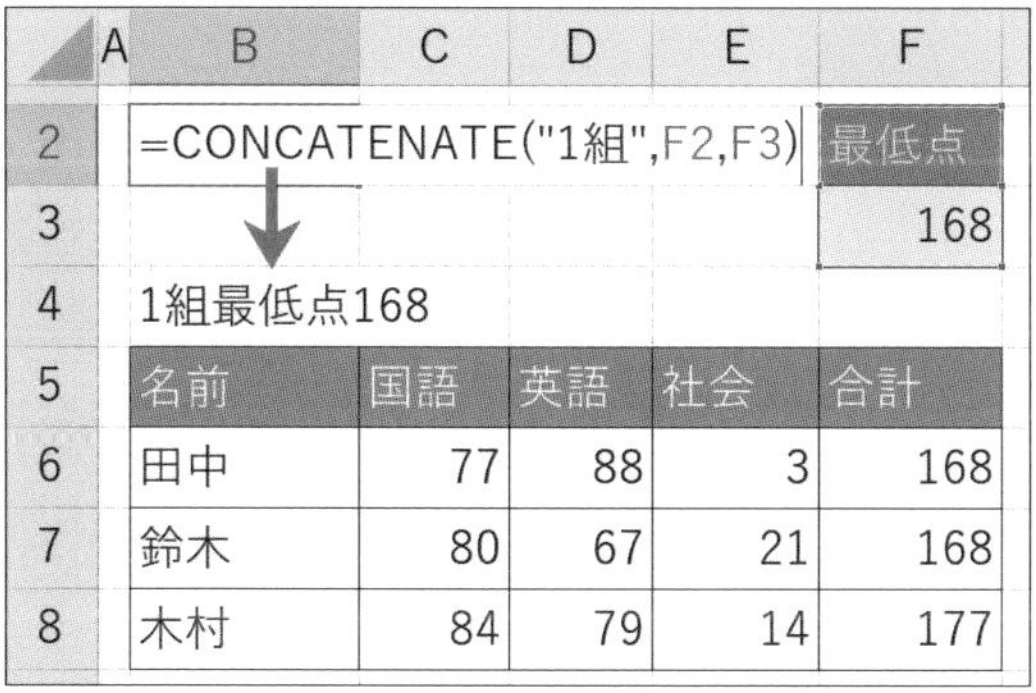

CONCAT関数の使い方

CONCAT関数は、CONCATENATE関数とほぼ同様の使い方ができますが、SUM関数のようにセル範囲を指定することができます。連結したいセルが連続している場合は素早い指定が可能です。

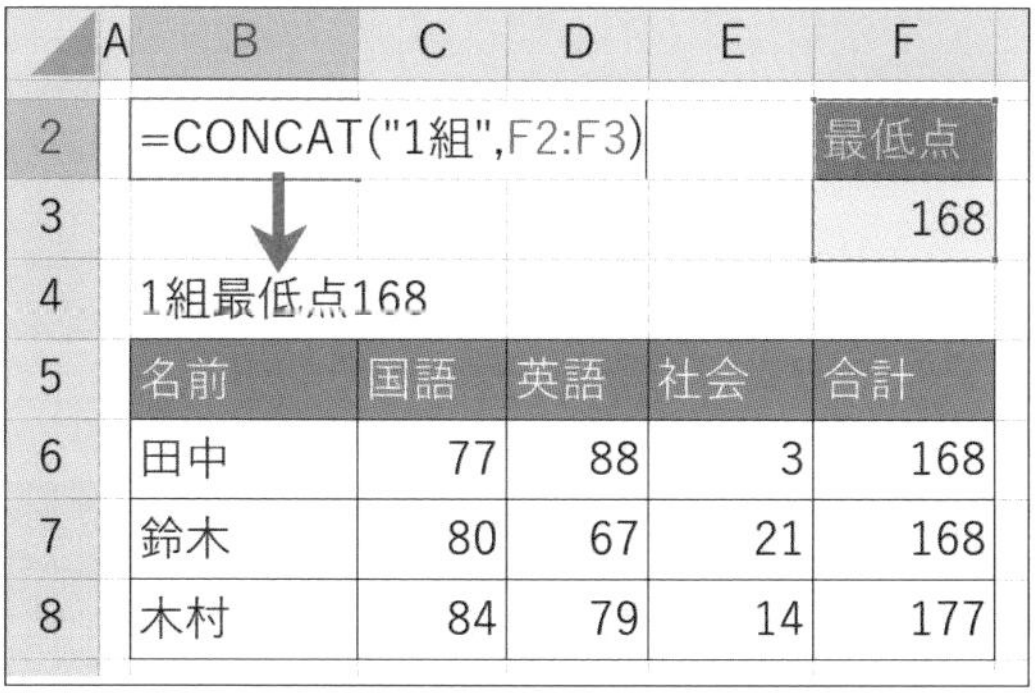

数式をトレースする

▶ セルの影響先を調べる

セルに入力された数式は「**F2**」キーで確認できますが、関数を複数のセルに入力していると、１つの数式を編集した際に他のセルの数式に影響を及ぼす場合があります。どこで数式が使用されているのか表示する「**参照元のトレース**」と「**参照先のトレース**」を使用し確認してみましょう。

参照元のトレース

セルを選択した①の状態で「数式」タブの「ワークシート分析」にある②の「**参照元のトレース**」をクリックすると、その数式がどのセルを参照しているかがわかります。連続してクリックすることで、順を追って数式の使用先をさかのぼることができます。また、「**Ctrl**」キーを押しながら「**[**」キーを押すことで直前の参照元セルを選択できます。

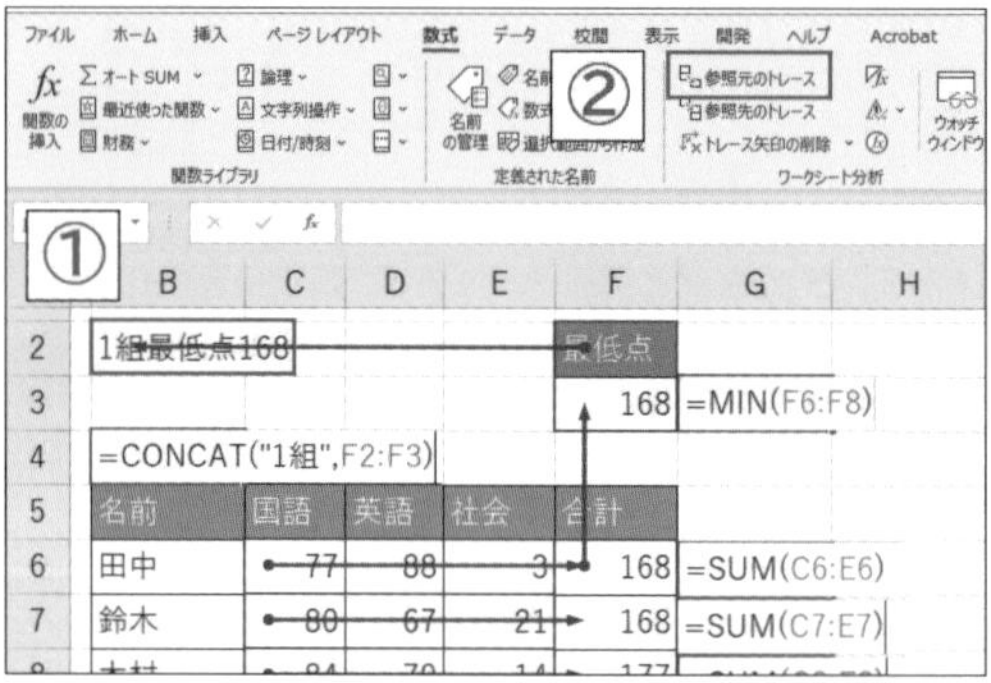

トレース矢印の削除

参照元の矢印を削除するには、「数式」タブの「ワークシート分析」にある「**トレース矢印の削除**」をクリックしましょう。

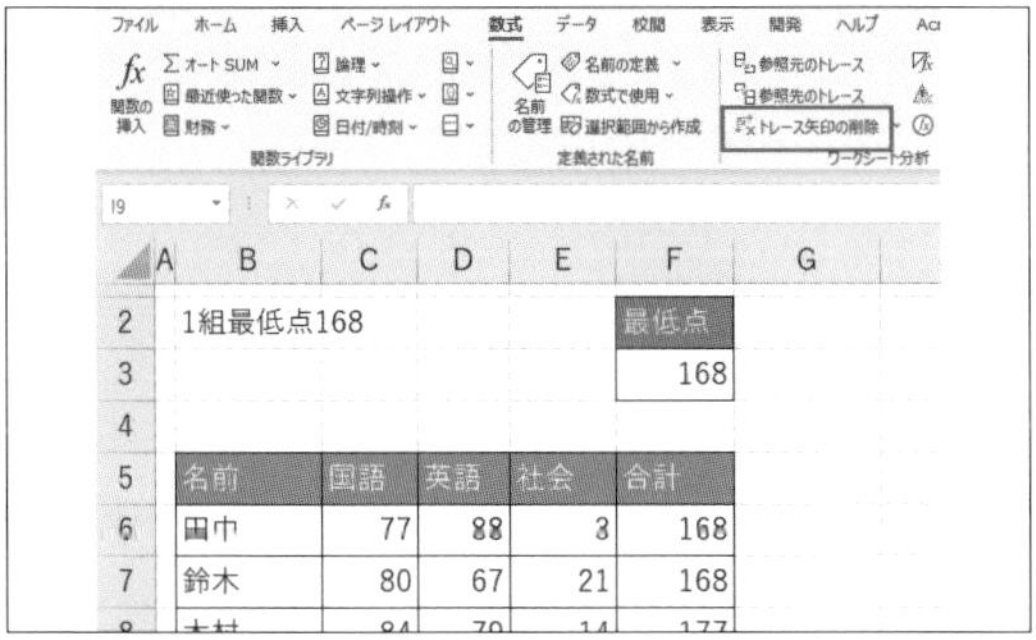

参照先のトレース

セルを選択した①の状態で「数式」タブの「ワークシート分析」にある②の「**参照先のトレース**」をクリックすると、そのセルがどの数式に参照されているかがわかります。C6だけを見ても国語の点数がどの数式で使用されているかわかりませんが、参照先のトレースを使用すると簡単に調べることができます。

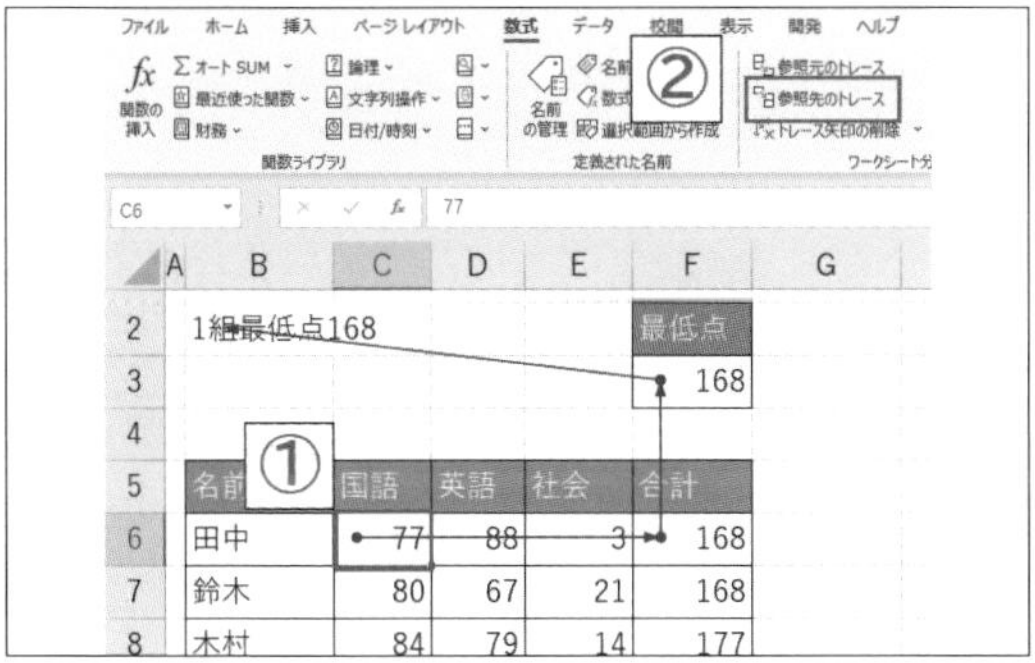

ワイルドカードの使い方

▶ ワイルドカードで抽出する

ワイルドカードとは、検索や数式などで抽出する際に使用される文字列に代わる記号のことです。主に「＊（アスタリスク）」や「?」が使用されており、「＊（アスタリスク）」はすべてを表し、「?」は1文字を表しています。幅広く活用できるので、ぜひ覚えておきましょう。なお、文字列として抽出したい場合には「"~*"」のように「~(チルダ)」を使用します。

ワイルドカードの使用例と意味

使用例	意味
* みかん *	「みかん」を含む文字列（冷凍みかん M, 冷凍みかん L サイズ）
みかん *	「みかん」で始まる文字列（みかん M サイズ , みかん冷凍）
* みかん	「みかん」で終わる文字列（冷凍みかん , 高級みかん）
み ??	「み」で始まる 3 文字の文字列（みかん , みんな , みえる）
??? ん	「ん」で終わる 4 文字の文字列（あいこん , えあこん）

検索にワイルドカードを使用する

検索でワイルドカードを使用してみましょう。「**Ctrl**」キーを押しながら「**F**」キーを押して検索ウィンドウを表示します。「検索する文字列」にワイルドカードを含めた文字列を入力し、「すべて検索」をクリックします。結果が一覧で表示されます。

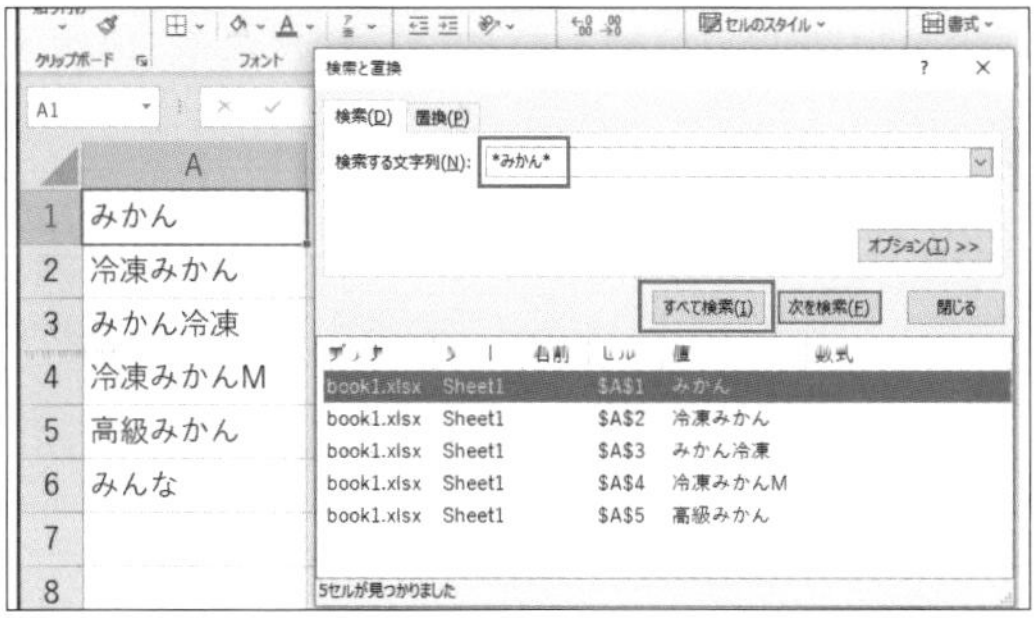

数式にワイルドカードを使用する

COUNTIF関数など、数式で条件を指定する際にもワイルドカードを使用することができます。文字列の指定なので「"（ダブルクォーテーション)」で挟みます。また、セル指定を追加する場合は「"*"&A1&"*"」のように「&」を挟みましょう。

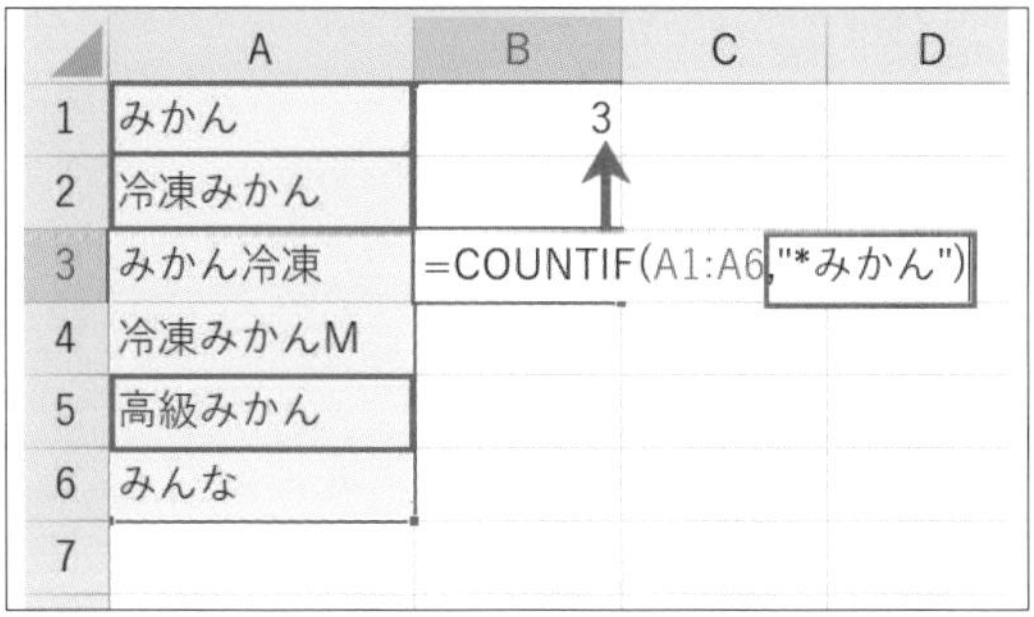

ネストを使用する

▶ 複数の関数を組み合わせる

関数の中に関数を使用することを「**ネスト**」と呼びます。ネストを使用すると、2つ以上の関数を組み合わせることができます。例えば、「VLOOKUP関数」に「IF関数」を使用してエラーを消すなど、１つの関数では計算できない数式も作成可能です。

IF関数と四則演算を組み合わせる

まずは、「IF関数」と「四則演算」を組み合わせて数式を作成してみます。「四則演算」だけでは割り算ができない場合はエラーになってしまいますが、「IF関数」を組み合わせることによってエラーが発生しないようになります。

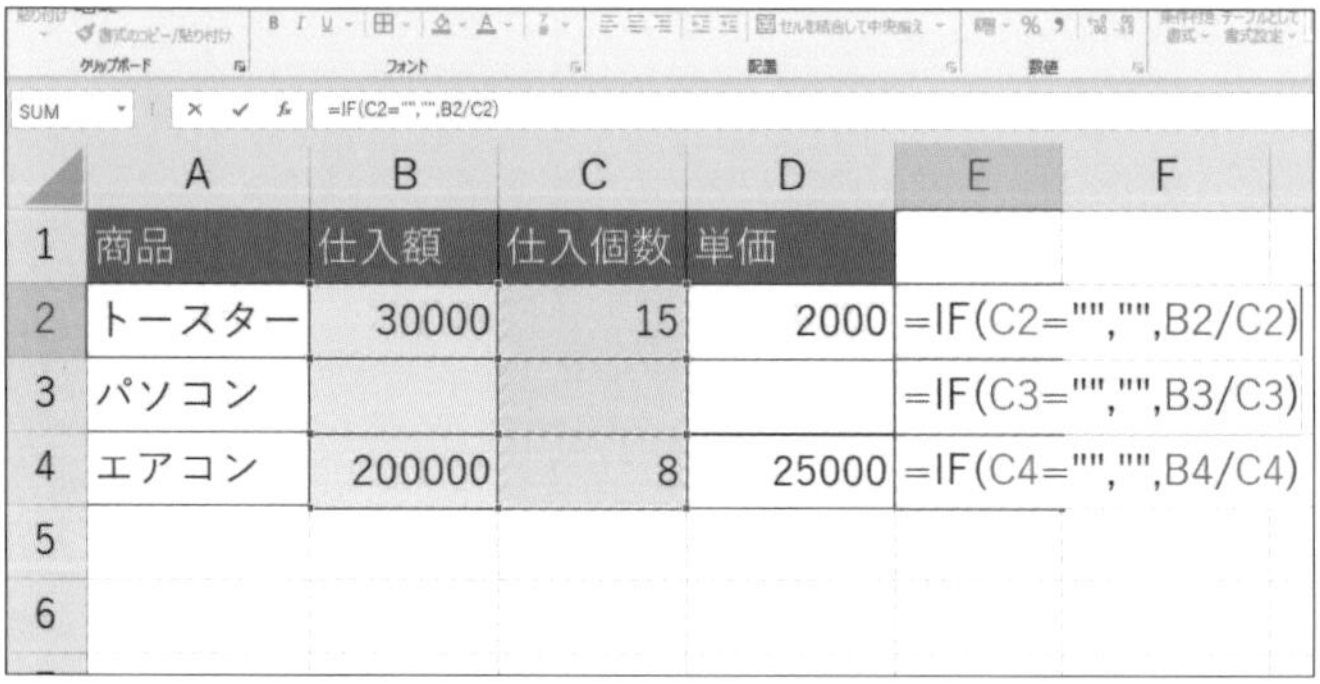
=IF(C2="","",B2/C2)

	A	B	C	D	E	F
1	商品	仕入額	仕入個数	単価		
2	トースター	30000	15	2000	=IF(C2="","",B2/C2)	
3	パソコン				=IF(C3="","",B3/C3)	
4	エアコン	200000	8	25000	=IF(C4="","",B4/C4)	
5						
6						

数式の読み解き方

=IF(C2="", "",B2/C2)

C2が空白の場合は空白を表示し、空白でない場合B2をC2で割る。

IF関数とVLOOKUP関数を組み合わせる

通常、VLOOKUP関数は入力されていないセルにエラーが表示されますが、IF関数をネストすることによって空白を表示することが可能です。ネストは関数を複数使用するので、最後のカッコが関数分必要になります。

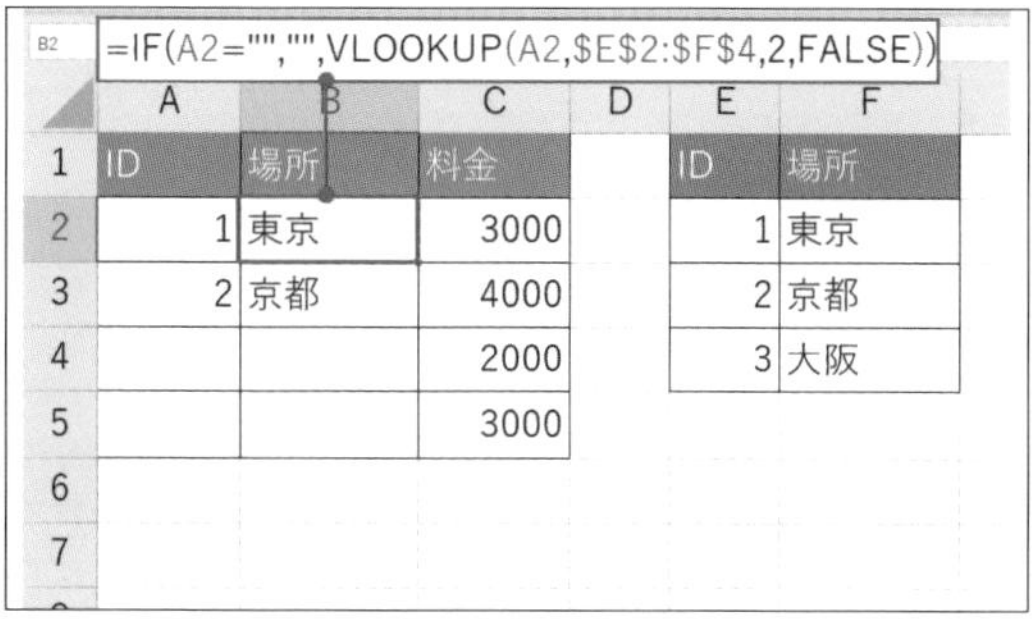

	A	B	C	D	E	F
1	ID	場所	料金		ID	場所
2	1	東京	3000		1	東京
3	2	京都	4000		2	京都
4			2000		3	大阪
5			3000			
6						
7						

数式の読み解き方

=IF(A2="","",VLOOKUP(A2,$E$2:$F$4,2,FALSE))

A2が空白の場合は空白を表示し、空白でない場合は固定されたE2からF4の範囲でセルA2に一致するセルを探す。一致した場合、範囲にある一致したセルの行の左から2番目にある列番号の値を表示する。

IFERROR関数の使い方

▶ IFERROR 関数でエラーを回避する

「**IFERROR関数**」は、数式の結果がエラーとなった場合に指定した値を表示することができる関数です。ネストで使用した「IF関数」のエラー回避と同じような使用方法ができますが、IF関数とは違い、条件に一致した際の処理と一致しなかった際の処理は指定できず、「IFERROR関数」でできる処理はエラーが出た場合に限定されています。

主なエラーの種類

エラー値	意味
#DIV/0!	「0」または「空白セル」で割り算がされている
#N/A	データがない、または結果が間違っている時に表示される
#NAME?	関数名または名前の定義が間違っている時に表示される
#NULL!	半角空白で空けた参照演算子の共通部分がない
#NUM!	数値の指定が適切ではない

関数の構造

=IFERROR(値,エラーの場合の値)

値：セルを指定する

エラーの場合の値：エラーの場合に表示する内容を指定する

IFERROR関数と四則演算を組み合わせる

前項ではIF関数と四則演算のネストを使用してエラーを回避しましたが、IFERROR関数でもエラーを回避する数式は作成できます。

=IFERROR(B2/C2,"")

	A	B	C	D	E	F
1	商品	仕入額	仕入個数	単価		
2	トースター	30000	15	2000	=IFERROR(B2/C2,"")	
3	パソコン				=IFERROR(B3/C3,"")	
4	エアコン	200000	8	25000	=IFERROR(B4/C4,"")	
5						
6						
7						

数式の読み解き方

=IFERROR(B2/C2,"")

B2をC2で割り、エラーになった場合は空白を表示する。

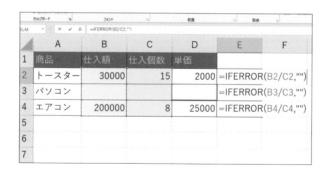

AND関数、OR関数、NOT関数の使い方

▶ 論理関数を理解する

「AND関数」「OR関数」「NOT関数」は、論理関数に含まれる関数で、条件に従って数式などを判断することができます。成立していると「TRUE」が表示され、不成立の場合は「FALSE」が表示されます。

AND関数の使い方

AND関数は複数の条件がすべて成立しているかを判断する関数です。「=AND(B2>50,C2>50)」という数式がある場合、「B2が50より大きくて、C2も50より大きい場合、TRUEを表示する」という意味になります。

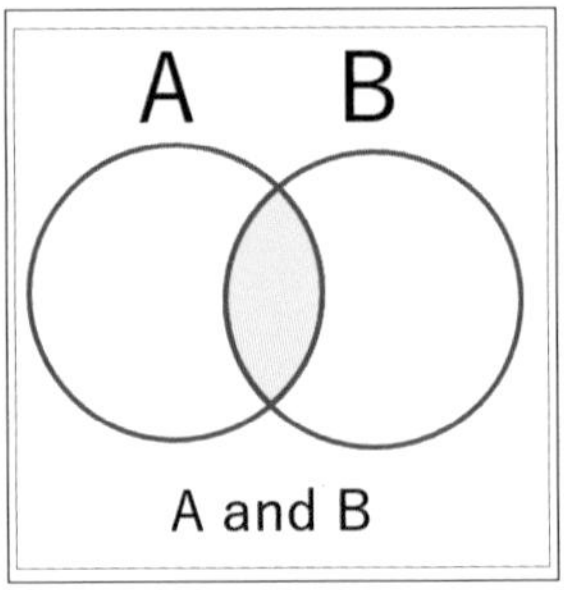

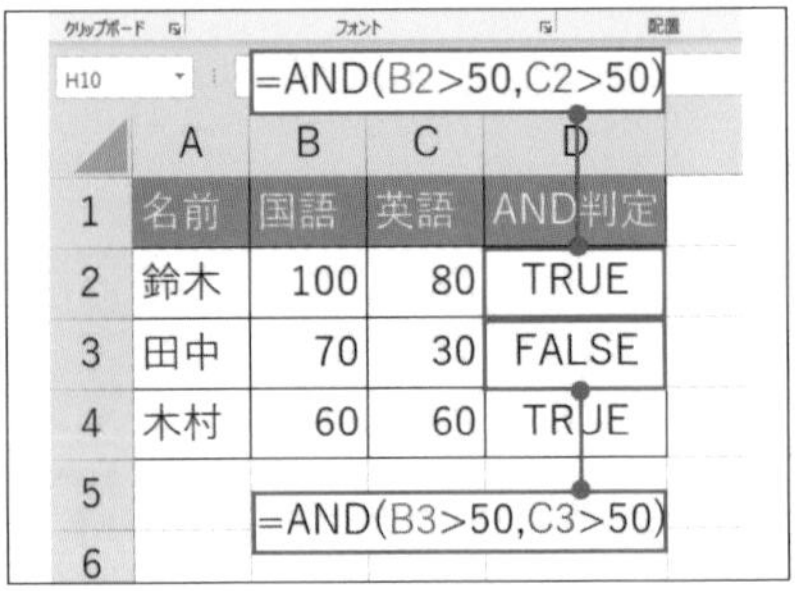

OR関数の使い方

OR関数は複数の条件のうち、どれか１つでも成立しているか判断する関数です。「=OR(B2>50,C2>50)」という数式がある場合、「B2が50より大きい、またはC2が50より大きい場合、TRUEを表示する」という意味になります。

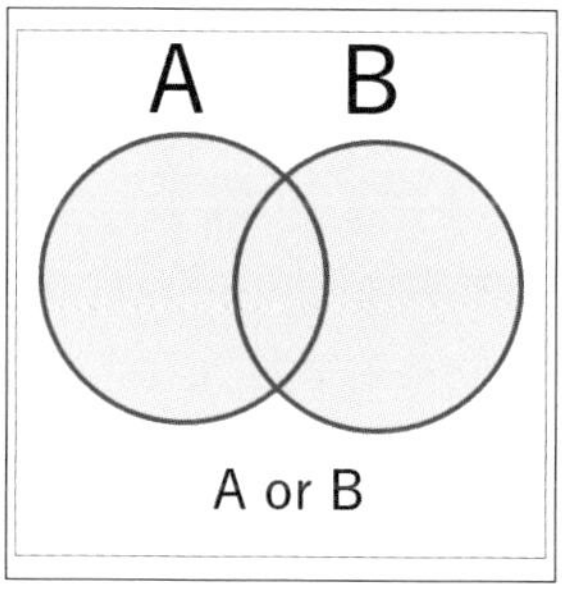

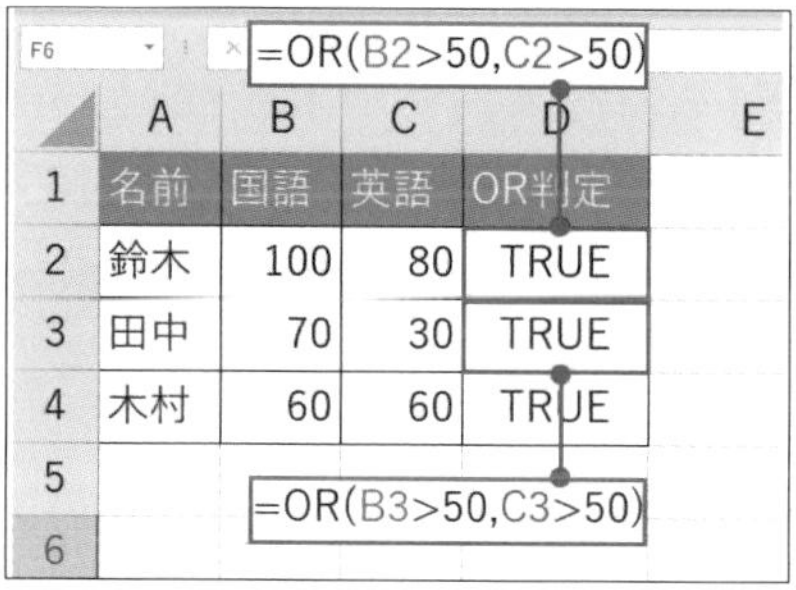

	A	B	C	D	E
1	名前	国語	英語	OR判定	
2	鈴木	100	80	TRUE	
3	田中	70	30	TRUE	
4	木村	60	60	TRUE	
5					
6					

NOT関数の使い方

NOT関数は条件が成立していないことを判断する関数です。「=NOT(B2=70)」という数式がある場合、「B2が70以外の場合はTRUEを表示する」という意味になります。

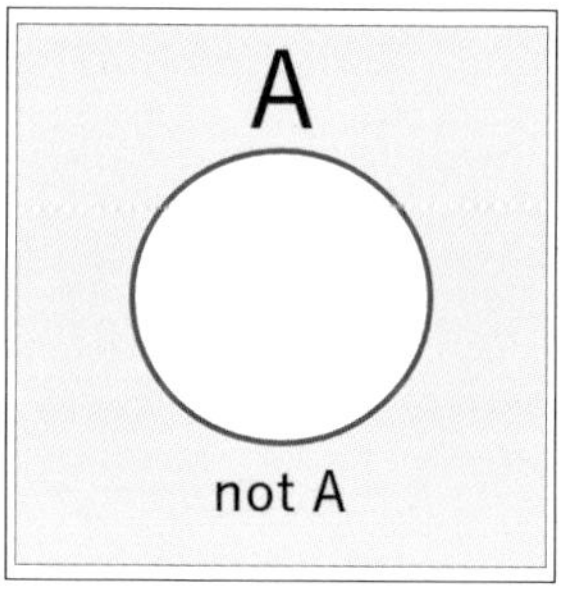

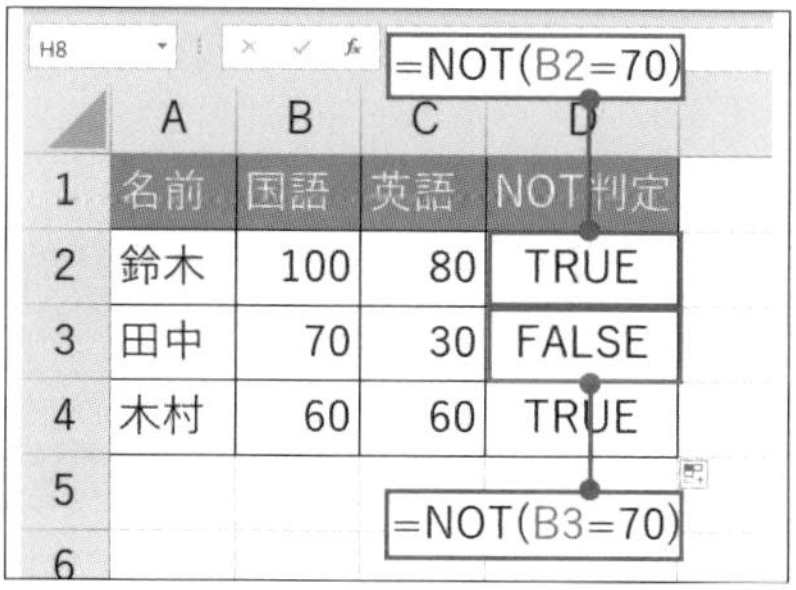

	A	B	C	D
1	名前	国語	英語	NOT判定
2	鈴木	100	80	TRUE
3	田中	70	30	FALSE
4	木村	60	60	TRUE
5				
6				

IF関数を複数条件で組み合わせる

▶ IF 関数とネスト

「IF関数」はネストすることにより、複数条件を設定できます。「**IF関数+AND関数**」であれば、2つの条件に一致するセル、「**IF関数+OR関数**」であれば、2つの条件のどちらかに一致するセルを絞り込むことができますし、「**IF関数+IF関数**」であれば、2つの論理式を使用することが可能です。

IF関数にIF関数をネストする

IF関数にIF関数をネストすることによって、複数の論理式を使用して表示することができます。

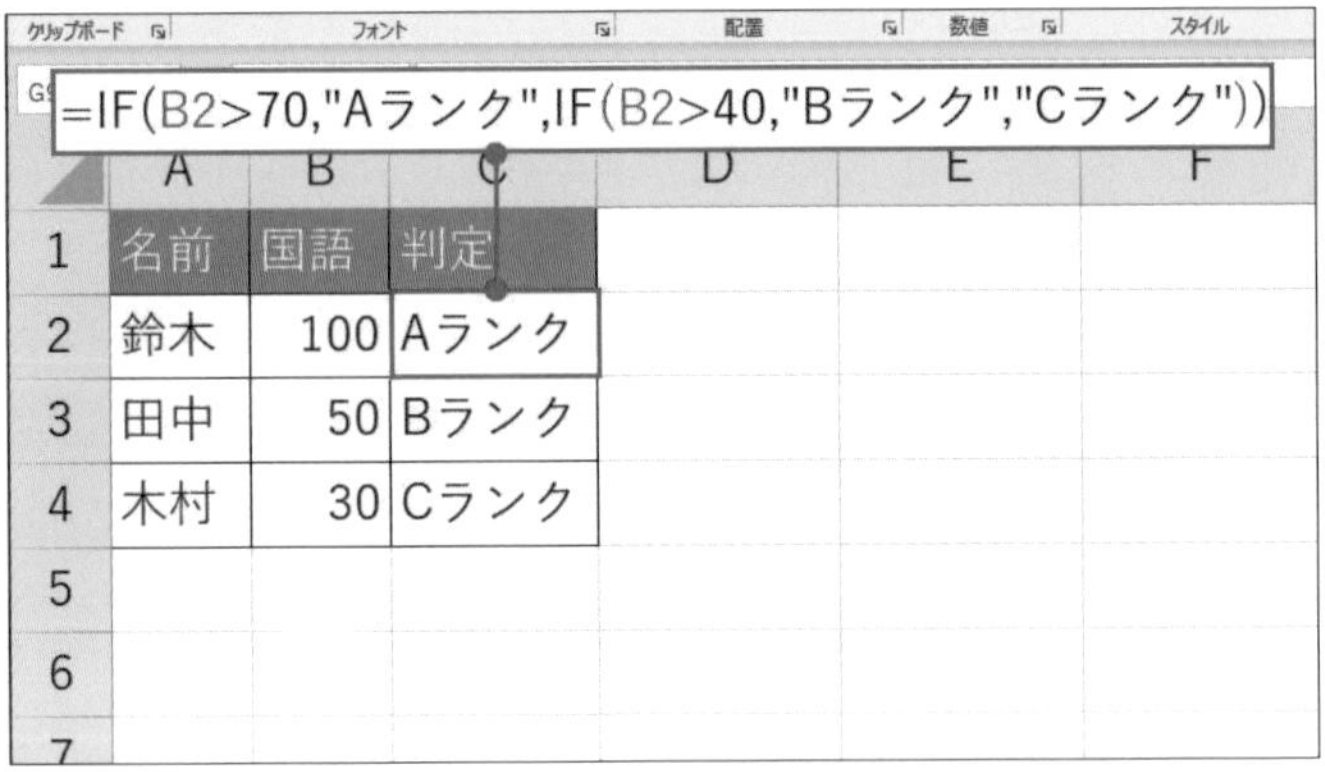

数式の読み解き方

=IF(B2>70,"Aランク",IF(B2>40,"Bランク","Cランク"))

B2の値が70より大きい場合は「Aランク」と表示する。70以下の場合で40より大きい場合は「Bランク」と表示し、40以下の場合は「Cランク」と表示する。

IF関数とAND関数を組み合わせ、条件を絞り込む

IF関数にAND関数をネストすることで、条件を絞り込むことができます。OR関数やNOT関数も同じように使用できます。

クリップボード　フォント　配置　数値

H9 =IF(AND(B2>60,C2>60),"合格","不合格")

	A	B	C	D	E
1	名前	国語	数学	判定	
2	鈴木	100	50	不合格	
3	田中	65	65	合格	
4	木村	30	70	不合格	
5					

数式の読み解き方

=IF(AND(B2>60,C2>60),"合格","不合格")

B2の値が60より大きく、かつC2の値が60より大きい場合は「合格」と表示する。条件に一致しない場合は「不合格」と表示する。

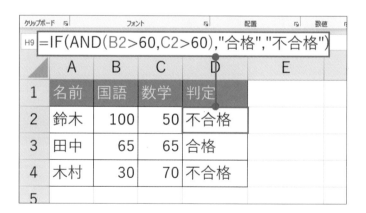

INDEX関数とMATCH関数を組み合わせる

▶ ネストでVLOOKUP関数のデメリットを解消する

「**INDEX関数**」と「**MATCH関数**」を組み合わせて使用することにより、「VLOOKUP関数」と同じような機能が使えます。さらにVLOOKUP関数には「左側の列が指定できない」というデメリットがありますが、INDEX関数とMATCH関数をネストすることにより、好きな位置を指定することができます。

INDEX関数の使い方

INDEX関数は、指定した範囲の中の上から何番目を表示するか指定することができます。

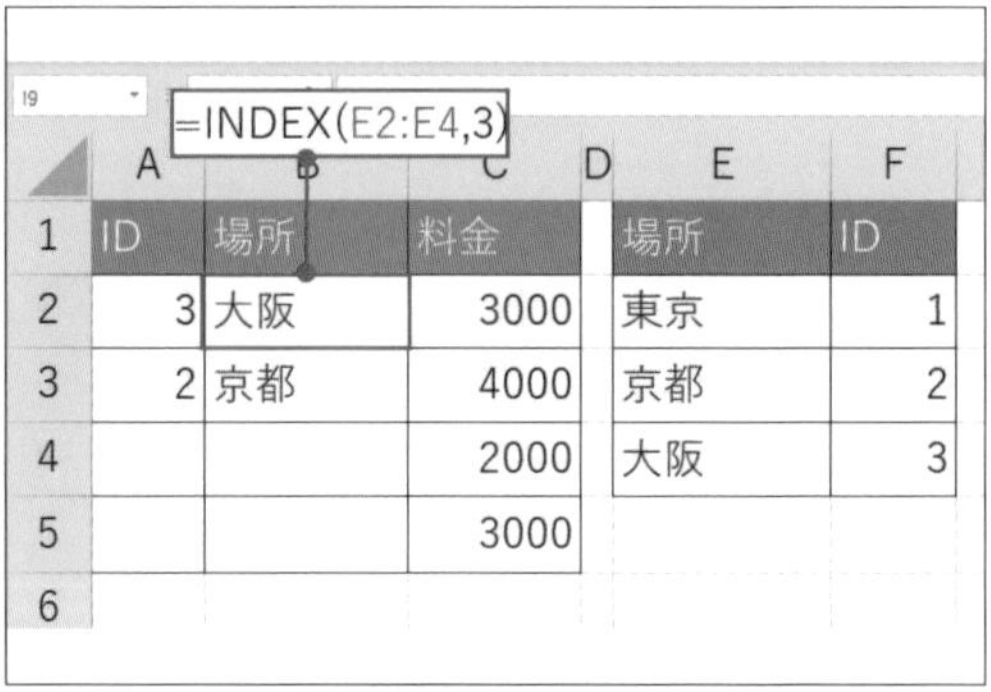
=INDEX(E2:E4,3)

	A	B	C	D	E	F
1	ID	場所	料金		場所	ID
2	3	大阪	3000		東京	1
3	2	京都	4000		京都	2
4			2000		大阪	3
5			3000			
6						

数式の読み解き方

=INDEX(E2:E4,3)

E2からE4の中で上から3番目の値を表示する。

MATCH関数の使い方

MATCH関数は、指定した値が範囲の中の何番目にあるのかを調べることができます。

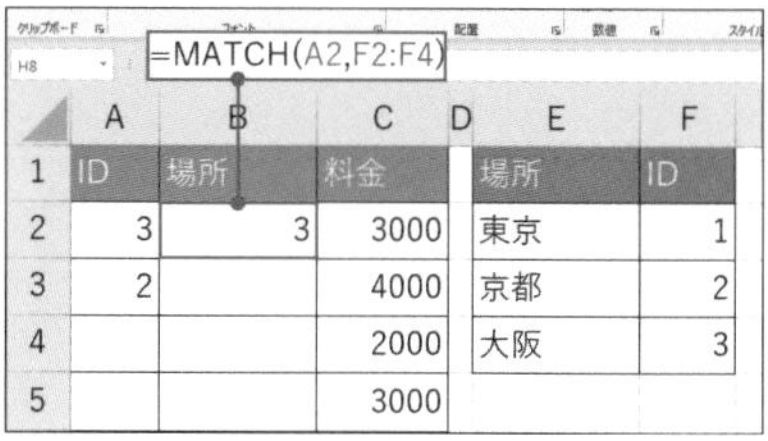
=MATCH(A2,F2:F4)

	A	B	C	D	E	F
1	ID	場所	料金		場所	ID
2	3	3	3000		東京	1
3	2		4000		京都	2
4			2000		大阪	3
5			3000			

数式の読み解き方

=MATCH(A2,F2:F4)

A2の値が、F2からF4の中の何番目にあるか表示する。

INDEX関数とMATCH関数をネストする

選択した範囲の中から指定のセルの値を表示できる「INDEX関数」と、指定した数値を自動的に探してくれる「MATCH関数」をネストすることで、「VLOOKUP関数」と同様、指定した範囲の中から検索条件に一致したデータを検索し、取り出すことが可能です。

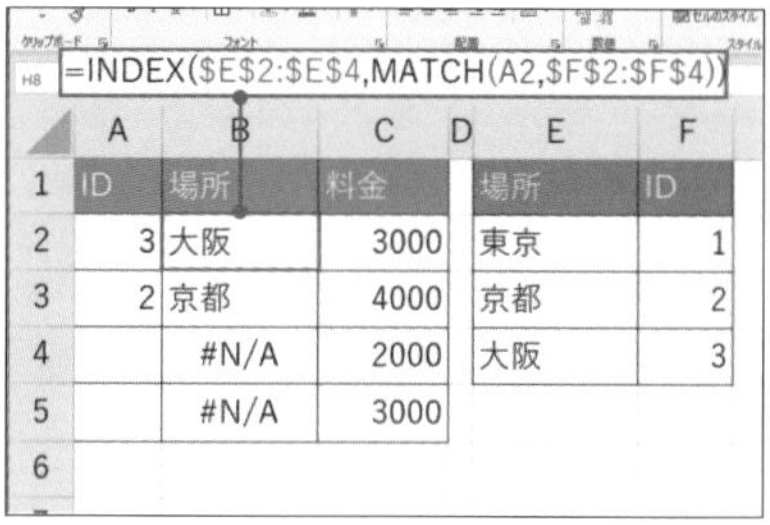
=INDEX($E$2:$E$4,MATCH(A2,$F$2:$F$4))

	A	B	C	D	E	F
1	ID	場所	料金		場所	ID
2	3	大阪	3000		東京	1
3	2	京都	4000		京都	2
4		#N/A	2000		大阪	3
5		#N/A	3000			
6						

数式の読み解き方

=INDEX
($E$2:$E$4,MATCH(A2,$F$2:$F$4))

A2がF2からF4の中の何番目にあるか調べ、E2からE4の中から、同じ行の値を表示する。

INDIRECT関数の使い方

▶ セルの参照を文字列で指定する

「**INDIRECT関数**」は、セルの参照を文字列で指定できる関数で、「VLOOKUP関数」と組み合わせて使用されることが多いです。少し特殊な使用方法ですが、覚えておいて損はありません。

INDIRECT関数の考え方

C5には「テスト」という「**名前の定義**」がされています。そのため、C2の値と同じ「テスト」という名前がついたセルの値である「練習」が表示されます。

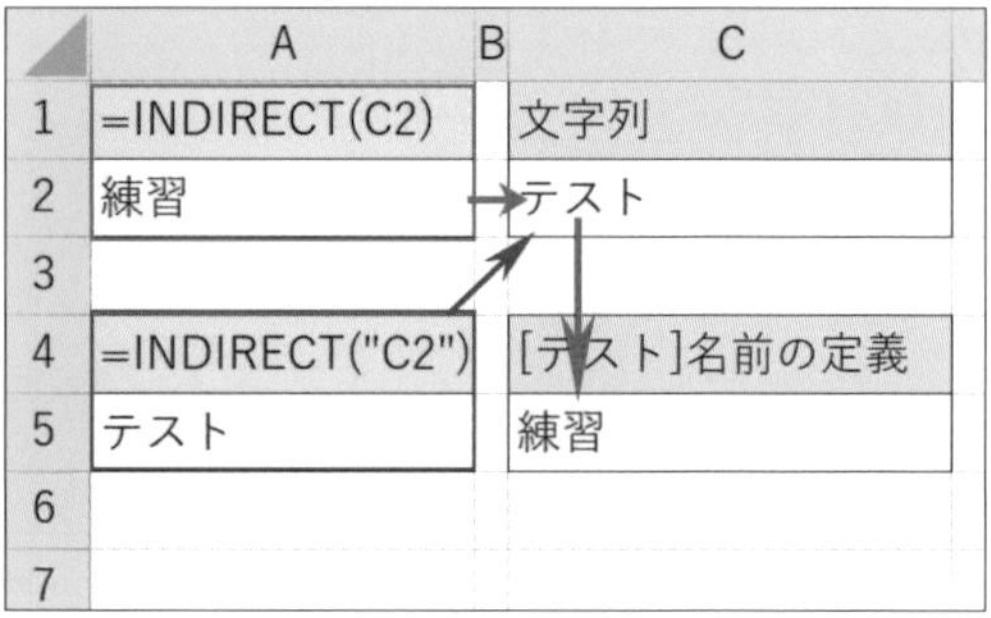

数式の読み解き方

=INDIRECT(C2)

C2の値と同じ名前で定義されているセルを表示する。

=INDIRECT(“C2”)

C2に入力されている値を表示する。

VLOOKUP関数で名前を条件にする

VLOOKUP関数の範囲に名前を指定すると、定義した名前の範囲から探せるようになります。下の表では「関東」「関西」と範囲に名前をつけており、手動で切り替えると、探す範囲を変更できます。

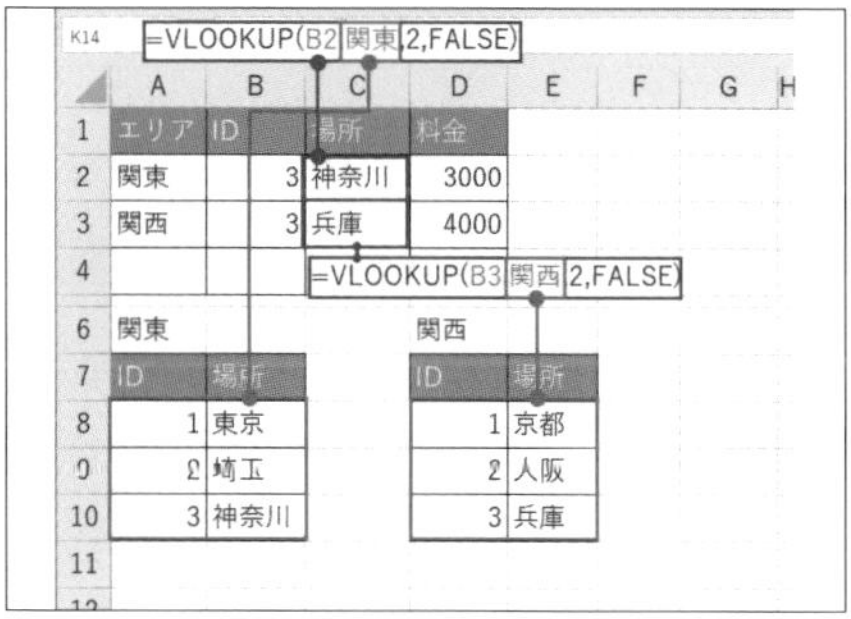

INDIRECT関数とVLOOKUP関数を組み合わせる

そのまま名前を範囲に指定すると、範囲の指定が少し楽になるだけですが、INDIRECT関数を使用すると、指定したセルの値に従って自動的に選択範囲が変わります。下の表では、INDIRECT関数でA列のセルを指定することにより、「エリア」に入力された値を基にして同じ名前が定義された範囲が自動的に指定されます。

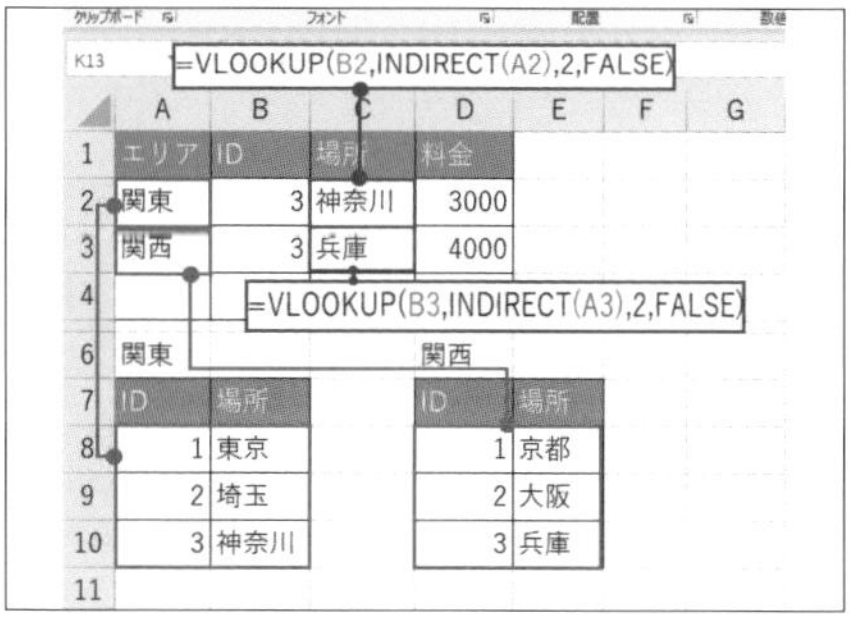

TRIM関数の使い方

▶ 不要な空白を削除する

「TRIM関数」は、不要な「空白（スペース）」を削除する関数です。文字列に予期せず空白が入ってしまった場合、見た目上で同じ値に見えても、Excelは別の文字列として認識してしまい、「数式が正しく計算できない」「フィルターが認識されない」という問題が起きます。データを他の場所からコピペした場合などに起きやすいので、その対処法を覚えておきましょう。

「オートフィルター」を適用しましたが、文字の後ろに空白が入力されているため、見た目では同じ文字列にもかかわらず、空白の数に従って項目が分けられています。

TRIM関数で空白を削除する

TRIM関数の使い方は、空白を取り除きたいセルを選択するだけです。その後、再びオートフィルターをかけると空白が取り除かれていることがわかります。

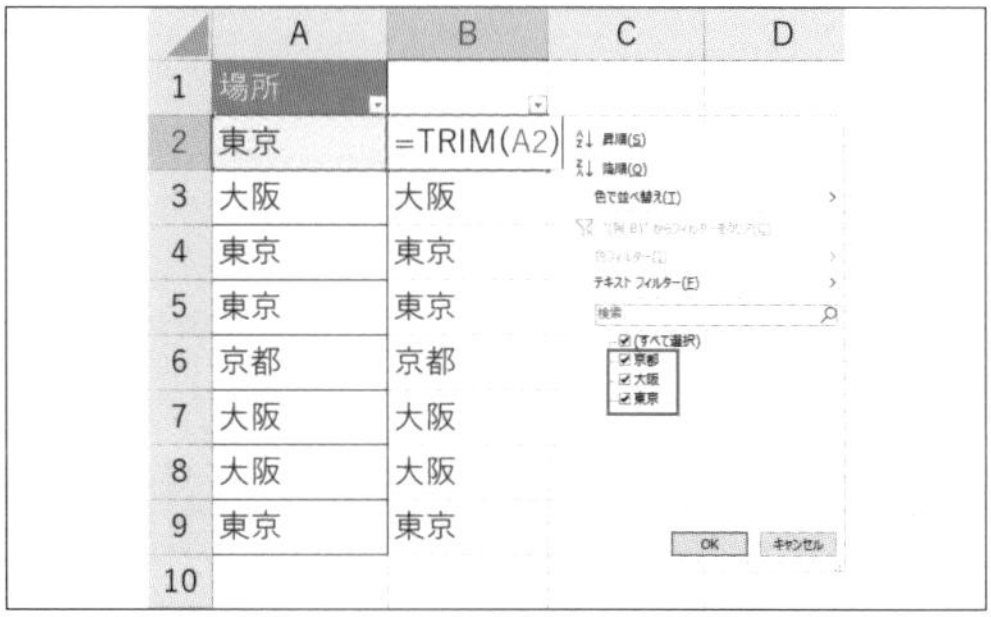

値のみ貼り付ける

TRIM関数は、参照セルから空白を取り除いているだけなので、元のセルに入力された文字列を削除してしまうと、エラーになってしまいます。そのため、貼り付ける際は「**値の貼り付け**」にします。

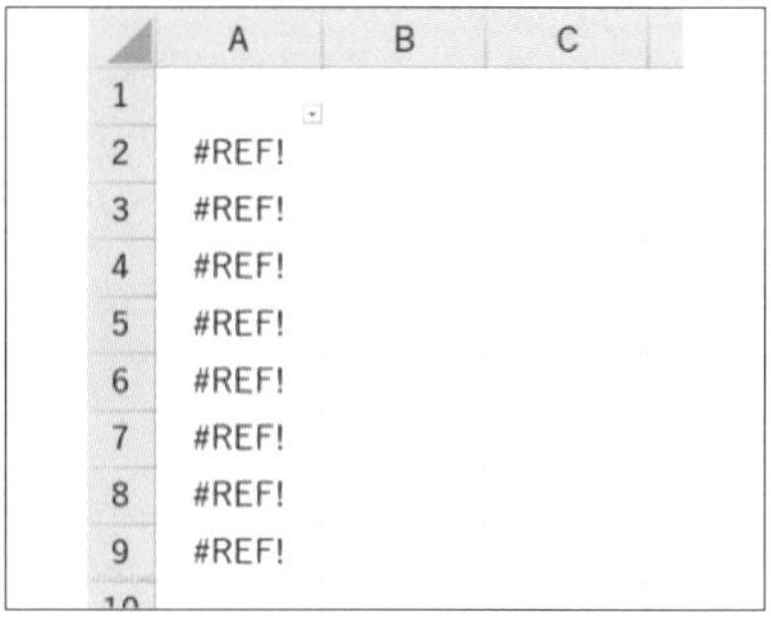

TRIM関数の数式が入ったセルで「Ctrl」を押しながら「C」キーを押し（①）、「Ctrl」キーを押しながら「Alt」及び「V」キーを押し（②）、元のセルに「値の貼り付け」を行いましょう。

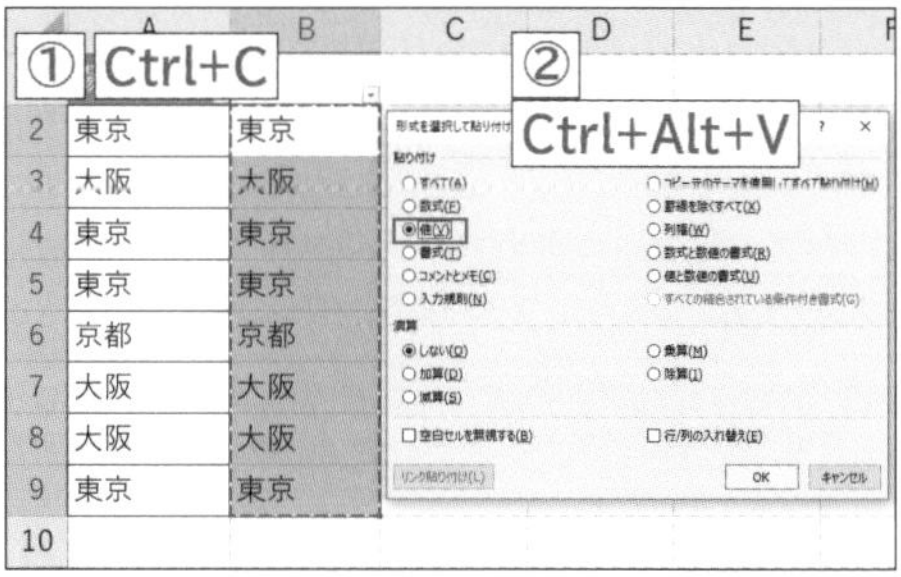

COUNTA関数の使い方

▶ COUNTA 関数と COUNT 関数の違い

「**COUNTA関数**」とは、空白以外のセルの個数を調べられる関数です。「COUNT関数」と似ていますが、COUNT関数は「数値が入力されたセルの個数を調べる」関数です。そのため、COUNT関数は文字列などの個数を数えることができません。一方COUNTA関数は空白以外のデータであれば、文字列や記号など、すべて個数を数えることができます。しかし、見た目上で空白であっても、全角スペースや半角スペース、数式で空白を表示したセルなどはカウントされてしまうので、注意が必要です。

COUNTA関数で個数を数える

COUNTA関数の使い方はCOUNT関数と同様に範囲を指定するだけです。それぞれの計算結果の違いは一目瞭然です。

	A	B	C
1	名前		COUNT関数
2	田中		=COUNT(A2:A7)
3	鈴木		0
4	木村		
5	後藤		COUNTA関数
6	伊藤		=COUNTA(A2:A7)
7	田中		6
8			

数式の読み解き方

=COUNT(A2：A7)

A2からA7の範囲で数値が入力されたセルの個数を数える。

=COUNTA(A2：A7)

A2からA7の範囲で空白以外のセルの個数を数える。

COUNTA関数で列を指定して使用する

COUNTA関数は、列を指定することにより、増減があった場合にも自動的に対応する数式を作成することができます。しかし、表の1行目に項目がある場合は、項目も個数に含まれてしまうので、項目のある表の列を指定する場合、個数から「1」引く必要があります。

	A	B	C	
1	名前		COUNTA関数	
2	田中		=COUNTA(A:A)-1	
3	鈴木		4	
4	木村			
5	後藤			
6				

数式の読み解き方

=COUNTA(A：A)-1

A列から空白以外のセルの個数を数え、その数値から1引く。

ROUND関数の使い方

▶ 数値を四捨五入する

「**ROUND関数**」は、指定したセルの値を四捨五入する関数です。指定したセルの桁の値が5未満なら切り捨て、5以上なら切り上げられます。よく似た関数に「**ROUNDUP関数**」と「**ROUNDDOWN関数**」があり、指定した桁の端数処理の方法が異なります。「ROUNDUP関数」なら端数は切り上げ、「ROUNDDOWN関数」なら端数は切り捨てになります。

関数の構造

=ROUND(数値,桁数)

- 数値：四捨五入したい数値を指定する
- 桁数：四捨五入したい桁数を指定する

ROUND関数で四捨五入する

四捨五入したいセルを指定し、どの桁数まで四捨五入するかを指定します。指定した値が増えるほど、小数点の桁数が増え、値がマイナスになるほど整数の上の位まで四捨五入されます。

	A	B	C
1	数値	数式	結果
2	105.55	=ROUND(A2,1)	105.60
3	105.55	=ROUND(A3,0)	106.00
4	105.55	=ROUND(A4,-1)	110.00

ROUNDUP関数、ROUNDDOWN関数の使い方

ROUNDUP関数と、ROUNDDOWN関数もROUND関数と同様、四捨五入したいセルを指定し、どの桁数まで四捨五入するかを指定します。

	A	B	C
1	数値	数式	結果
2	105.5	=ROUND(A2,0)	106.00
3	105.2	=ROUNDUP(A3,0)	106.00
4	105.8	=ROUNDDOWN(A4,0)	105.00
5			

ネストでROUND関数を使用する

ROUND関数をネストで使用することも可能です。値に小数点が含まれる結果が予想できる数式を作成する際は、ROUND関数をネストすることによって、端数を四捨五入することができます。

	A	B	C	D
1	商品	値段		平均売上
2	すいか	1,342		2,000.0
3	バナナ	654		
4	メロン	5,444		
5	ぶ			
6	いちご	545		
7				

=ROUND(AVERAGE(B2:B6),-3)

数式の読み解き方

=ROUND(AVERAGE(B2:B6),-3)

B2からB6までの平均を出し、100の位まで四捨五入する。

TEXT関数の使い方

▶ 値を文字列に変換する

「TEXT関数」は、表示形式を適用して数値を文字列に変換する関数です。表示形式は「セルの書式設定」からも変更ができますが、数式の中に組み込むことはできません。TEXT関数は数式の中で表示形式を変え、文字列に変更したい場面などで役立ちます。

関数の構造

=TEXT(値,表示形式)

- 値：文字列に変換したい数値を指定する
- 表示形式：表示形式を指定する

TEXT関数を使用する

1

「&」や関数を複数使用していると、セルに設定された表示形式がそのまま適用されない場合があります。

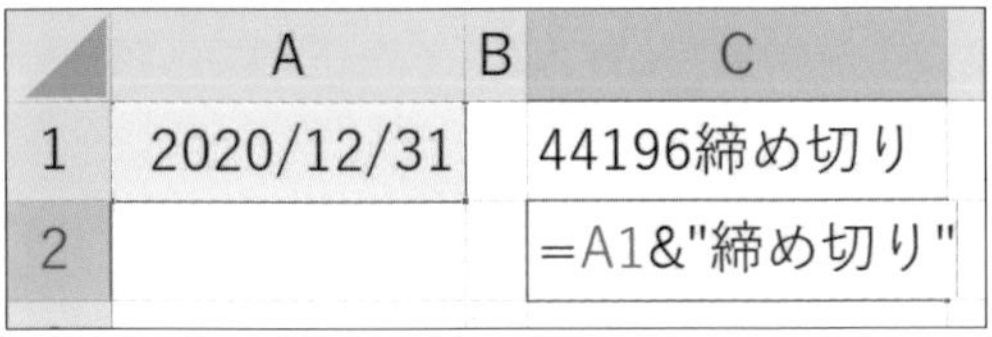

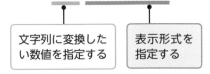

2

数式の中で表示形式が異なる場合、TEXT関数を使用し、適用されていない表示形式を適用してあげましょう。

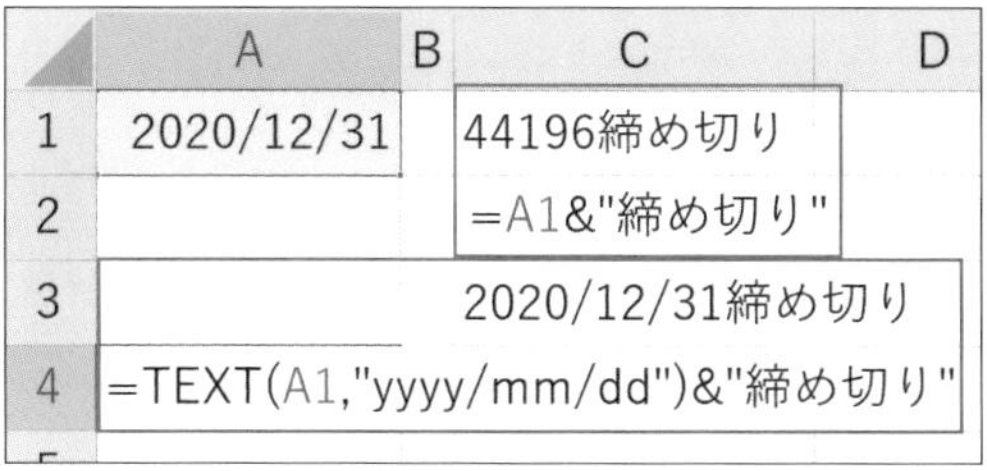

土・日に色をつける

1

TEXT関数は、セルの数式だけでなく「**条件付き書式**」にも使用できます。例えば、土・日が入力されたセルの文字に色をつけたい場合、TEXT関数と条件付き書式を併用して設定が可能です。①で条件をつけたいセルを選択し、②の「条件付き書式」から③の「新しいルール」をクリックします。

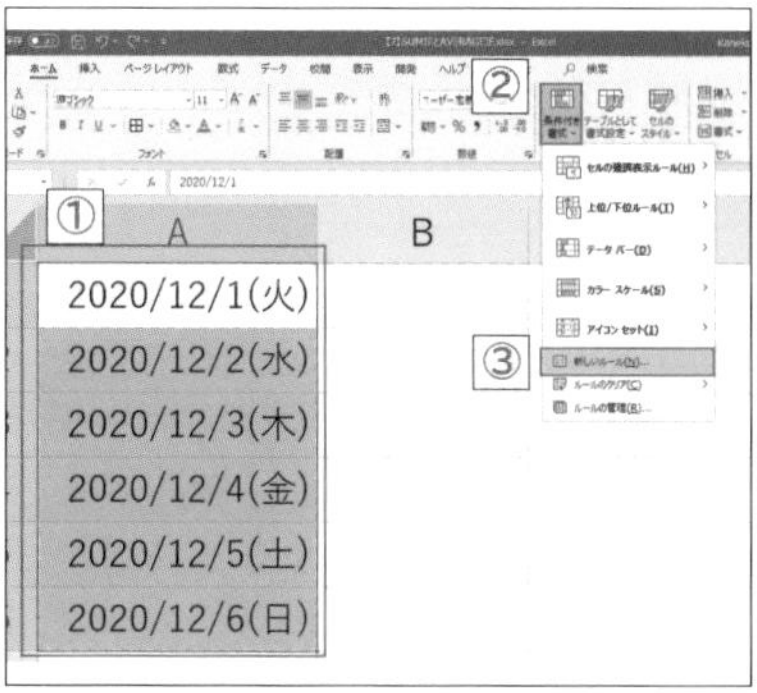

2

①の「数式を使用して、書式設定するセルを決定」を選択します。TEXT関数を使用し、②に土曜日の日付を指定する数式を入力し、③で一致した場合の書式を設定します。セル指定を「複合参照」にすることで、複数列にも対応することが可能です。

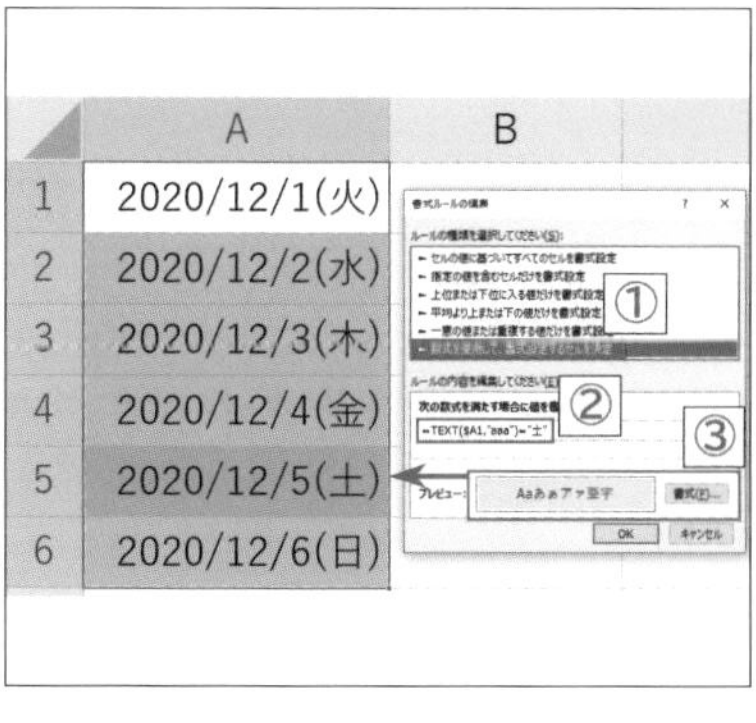

ROW関数、COLUMN関数の使い方

▶ 行番号や列番号を求める

「ROW関数」は、セルの行番号を求めることができる関数です。一方、「COLUMN関数」は、列番号を求めることができる関数です。ROW関数とCOLUMN関数は、「行や列の増減があった場合に自動的に反映される」「オートフィルの際に数値が1ずつ増える」というメリットがあります。

ROW関数の使い方

ROW関数は、セルを指定しないパターンの「ROW()」と、セルを指定するパターンの「ROW(A1)」があります。セルを指定しない場合、ROW関数が入力されているセルの行番号が表示され、セルを指定すると指定したセルの行番号が表示されます。

	A	B	C	D	E	F
1	1	=ROW()		値	数式	数式2
2	2	=ROW()		1	=ROW()-1	=ROW(F1)
3	3	=ROW()		2	=ROW()-1	=ROW(F2)
4	4	=ROW()		3	=ROW()-1	=ROW(F3)
5	5	=ROW()		4	=ROW()-1	=ROW(F4)

ROW関数を他の関数と組み合わせて使用すると、行番号に合わせて増やしたい箇所のみ数値を増やすこともできます。

F10 ="A"&TEXT(ROW()-1,"000")&"-1"

	A	B
1	オートフィル	ROW関数
2	A001-1	A001-1
3	A001-2	A002-1
4	A001-3	A003-1
5	A001-4	A004-1

COLUMN関数の使い方

「COLUMN関数」の使い方も、ROW関数と同様です。「COLUMN()」の場合は入力されているセルの列番号を表示し、「COLUMN(A6)」の場合では指定したセルの列番号が表示されます。

	A	B	C	D
1	1	2	3	4
2	=COLUMN()	=COLUMN()	=COLUMN()	=COLUMN()
3				
4	値	1	2	3
5	数式1	=COLUMN()-1	=COLUMN()-1	=COLUMN()-1
6	数式2	=COLUMN(A6)	=COLUMN(B6)	=COLUMN(C6)
7				

COLUMN関数とVLOOKUP関数を組み合わせる

COLUMN関数は、VLOOKUP関数を組み合わせて使用すると、オートフィルしても指定がずれることなく、選択部分すべてに反映させることができます。

=VLOOKUP($E2,$A$2:$C$4,COLUMN()-4,FALSE)

	A	B	C	D	E	F	G
1	番号	名前	年齢		番号	名前	年齢
2	1	木村	10		3	木村	30
3	2	鈴木	20		2	鈴木	20
4	3	木村	30				
5							

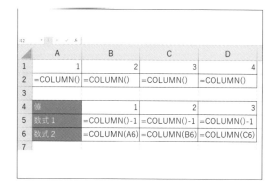

日付を扱う関数の使い方

▶ 6つの日付を扱う関数

日付を扱う主な関数として、「**YEAR関数**」「**MONTH関数**」「**DAY関数**」「**DATE関数**」「**TODAY関数**」「**NOW関数**」の6種類があります。それぞれの使い方は難しくありません。使えるとすごく便利な関数なので覚えておきましょう。

YEAR関数、MONTH関数、DAY関数、DATE関数の使い方

YEAR関数、MONTH関数、DAY関数は、日付が入力されたセルを指定すると、それぞれ「年、月、日」を抽出することが可能です。また、DATE関数は、数値を連結して日付に変換することができます。

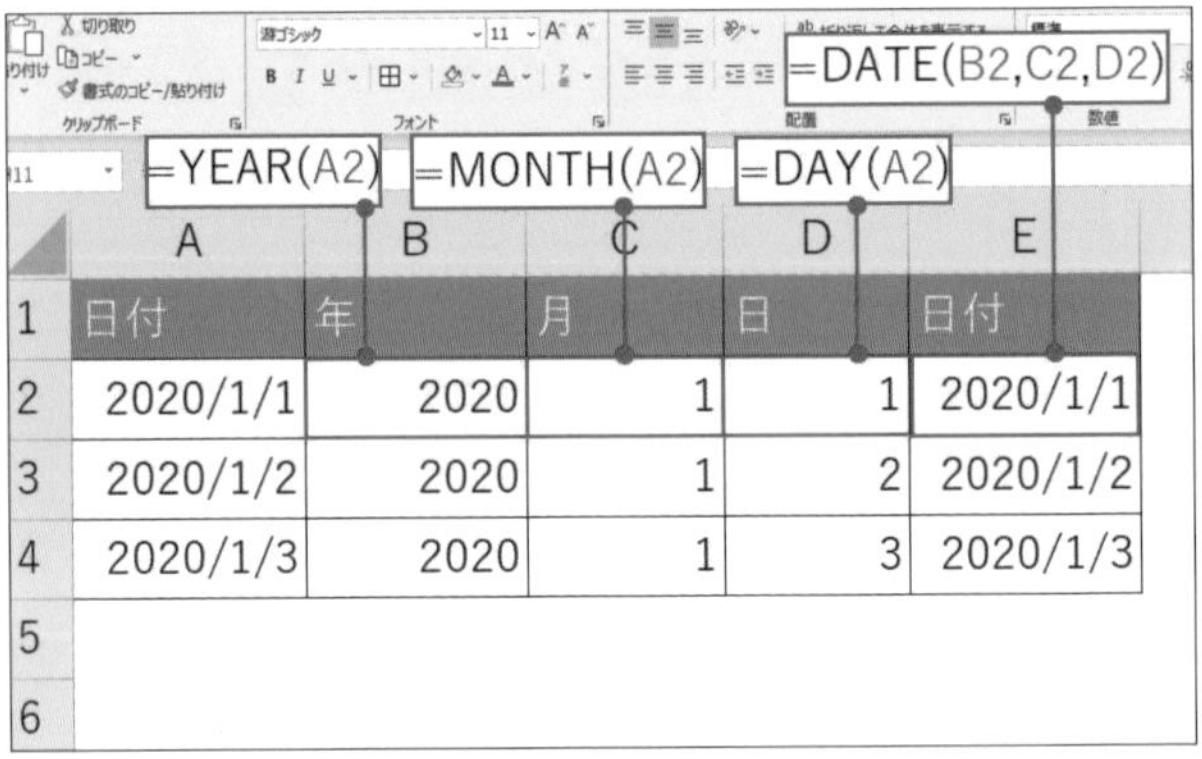

TODAY関数、NOW関数の使い方

パソコンの時計機能を利用して現在の日付を表示するのが「TODAY関数」、時刻まで表示できるのが「NOW関数」です。YEAR関数やMONTH関数と組み合わせて使うことも多いです。

	A	B
1	数式	結果
2	=TODAY()	2020/10/21
3	=NOW()	2020/10/21 1:10
4	=YEAR(TODAY())	2020
5	=MONTH(TODAY())	10

6つの関数の機能

関数	機能
DATE 関数	数値を連結し、日付に変換する
YEAR 関数	指定されたセルから年を抽出する
MONTH 関数	指定されたセルから月を抽出する
DAY 関数	指定されたセルから日を抽出する
TODAY 関数	現在の日付を表示する
NOW 関数	現在の時刻を表示する

日付関数の応用

MONTH関数などは、他の関数と組み合わせて使用すると効果を発揮します。例えば、SUMIF関数とMONTH関数を組み合わせることで、条件に一致する月の合計を計算できます。

=MONTH(A2)　=SUMIF(B2:B4,1,C2:C4)

	A	B	C	D	E
1	日付	月	売上		1月の売上
2	2020/1/1	1	10000		20000
3	2020/1/2	1	10000		
4	2020/2/1	2	50000		
5					

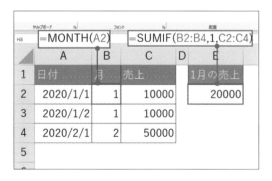

文字列を変換する関数の使い方

▶ 文字列を変換する６つの関数

文字列を操作する関数の中には、文字を半角に変換したり、全角に変換したりできる関数や、英字を大文字にしたり、小文字にしたりできる関数もあります。使いこなすことで文字を入力し直すことなく、文字を修正することが可能です。

文字列を変換する6つの関数

関数名	数式	意味
ASC 関数	=ASC(A1)	A1 を半角にする
JIS 関数	=JIS(A1)	A1 を全角にする
UPPER 関数	=UPPER(A1)	A1 を大文字にする（英字)
LOWER 関数	=LOWER(A1)	A1 を小文字にする（英字)
PROPER 関数	=PROPER(A1)	A1 の 1 文字目を大文字、2 文字目以降を小文字にする (英字)
PHONETIC 関数	=PHONETIC(A1)	A1 にフリガナをふる（漢字)

指定したセルに変換できない文字列がある場合、指定した文字がそのまま表示されます。文字列を直接指定する場合は「"（ダブルクォーテーション)」で囲んで指定します。

6つの関数の使い方

文字列を操作する関数の使用方法はすべて同様で、文字列を変換したいセルを指定するだけです。

	A	B	C
1		TaNaka IchiRo	
2		田中一郎	数式
3	半角表示	TaNaka IchiRo	=ASC(B1)
4	全角表示	ＴａＮａｋａ　ＩｃｈｉＲｏ	=JIS(B1)
5	大文字	TANAKA ICHIRO	=UPPER(B1)
6	小文字	tanaka ichiro	=LOWER(B1)
7	先頭大文字	Tanaka Ichiro	=PROPER(B1)
8	フリガナ	タナカイチロウ	=PHONETIC(B2)
9			

フリガナを修正する

PHONETIC関数でフリガナが表示されない場合は、フリガナが設定されていません。「ホーム」タブにある「フォント」の「**ふりがなの表示**」をクリックすると表示されます。また、セルの「フリガナ」をクリックすると修正ができます。

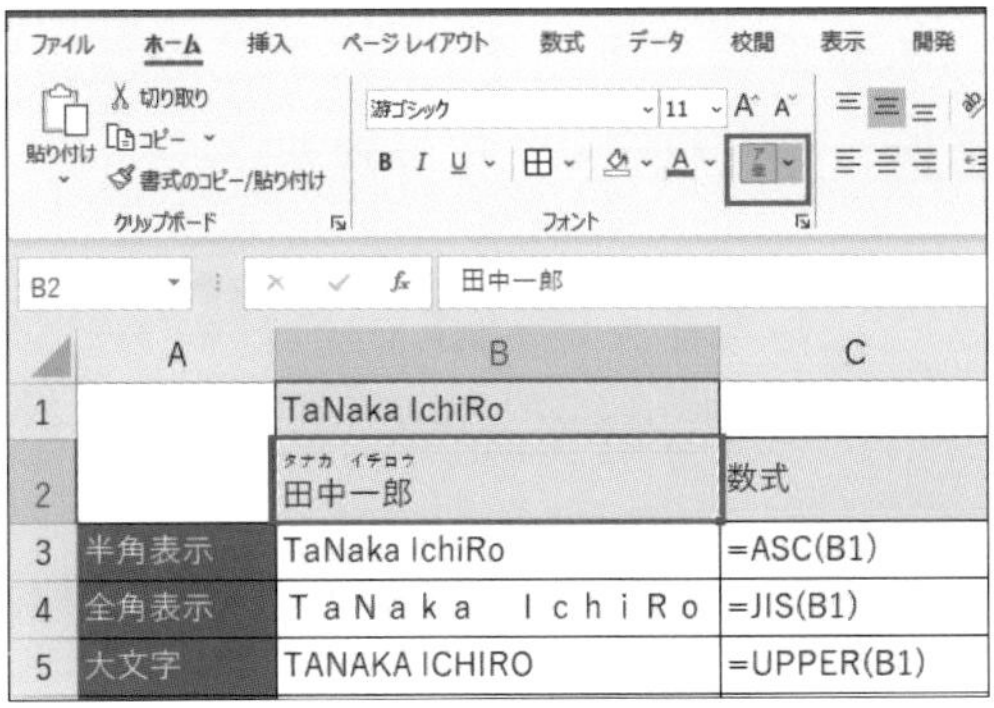

フリガナの注意点

フリガナは入力した文字が反映されるため、コピペした文字列は空白になってしまいます。フリガナが入力されていないと、並べ替えなどもうまくいかないのでしっかり設定をしましょう。

文字列・文字数を取得する

▶ 文字列や文字数の取得・抽出

「**LEFT関数**」「**MID関数**」「**RIGHT関数**」はセルから指定した数の文字を抽出する関数です。「LEFT関数」「RIGHT関数」は参照する方向が決まっており、「MID関数」は参照する位置を指定する必要があります。また、「**LEN関数**」はセルに入力された文字数を数える関数、「**FIND関数**」は指定した値がセルの何文字目にあるか調べる関数です。これらを組み合わせることで、文字列の取得、抽出が簡単になります。

LEFT関数、MID関数、RIGHT関数の使い方

関数名	数式	意味
LEFT 関数	=LEFT(A1,3)	A1 の左から 3 文字を取得する
MID 関数	=MID(A1,3,5)	A1 の 3 文字目から 5 文字取得する
RIGHT 関数	=RIGHT(A1,3)	A1 の右から 3 文字を取得する

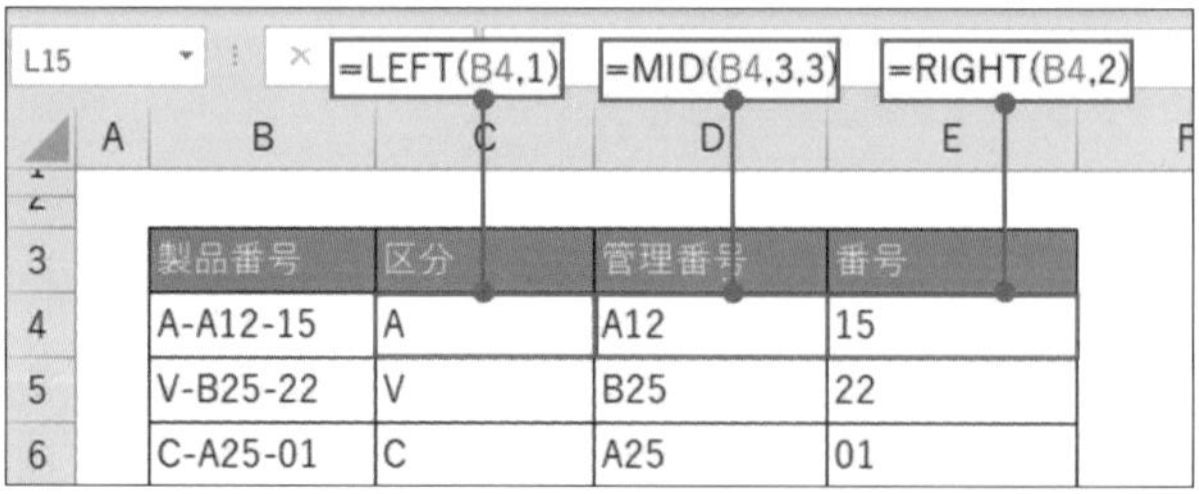

LEN関数、FIND関数の使い方

関数名	数式	意味
LEN 関数	=LEN(A1)	A1 が何文字あるか取得する
FIND 関数	=FIND(" 県 ",A1)	文字列「県」が A1 の文字列の何文字目に入っているかを取得する

LEN関数、FIND関数は他の関数と組み合わせて使用することが多いです。

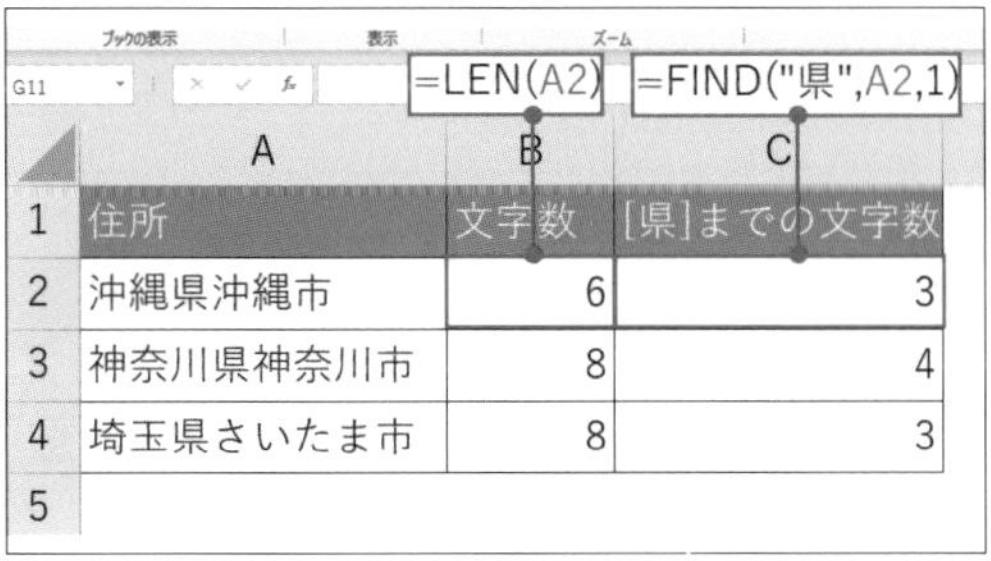

LEFT関数、FIND関数を組み合わせる

文字数が異なる名字を抜き出したい場合は、FIND関数で文字数を取得してLEFT関数で抽出します。

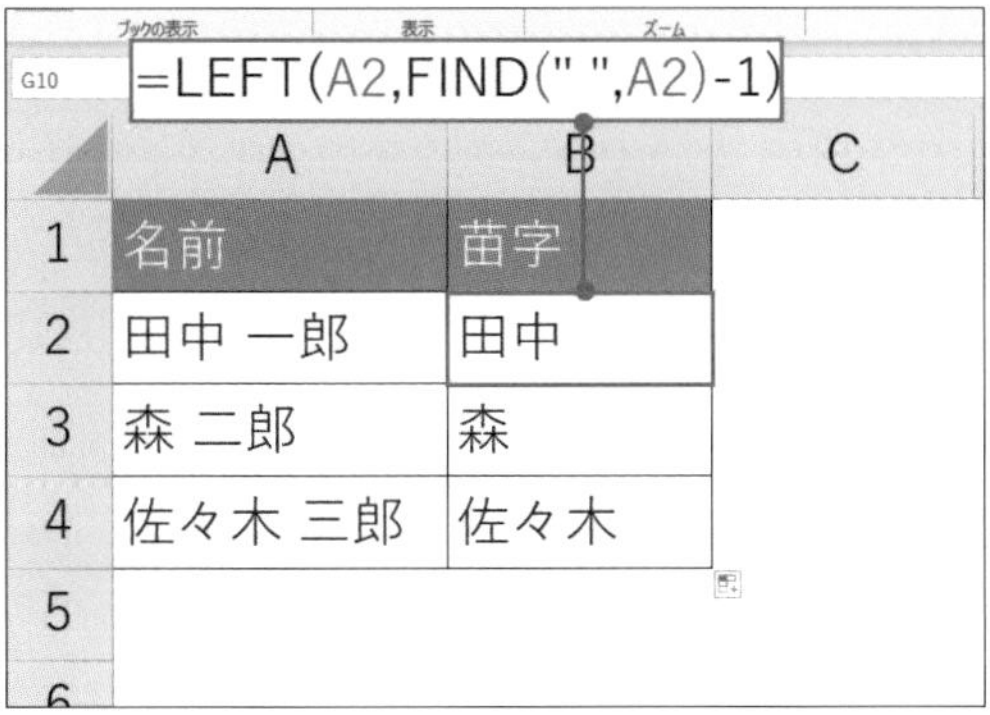

文字列を置換する関数の使い方

▶ 文字列を置換する２つの関数

「REPLACE関数」や「SUBSTITUTE関数」は文字列を置換する関数です。それぞれ置換する際に指定する条件が異なります。それぞれの違いを理解し、文字列の置換を素早く行えるようになりましょう。

REPLACE関数の使い方

関数の構造

=REPLACE(文字列,開始位置,文字数,置換文字列)

- 文字列：置換したい文字列のあるセルを指定する
- 開始位置：置換したい文字の位置を指定する
- 文字数：置換したい文字数を指定する
- 置換文字列：置換したい文字を入力する

REPLACE関数は、指定した文字を置換することができます。また、文字数を「0」にすることで挿入ができ、置換文字列を空白にすることで文字列の削除も可能です。

①はA2の文字列の1文字目から4文字目を「㈱」に置換しています。②はFIND関数でA8から「都」が入力されている位置を調べ、その1文字を「県」に置換しています。

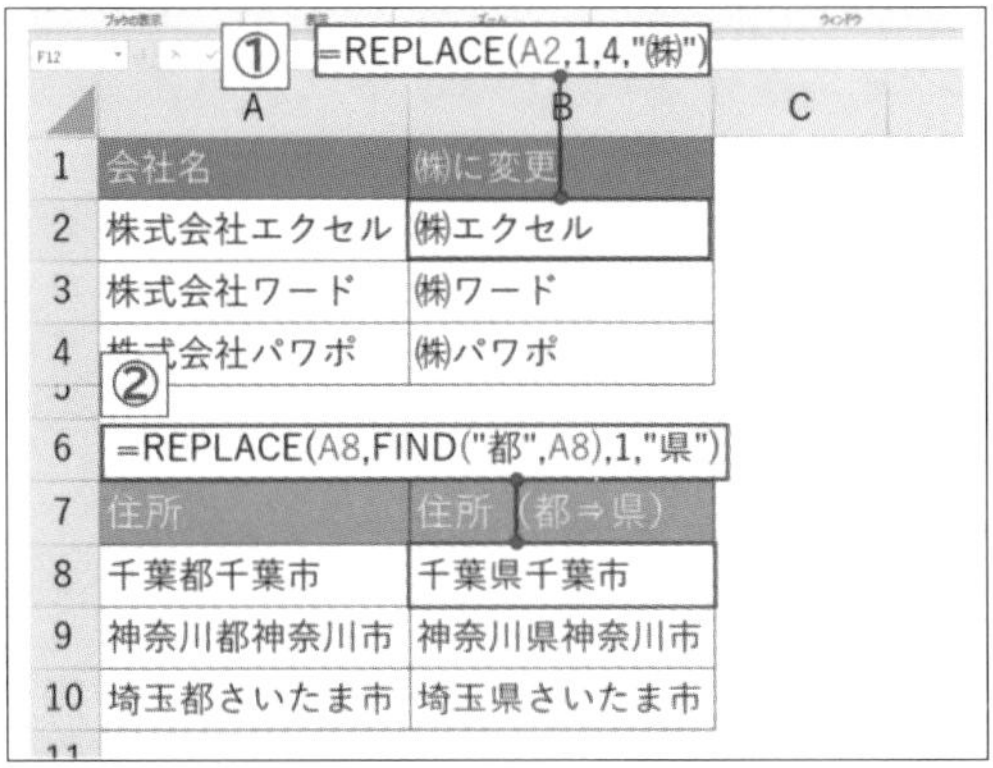

SUBSTITUTE関数の使い方

REPLACE関数は、文字位置を指定して置換しますが、SUBSTITUTE関数は指定した文字列を置換します。文字位置と文字列のどちらがわかっているかに合わせて使い分けましょう。

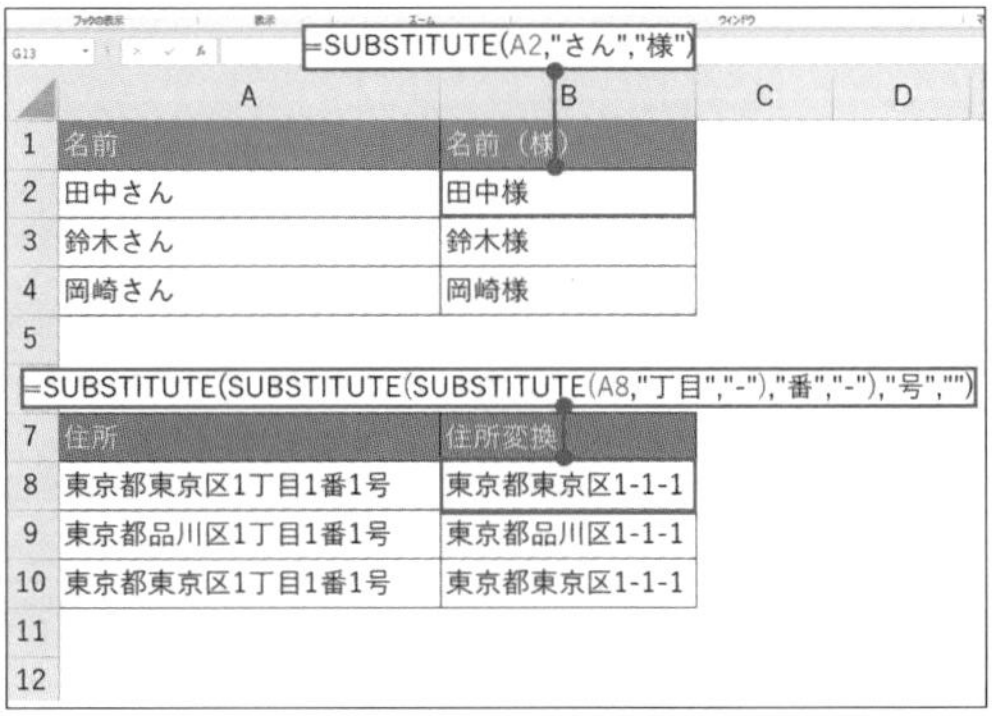

関数の構造

=SUBSTITUTE(文字列,検索文字列,置換文字列,[置換対象])

- 文字列：置換したい文字列のあるセルを指定する
- 検索文字列：置換したい文字を指定する
- 置換文字列：置換したい文字を入力する
- [置換対象]：置換したい文字が複数ある場合、位置を指定する（省略可）

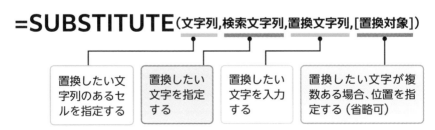

営業日数、期日、月末を求める

▶ 特別な日付を取得する関数

仕事のスケジュールなどで役立つ関数が、「**NETWORKDAYS関数**」や「**WORKDAY関数**」、「**EOMONTH関数**」です。複雑な条件での日数計算も、これらの関数を覚えることで簡単にできるようになります。また、「NETWORKDAYS関数」や「WORKDAY関数」とよく似た関数に「NETWORKDAY.INTL関数」や「WORKDAY.INTL関数」があり、より詳しい日付の設定ができます。

NETWORKDAYS関数、WORKDAY関数の使い方

「NETWORKDAYS関数」は、日付から残りの営業日数を取得できる関数で、「WORKDAY関数」は、日数から期日を求めることができる関数です。どちらも営業日を判断し、値を調節する関数です。また、祝日を指定することもでき、より正確な日数や日付を計算することも可能です。

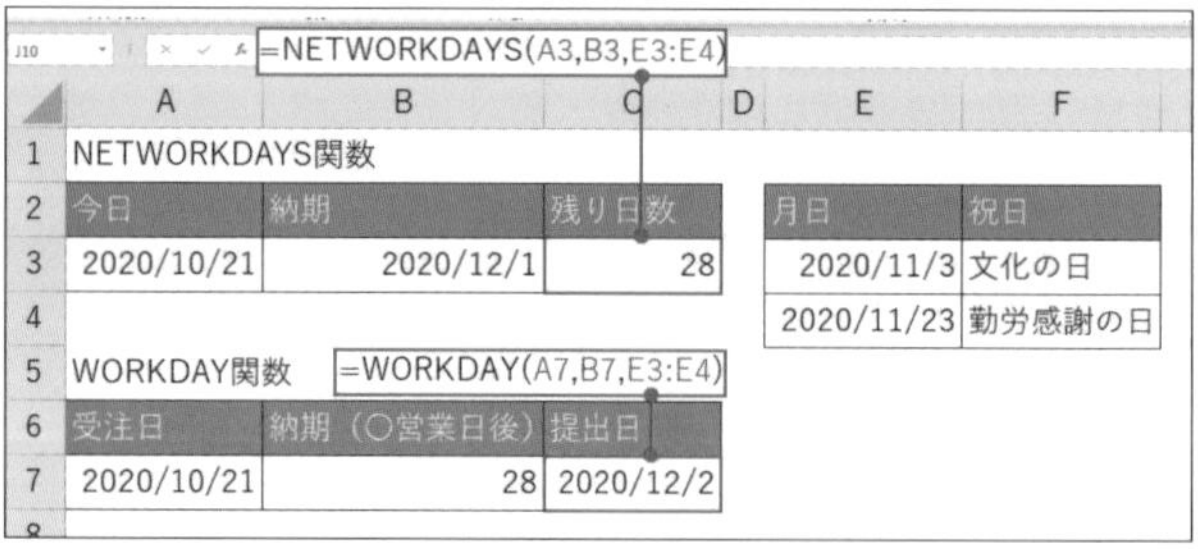

関数の構造

=NETWORKDAYS(開始日,終了日,[祝日])

- 開始日：数を数え始める日付を指定する
- 終了日：数を数え終える日付を指定する
- [祝日]：祝日の日付を指定する（省略可）

=WORKDAY(開始日,日数,[祝日])

- 開始日：数を数え始める日付を指定する
- 日数：必要な日数を指定する
- [祝日]：祝日の日付を指定する（省略可）

EOMONTH関数の使い方

「EOMONTH関数」は、指定した日付の月末を表示できます。月を指定することで数カ月後の月末を表示できます。

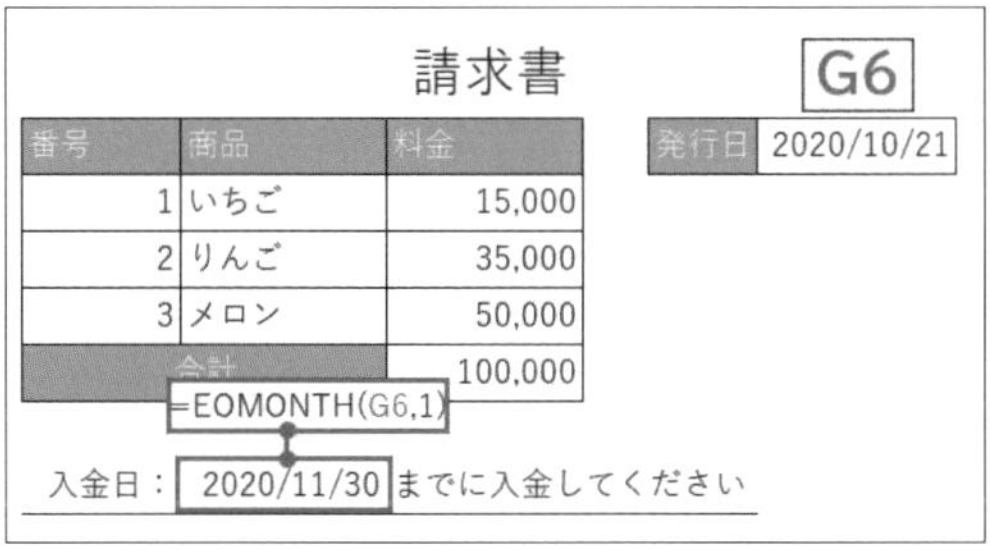

関数の構造

=EOMONTH(開始日,月)

- 開始日：基準にする日付を指定する
- 月：何カ月後の月末を表示するか指定する

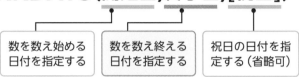

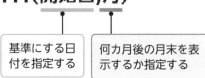

スピルの使い方

▶ 隣接したセルに結果を表示する

「スピル（Spill）」は、英語で「こぼれる」「溢れる」という意味です。スピルは数式を入力したセルと隣接したセルにも結果を表示する機能です。特長としては、「絶対参照や複合参照が不要」「オートフィルが不要」などのメリットがあります。この機能は現在、Microsoft365のみで実装されています。

動的配列数式とゴースト

スピルを使用した際、黒色ではっきりと表示される一番上のセルの数式を「動的配列数式」と呼びます。スピルで自動的に表示される数式は「ゴースト」と呼ばれ、薄く表示されます。

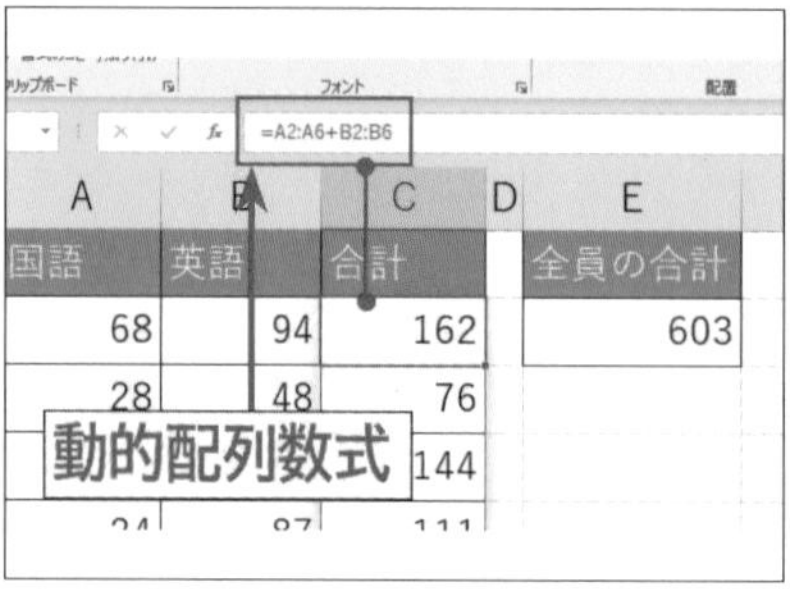

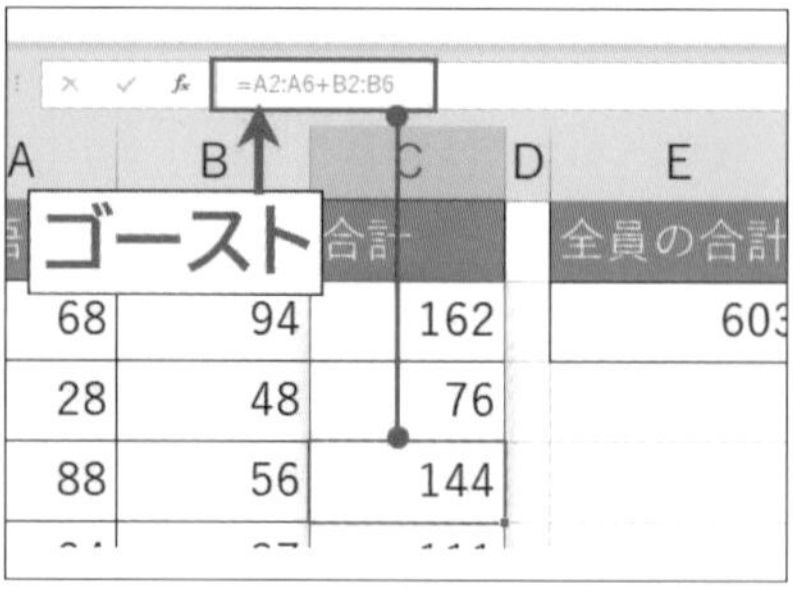

セル範囲を指定して数式を入力すると、オートフィルを使わずにすべてが自動的に反映されます。複数の数式を一気に計算することが可能です。

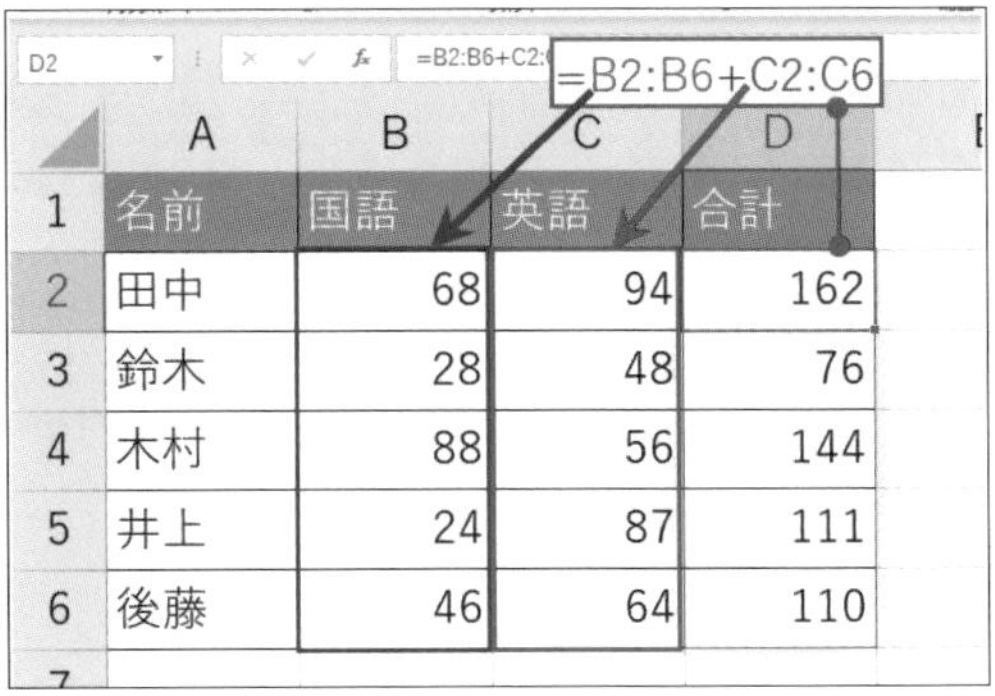

ゴーストに文字を入力するとスピルがエラーになってしまいます。

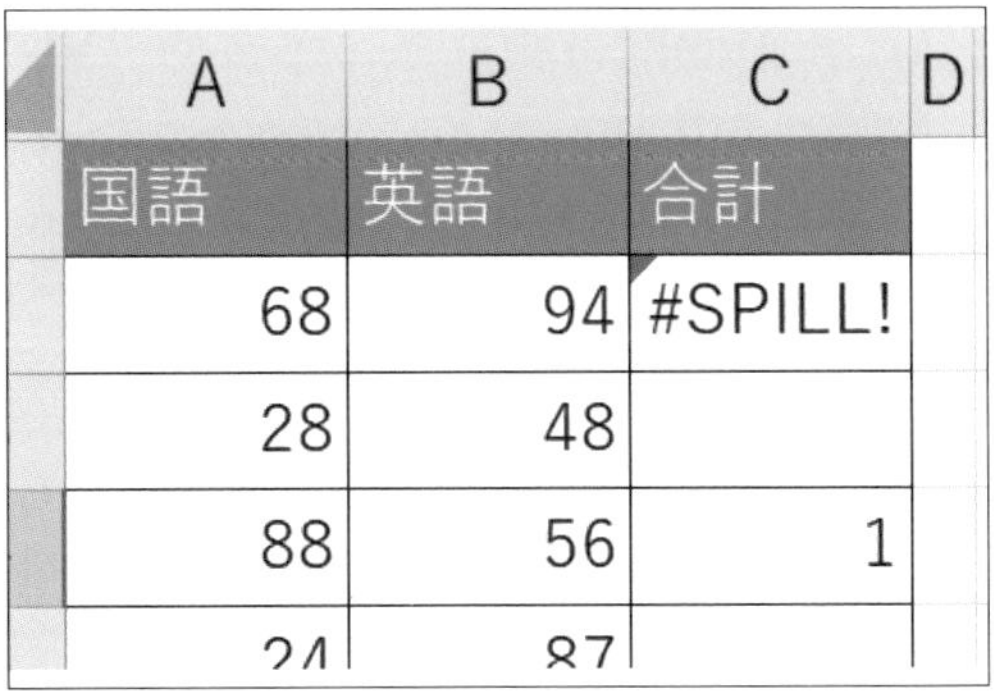

スピルで計算されたセルを範囲としてすべて選択すると、セル番号の後ろに「**#**」が表示されます。この「#」のことを「**スピル演算子**」と呼びます。

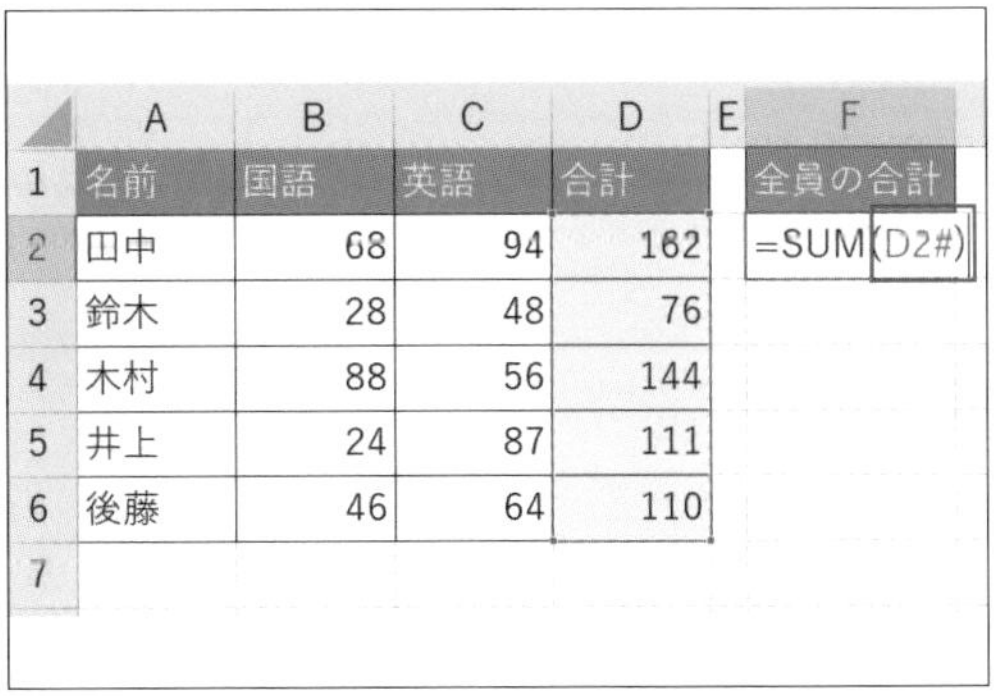

XLOOKUP関数の使い方

▶ 新しい便利な関数を使いこなす

「**XLOOKUP関数**」は、Microsoft365から新関数としてスピルと同時に登場しました。「左の検索が可能」「エラー処理を組み込む」「スピルが使用可能」と、今まで「VLOOKUP関数」や他の関数を複雑に組み合わせないとできなかったことがこの関数1つでできるようになりました。使用できる環境がある場合は、ぜひ使いたい関数です。

関数の構造

=XLOOKUP(検索値,検索範囲,

- 検索値：検索の対象となるセル
- 検索範囲：検索対象が入力されているセル範囲

戻り配列,[見つからない場合],[一致モード],

- 戻り配列：結果を表示するセル範囲
- [見つからない場合]：エラーが出た場合の処理（省略可）
- [一致モード]：一致モードを指定する(省略可)

[検索モード])

- [検索モード]：検索モードを指定する(省略可)

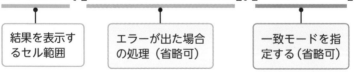

一致モードの種類

値	意味
0	完全一致（デフォルト）
-1	完全一致。見つからない場合、次の小さな値を表示する
1	完全一致。見つからない場合、次の大きな値を表示する
2	* や ? などのワイルドカードが使用できる

検索モードの種類

値	意味
1	先頭から検索（デフォルト）
-1	末尾から検索
2	バイナリ検索（昇順）
-2	バイナリ検索（降順）

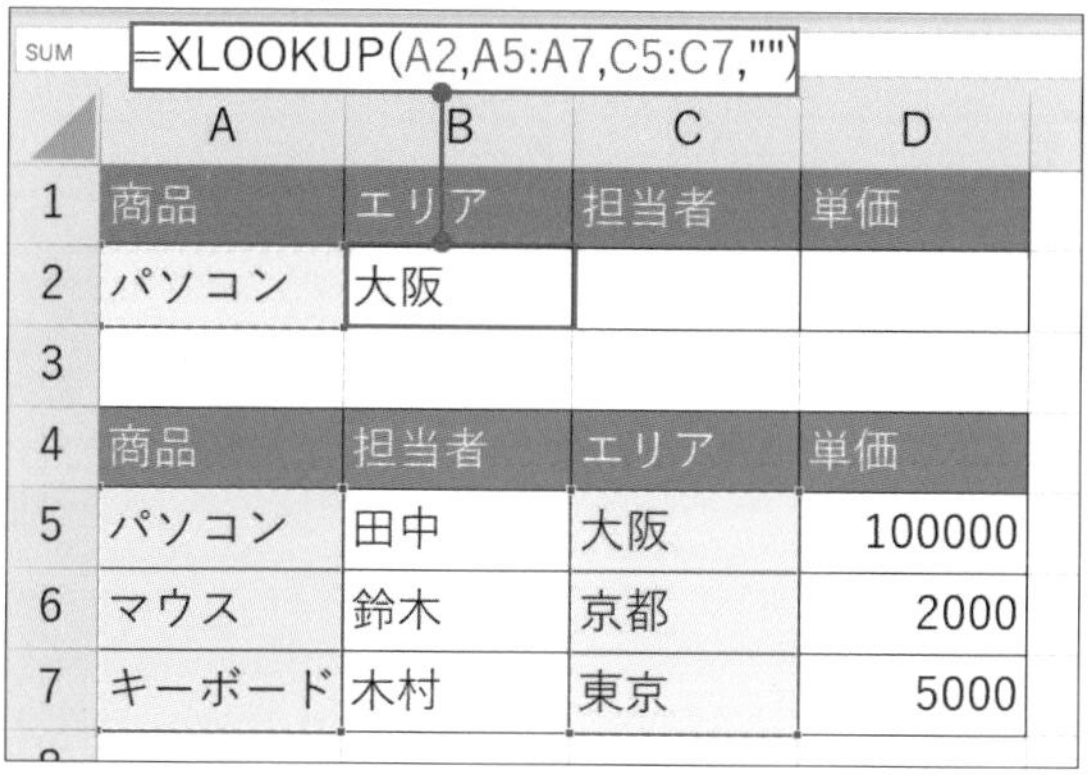
SUM =XLOOKUP(A2,A5:A7,C5:C7,"")

	A	B	C	D
1	商品	エリア	担当者	単価
2	パソコン	大阪		
3				
4	商品	担当者	エリア	単価
5	パソコン	田中	大阪	100000
6	マウス	鈴木	京都	2000
7	キーボード	木村	東京	5000

数式の読み解き方

=XLOOKUP(A2,A5:A7,C5:C7,"")

A5からA7のセル範囲からA2を検索し、一致した場合はC5からC7の範囲から同じ行にあるセルを表示する。一致しなかった場合は空白にする。

XLOOKUP関数でスピルを使う

XLOOKUP関数は、自動的に横へスピルされ、１つ入力するだけですべてに反映されます。列位置の指定も自動でずれます。

=XLOOKUP(A2,A5:A7,B5:D7,"")

	A	B	C	D
1	商品	担当者	エリア	単価
2	パソコン	田中	大阪	100000
3				
4	商品	担当者	エリア	単価
5	パソコン	田中	大阪	100000
6	マウス	鈴木	京都	2000
7	キーボード	木村	東京	5000
8				

スピル

横方向に検索する

VLOOKUP関数は縦方向しか検索できないため、横方向で検索する際は「**HLOOKUP関数**」という関数を使う必要がありました。しかし、XLOOKUP関数は縦方向・横方向どちらでも使用することができます。

=XLOOKUP(B1,B4:D4,B5:D5)

	A	B	C	D
1	商品	マウス		
2	担当者	鈴木		
3				
4	商品	パソコン	マウス	キーボード
5	担当者	田中	鈴木	木村
6	売上	100000	2000	5000

下から検索できる

従来のVLOOKUP関数は上からしか検索値を探せませんでしたが、XLOOKUP関数は表の最後から検索値を探すことができます。表の最後から探すには検索モードを指定しましょう。

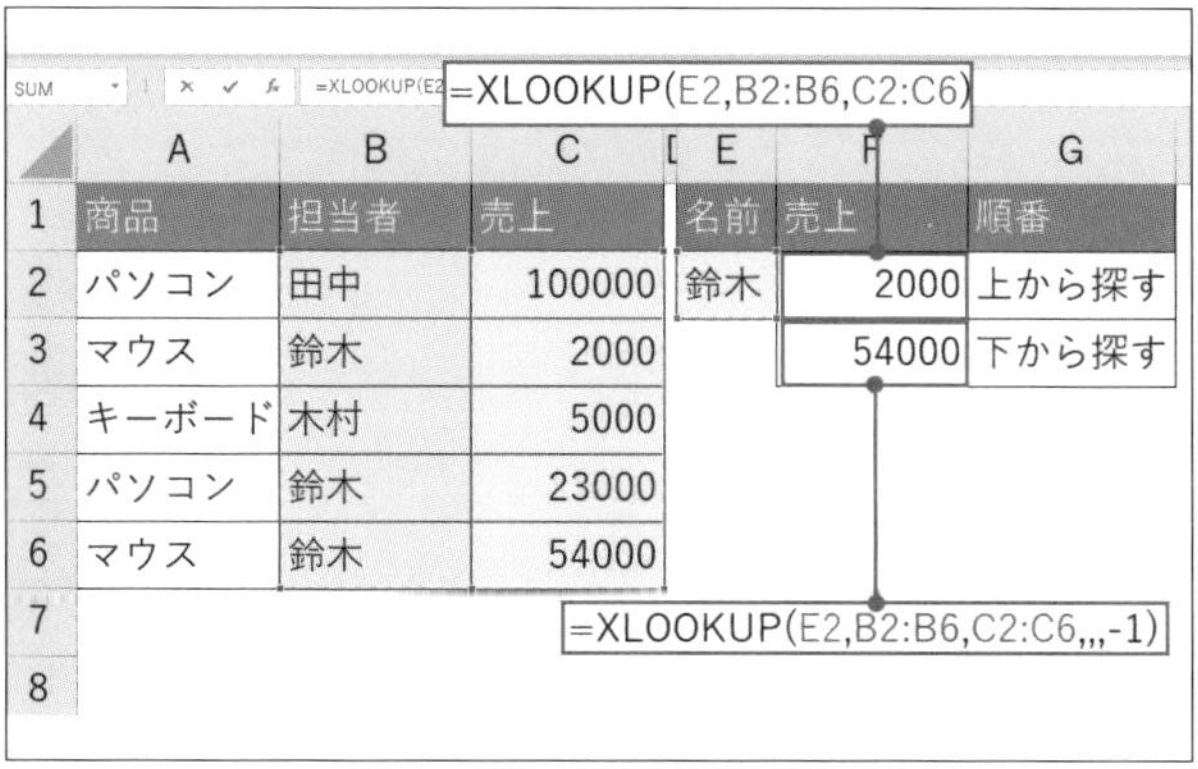
=XLOOKUP(E2,B2:B6,C2:C6)

	A	B	C	D	E	F	G
1	商品	担当者	売上		名前	売上	順番
2	パソコン	田中	100000		鈴木	2000	上から探す
3	マウス	鈴木	2000			54000	下から探す
4	キーボード	木村	5000				
5	パソコン	鈴木	23000				
6	マウス	鈴木	54000				
7							
8							

=XLOOKUP(E2,B2:B6,C2:C6,,,-1)

2つの条件から絞り込む

XLOOKUP関数は、「**&**」で条件を増やすことによって、複数の条件で簡単に絞り込むことができます。

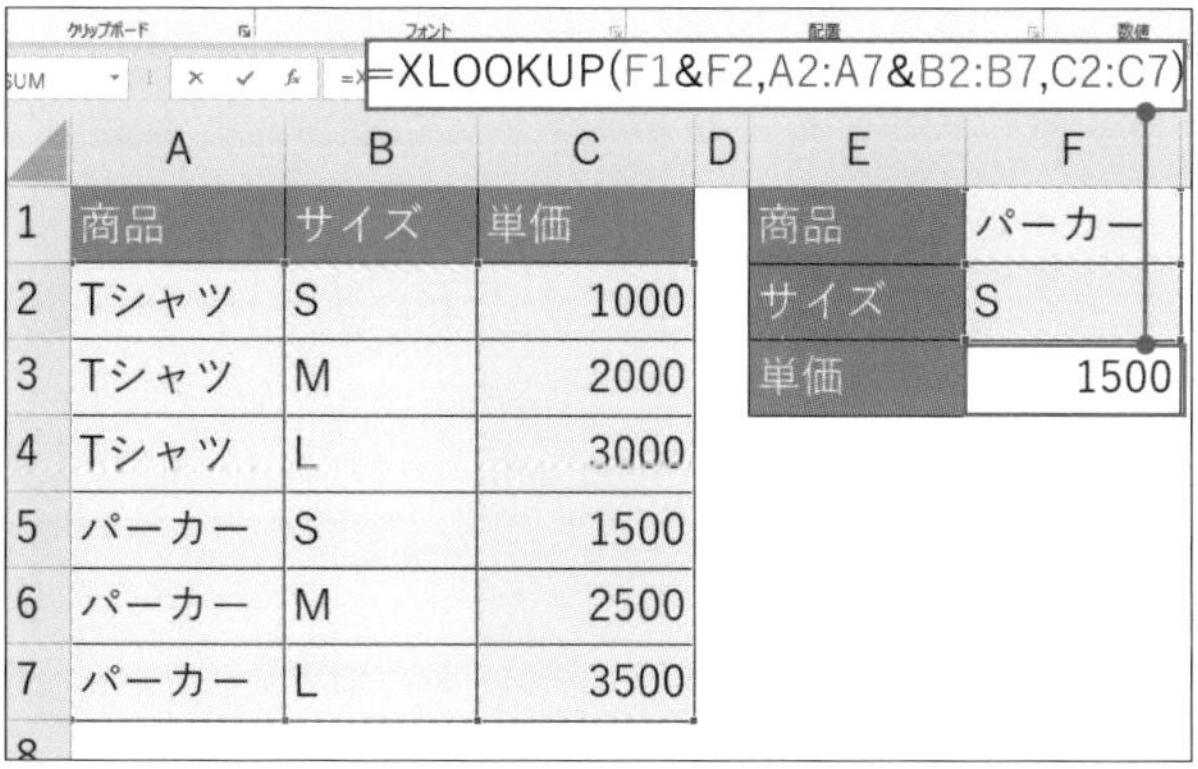
=XLOOKUP(F1&F2,A2:A7&B2:B7,C2:C7)

	A	B	C	D	E	F
1	商品	サイズ	単価		商品	パーカー
2	Tシャツ	S	1000		サイズ	S
3	Tシャツ	M	2000		単価	1500
4	Tシャツ	L	3000			
5	パーカー	S	1500			
6	パーカー	M	2500			
7	パーカー	L	3500			

IT必須知識 3

仮想デスクトップ

Windowsには「仮想デスクトップ」という機能があり、覚えれば作業効率が格段に上がります。「仮想デスクトップ」とは複数のデスクトップ画面を作成し、Excelの作業を行うデスクトップやインターネットをするデスクトップなど、作業画面を分けることができる機能です。通常、複数のアプリを開いていると、他のアプリを使用したい場合は別のアプリのウィンドウに切り替えなければいけませんが、仮想デスクトップであれば、それぞれの作業に適した作業画面を整えて切り替えることができます。

この機能を使用するには、タスクバーの「タスクビュー」をクリックします。「タスクビュー」がない場合は、タスクバーで右クリックし、「タスクビューボタンを表示」を選択しましょう。右上の「新しいデスクトップ」をクリックすると「デスクトップ2」が作られます。「デスクトップ2」をクリックすると何もアプリが起動していないデスクトップが開きますので、このデスクトップで使用したいアプリを起動していきましょう。

デスクトップの切り替えは「タスクビュー」ボタンをクリックすることでも可能ですが、「Windows」キーと「Ctrl」キーを押しながら左右の矢印キーを押すことで簡単に切り替えられます。デスクトップはいくらでも新たに作成できますが、不要なデスクトップがある場合は削除しておくと切り替えが速くなります。こちらも「タスクビュー」画面から削除が行えますが、「Windows」キーと「Ctrl」キーを押しながら「F4」キーを押すと素早く削除できます（ノートパソコンの場合は「FN」キーを一緒に押さなければいけない機種もあります）。

「仮想デスクトップ」を使いこなせば、ノートパソコンの小さい画面でも、まるでマルチモニターを使っているかのように作業効率を上げることが可能です。

4章

Excel作業を10倍速にするショートカットを覚えよう

動画でまとめて学ぶ
https://pasonyu.com/book2351

必須ショートカット15選

▶ 最低限必要なショートカットを覚えよう

Windowsには、さまざまなショートカットがありますが、Excelを使ううえでもショートカットを使うのと使わないのとでは作業速度に雲泥の差があります。基本となる15個のショートカットは最低限覚えておきましょう。

ショートカット	意味
Ctrl + C	コピー
Ctrl + X	切り取り
Ctrl + V	貼り付け
Ctrl + F	検索
Ctrl + H	置換
Ctrl + S	保存
Ctrl + A	全選択
Ctrl + Z	1つ前に戻る
Ctrl + 矢印	端まで選択
Shift + 矢印	複数選択
Ctrl + Shift + 矢印	端まで一気に選択
F2	セルの修正
F4	絶対参照
Ctrl +クリック	指定したセルを複数選択、選択を外す
Shift +クリック	指定した範囲をすべて選択

「Ctrl」キー+「A」キー

入力モードでセルを選択し、「Ctrl」キーを押しながら「A」キーを押すと表全体を選択できます。また、編集モードで「Ctrl」キーを押しながら「A」キーを押すと数式全体が選択できます。

	A	B
1	名前	売上
2	田中	1,000,000
3	鈴木	2,000,000
4	木村	3,000,000

「Ctrl」キー +クリック

「Ctrl」キーを押しながらクリックすることで離れた複数のセルを選択できます。また、ドラッグを併用することで隣接したセルも連続で複数選択できます。

	A	B	C
1	名前	売上	
2	田中	1,000,000	
3	鈴木	2,000,000	
4	木村	3,000,000	
5			
6			

上記2つはExcelでセルを選択するうえで特に忘れがちなショートカットです。この2つに限らず、基本のショートカットはどれも必ずといっていいほどExcelで使う機能ばかりです。

覚えておきたい ショートカット34選

▶ 便利なショートカットを覚えよう

基本のショートカットを覚えたら、今度は34個の便利なショートカットを覚えましょう。数は多いですが、確実に作業速度は速くなりますので、ぜひ覚えておきましょう。

「Esc」キー

「**ダイアログボックス**」ウィンドウを開いている状態で「**Esc**」キーを押すと、「ダイアログボックス」ウィンドウを閉じることができます。

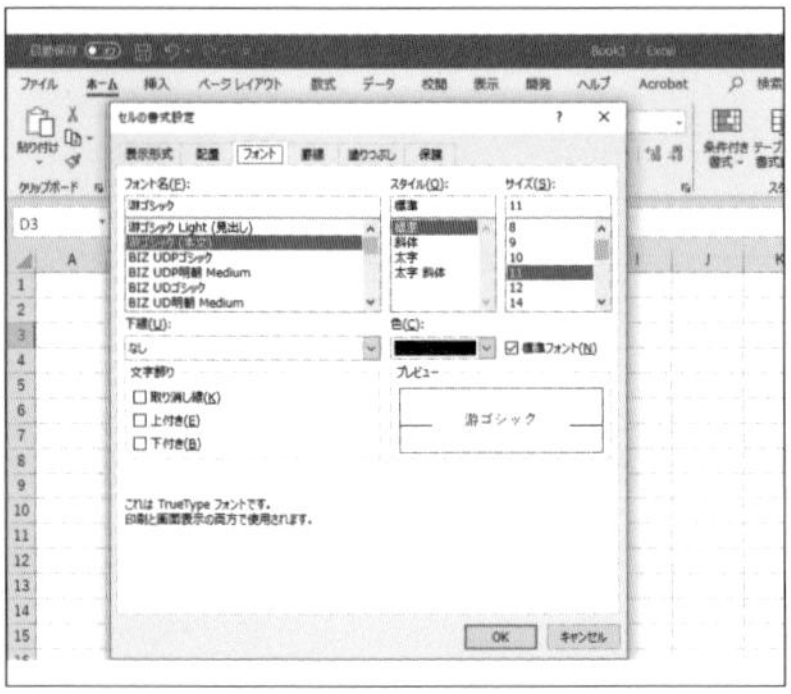

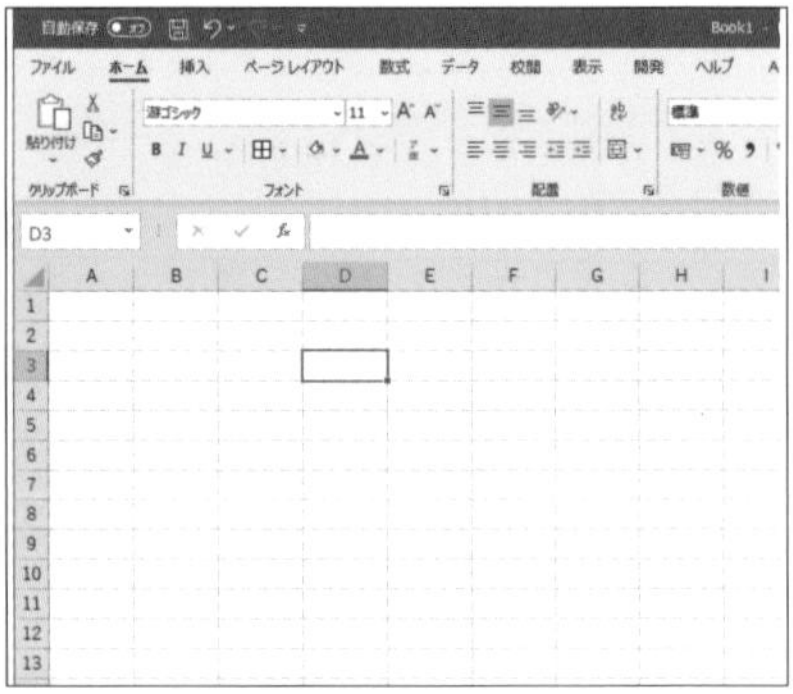

「F4」キー

「**F4**」キーを押すことで、１つ前の動作を繰り返すことができます。

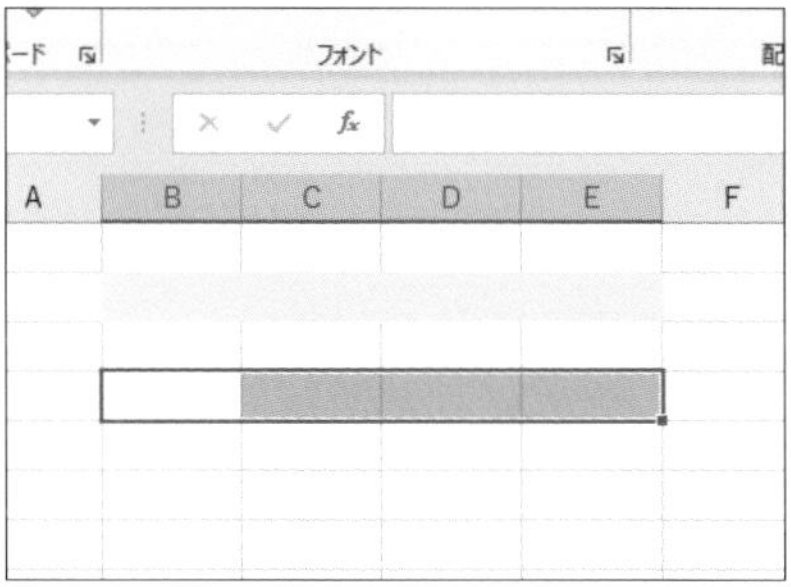

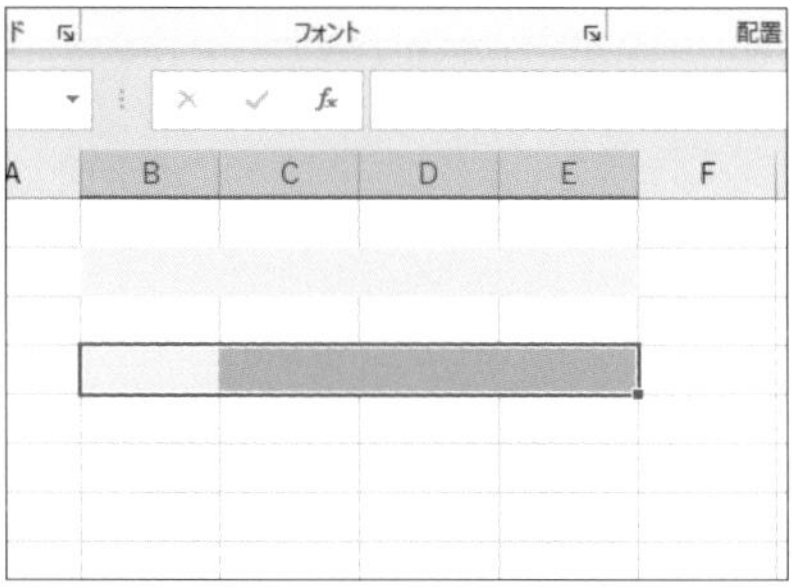

「F7」キー、「F8」キー、「F9」キー、「F10」キー

「**F7**」キーを押すと全角カタカナ、「**F8**」キーを押すと半角カタカナ、「**F9**」キーを押すと全角英数字、「**F10**」キーを押すと半角英数字に入力した文字列を変換することができます。「F9」キーと「F10」キーは複数回押すと大文字と小文字を切り替えることが可能です。

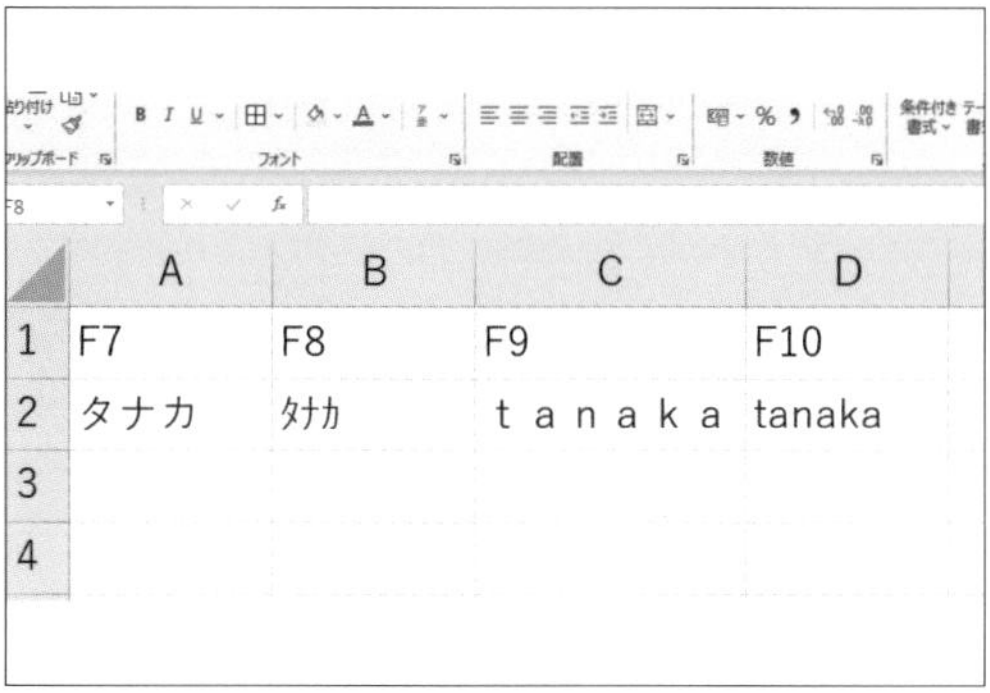

「F12」キー

「**Ctrl**」キーを押しながら「**S**」キーを押すと上書き保存ができますが、「**F12**」キーを押すことで、「**名前を付けて保存**」することが可能です。

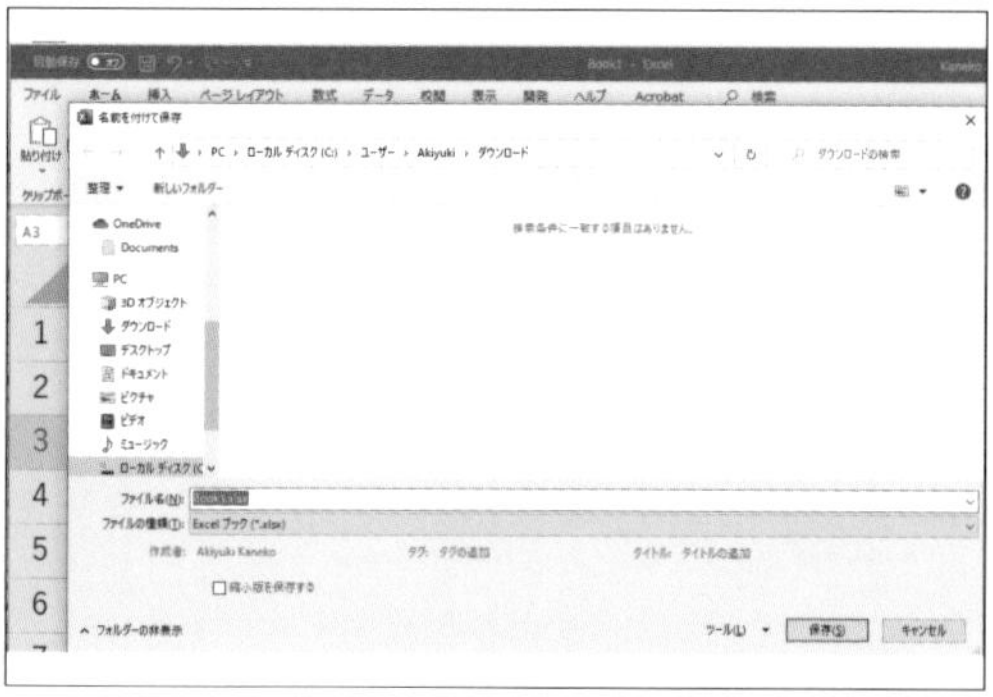

「Home」キー

編集モードの場合、文字列の先頭にカーソル位置を移動します。

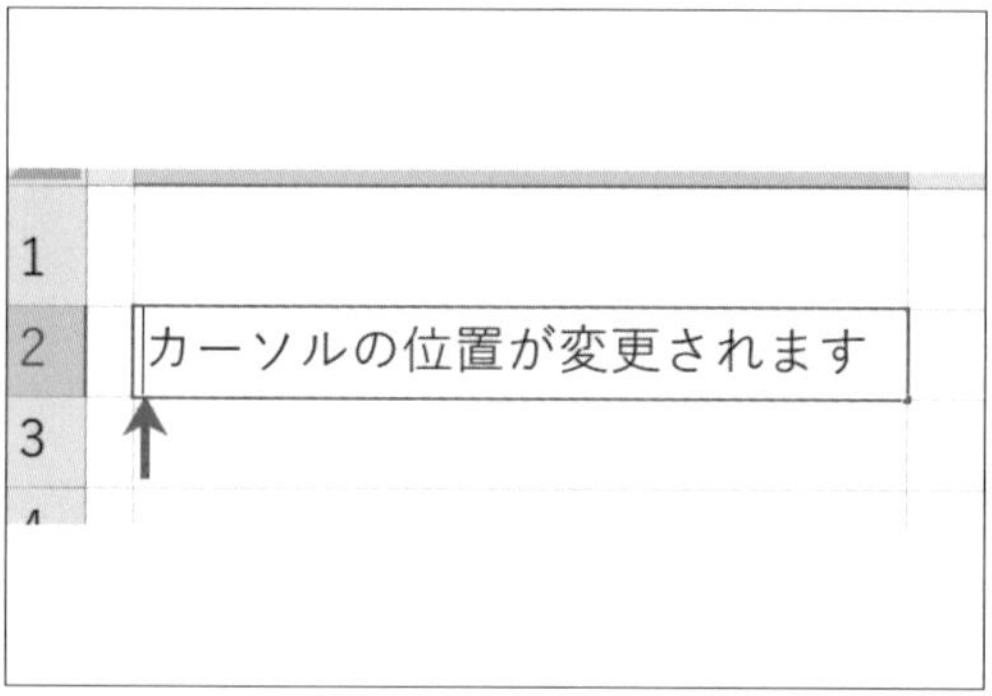

「End」キー

編集モードの場合、文字列の最後にカーソル位置を移動します。

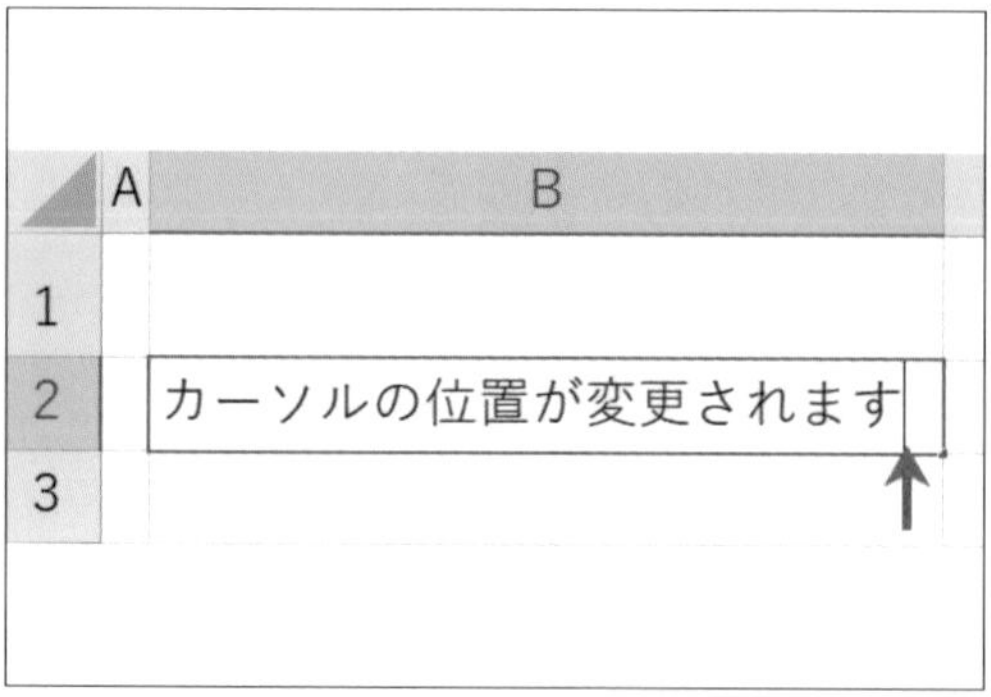

「Shift」キー＋「Home」キー

編集モードの場合、カーソル位置より前をすべて選択します。

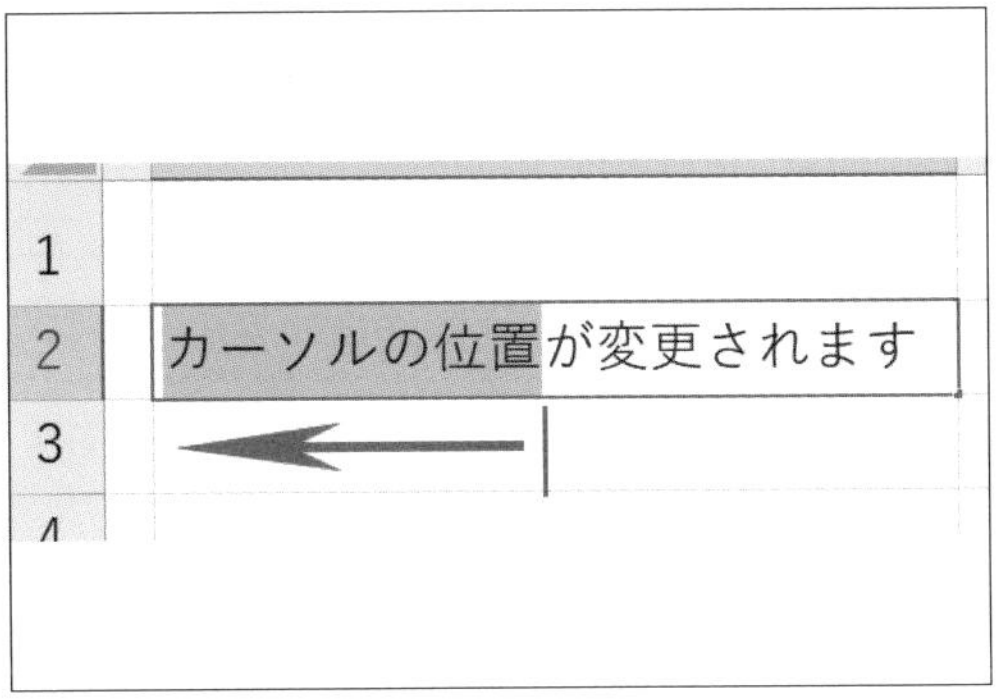

「Shift」キー＋「End」キー

編集モードの場合、カーソル位置より後ろをすべて選択します。

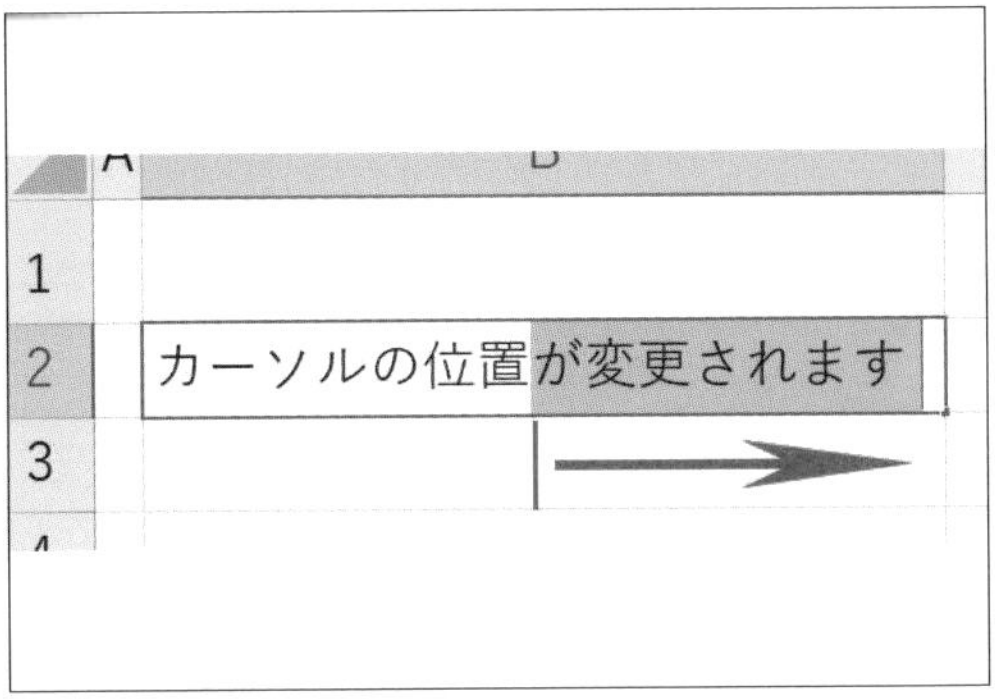

「Ctrl」キー＋「Home」キー

セルA1にカーソルが移動します。

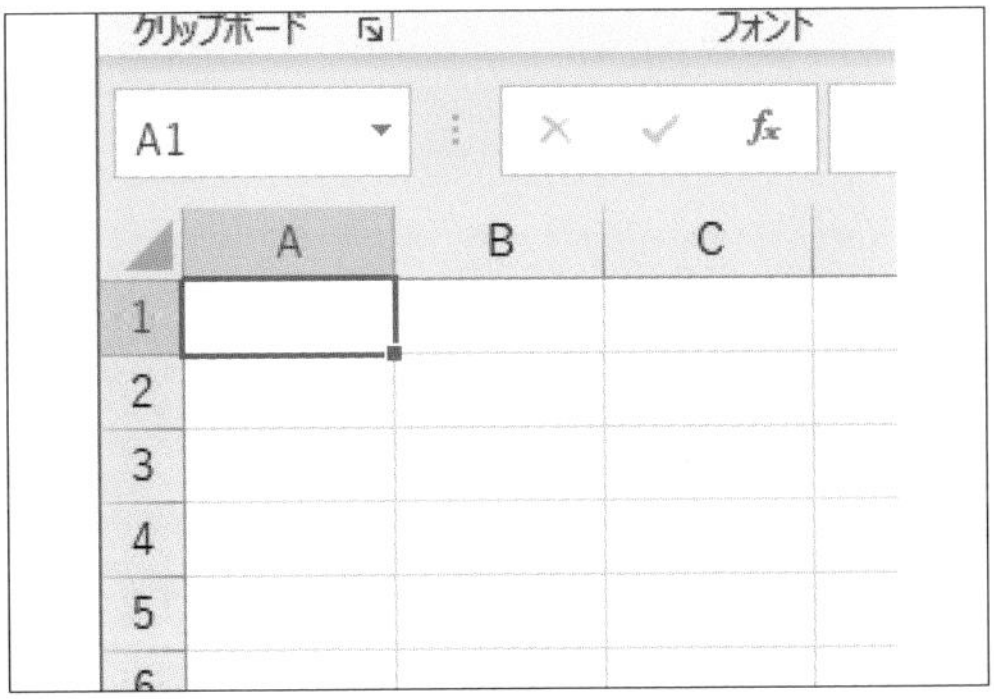

「Ctrl」キー＋「End」キー

入力されている一番右下のセルにカーソルが移動します。

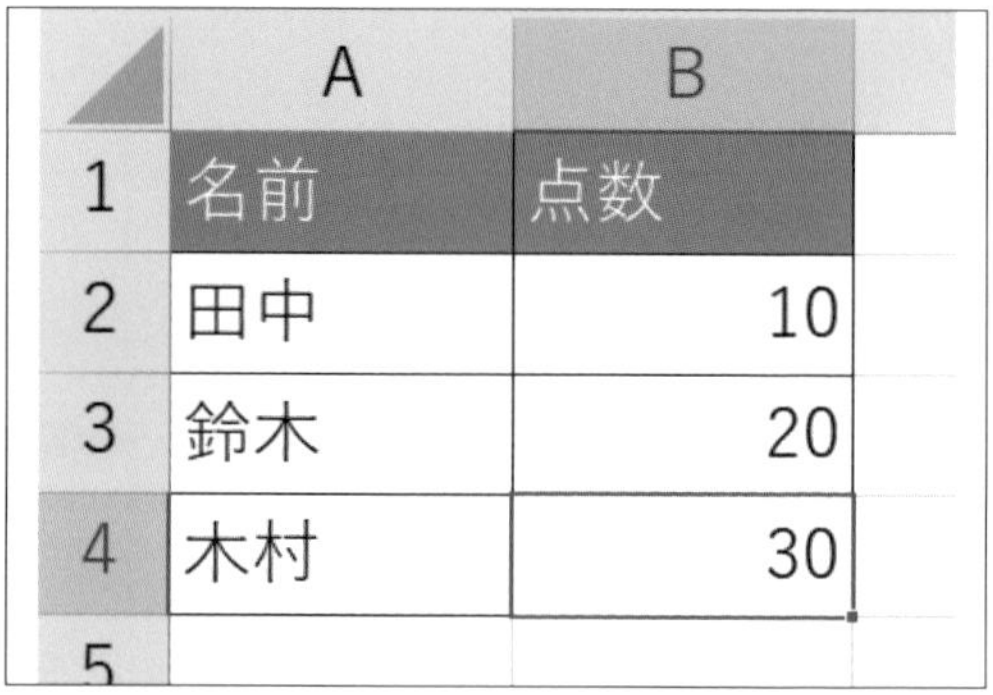

「Ctrl」キー＋「P」キー

「印刷ダイアログ」ウィンドウが表示されます。

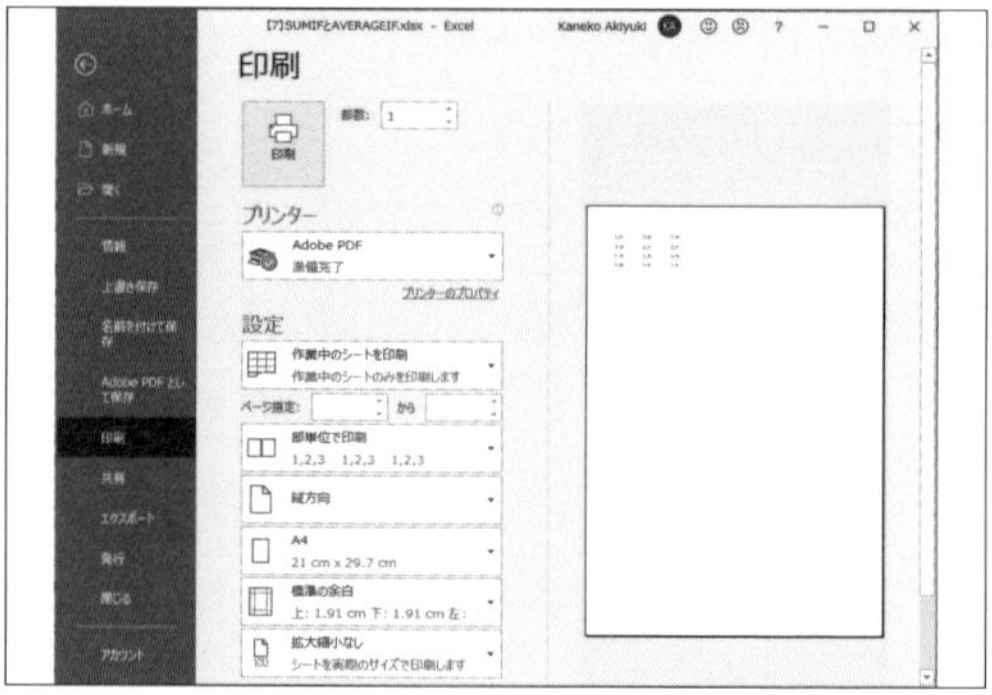

「Ctrl」キー＋「1」キー

「セルの書式設定」ウィンドウが表示されます。

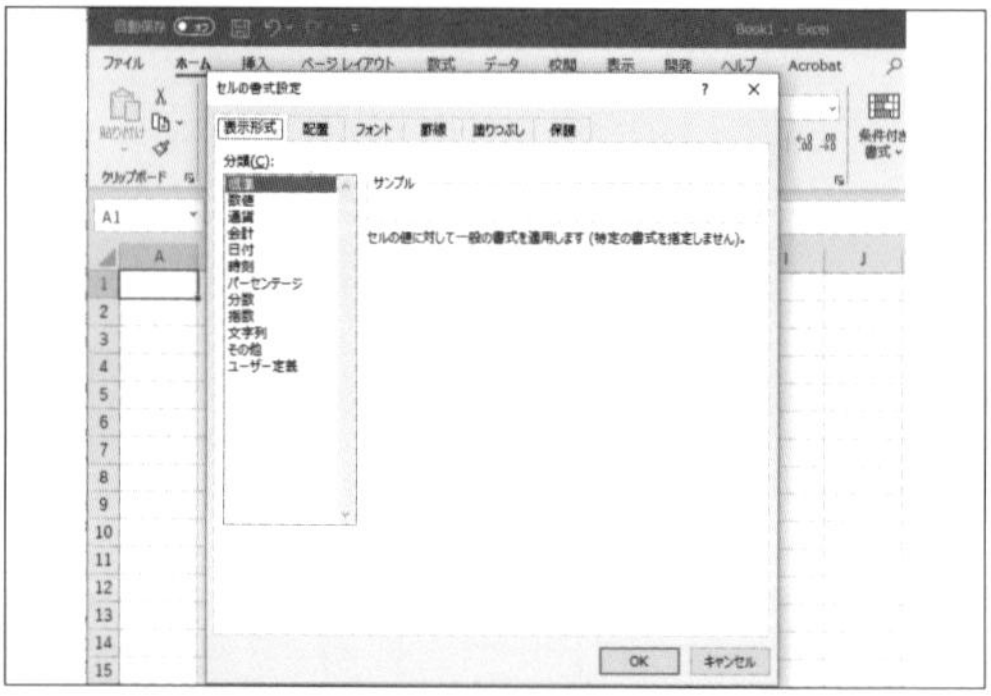

「Ctrl」キー＋「Enter」キー

選択されているセルに一括で入力されます。離れたセルを複数選択している場合でも有効です。

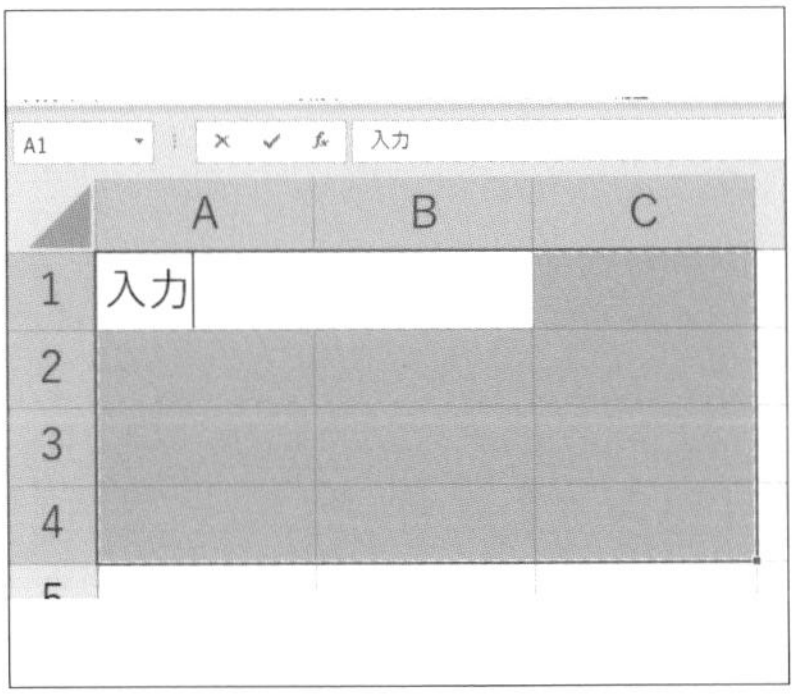

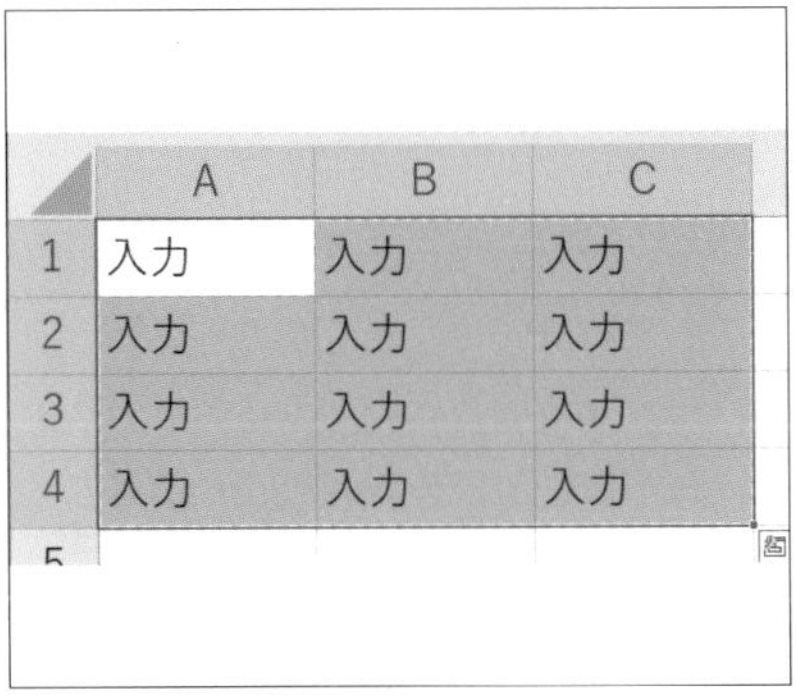

「Ctrl」キー＋「Y」キー

「**Ctrl**」キーを押しながら「**Z**」キーを押すことで１つ前の状態に戻すことができますが、「**Ctrl**」キーを押しながら、「**Y**」キーを押すことで、その動作を１つ先に進め、取り消します。

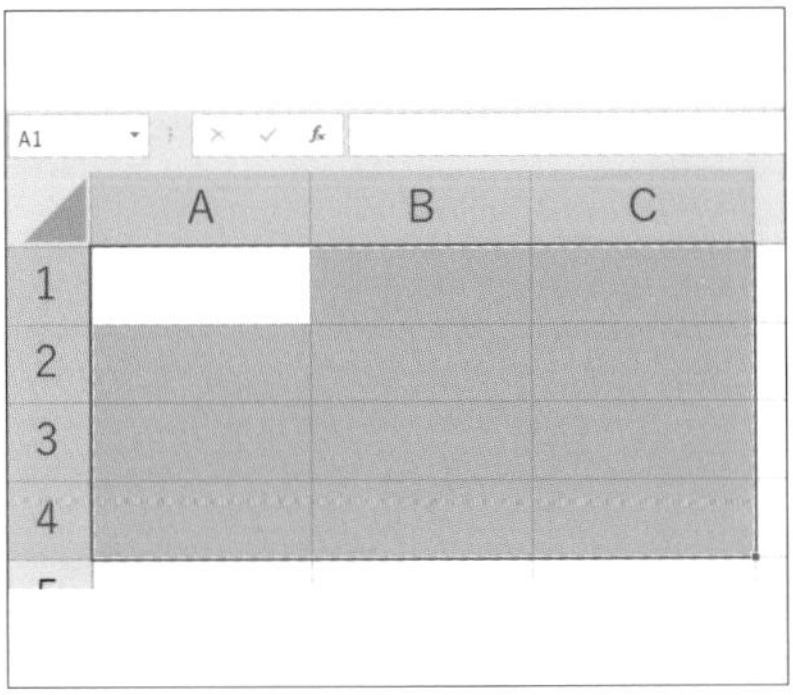

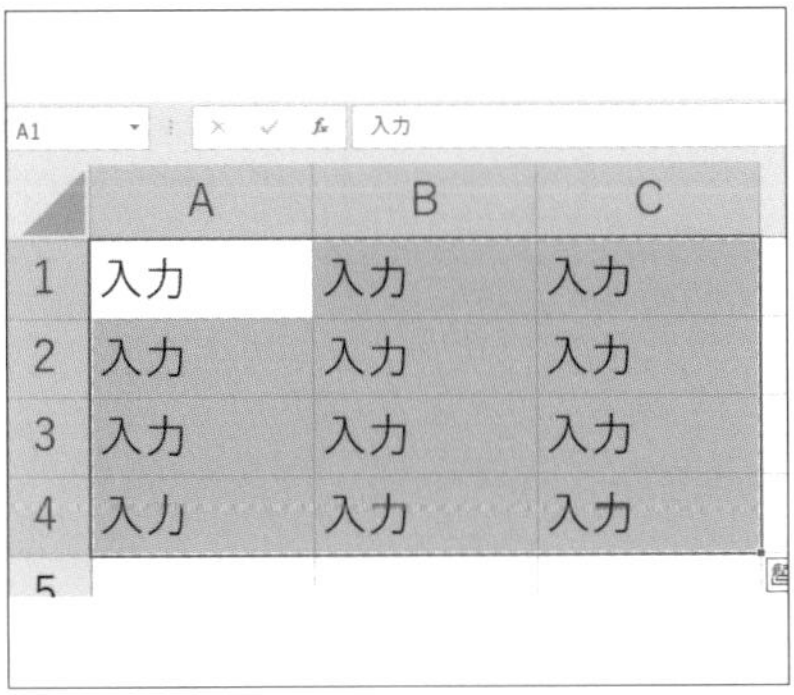

「Ctrl」キー＋「Tab」キー、「Ctrl」キー＋「Shift」キー＋「Tab」キー

「**Ctrl**」キーを押しながら「**Tab**」キーを押すことで、右のタブに移動し、「**Ctrl**」キーと「**Shift**」キーを押しながら「**Tab**」キーを押すと、左のタブに移動します。

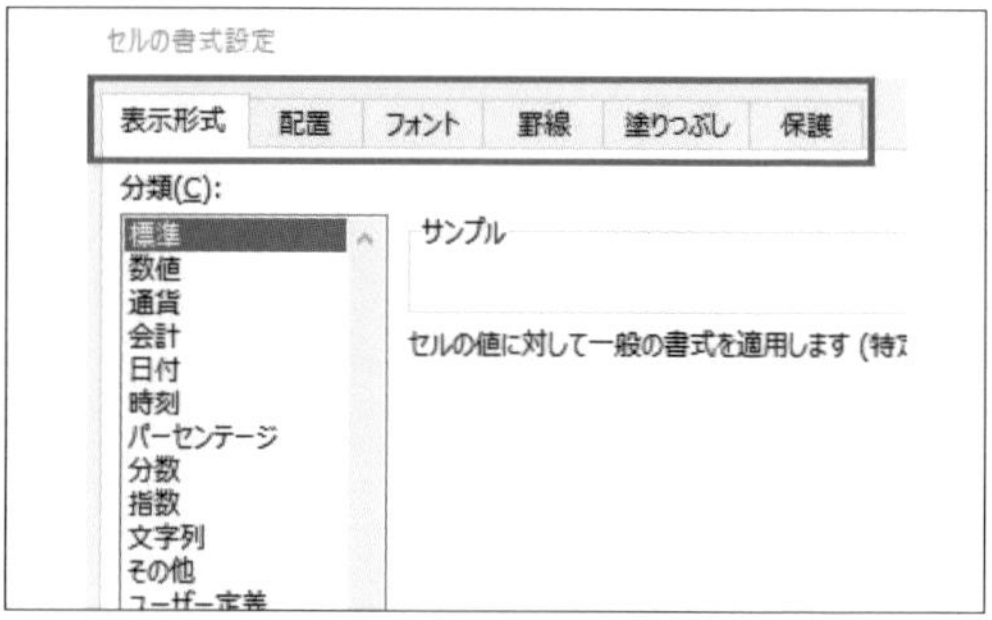

「Ctrl」キー＋「Page Up」キー、「Ctrl」キー＋「Page Down」キー

「**Ctrl**」キーを押しながら「**Page Up**」キーを押すことで、右のシートに移動し、「**Ctrl**」キーを押しながら「**Page Down**」キーを押すと、左のシートに移動します。

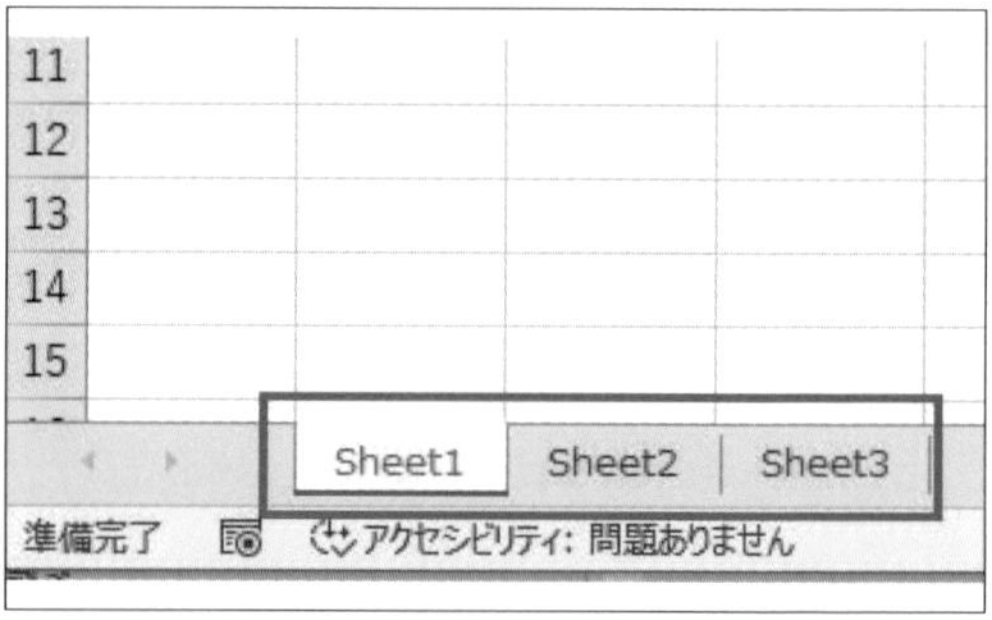

「Ctrl」キー＋「;」キー、「Ctrl」キー＋「:」キー

「**Ctrl**」キーを押しながら「**;（セミコロン）**」キーを押すと、現在の日付が入力され、「**Ctrl**」キーを押しながら「**:（コロン）**」キーを押すと、現在の時刻が入力されます。

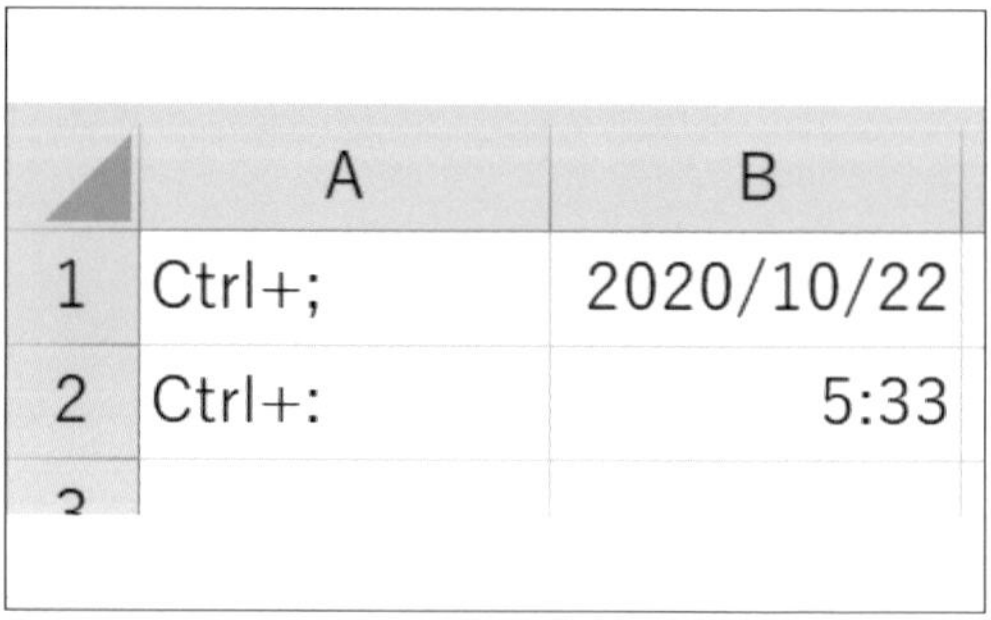

「Ctrl」キー＋「D」キー

「**Ctrl**」キーを押しながら「**D**」キーを押すことで、上のセルをコピーし、貼り付けることができます。文字列だけでなく、数式もコピペができ、複数選択も可能です。

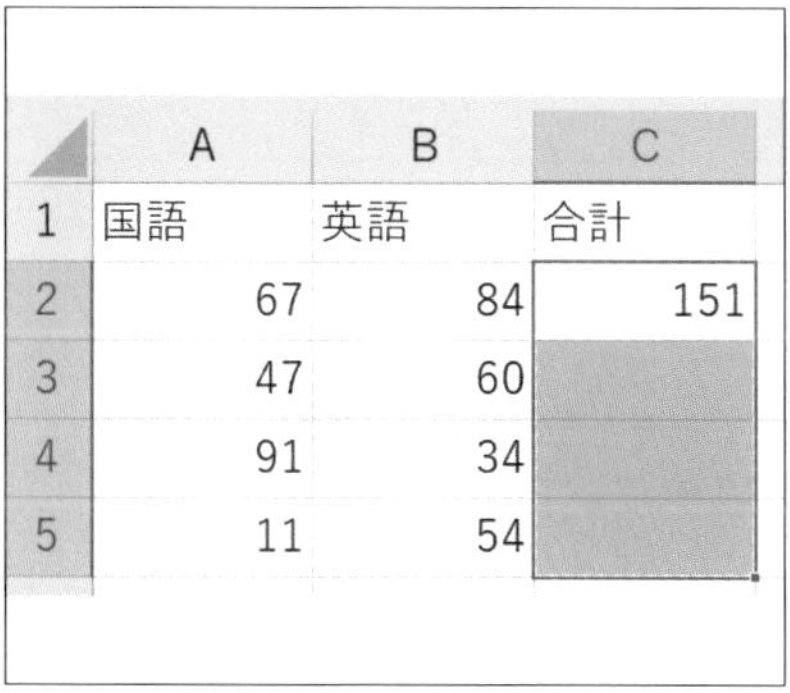

	A	B	C
1	国語	英語	合計
2	67	84	151
3	47	60	
4	91	34	
5	11	54	

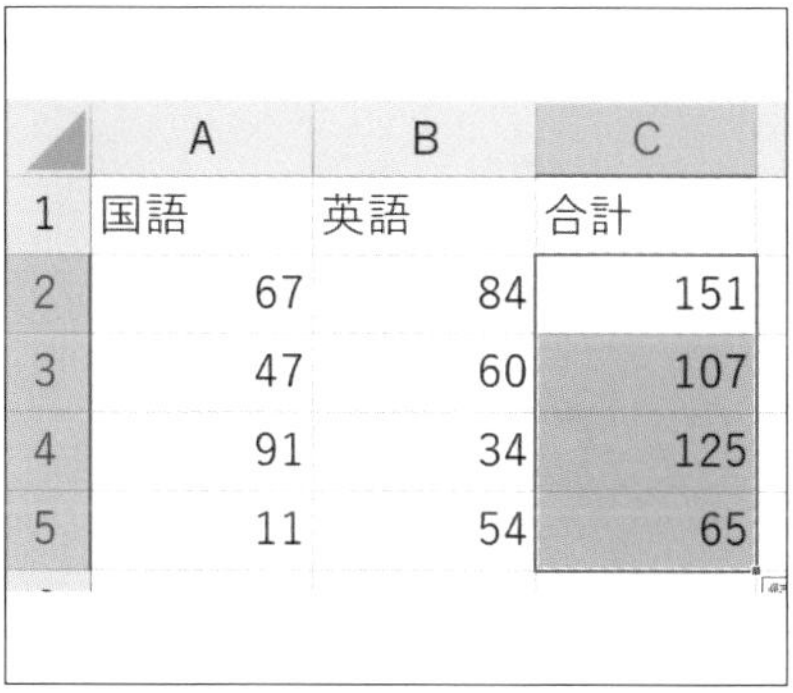

	A	B	C
1	国語	英語	合計
2	67	84	151
3	47	60	107
4	91	34	125
5	11	54	65

「Ctrl」キー＋「R」キー

「**Ctrl**」キーを押しながら「**R**」キーを押すことで、左のセルをコピーし、貼り付けることができます。「Ctrl」キー＋「D」キーとコピー方向が異なるだけで使い方は同様です。

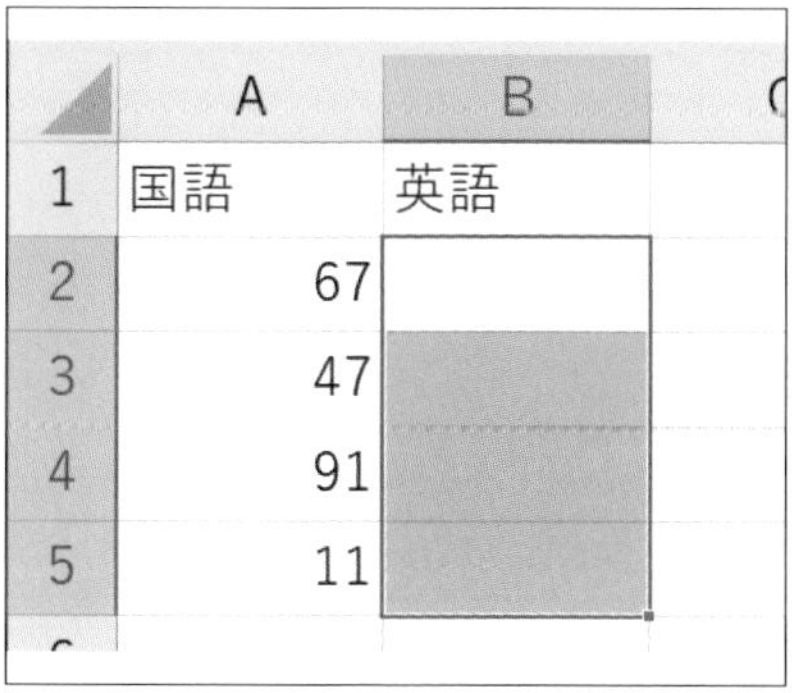

	A	B	
1	国語	英語	
2	67		
3	47		
4	91		
5	11		

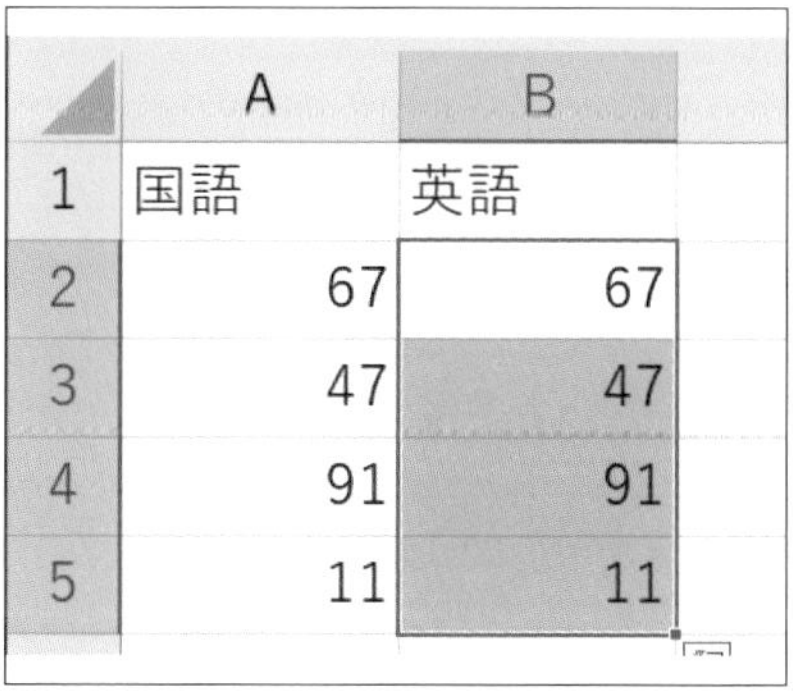

	A	B	
1	国語	英語	
2	67	67	
3	47	47	
4	91	91	
5	11	11	

▶「Ctrl」キー＋「Shift」キー＋「L」キー

押すごとに「**オートフィルター**」の設定と解除ができます。

▶「Ctrl」キー＋「Alt」キー＋「V」キー

コピーした内容を「**形式を選択して貼り付け**」することができます。

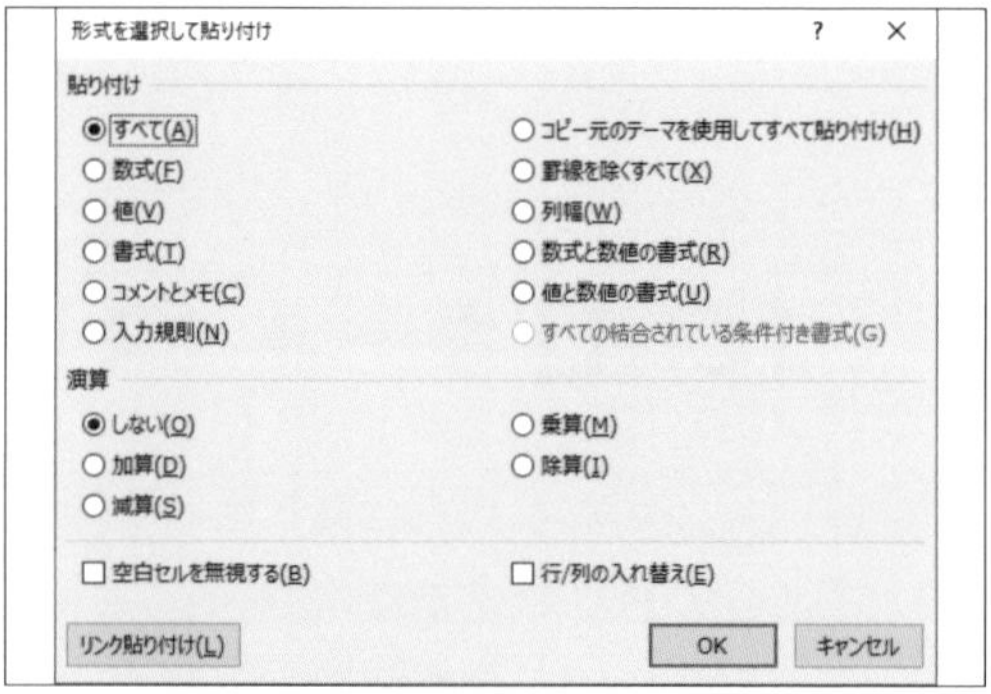

▶「Ctrl」キー＋「N」キー

新規ブックを開くことができます。

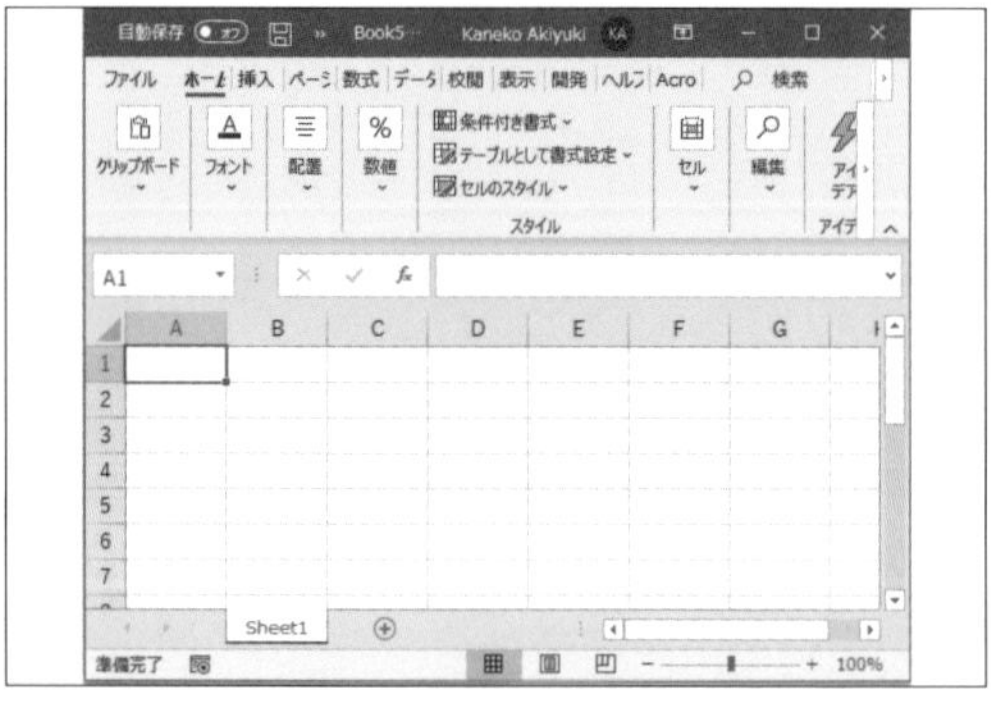

「Ctrl」キー＋「G」キー

名前が定義されたセルや「**選択オプション**」ウィンドウで指定した条件のセルにカーソルが移動します。

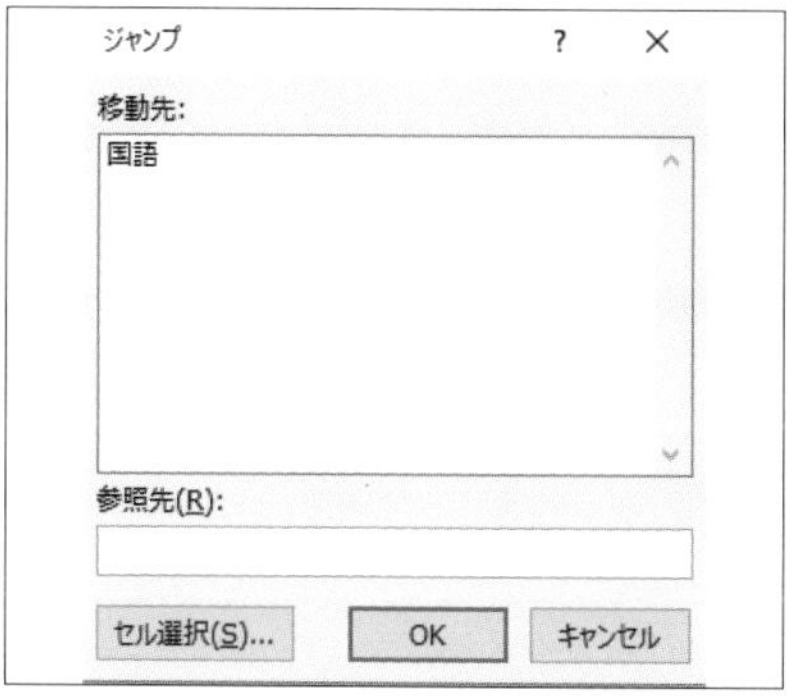

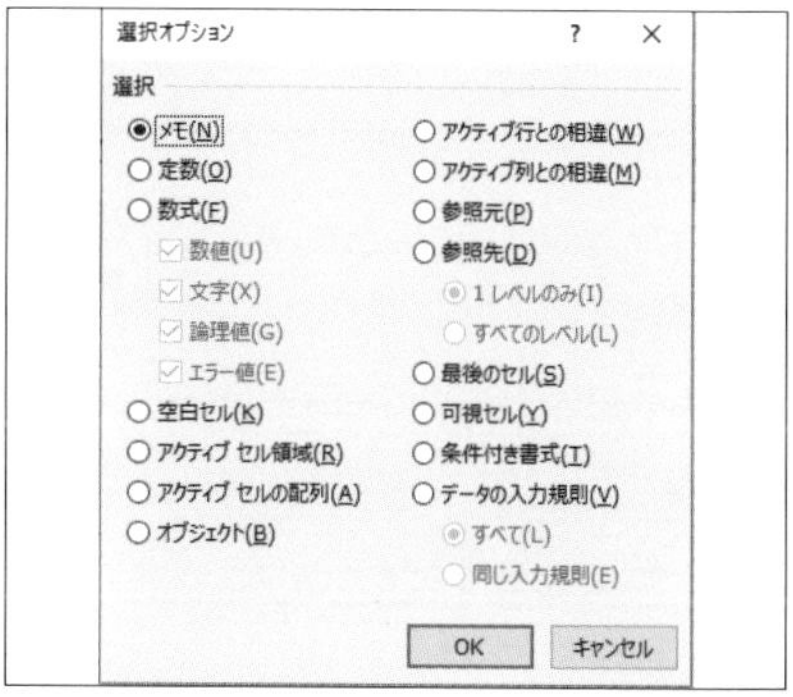

「Windows」キー＋「左」キー、「Windows」キー＋「右」キー

ウィンドウサイズがディスプレイ画面の半分に変わります。「**Windows**」キーを押しながら「**左**」キーを押すと画面の左半分になり、「**Windows**」キーを押しながら「**右**」キーを押すと画面の右半分に配置されます。

「Alt」キー + 「Tab」キー

現在開いているアプリのウィンドウを切り替えることができます。「**Alt**」キーと「**Tab**」キーを押すと、現在開いているアプリのウィンドウが一覧表示され、「Tab」キーを押すごとに次のアプリへ移動します。また矢印キーで選択することも可能です。

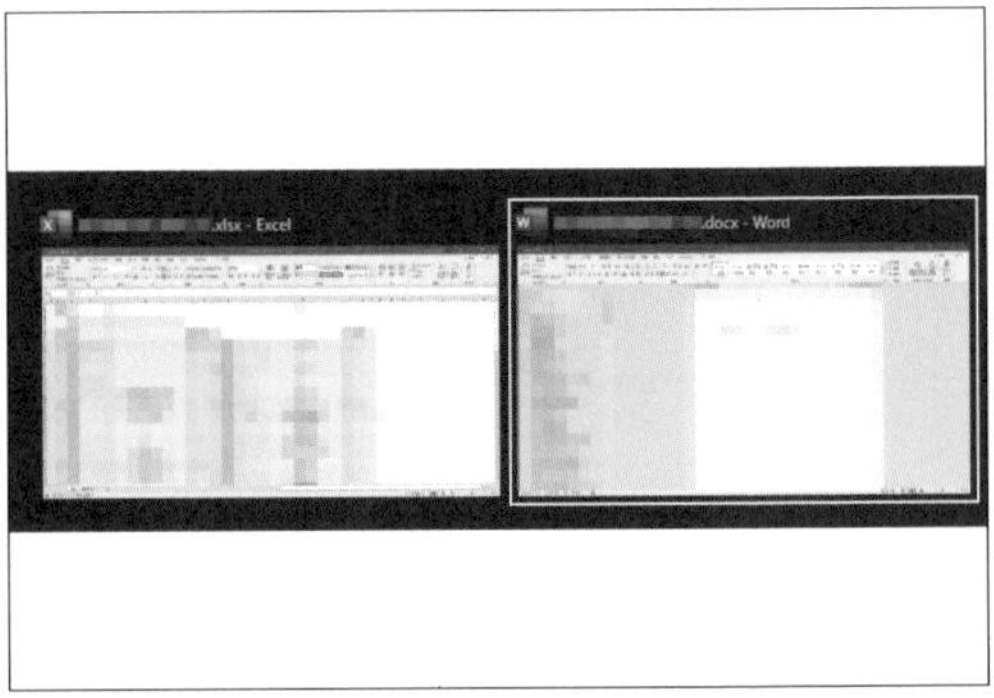

「Ctrl」キー + 「W」キー

現在開いている「ブック」を閉じます。変更後に保存していない場合は確認ウィンドウが出ることがあります。

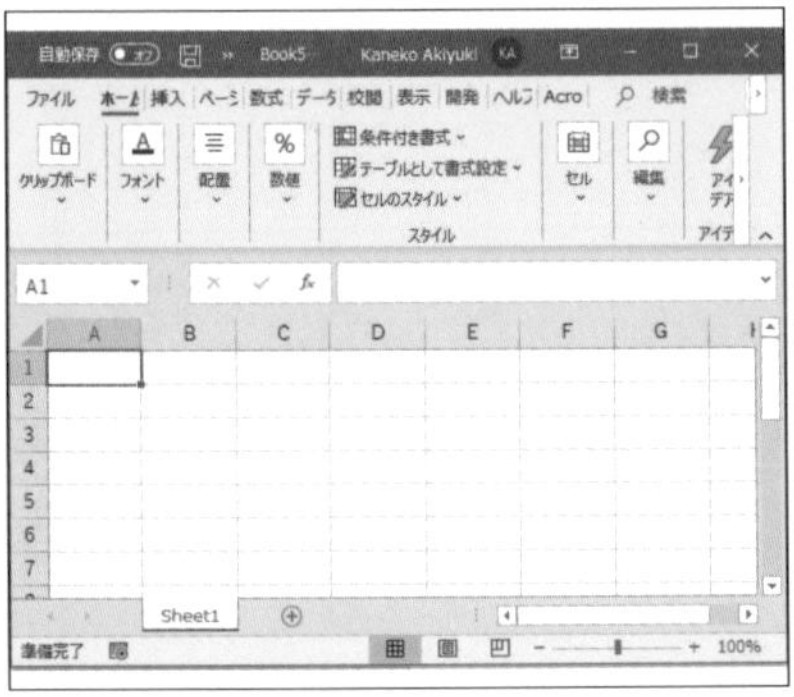

「Alt」キー＋「下」キー

すでに入力されている文字がリスト形式で表示され、選択するとセルに入力されます。ドロップダウンリストを設定していなくても使うことができます。

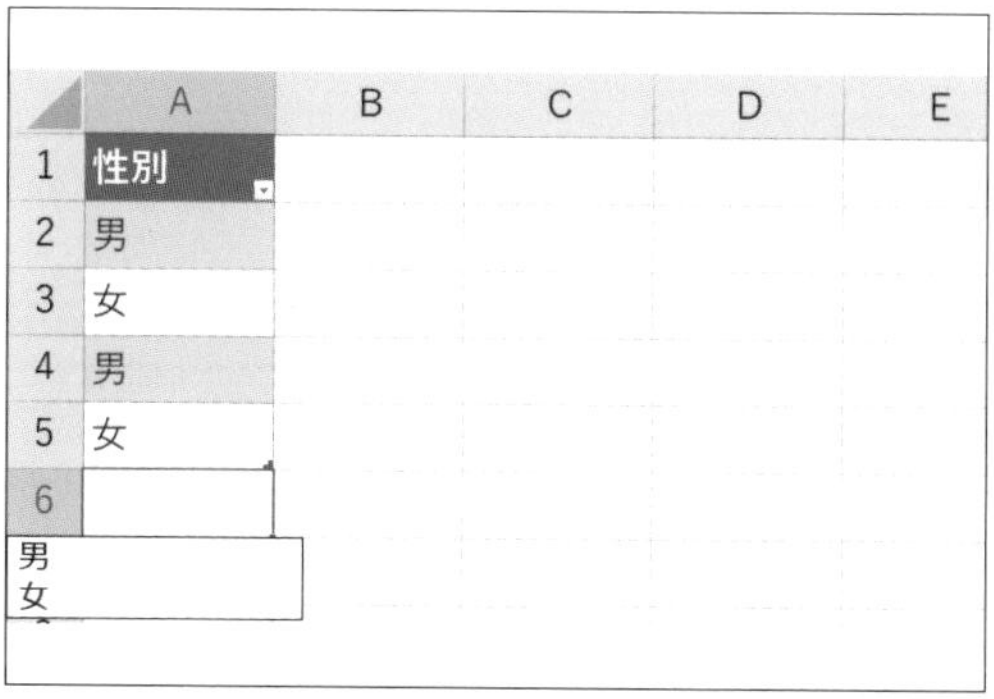

「Ctrl」キー＋「space」キー

セルを選択した状態で「**Ctrl**」キーを押しながら、「**space**」キーを押すと、列を全選択します。

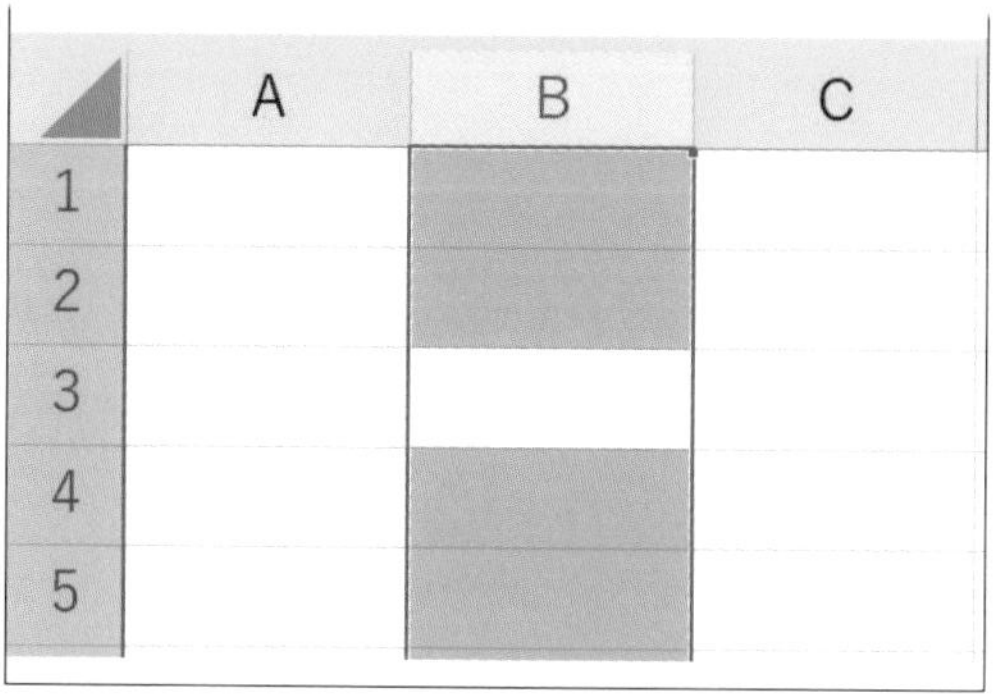

「Shift」キー＋「space」キー

セルを選択した状態で「**Shift**」キーを押しながら、「**space**」キーを押すと、行を全選択します。Microsoft IMEは英語入力でのみ有効なので、日本語入力の場合は切り替えが必要です。

「Ctrl」キー＋「+」キー

行選択状態では行を追加し、列選択状態では列を追加します。「Ctrl」キー+「space」キーや「Shift」キー+「space」キーと組み合わせると便利です。

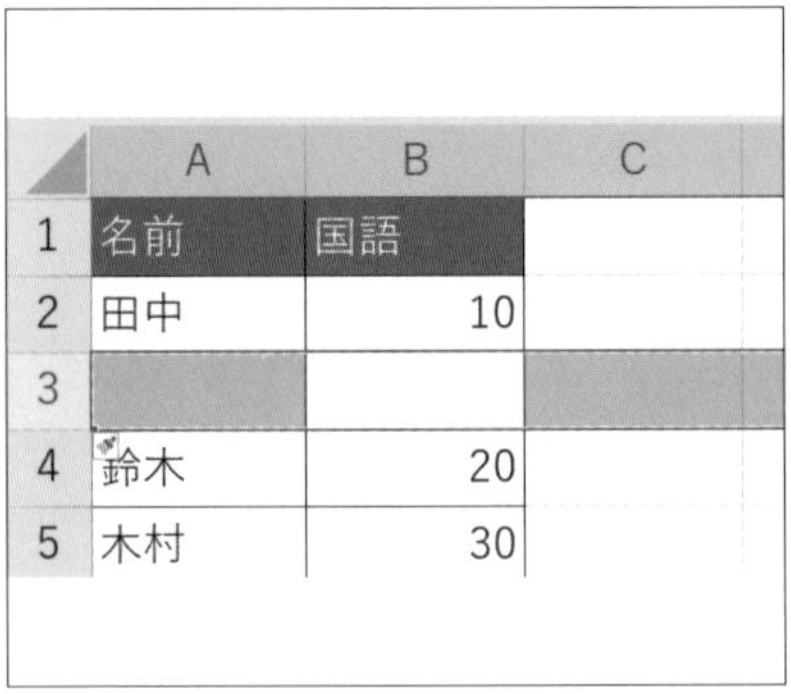

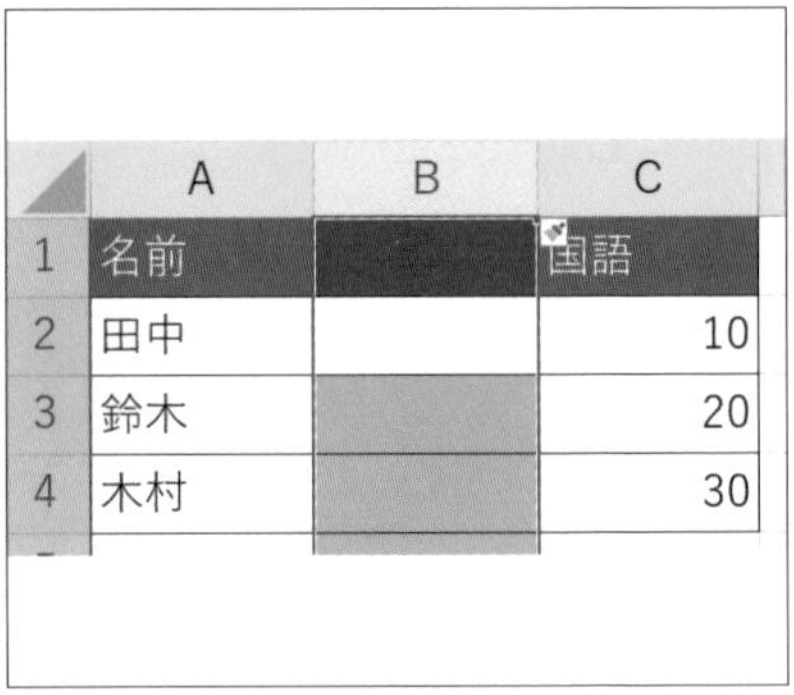

「Ctrl」キー＋「−」キー

行選択状態では行を削除し、列選択状態では列を削除します。「Ctrl」キー+「space」キーや「Shift」キー+「space」キーと組み合わせると便利です。

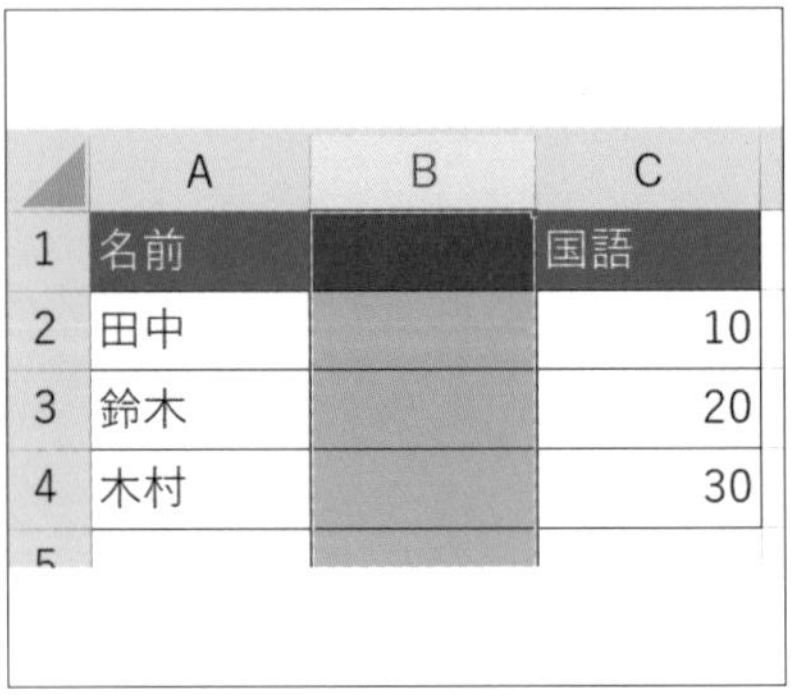

「Ctrl」キー＋「T」キー

「テーブルの作成」ウィンドウが表示されます。

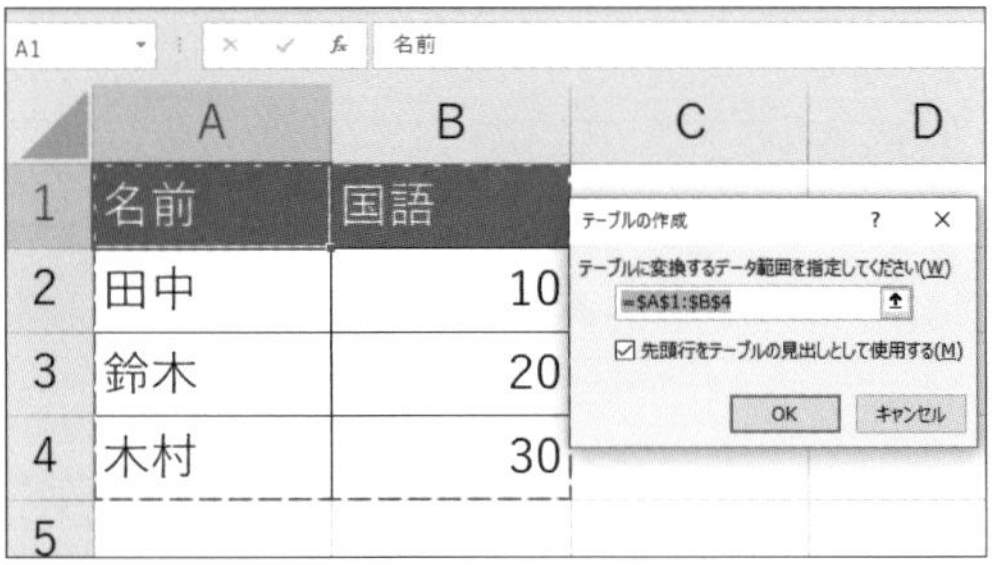

「Ctrl」キー＋「Shift」キー＋「!」キー

数値に桁区切りが適用されます。

「Ctrl」キー＋「Shift」キー＋「＿」キー

罫線を消すことができます。

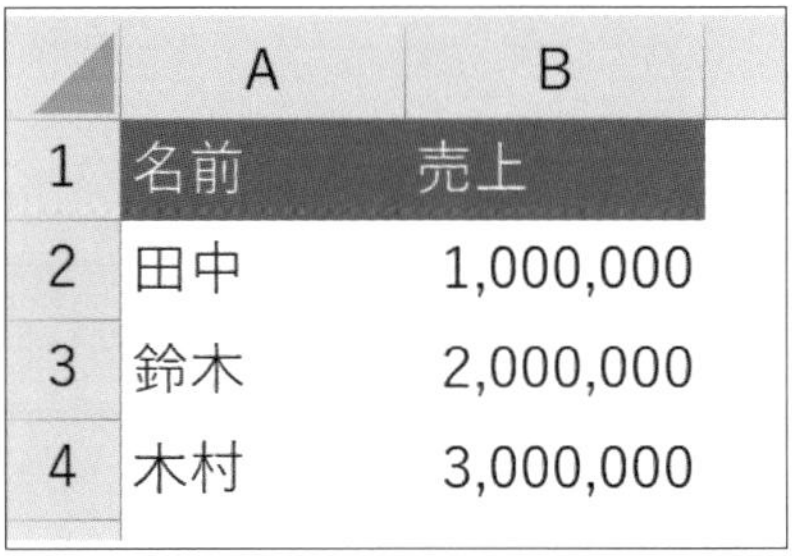

IT必須知識 4

バックアップと復元

日常的にパソコンを使用している場合、必ず知っておくべきことが「バックアップと復元」です。「バックアップ」とは「何か起きた場合のためにデータを保存しておくこと」です。「回復ドライブの作成」と「回復ドライブからの復元」は最低限覚えておきましょう。

回復ドライブとはパソコンが正常に動いている状態に戻すデータを入れたUSBメモリなどのことです。「回復ドライブ」を作成するには、画面左下の「ここに入力して検索」というスペースに「回復」と入力します。「回復ドライブの作成」という項目をクリックし、後は表示に従って進めていきます。

回復ドライブから復元するには、パソコンの電源を落とした状態から始めます。パソコンの電源を入れ「BIOS」を表示します。BIOSは一般的に起動画面で「F2」キーを押すことで表示されますが、機種によっては異なります。起動直後に「F2」キーを連打しBIOSを表示後、矢印キーでタブを移動し、「Boot Mode」を表示します。そして、BIOSの表示に従って一番上にUSBメモリを表す「USB HDD」を移動しましょう。設定が終わったら「Exit」の「Exit Saving Changes」で「Enter」キーを押し、「YES」を選択してBIOS画面を閉じ、起動を待ちます。起動後は「キーボードレイアウトの選択」画面が表示されるので、「Microsoft IME」を選びます。「オプションの選択」画面が表示されますので、「ドライブから回復」を探し選択します。「ファイルの削除のみ行う」と「ドライブを完全にクリーンアップする」が表示されますが、基本は「ファイルの削除のみ行う」を選びましょう。最後に「回復」をクリックすると、パソコンが初期化されますので、一度電源を落とし、BIOS画面から「Boot Mode」を元の状態に戻すとWindowsが初期化され、Windowsの初期設定が始まり、回復が完了します。

万が一に備え、回復ドライブは常備しておきましょう。

5章

動作が重いExcelの容量を軽くする方法

動画でまとめて学ぶ

https://pasonyu.com/book2269

余分なデータを削除する

▶ 余分なデータを削除する

Excelで作業をしていると、気づかないうちにファイルサイズが大きくなり、動作が重くなることがあります。また、Excelファイルを誰かに渡す際、ファイルサイズが大きいと不便です。ファイルサイズが大きくなってしまい、動作が重くなっている場合は、8つの対処法を試してみましょう。

列や行を削除する

余分な列や行があるとファイルサイズが大きくなり、動作が重くなります。不要な部分は削除しましょう。

1 列を削除する

一番左にある余分な空白列を選択します。「**Ctrl**」キーと「**Shift**」キーを押しながら、右キーで最後の列まで選択し、列番号を右クリックして削除します。

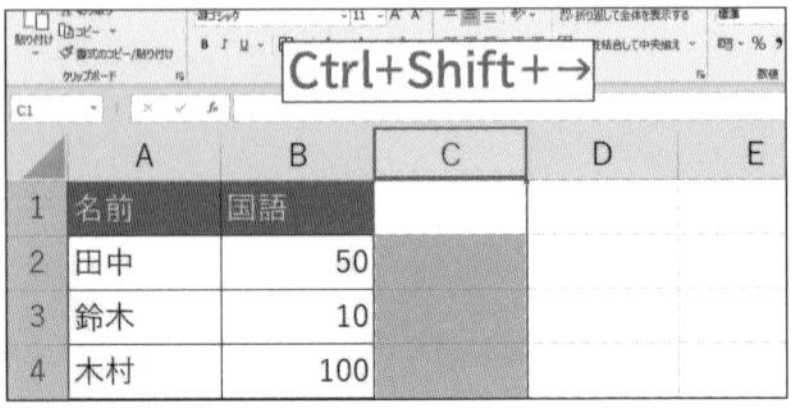

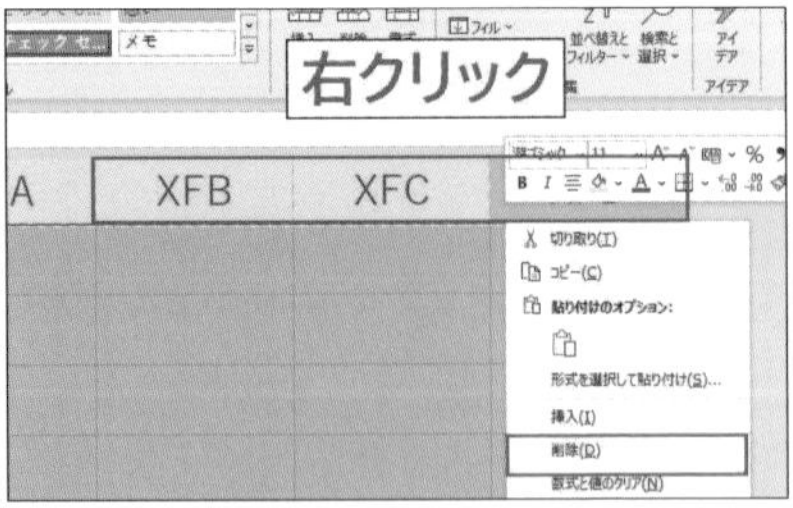

2 行を削除する

一番上にある余分な空白行を選択します。「**Ctrl**」キーと「**Shift**」キーを押しながら、下キーで最後の行まで選択し、列番号を右クリックして削除します。

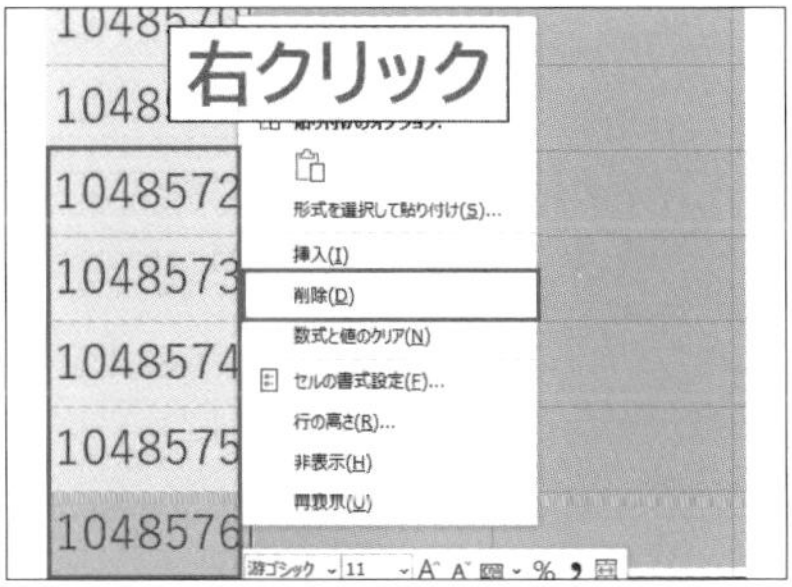

非表示の列や行を表示する

列や行を非表示にしているとファイルサイズが大きくなります。

1 非表示の列を表示する

一番左にある空白列を選択して「Ctrl」キーと「Shift」キーを押しながら、右キーで最後の列まで選択し、列番号を右クリックして「再表示」を選択します。

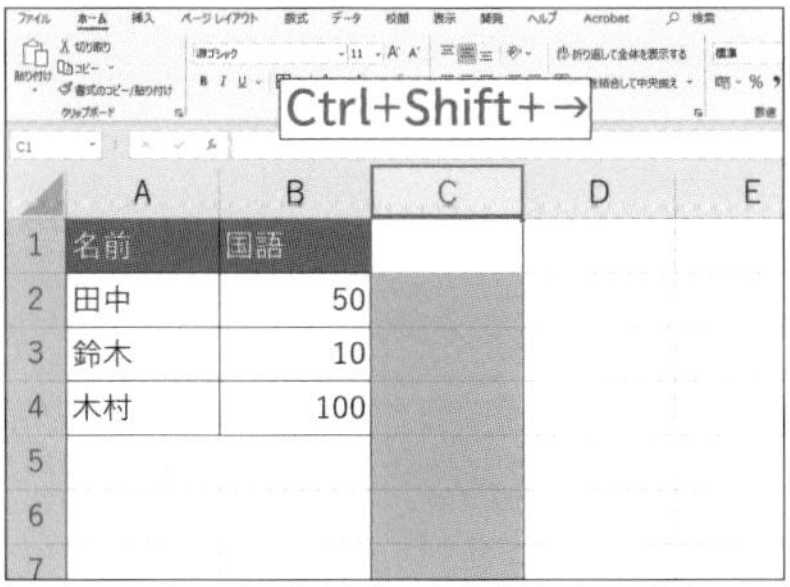

2 非表示の行を表示する

非表示の行も同様です。一番上にある空白行を選択して「**Ctrl**」キーと「**Shift**」キーを押しながら、下キーで最後の行まで選択し、行番号を右クリックして「**再表示**」を選択します。

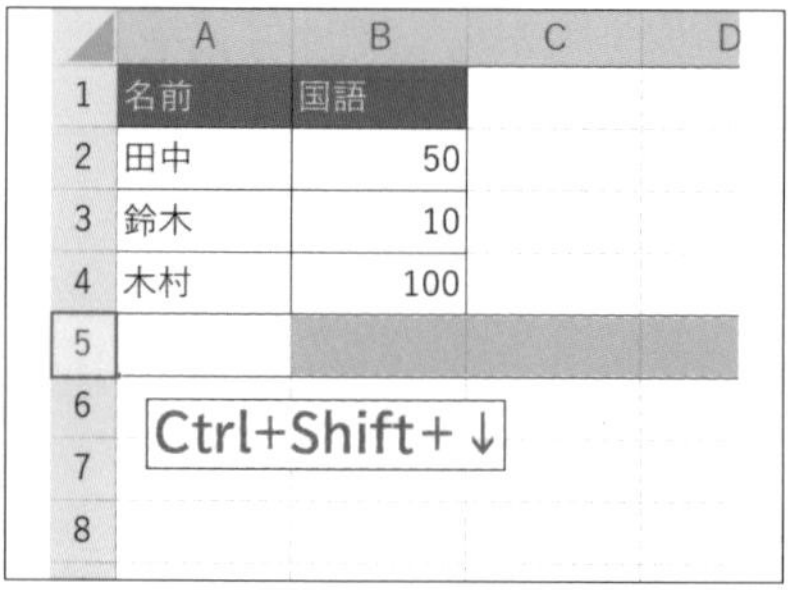

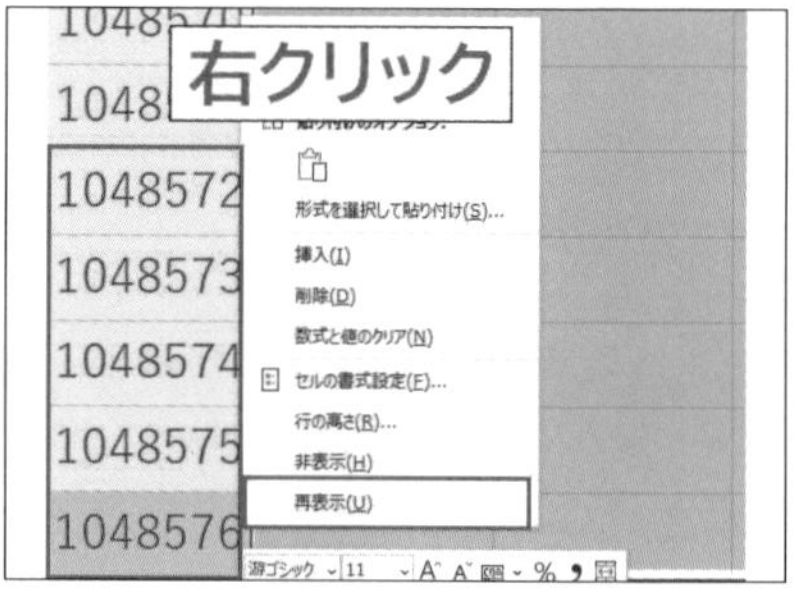

画像を圧縮する

Excelの画像はファイルに埋め込まれており、画像のサイズが大きいと、Excelファイルのサイズも大きくなりますので、圧縮して画像サイズを小さくしましょう。「図ツール」①の「書式」タブにある②の「図の圧縮」をクリックして、「**画像の圧縮**」ウィンドウを開き、「この画像にだけ適用する」のチェックを外したら④のどちらかを選択しましょう。

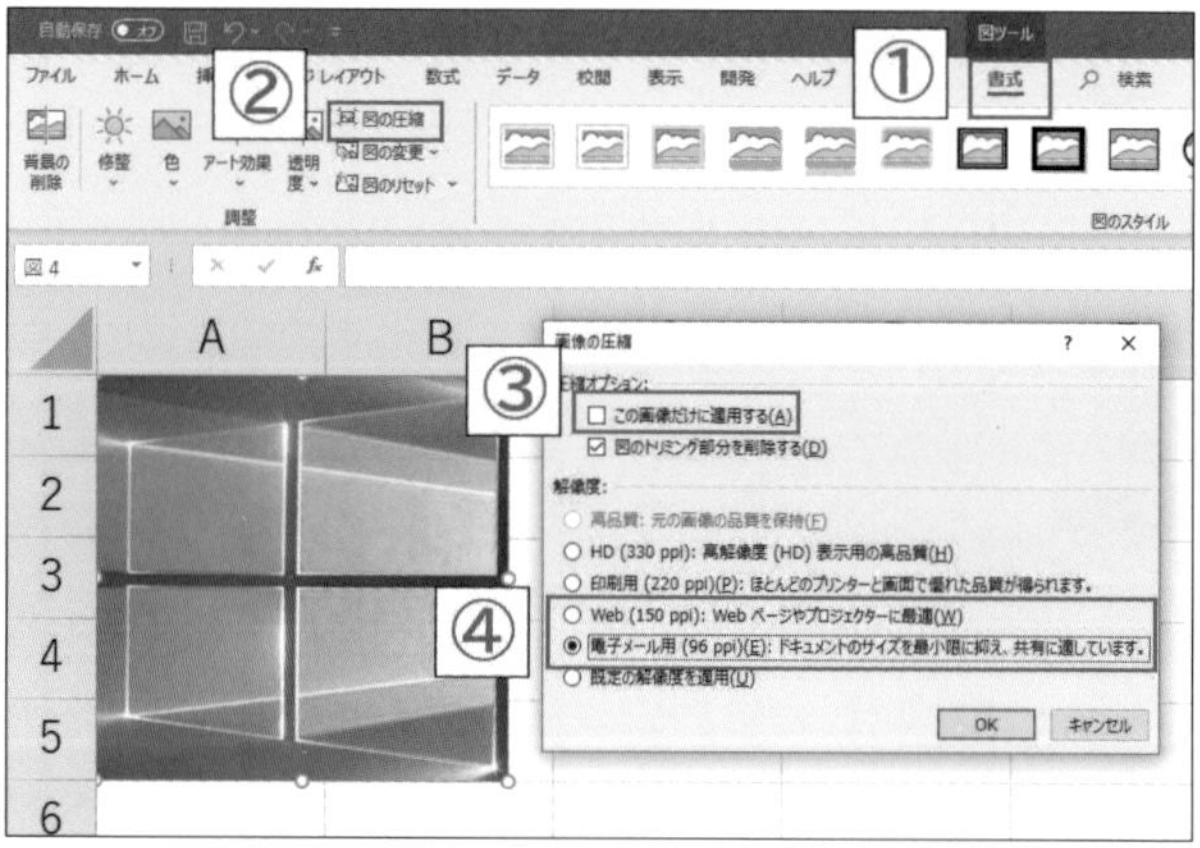

推奨解像度

Web

電子メールよりサイズが大きく、電子メールより画像の劣化が少ない。

電子メール

Webよりサイズが小さく、Webより画像が劣化する。

非表示のワークシートを削除する

非表示のワークシートがあっても、見た目ではいっさいわかりません。どれか1つのワークシートを右クリックして、「再表示」をクリックします。「再表示」ウィンドウで表示するシートを選ぶことで再表示できます。

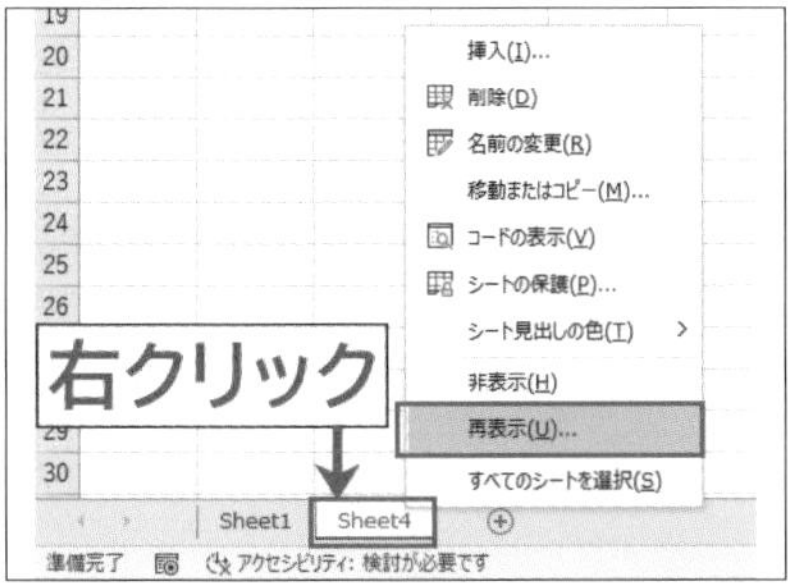

ワークシートが表示されたら、余分なワークシートを「Shift」キーを押しながらクリックして複数選択し、右クリックで表示されるメニューウィンドウから削除しましょう。

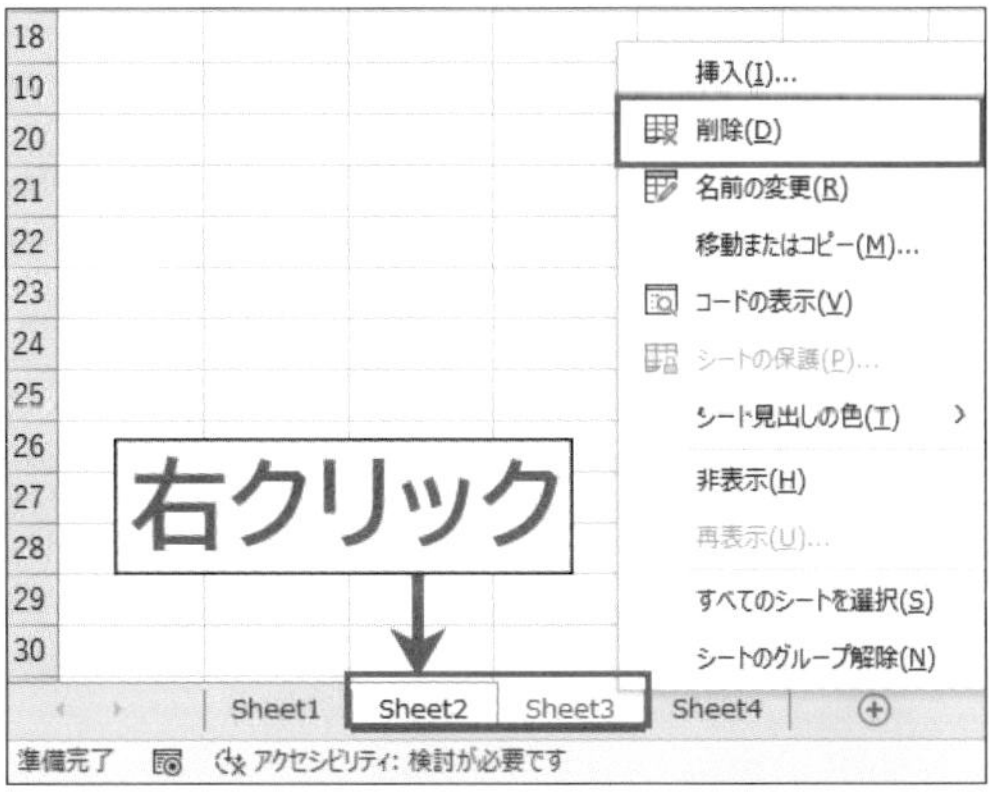

オブジェクトの削除

画像や図形など、余計なオブジェクトがあるとファイルサイズが大きくなります。オブジェクトを一括選択する場合は、「**Ctrl**」キーを押しながら「**G**」キーで①の「ジャンプ」を開き、②の「セル選択」から③の「**オブジェクト**」を選択します。選択後は、「**Delete**」で削除できます。個別解除は「**Shift**」キーを押しながらクリックです。

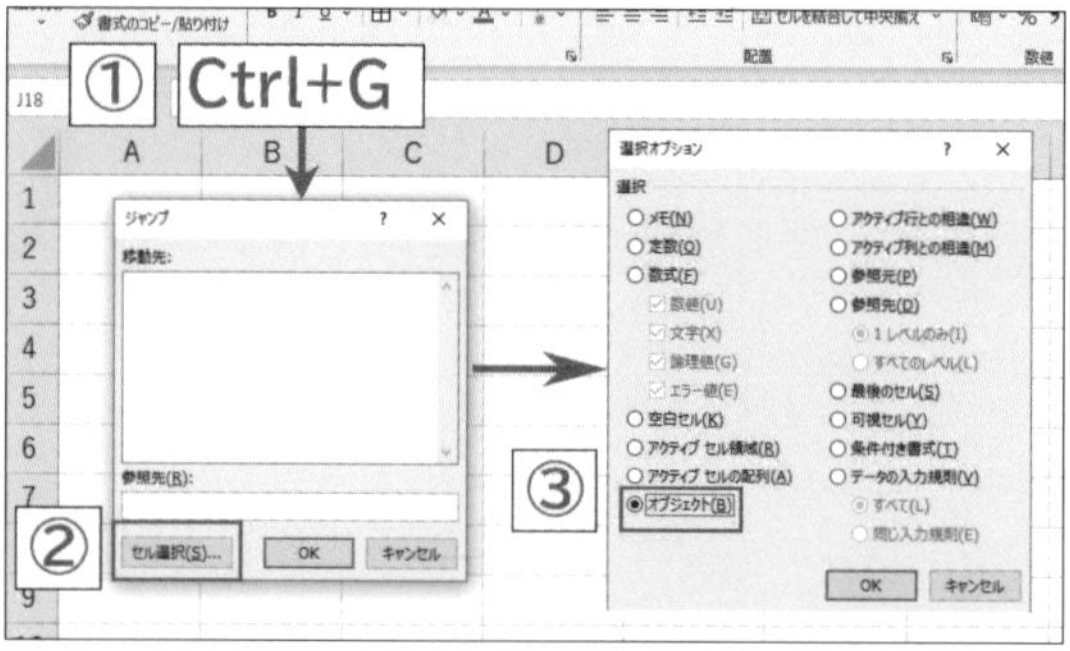

ハードウェアグラフィックアクセラレータを無効にする

ハードウェアグラフィックアクセラレータとは、オブジェクトの処理をCPUではなく、GPUという装置で行う機能です。PCの性能が低いと、GPUの性能も低いことが多く、処理は遅くなります。①の「ファイル」から②の「オプション」を選びます。「Excelのオプション」ウィンドウで③の詳細設定を選択し、④の「**ハードウェアグラフィックアクセラレータを無効にする**」にチェックを入れましょう。

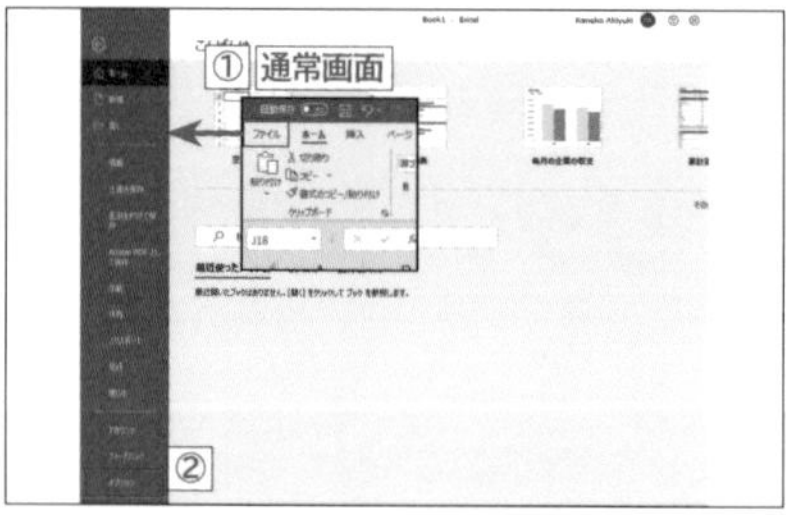

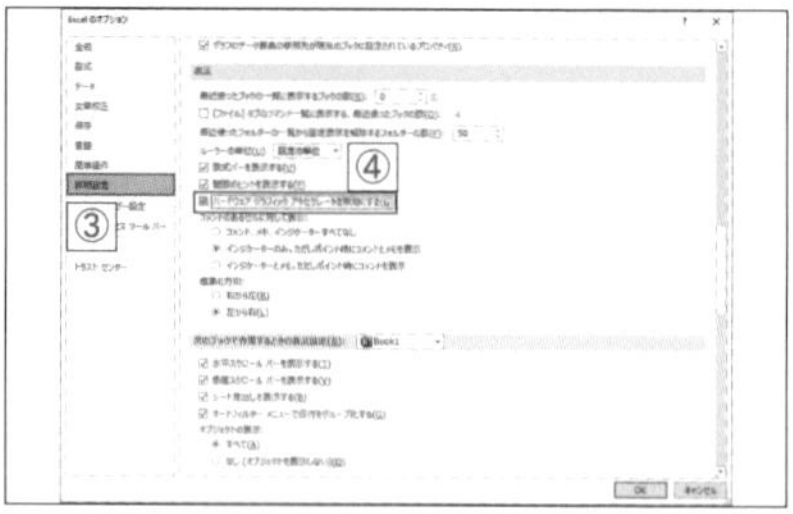

条件付き書式を削除する

条件付き書式もファイルサイズが大きくなるので、不要な書式は削除しましょう。「ホーム」タブ①の「条件付き書式」にある②の「ルールの管理」をクリックし、③で「このワークシート」を選択します。不要な書式を選んで、④の「**ルールの削除**」をクリックしましょう。

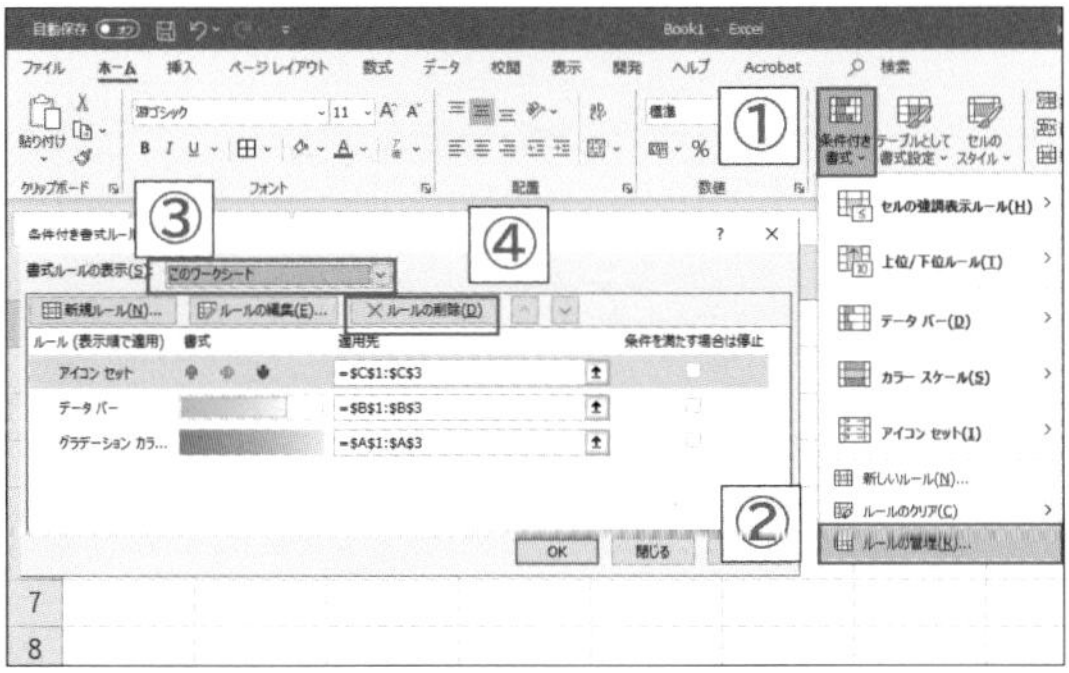

数式を値に変換する

大量のデータを扱う数式があるとファイルサイズが大きくなるので、値に変換してサイズを小さくします。「**Ctrl**」キーを押しながら「**G**」キーを押して、①の「ジャンプ」を開き、②の「セル選択」から③の「数式」を選択します。選択後は「Ctrl」キーを押しながら「C」キーで値をコピーし（④）、「Ctrl」キーと「Alt」キーを押しながら「V」キーを押して（⑤）、⑥の値を貼り付けます。

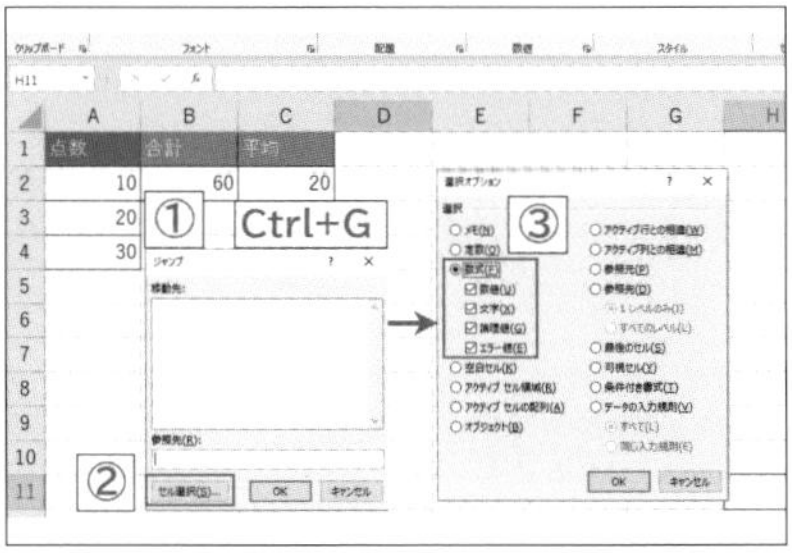

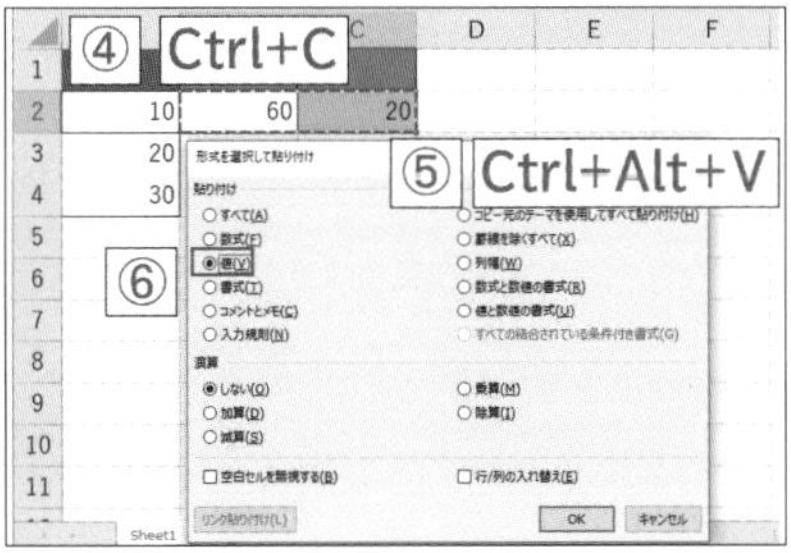

金子晃之公式ブログ「パソニュー」

パソニューは、パソコンやスマートフォンの使い方を初心者にもわかりやすいように紹介するサイトです。パソコンが苦手でも、見るだけで解決する情報を公開しています。

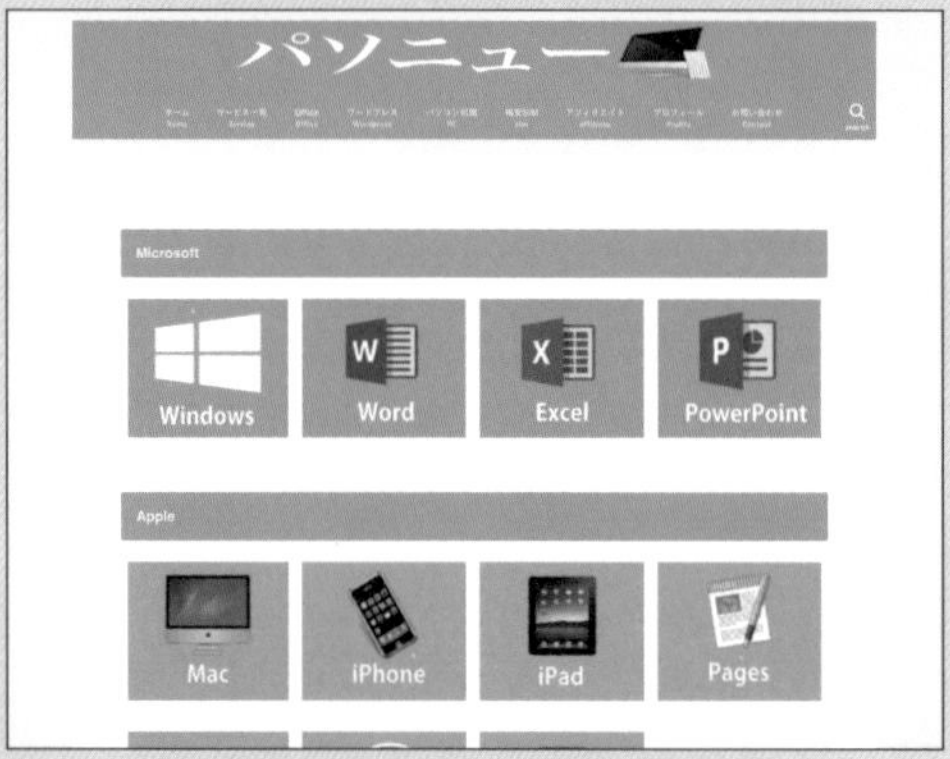

公式ブログ「パソニュー」 https://pasonyu.com

金子晃之YouTubeチャンネル

金子晃之のYouTubeチャンネルは、「パソコン・スマホの知識ゼロの初心者が、仕事で使える中級者レベルまで上達できる」チャンネルです。Word・Excelだけでなく、ITスキル全般が身につく動画を配信しています。現在では「学校の授業」「教員・企業研修」「就職支援」など、さまざまな場所でも活用されています。

Youtubeチャンネル
https://www.youtube.com/channel/UCaxV7Sf7pdNjlahl6BtJBBw